Spécimen.

F. POLO, éditeur, 16, rue du Croissant.

AU LECTEUR

En trouvant, par hasard, sous sa main ou sous ses yeux quelque exemplaire de Rabelais ou des *Contes drôlatiques,* qui n'a rêvé de lire, ailleurs que dans ce vieux français accessible aux seuls érudits et si habilement restauré par Balzac, qui n'a rêvé, disons-nous, de lire ces amusantes histoires « d'*honneste* galanterie », qui font éclore la gaieté sur les lèvres des plus moroses et qui resteront, dans les siècles, comme le monument de l'esprit et de la bonne humeur de nos aïeux ?

Ceux-ci, s'il le faut avouer, ne se piquaient point d'un *bégueulisme* exagéré dans leurs mœurs et dans leurs récits. Ils y déshabillaient le mot non moins volontiers que la chose. En sont-ils plus coupables ? Nous ne le croyons pas. Sachons-leur gré d'une franchise qui contraste si heureusement avec les idées de pruderie et de résignation à l'ennui que notre époque semble avoir mises à l'ordre du jour.

Or, remarquez que ce ne sont pas les personnages les moins considérables de leur temps qui se sont complus à écouter et à narrer ces *gauloiseries,* dont la devise est : *Honni soit qui mal y pense !* Le sombre Louis XI a signé quelques pages que n'eût point reniées le joyeux curé de Meudon, et la reine de Navarre a égalé Boccace dans l'art de retracer les victoires et conquêtes de l'amour.

Ce sont ces intrigues, ces ruses, ces badinages érotiques ; c'est cette succession de tableaux vivants, à peine voilés par l'autorité de leurs auteurs : les belles courtisanes se jouant des barbons, les pupilles trompant les tuteurs, les grandes et sages dames secouant cette chaîne de l'hyménée si lourde, qu'on se met souvent à trois pour la porter ; c'est cette éternelle histoire, enfin, de la jeunesse malicieuse dupant la vieillesse laide, sordide et chagrine, que nous avons entrepris d'exhumer de la poussière des bibliothèques, pour en égayer un moment les préoccupations de nos contemporains. Le lecteur sérieux rencontrera dans cette résurrection la note exacte de l'esprit qui animait les gens d'un autre âge. La femme s'y retrouvera toute entière, comme si, au lieu de la glace moderne, elle se regardait dans le miroir d'acier poli des châtelaines !

Pourquoi, d'ailleurs, rougirions-nous de sourire de ce qui a fait rire nos pères ? Nous ne sommes pas meilleurs qu'eux : tâchons de ne pas être plus hypocrites.

CONTES ET NOUVELLES
DE LA
REINE DE NAVARRE

PRÉFACE

Le premier jour de septembre que les bains des monts Pyrénées commencent d'avoir de la vertu, plusieurs personnes, tant de France, d'Espagne, que d'ailleurs, se trouvèrent à ceux de Caulderets, les uns pour boire des eaux, les autres pour s'y baigner, et les autres pour prendre de la boue ; choses si merveilleuses, que les malades abandonnés des médecins s'en retournent guéris. Ma prétention n'est pas de vous parler ni de la situation, ni de la vertu des bains, mais seulement de raconter ce qui sert à la matière que je veux écrire. Les malades demeurèrent à ces bains-là jusqu'à ce que, par leur amendement, ils reconnurent qu'ils pouvaient s'en retourner. Mais vers le temps de ce retour vinrent des pluies si excessives et si extraordinaires, qu'il semblait que Dieu eût oublié la promesse qu'il avait faite à Noé, de ne détruire plus le monde par l'eau. Les maisons de Caulderets furent si remplies d'eau, qu'il fut impossible d'y demeurer. Ceux qui étaient venus d'Espagne s'en retournèrent par les montagnes du mieux qui leur fut possible, et ceux qui savaient les chemins furent ceux qui se tirèrent le mieux d'affaire. Mais les Français, pensant s'en retourner à Therbes aussi facilement qu'ils en étaient venus, trouvèrent les petits ruisseaux si enflés, qu'à peine purent-ils les passer à gué. Mais quand il fallut passer le Gave béarnais, qui en allant n'avait pas deux pieds de profondeur, il se trouva si grand et si impétueux, qu'ils furent obligés de se détourner pour aller chercher des ponts ; mais comme ces ponts n'étaient que de bois, ils furent emportés par la violence de l'eau. Quelques-uns se mirent en devoir de rompre la véhémence du cours pour se joindre plusieurs de compagnie ; mais ils furent emportés avec tant de rapidité, que les autres n'eurent pas envie de les suivre. Ils se séparèrent donc, ou pour chercher un autre chemin, ou parce qu'ils ne se trouvèrent pas de même avis. Les uns traversèrent les montagnes, et passant par l'Aragon, vinrent dans le comté de Roussillon, et de là à Narbonne ; les autres s'en allèrent droit à Barcelone, et passèrent par mer, les uns à Marseille, les autres à Aigues-Mortes. Une veuve de longue expérience, nommée Oysille, résolut de bannir de son esprit la crainte des mauvais chemins, et se rendit à Notre-Dame de Serrance, persuadée que, s'il y avait moyen d'échapper d'un danger, les moines devaient le trouver. Elle eut des peines infinies; mais enfin elle y arriva, après avoir passé par des lieux presque impraticables, et si difficiles à monter et à descendre, que, nonobstant son grand âge et sa pesanteur, elle fut contrainte de faire la plus grande partie du chemin à pied. Mais la pitié fut que la plupart de ses gens et de ses chevaux moururent en chemin, et qu'avec un homme et une femme seulement elle arriva à Serrance, où elle fut reçue des religieux avec beaucoup de charité.

Il y avait aussi parmi les Français deux gentilshommes qui étaient allés aux bains plus pour accompagner les dames qu'ils aimaient, que pour le besoin qu'ils avaient de se baigner. Ces gentilshommes voyant que la compagnie partait, et que les maris de leurs maîtresses les emmenaient séparément, jugèrent à propos de les suivre de loin, sans s'en ouvrir à personne. Les deux gentilshommes mariés étant un soir arrivés avec leurs femmes chez un homme plus bandit que paysan, les deux jeunes gentilshommes, qui s'étaient logés à une Borderie tout proche, entendant un grand bruit vers le minuit, se levèrent avec leurs valets, et demandèrent à leur hôte ce que c'était que ce tumulte. Le pauvre homme, qui n'était pas sans peur, leur dit que c'étaient des garnements qui venaient partager la proie qui était chez le bandit leur voisin. Les gentilshommes prirent incontinent leurs armes, et coururent avec leurs valets au secours des dames, s'estimant beaucoup plus heureux de mourir avec elles, que de vivre sans elles. En arrivant chez le bandit, ils trouvèrent la première porte rompue, et les deux gentilshommes et leurs femmes se défendant vigoureusement. Mais comme le nombre de bandits était le plus grand et que les gentilshommes mariés étaient fort blessés, et avaient déjà perdu bonne partie de leurs valets, ils commencèrent à prendre le parti de se retirer. Les amants, mettant la tête aux fenêtres, virent les deux dames pleurant et criant si fort, que la pitié et l'amour leur inspirant un nouveau courage, ils se jetèrent sur les bandits comme deux ours enragés qui descendent des montagnes, et frappèrent avec tant de fureur, qu'un grand nombre de bandits étant déjà sur le carreau, le reste lâcha le pied, et se retira en lieu qui ne lui était pas inconnu. Les gentilshommes ayant défait ces garnements, dont l'hôte était l'un des morts, et ayant appris que l'hôtesse valait encore moins que son mari, l'envoyèrent après lui par un coup d'épée, et étant entrés dans une chambre basse, ils trouvèrent un des gentilshommes mariés qui rendait l'esprit. L'autre n'avait point eu de mal, et en avait été quitte pour ses habits percés et pour son épée rompue. Le gentilhomme voyant le secours que ces deux lui avaient donné, après les avoir embrassés et remerciés, les pria de ne le point abandonner, ce qu'ils lui accordèrent bien volontiers. Après avoir fait enterrer le mort, et consolé sa femme du mieux qu'ils purent, ils partirent sous les auspices de la Providence, ne sachant où ils allaient.

Si vous voulez savoir le nom des trois gentilshommes, le marié se nommait Hircan, et sa femme Parlamente. La veuve avait nom Longarine : l'un des deux gentilshommes s'appelait Dagoucin, et l'autre Saffredant. Ils furent à cheval toute la journée, et découvrirent sur le soir un clocher, où ils se rendirent le mieux qu'ils purent, non sans travail et sans peine. L'abbé et les moines les reçurent humainement. L'abbaye se nomme Saint-Savin. L'abbé, qui était de fort bonne maison, les logea honorablement dans son appartement et les pria de lui raconter leurs aventures. Après lui en avoir fait le récit, il leur dit qu'ils n'étaient pas les seuls infortunés, et qu'il y avait dans une autre chambre deux demoiselles qui avaient eu pareille ou plus fâcheuse destinée. Les hommes, ajouta l'abbé, ont encore quelque compassion; mais les bêtes n'en ont point : et ces dames, à demi-lieue en-deçà de Peyrchite, ont rencontré un ours qui descendait de la montagne, et ont pris la fuite à toute bride, en sorte que leurs chevaux sont tombés morts sous elles en entrant ici. Deux de leurs femmes, arrivées longtemps après elles, leur ont appris que l'ours avait tué tous leurs domestiques. Les deux dames et les trois gentilshommes entrèrent ensuite dans la chambre des demoiselles. Ils les trouvèrent pleurant, et virent que c'était Nomerfide et Ésmarsuite. Ils s'embrassèrent les uns les autres, et, après s'être conté leurs aventures, ils commencèrent à se consoler par les sages exhortations du bon abbé, comptant pour beaucoup de s'être si heureusement retrouvés. Le lendemain ils entendirent la messe avec beaucoup de dévotion, et rendirent grâces à Dieu des périls dont il les avait délivrés. Dans le temps que tout le monde était à la messe, on vit entrer dans l'église un homme en chemise, fuyant comme si quelqu'un l'eût poursuivi, et criant secours. Hircan et les autres gentilshommes allèrent d'abord à lui pour voir ce que c'était, et virent deux hommes qui le suivaient l'épée à la main. Ceux-ci, voyant tant de gens, voulurent prendre la fuite; mais Hircan et sa compagnie les suivirent de si près, qu'ils y laissèrent la vie. Hircan de retour, il se trouva que l'homme en chemise était un de leurs compagnons nommé Guebron. Il leur conta comme étant à une Borderie près de Peyrchite, il était arrivé trois hommes qui l'avaient pris au lit; qu'il avait sauté en chemise à son épée, et blessé tellement un d'eux, qu'il avait demeuré sur la place; que tandis que les deux autres étaient occupés à secourir leur compagnon, Guebron se voyant un contre deux, lui nu et eux armés, crut que le plus sûr était de chercher son salut dans la fuite, d'autant mieux que ses habits ne l'empêchaient point de fuir. Il loua Dieu de sa délivrance, et remercia ceux qui l'avaient vengé de son ennemi. Après qu'on eut entendu la messe et dîné, ils envoyèrent voir si l'on ne pourrait point passer la rivière de Gave. Voyant donc qu'il était impossible de passer, ils furent fort consternés, quoique l'abbé les priât plusieurs fois de demeurer chez lui jusqu'à ce que les eaux fussent baissées; ce qu'ils ne voulurent jamais promettre que pour ce jour-là.

Sur le soir, comme on allait se coucher, il arriva un vieux moine, qui venait régulièrement tous les ans à Serrance à la Notre-Dame de septembre. On lui demanda des nouvelles de son voyage. Il dit qu'à cause des grosses eaux il était venu par les montagnes, et avait passé par les plus mauvais chemins qu'il eût jamais vus; mais qu'il avait vu quelque chose de bien triste. C'est qu'il avait rencontré un gentilhomme nommé Simontault, lequel ennuyé du long débordement de la rivière, avait résolu d'en tenter le passage, comptant sur la bonté de son cheval, et avait fait mettre ses domestiques autour de lui pour rompre l'eau; mais qu'étant au gros courant, les plus mal montés avaient été emportés, et n'étaient plus revenus. Le gentilhomme voyant l'accident arrivé aux siens, se mit en devoir de regagner le rivage d'où il était parti. Son cheval, tout bon qu'il était, lui manqua au besoin; mais heureusement cela arriva si près du rivage, que le cavalier, non sans boire beaucoup d'eau, se traînant à quatre pieds, se rendit enfin sur les cailloux, mais si las et si épuisé, qu'à peine pouvait-il se soutenir.

Un berger qui ramenait le soir ses brebis aux champs, le trouva assis sur les pierres tout mouillé, et non moins triste des gens qu'il avait vu périr, que d'avoir pensé périr lui-même. Le berger qui comprit sa nécessité, et à le voir, et à l'entendre, le prit par la main, et le mena à sa cabane, où il fit un petit feu, et le sécha du mieux qu'il put. Le soir même la Providence mena à la cabane le vieux religieux, qui lui enseigna le chemin de Notre-Dame de Serrance, et l'assura qu'il y serait mieux logé qu'ailleurs, et y trouverait une veuve nommée Oysille, à laquelle il était arrivé une aventure aussi fâcheuse que la sienne. La compagnie témoigna une joie extrême au nom d'Oysille et de Simontault; et tout le monde loua Dieu de ce qu'il avait sauvé les maîtres après la perte des serviteurs. Parlamente en eut une joie particulière; car elle avait eu autrefois de l'estime pour Simontault. Ils s'enquirent avec soin du chemin de Serrance, et quoique le vieillard le leur fît fort difficile, ils ne laissèrent pas de partir dès le jour même, si bien pourvus de toutes les choses nécessaires qu'ils n'avaient plus rien à désirer. L'abbé leur fournit les meilleurs chevaux qui fussent en Lavedan, de bonnes capes de Béarn, force vivres, et bonne escorte pour les mener sûrement au travers des montagnes. On les passa plus à pied qu'à cheval et l'on arriva enfin, après bien des peines et des travaux, à Notre-Dame de Serrance. Quoique l'abbé fût d'assez mauvaise composition, il n'osa refuser de les loger, craignant de désobliger le seigneur de Béarn, duquel il savait qu'ils étaient considérés. Il leur fit donc le meilleur visage qu'il put, et les mena voir la dame Oysille et le gentilhomme Simontault. Chacun eut également de la joie de se voir ainsi miraculeusement rassemblés, et la nuit se passa à louer Dieu de la grâce qu'il leur avait faite. Après avoir pris vers le matin un peu de repos, ils allèrent entendre la messe, et recevoir le saint Sacrement d'union, par le moyen duquel tous les chrétiens sont unis en un, demandant à Dieu, qui les avait rassemblés par sa bonté, la grâce d'achever leur voyage à sa gloire.

Après dîné, l'on envoya savoir si les eaux avaient baissé ; mais trouvant au contraire qu'elles étaient plus hautes, et qu'ils ne sauraient de longtemps passer sûrement, ils résolurent de faire faire un pont sur le bout de deux rochers fort proches l'un de l'autre, et où il y a encore des planches sur lesquelles passent les gens de pied qui, venant de Cléron, ne veulent pas passer par le Gave. L'abbé, bien aise qu'ils fissent une dépense qui augmenterait le nombre des pèlerins, leur fournit des ouvriers ; mais il était si avare qu'il n'y voulut pas mettre un denier du sien. Mais les ouvriers ayant déclaré qu'il fallait du moins dix à douze jours à faire le pont, la compagnie commença de s'ennuyer. Parlamente, femme de Hircan, toujours active et jamais mélancolique, ayant demandé permission à son mari de parler, dit à madame Oysille : « Je m'étonne, madame, que l'âge vous ayant acquis tant d'expérience, que, de l'heure qu'il est, vous tenez lieu de mère aux femmes ; je m'étonne, dis-je, que vous n'imaginiez pas quelque divertissement pour adoucir le chagrin que nous va causer un si long séjour ; car à moins que nous ne nous occupions à quelque chose d'agréable et de vertueux, nous courons risque de tomber malades. » Longarine, la jeune veuve, ajouta à cela : « Le pis est encore que nous deviendrons fâcheuses, qui est une maladie incurable ; d'autant plutôt qu'il n'y a personne de nous qui n'ait sujet d'être extrêmement triste. — Chacune n'a pas perdu son mari comme vous, répondit Émarsuite en riant. Pour avoir perdu des domestiques, il n'y a pas lieu à se désespérer, puisqu'on peut aisément les remplacer. Cependant je suis bien d'avis que nous passions le temps le plus agréablement que nous pourrons. » Nomerfide, sa compagne, dit que c'était fort bien pensé ; et que si elle passait un jour sans divertissement, elle serait morte le lendemain. Les gentilshommes trouvèrent la chose de leur goût, et prièrent la dame Oysille d'ordonner ce qu'il y avait à faire.

« Vous me demandez une chose, mes enfants, répondit la vieille dame, que je trouve fort difficile. Vous voulez que j'invente un divertissement qui chasse vos ennuis. C'est un remède que j'ai cherché toute ma vie, et je n'en ai jamais trouvé qu'un, qui est la lecture des Saintes Lettres. C'est dans cette lecture que l'esprit trouve sa vraie et parfaite joie ; et c'est de cette joie de l'esprit que procèdent le repos et la santé du corps. Si vous me demandez ce que je fais pour être si gaie et si saine dans un âge avancé, je vous dirai qu'aussitôt que je suis levée, je lis la Sainte Écriture. Je vois et je contemple la volonté de Dieu, qui a envoyé son fils en terre pour nous prêcher cette sainte parole, et nous annoncer cette bonne nouvelle, qui nous promet de nous pardonner nos péchés et de payer nos dettes, en nous donnant son fils qui nous a aimés, qui a souffert, et est enfin mort pour nous. Cette idée me donne tant de joie, que je prends mon psautier, et chante de cœur et prononce de bouche le plus humblement qu'il m'est possible, les beaux cantiques que le Saint-Esprit a inspiré à David et aux autres auteurs sacrés. Le plaisir que j'en reçois me ravit tellement, que je regarde comme des biens les maux qui m'arrivent tous les jours, parce que j'ai dans le cœur par la foi celui qui a souffert tous ces maux pour moi. Avant soupé je me retire pareillement pour donner quelque leçon à mon âme. Le soir je fais la revue de tout ce que j'ai fait durant la journée : je demande pardon de mes fautes ; je remercie Dieu de ses grâces, et me couche en son amour, en sa crainte et en sa paix, l'esprit dégagé de toute crainte. Voilà, mes enfants, quel a été depuis longtemps mon divertissement. Après avoir bien cherché, je n'en ai point trouvé de plus solide et de plus satisfaisant. Il me semble donc que si vous voulez donner tous les matins une heure à la lecture, et faire vos oraisons dévotement durant la messe, vous trouverez dans cette solitude des charmes qui peuvent être dans toutes les villes. En effet, qui connaît Dieu, trouve toutes choses belles en lui, et sans lui tout est laid et désagréable. Ainsi je vous prie de me croire, si vous voulez trouver des agréments dans la vie. »

Hircan prit la parole, et dit : « Ceux qui ont lu la Sainte Écriture, comme je crois que nous avons fait, confesseront, madame, que ce que vous dites est vrai; mais il faut aussi que vous considériez que nous ne sommes pas encore si mortifiés, que nous n'ayons besoin de quelque divertissement et exercice corporel. Quand nous sommes chez nous, nous avons la chasse qui nous fait oublier mille folles pensées. Les dames ont leur ménage et leurs ouvrages, quelquefois même la danse, qui sont des exercices honnêtes. Ainsi je suis d'avis, pour ce qui regarde les hommes, que vous, comme la plus ancienne, nous lisiez, le matin, l'histoire de la vie de Notre Seigneur Jésus-Christ, et de ce qu'il a fait pour nous de grand et d'admirable. Après le dîné jusqu'à vêpres, il faut choisir quelque passe-temps qui ne soit pas préjudiciable à l'âme, et qui soit agréable au corps. C'est le moyen de passer gaiement la journée. » La dame Oysille répondit qu'elle avait tant de peine d'oublier les vanités, qu'elle craignait de mal réussir dans le choix d'un pareil passe-temps, et qu'il fallait renvoyer la chose à la pluralité des voix. « Et vous, monsieur, dit-elle en parlant à Hircan, vous opinerez, s'il vous plaît, le premier. »

« Pour moi, répondit Hircan, si je croyais que le passe-temps que je voudrais choisir, fût aussi agréable à quelqu'une de la compagnie qu'à moi, mon avis serait

La seconde, à bras pendants, était pour sa femme. (Page 16.)

bientôt dit; mais comme je crains que cela ne fût pas, je vous déclare que je n'ai rien à dire, et que je m'en rapporte à ce que les autres diront. » Ce discours fit rougir sa femme Parlamente, parce qu'elle crut qu'il s'adressait à elle. « Peut-être, Hircan, répondit-elle un peu en colère, et riant à demi, que celle que vous croyez la plus difficile, trouverait, si elle voulait, de quoi se récompenser; mais laissons-là le passe-temps auquel deux seulement peuvent avoir part, et cherchons quelque chose où tout le monde puisse entrer. — Puisque ma femme a si bien compris ma pensée, dit alors Hircan aux dames, et qu'un divertissement particulier n'est pas de son goût, je crois qu'elle inventera mieux que personne un passe-temps qui accommodera tout le monde. Ainsi je déclare à l'avance que je suis de son sentiment, » Toute la compagnie en dit autant.

Parlamente voyant qu'on la laissait maîtresse du jeu, leur dit : « Si je me sentais autant de capacité que les anciens qui ont inventé les arts, j'imaginerais un divertissement qui remplirait l'obligation où vous me mettez ; mais comme je me connais, et que je sais que j'ai de la peine à me souvenir de ce qui s'est fait de bon autrefois, je m'estimerai heureuse si je puis suivre de près ceux qui ont déjà fait ce que vous souhaitez. Je crois qu'il n'y a personne de vous qui n'ait lu les Nouvelles de Boccace, nouvellement traduites en français. Le roi Très-Chrétien François Ier du nom, monseigneur le dauphin, madame la dauphine et madame Marguerite en ont fait tant de cas, que si Boccace avait pu les entendre, les louanges que ces illustres personnes lui donnaient auraient dû le ressusciter. Je suis témoin que les deux dames que je viens de nommer, et plusieurs autres personnes de la cour, résolurent d'imiter Boccace, si ce n'est en une chose, qui est de n'écrire rien qui ne soit véritable. Monseigneur et ces dames arrêtèrent d'abord d'en faire chacun dix, d'assembler jusques à dix personnes, et de choisir celles qu'ils croiraient les plus capables de conter avec grâce, les gens de lettres préalablement exclus, soit parce que monseigneur ne voulût pas que l'art s'en mêlât, ou qu'il craignît que les fleurs de rhétorique fussent en quelque manière préjudiciables à la vérité de l'histoire. Mais les grandes affaires qui survinrent depuis au roi, la paix conclue entre ce prince et le roi d'Angleterre, les couches de madame la dauphine, et plusieurs autres choses dignes d'occuper toute la cour, firent oublier ce dessein ; mais comme nous avons du temps de reste, nous l'exécuterons en attendant que notre pont soit achevé. Si vous le trouvez bon, nous irons depuis midi jusqu'à quatre heures dans ce beau pré le long de la rivière de Gave, où les arbres font un couvert si épais que le soleil ne saurait le pénétrer ni nous incommoder par sa chaleur. Là, assis à notre aise, chacun contera ce qu'il aura vu ou entendu dire à des gens dignes de foi. Dix jours suffiront pour faire la centaine. Si Dieu veut que notre travail soit trouvé digne d'être vu des seigneurs et dames que je viens de nommer, nous le leur présenterons à notre retour, et je suis persuadée qu'un tel présent ne leur déplaira pas. Toutefois, si quelqu'un trouve quelque chose de plus agréable, je me rends à son opinion. »

Toute la compagnie répondit qu'on ne pouvait imaginer rien de mieux, et chacun attendait le lendemain avec impatience. Dès que le matin fut venu, ils allèrent tous à la chambre de madame Oysille, qu'ils trouvèrent déjà en oraison. Ils donnèrent une bonne heure à sa lecture, après cela ils entendirent la messe, et à dix heures ils allèrent dîner. Chacun ensuite se retira dans sa chambre, y fit ses petites affaires. A midi chacun ne manqua pas de se rendre au pré, qui était si beau et si agréable, qu'il faudrait un Boccace pour en dépeindre tous les charmes. Il suffit de dire qu'il n'y en eut jamais un pareil.

L'assemblée étant assise sur l'herbe verte, si molle et si délicate, que personne n'avait besoin ni de carreau, ni de tapis : « Qui sera celui de nous, dit alors Simontault, qui commandera aux autres ?—Puisque vous en avez fait l'ouverture, répondit Hircan, il est juste de vous déférer le commandement, car au jeu tout le monde est égal. — Plût à Dieu, répliqua Simontault, que je n'eusse d'autre bien au monde que de pouvoir commander à une telle compagnie. » Parlamente, qui comprit fort bien ce que cela voulait dire, se mit à tousser. Hircan s'aperçut qu'elle avait changé de couleur, et dit à Simontault qu'il commençât à conter, et qu'on l'écouterait. Simontault, sollicité par toute la compagnie, dit : « J'ai été si mal récompensé de mes longs services, mesdames, que pour me venger de l'amour et de la belle qui me traite avec tant de cruauté, je vais faire un recueil des pièces que les femmes ont faites aux hommes ; et en tout cela je ne dirai que la pure vérité. »

PREMIÈRE JOURNÉE

NOUVELLE PREMIÈRE

Une femme d'Alençon ayant deux amants, l'un pour le plaisir et l'autre pour le profit, fit tuer celui des deux qui s'aperçut le premier de ses galanteries, et obtint sa grâce et celle de son mari qui était en fuite. Le mari, pour sauver quelque argent, s'adressa depuis à un nécromancien. La chose fut découverte et punie.

Du vivant du dernier duc Charles, il y avait à Alençon un procureur nommé Saint-Aignan, qui avait épousé une femme du pays, plus belle que vertueuse. Quoique avec sa beauté elle eût beaucoup de légèreté, elle ne laissa pas d'être fort poursuivie d'un prélat, duquel par respect je tairai le nom. Le prélat, pour parvenir à ses fins, sut si bien entretenir le mari, qu'il ne s'aperçut ni du manége de sa femme, ni de celui du prélat; bien loin de s'en apercevoir, le prélat fit si bien que le mari oublia l'attachement qu'il avait toujours eu pour ses maîtres. Il passa tout d'un coup de la fidélité à la perfidie, et en vint finalement aux invocations pour faire mourir la duchesse. Le prélat eut un long commerce avec cette malheureuse femme, qui l'aimait plutôt par intérêt que par amour; à quoi elle était sollicitée par son mari. Mais elle aimait si fort le fils du lieutenant-général d'Alençon, qu'elle en était demi-folle. Elle se servait souvent du prélat pour faire donner commission à son mari, afin de pouvoir voir à son aise le fils du lieutenant-général. Ce commerce dura longtemps, le prélat étant pour la bourse de la belle, et l'autre pour son plaisir. Elle jurait à ce dernier qu'elle ne recevait bien ce prélat, que pour pouvoir lui continuer ses caresses avec plus de liberté : que, quoi qu'elle fît, le prélat n'avait eu que des paroles, et qu'il pouvait compter que personne que lui n'en aurait jamais autre chose. Un jour que le mari devait aller chez le prélat, elle lui demanda permission d'aller à la campagne, disant pour raison que l'air de la ville ne lui était pas bon. Elle ne fut pas plus tôt à sa métairie qu'elle écrivit au fils du lieutenant de ne manquer pas à la venir trouver vers les dix heures du soir. Le jeune homme n'avait garde d'y manquer; mais en arrivant il trouva la servante qui avait coutume de l'introduire, et qui lui dit : « Cherchez fortune ailleurs, monsieur, car votre place est prise. » Le galant s'imaginant que le mari fût venu, demanda à la servante comme tout allait. Cette fille, voyant un homme bien fait, jeune et honnête, ne put s'empêcher de voir avec pitié qu'il aimât si fort, et qu'il fût si peu aimé, et de lui apprendre le manége de sa maîtresse, croyant qu'il se repentirait de l'avoir tant aimée, et ne l'aimerait plus si éperdûment. Elle lui dit que le prélat ne faisait que d'entrer, et qu'il était couché avec sa maîtresse : qu'elle avait été trompée, et qu'elle n'attendait cette visite que le lendemain; mais que le prélat ayant retenu le mari chez lui, s'était dérobé la nuit pour venir voir la belle. Qui fut bien consterné, ce fut le fils du lieutenant, qui ne le pouvait encore croire. Pour s'en éclaircir il se cacha dans une maison voisine, où il demeura en sentinelle jusqu'à trois heures après minuit. Il vit enfin sortir le prélat, qui n'était pas si bien déguisé qu'il ne le reconnût mieux qu'il n'aurait voulu. Il revint à Alençon dans ce désespoir, et la belle y vint aussi bientôt après. Comme elle ne doutait pas de le duper comme à l'ordinaire, elle ne manqua pas de lui venir parler. Il lui dit d'abord d'un air dédaigneux, qu'ayant touché aux choses sacrées elle était trop sainte pour parler à un pécheur comme lui, mais un pécheur si repentant, qu'il espérait que son péché lui serait bientôt pardonné. La belle, surprise de se voir découverte, et voyant que les excuses, les serments, et les promesses de ne plus tomber dans la même faute, ne servaient de rien, s'en plaignit à son prélat. Après avoir longtemps délibéré, la belle vint dire à son mari qu'elle ne pouvait plus demeurer à Alençon, parce que le fils du lieutenant, qu'il croyait tant de ses amis, la poursuivait incessamment; et le pria, pour prévenir tout soupçon, de prendre maison à Argentan. Le mari, qui se laissait mener, y consentit aisément.

Ils n'eurent pas demeuré quelques jours à Argentan, que cette malheureuse fit savoir au fils du lieutenant qu'il était le plus méchant de tous les hommes, et qu'elle n'ignorait pas qu'il médisait publiquement et d'elle et du prélat, mais qu'elle pourrait trouver moyen de l'en faire repentir. Le jeune homme, qui n'en avait jamais parlé qu'à elle-même, et qui craignait de se brouiller avec le prélat, monta à cheval, et s'en fut à Argentan, accompagné de deux valets seulement. Il trouva la belle aux Jacobins, où elle entendait vêpres. « Je viens ici, madame, lui dit-il, pour vous protester devant Dieu que je ne me suis jamais plaint de vous qu'à vous-même. Vous m'avez fait un si vilain tour, que je ne vous ai pas dit la moitié des injures que vous méritez. Mais s'il y a quelqu'un qui dise que j'aie mal parlé de vous, je suis ici pour lui en donner le démenti devant vous. » Elle, voyant qu'il y avait beaucoup de monde à l'église, et qu'il était accompagné de deux bons hommes, se fit violence, et lui parla le plus obligeamment qu'il lui fut possible. Elle lui dit qu'elle ne doutait point de la vérité de ce qu'il disait, qu'elle le croyait trop honnête homme pour dire du mal de qui que ce fût, et encore moins d'elle qui l'aimait toujours. Mais que, comme il en était revenu quelque chose à son mari, elle le priait de vouloir dire devant lui qu'il n'en avait jamais parlé, et qu'il n'en croyait rien. Il y consentit volontiers, et se mit en devoir de lui donner la main pour la conduire chez elle; mais elle le pria de ne la pas accompagner, de peur que son mari ne crût qu'elle lui eût fait sa leçon. En disant cela, elle prit un de ses gens à la manche, et dit : « Laissez-moi celui-ci; et quand il sera temps, il viendra vous quérir. Vous pouvez, en attendant, aller vous reposer à votre logis. » Comme le cavalier ne se défiait point de la conspiration, il fit sans répugnance ce qu'on voulut. La belle régala le valet qu'elle avait retenu; et le compère, qui se trouvait bien, lui demandait souvent s'il n'était pas bientôt temps d'aller quérir son maître. Elle lui répondit toujours qu'il viendrait assez tôt.

Minuit étant sonné, elle envoya sans bruit quérir le galant par un de ses domestiques. Le cavalier, qui ne se défiait de rien, vint, sans faire aucune difficulté, chez Saint-Aignan où était la belle avec le valet qu'elle avait emmené : si bien qu'il n'en avait qu'un autre avec lui. A l'entrée de la maison le guide lui dit que sa maîtresse voudrait bien l'entretenir avant qu'il parlât à son mari : qu'elle l'attendait dans une chambre avec un seul valet, et qu'il ferait bien de renvoyer le sien; ce qu'il fit. En montant par un petit degré fort obscur, le procureur qui avait mis des gens en embuscade, entendant le bruit, demanda ce que c'était. On lui répondit que c'était un homme qui voulait entrer chez lui en cachette. D'abord un nommé Thomas Guerin, assassin de profession, et pour lors aux gages du procureur, se jeta sur le pauvre jeune homme, et lui donna tant de coups d'épée, qu'enfin il tomba mort. Le valet qui parlait à la demoiselle, lui dit : « J'ai entendu dans le degré la voix de mon maître; je vais à lui, avec votre permission. » La belle le retint, et lui dit : « Ne vous mettez pas en peine, il viendra assez tôt. » Peu de temps après, le valet entendant son maître crier : *Je suis mort, mon Dieu, ayez pitié de moi*, voulut aller à son secours; mais elle le retint encore et lui dit : « Ne vous inquiétez point; mon mari l'a châtié de ses fredaines. Allons voir ce que c'est. » Appuyée sur le bout du degré : « Est-ce fait? demanda-t-elle à son mari. — Venez voir, répondit le mari. Vous êtes vengée de celui qui vous a fait tant de honte; » et, en disant cela, il donna dix ou douze coups de poignard à un homme qu'il n'aurait osé regarder de travers durant sa vie. Après que l'affaire fut faite, et que les valets de celui qu'on venait d'assassiner eurent pris la fuite pour en porter les nouvelles au père, Saint-Aignan considérant que la chose allait éclater, que les valets du mort ne pouvaient pas être reçus en témoignage, et que personne n'avait vu le fait que les meurtriers, une vieille domestique et une fille de quinze ans, voulut se saisir de la vieille; mais elle trouva moyen d'échapper, et se sauva aux Jacobins. Ce fut le meilleur témoin que l'on eut de ce crime. La jeune fille demeura quelques jours chez Saint-Aignan; mais ayant trouvé moyen de la faire suborner par un des assassins, elle fut conduite à Paris dans un lieu scandaleux, pour empêcher qu'elle ne fût crue en témoignage. Pour ne rien laisser qui pût prouver son crime, il brûla le corps; et les os que le feu ne put consumer furent mis dans du mortier; car il faisait alors bâtir. Tout cela ne fut pas plus tôt fait qu'il envoya à la cour demander sa grâce, et exposa qu'ayant su que le mort cherchait à deshonorer sa femme, il lui avait souvent fait défendre sa maison; que, nonobstant cette défense, il était venu de nuit en lieu suspect pour parler à elle; et que l'ayant trouvé à la porte de la chambre de sa femme, il l'avait tué avec plus de colère que de raison.

Mais quelque diligence qu'il eût faite pour faire expédier ses lettres de grâce à la chancellerie, le duc et la duchesse, avertis par le père de ce qui venait d'arriver, firent informer monsieur le chancelier de la vérité du fait, et empêchèrent que Saint-Aignan n'obtînt ce qu'il demandait. Le malheureux, voyant cela, s'enfuit en Angleterre avec sa femme et plusieurs de ses parents. Avant que de partir, il dit à l'homicide dont il s'était servi, qu'il avait ordre exprès du roi de l'arrêter et de le faire mourir; mais qu'en considération du service qu'il lui avait rendu, il voulait lui sauver la vie. Il lui donna dix écus pour s'en aller hors du royaume, et on n'a pas entendu parler de lui depuis. Cependant le meurtre fut si bien vérifié tant par les valets du mort que par la servante qui s'était retirée aux Jacobins, et par les os qui furent trouvés dans le mortier, que le procès fut fait et parfait en l'absence de Saint-Aignan et de sa femme, qui furent condamnés à mort par contumace, leurs biens confisqués au prince, et quinze cents écus au père pour les frais du procès.

Saint-Aignan étant en Angleterre, et se voyant condamné à mort en France, sut si bien gagner par ses services la bienveillance de plusieurs grands seigneurs, et fit agir si utilement les parents de sa femme, que le roi d'Angleterre pria le roi de lui faire grâce, et de le rétablir en ses biens et honneurs. Le roi, ayant été informé de la noirceur de cette affaire, envoya le procès au roi d'Angleterre, et le pria de considérer si c'était un crime à pouvoir être pardonné, ajoutant que, dans toute l'étendue de son royaume, il n'y avait que le seul duc d'Alençon qui eût le privilège de donner grâce dans son duché. Le roi d'Angleterre ne se rendit point à ces raisons, et sollicita si pressamment la grâce de Saint-Aignan, qu'il l'obtint enfin.

Le procureur de retour chez lui, fit connaissance, pour comble de méchanceté, avec un enchanteur nommé Gallery, espérant qu'il apprendrait le moyen de s'empêcher de payer les quinze cents écus qu'il devait payer au père du mort. Pour cet effet, Saint-Aignan et sa femme s'en allèrent déguisés à Paris. Mais la femme voyant qu'il était si longtemps enfermé avec Gallery, sans lui en dire la raison, l'observa un matin, et vit que Gallery lui montrait cinq images de bois, dont trois avaient les mains pendantes, et les deux autres levées. « Il nous faut faire des images de cire comme celles-ci, disait Gallery au procureur; celles qui auront les bras pendants, seront ceux que nous ferons mourir, et celles qui les auront élevés, seront ceux de qui nous rechercherons la bienveillance. — Soit, dit le procureur. Celle-ci sera donc pour le roi, de qui je veux être aimé; et celle-ci pour M. le chancelier d'Alençon, Brinon. — Il faut, reprit Gallery, mettre les images sous l'autel où ils entendront la messe, avec des paroles que je vous apprendrai. » Le procureur venant ensuite aux images qui avaient les bras pendants, dit que l'une était pour maître Gilles du Mesnil, père du mort : bien persuadé que tant que ce vieillard vivrait, il ne cesserait de poursuivre le meurtrier de son fils. Une des femmes à bras pendants était pour madame la duchesse d'Alençon, sœur du roi, parce qu'elle aimait si fort son vieux serviteur du Mesnil, et avait connu en tant d'autres occasions la méchanceté du procureur, que, si elle ne mourait, il ne pouvait vivre. La seconde femme à bras pendants était pour sa femme, qui était la cause, disait-il, de tous ses malheurs, et qu'il savait bien qui ne se réformerait jamais. Sa femme qui voyait tout par le trou de la porte, voyant qu'il la mettait au rang des morts, songea dès lors à le prévenir. Elle avait un oncle qui était maître des requêtes du duc d'Alençon, auquel, sous prétexte de vouloir lui emprunter de l'argent, elle conta tout ce qu'elle avait vu et entendu. L'oncle, vénérable vieillard et bon serviteur du duc, alla trouver le chancelier d'Alençon, et lui communiqua tout ce qu'il venait d'apprendre. Comme le duc et la duchesse n'étaient point ce jour-là à la cour, le chancelier alla conter l'aventure à madame la régente, mère du roi, et à la duchesse, qui mirent d'abord en quête le prévôt de Paris, nommé la Barre. Le prévôt fit si bien son devoir, et le fit avec tant de diligence, que le procureur et son nécromancien furent arrêtés. Il ne fallut ni torture ni contrainte pour leur faire avouer le fait; et sur leur aveu, leur procès fut fait et rapporté au roi. Quelques-uns, qui voulurent sauver la vie aux coupables, représentèrent au roi que les accusés n'avaient pour but dans leurs enchantements que de s'acquérir ses bonnes grâces. Mais le roi, à qui la vie de sa sœur n'était pas moins chère que la sienne propre, voulut qu'ils fussent jugés comme s'ils avaient attenté à sa personne. La duchesse d'Alençon

La trouvant sans parole et sans mouvement. (Page 20.)

pria néanmoins le roi de faire grâce de la vie au procureur, et de le condamner à une grosse peine corporelle. Cela lui fut accordé, et les criminels furent envoyés aux galères, où ils finirent leurs jours, et eurent loisir de reconnaître l'atrocité de leurs crimes. La femme du procureur continua ses dérèglements en l'absence de son mari, fit pis qu'elle n'avait jamais fait, et mourut enfin misérablement.

Considérez, mesdames, je vous prie, quels désordres une méchante femme cause, et de combien de maux fut suivi le péché de celle dont il s'agit. Depuis qu'Ève fit pécher Adam, les femmes se sont mises en possession de tourmenter, de tuer et de damner les hommes. Pour moi, j'ai tant fait d'expériences de leur cruauté, que je ne mourrai que du désespoir où une m'a jeté. Encore suis-je assez fou pour confesser que cet enfer m'est plus agréable venant de sa main, que le paradis qu'une autre pourrait me donner.

Parlamente, faisant semblant de ne pas entendre que ce fût d'elle qu'il parlait, répondit : « Si l'enfer est aussi agréable que vous le dites, vous ne devez pas craindre le diable qui vous y a mis.

— Si mon diable, répliqua Simontault en colère, devenait aussi noir qu'il m'a été mauvais, il ferait autant de peur à la compagnie que je me fais de plaisir de le regarder ; mais le feu de l'amour me fait oublier le feu de cet enfer : et pour n'en dire pas davantage, je donne ma voix à madame Oysille, bien persuadé que si elle voulait dire des femmes ce qu'elle en sait, elle appuierait mon sentiment. »

Toute la compagnie se tourna de son côté, la priant de vouloir commencer ; ce qu'elle fit par ce petit préambule, qui fut précédé d'un souris :

« Il me semble, mesdames, dit-elle, que celui qui m'a donné sa voix, a tant dit de mal des femmes par l'histoire véritable qu'il vient de conter d'une malheureuse, que je dois me rappeler toutes les années de ma vie, pour trouver une femme de qui la vertu démente la mauvaise opinion qu'il a du sexe. Il m'en vient une à point nommé qui mérite de n'être pas oubliée. Je vais vous en conter l'histoire. »

NOUVELLE II

Triste et chaste mort de la femme d'un des muletiers de la reine de Navarre.

Il y avait à Amboise un muletier qui servait la reine de Navarre, sœur de François Ier. Cette princesse étant à Blois où elle avait accouché d'un prince, le muletier s'y rendit pour demander le payement de son quartier, et laissa sa femme à Amboise, dans une maison au delà des ponts. Il y avait longtemps qu'un valet de son mari l'aimait avec tant de passion, qu'il ne put s'empêcher de lui en parler un jour. Mais, comme elle avait de la vertu, elle le rabroua si aigrement, le menaçant de le faire battre et chasser par son mari, qu'il n'osa depuis lui tenir de pareils discours. Le feu de son amour, quoique étouffé, n'était pourtant pas éteint. Son maître étant donc à Blois, et sa maîtresse à vêpres à Saint-Florentin, qui est l'église du château, fort éloignée de la maison du muletier, et lui seul à la maison, il résolut d'avoir par force ce qu'il n'avait pu avoir ni par prières ni par ses services. Pour cet effet, il rompit un ais de la cloison qui séparait la chambre de sa maîtresse et celle où il couchait. Comme les rideaux du lit de son maître d'un côté, et de l'autre ceux du lit des valets couvraient la cloison, l'on ne s'aperçut point de l'ouverture qu'il avait faite. Cette pauvre femme étant couchée avec une petite fille de douze ans, et dormant profondément, comme on fait d'ordinaire au premier somme, le valet entra par l'ouverture, tout en chemise et l'épée à la main, et se mit au lit avec elle. Aussitôt qu'elle le sentit, elle se jeta hors du lit, et lui fit les remontrances qu'une femme d'honneur peut faire en pareil cas. Lui dont l'amour n'était que brutalité, et qui eût mieux entendu le langage de ses mulets que ces raisons d'honnêteté, parut plus bête que les bêtes mêmes avec lesquelles il avait été longtemps. Car voyant qu'elle courait si vite autour d'une table, qu'il ne pouvait la prendre, et d'ailleurs elle était si forte, qu'encore qu'il l'eût prise deux fois elle s'était toujours tirée de ses mains, désespérant de pouvoir jamais la prendre vive, lui donna un coup d'épée dans les reins, voyant que si la peur et la force n'avaient pu la faire rendre, la douleur le ferait. Mais ce fut tout le contraire. Car, comme un brave soldat quand il voit son sang, est plus échauffé à se venger de ses ennemis, et à acquérir de l'honneur; de même son chaste cœur reprenant de nouvelles forces, elle courut plus vite qu'auparavant pour s'empêcher de tomber entre les mains de ce malheureux, auquel elle donnait cependant les meilleures paroles qu'elle pouvait, pensant par ce moyen lui faire reconnaître sa faute. Mais il était dans une si grande fureur, qu'il n'était pas capable de profiter d'un bon conseil. Elle reçut encore plusieurs coups, quelque usage qu'elle fît de ses jambes pour les éviter tant qu'il lui resta des forces. Mais se trouvant affaiblie par la grande quantité de sang qu'elle perdait, et sentant que la mort approchait, elle leva les yeux au ciel, et joignant les mains, rendit grâces à son Dieu qu'elle nommait sa force, sa vertu, sa patience et sa chasteté, le suppliant d'agréer le sang qui, suivant son commandement, était répandu par respect pour celui de son fils, dans lequel elle était fortement persuadée que tous les péchés étaient lavés et effacés de la mémoire de sa colère. Puis s'écriant : « Seigneur, recevez l'âme que votre bonté a rachetée, » elle tomba le visage en terre, et reçut encore plusieurs coups de ce misérable. Après qu'elle eut perdu la parole et les forces, le malheureux prit par violence celle qui ne pouvait plus se défendre. Sa brutalité étant assouvie, il s'enfuit avec tant de précipitation, qu'on n'a jamais pu le trouver depuis, avec quelque diligence qu'on l'ait cherché. La jeune fille, qui était couchée avec la muletière, fut si effrayée qu'elle se cacha sous le lit ; mais voyant que l'homme était sorti, vint à sa maîtresse, et la trouvant sans parole et sans mouvement, cria par la fenêtre aux voisins de venir à son secours. Ceux qui estimaient et aimaient la muletière autant que femme de la ville, accoururent incontinent, et amenèrent avec eux des chirurgiens, qui trouvèrent qu'elle avait vingt-cinq plaies mortelles. Ils firent tout ce qu'ils purent pour la secourir ; mais il n'y eut pas moyen de la sauver. Elle languit cependant encore une heure sans parler, faisant signe des yeux et des mains, et montrant par là qu'elle n'avait pas perdu connaissance. Un homme d'église lui ayant demandé en quelle foi elle mourait, elle répondit par des signes si évidents, et aussi peu équivoques que la parole, qu'elle mettait sa confiance en la mort de Jésus-Christ, qu'elle espérait voir en sa gloire céleste. Ainsi, avec un visage tranquille et les yeux élevés au ciel, elle rendit son chaste corps à la terre, et son âme à son Créateur.

Son mari arriva dans le temps précisément qu'on allait la porter en terre, et fut bien surpris de voir sa femme morte avant que d'en avoir su aucunes nouvelles. Mais quand on lui eut dit de quelle manière elle était morte, il eut double sujet de s'affliger. Aussi sa tristesse fut-elle si grande, qu'il pensa lui en coûter la vie. Cette martyre de la chasteté fut enterrée dans l'église de Saint-Florentin. Toutes les femmes vertueuses de la ville assistèrent à sa sépulture, et lui firent autant d'honneur qu'il leur fut possible, s'estimant heureuses d'être concitoyennes d'une femme de si grande vertu. Et celles qui avaient mal vécu, voyant les honneurs qu'on faisait à la morte, se réformèrent et résolurent de mieux vivre à l'avenir.

Voilà, mesdames, une histoire véritable et bien capable de porter à la chasteté, qui est une si belle vertu. Ne devrions-nous pas mourir de honte, nous qui sommes de bonne maison, de sentir nos cœurs pleins de l'amour du monde, puisque pour l'éviter, une pauvre muletière n'a point appréhendé une mort si cruelle? Telle se croit femme de bien, qui n'a pas encore su, comme celle-ci, résister jusqu'au sang. C'est pourquoi il faut s'humilier, puisque Dieu ne fait point de grâces aux hommes, parce qu'ils sont nobles ou riches; mais suivant qu'il plaît à sa bonté, qui n'a point d'égard à l'apparence des personnes, il choisit ceux qu'il veut. Il honore de ses vertus, et couronne enfin de sa gloire ceux qu'il a élus; et souvent il choisit les choses basses et méprisées, pour confondre celles que le monde croit hautes et honorables. Ne nous réjouissons point de nos vertus, comme dit Jésus-Christ; mais réjouissons-nous de ce que nous sommes écrits dans le livre de vie.

Les dames furent si touchées de la triste et glorieuse mort de la muletière, qu'il n'y en eut pas une qui ne versât des larmes. Chacune se promettait de travailler à suivre un pareil exemple, en cas que la fortune les exposât à une pareille épreuve.

Madame Oysille voyant enfin qu'on perdait le temps à louer la morte: « Si vous ne dites quelque chose pour faire rire la compagnie, dit-elle à Saffredant, il n'y a personne de nous qui puisse oublier la faute que j'ai faite de la faire pleurer. Ainsi je vous donne ma voix. »

Saffredant, qui eût bien souhaité de dire quelque chose de bon et d'agréable à la compagnie, et surtout à une des dames, répondit que cet honneur ne lui était pas dû, et qu'il y en avait de plus âgés et de plus habiles que lui, qui devaient parler les premiers. « Mais, puisque ainsi est, ajouta-t-il, le meilleur est de se tirer d'affaire au plus tôt; car plus il y en aura qui parleront bien avant moi, plus mon tour sera difficile à remplir. »

NOUVELLE III

Un roi de Naples ayant abusé de la femme d'un gentilhomme, porte enfin lui-même les cornes.

Comme j'ai souvent souhaité d'avoir eu part à la bonne fortune de celui dont je vais vous faire un conte, je vous dirai que du temps du roi Alphonse, le prince de son siècle le plus amoureux, il y avait à Naples un gentilhomme bien fait, agréable, et en qui la nature et l'éducation avaient mis tant de perfections, qu'un vieux gentilhomme lui donna sa fille qui, pour la beauté et pour les agréments, ne cédait en rien à son mari. Ils s'aimèrent beaucoup durant les premiers mois de leur mariage. Mais le carnaval étant venu, et le roi allant en masque dans les maisons, où chacun tâchait de le recevoir de son mieux, il vint chez ce gentilhomme, et y fut mieux reçu qu'il ne l'avait été ailleurs. Les confitures, la musique, les concerts et plusieurs autres divertissements n'y furent pas oubliés ; mais ce qui plut le plus au roi, fut la femme ; la plus belle à son gré qu'il eût jamais vue. A la fin du régal, la belle chanta avec son mari, et le fit de si bon air, qu'elle en parut beaucoup plus belle. Le roi, voyant deux perfections en une même personne, prit bien moins de plaisir aux accords de son mari et d'elle, qu'à penser aux moyens de les rompre. L'amitié mutuelle qu'il y avait entre entre eux, lui paraissait un grand obstacle à son dessein. Il dissimula sa passion du mieux qu'il lui fût possible ; mais pour la soulager en quelque manière, il régalait les seigneurs et dames de Naples, et n'oubliait pas le gentilhomme et sa femme. Comme on croit aisément ce que l'on voit, et que les amants ont de bons yeux, il crut que ceux de cette dame lui promettaient quelque chose d'agréable pour l'avenir, pourvu que ceux du mari n'y fissent point d'obstacle. Pour savoir si sa conjecture était juste, il fit faire au mari un voyage à Rome de quinze jours ou trois semaines. Il ne fut pas plus tôt parti, que sa femme, qui ne l'avait pas encore perdu de vue, pour ainsi dire, fut dans une très-grande affliction. Le roi l'alla voir souvent, et la consola de son mieux par paroles obligeantes et par présents. En un mot il fit si bien, qu'elle se trouva non-seulement consolée, mais même bien aise de l'absence de son mari. Avant les trois semaines que le mari devait revenir, elle fut si amoureuse du roi, qu'elle était aussi affligée du retour de son époux qu'elle l'avait été de son départ. Pour n'être pas privée de la présence du roi, il fut convenu entre eux que quand le mari irait à la campagne elle en ferait avertir le roi, qui pourrait la venir voir en toute sûreté et si secrètement, que le mari, qu'elle respectait plus que sa conscience, ne se défiant de rien et ne sachant rien, n'en serait point blessé; espérance qui faisait beaucoup de plaisir à la belle. Le mari de retour fut si bien reçu de sa femme, qu'encore qu'il eût appris que le roi la chérissait pendant son absence, il ne le put jamais croire. Mais avec le temps ce feu qu'on cachait avec tant de peine, commença peu à peu à se faire voir, et parut si visiblement, que le mari, justement alarmé, prit si bien ses mesures qu'il n'eut presque plus aucun lieu de douter. Mais comme il craignait que celui qui lui faisait affront ne lui fît quelque chose de pis s'il remuait, il résolut de dissimuler, aimant mieux vivre avec chagrin, que d'exposer sa vie pour une femme qui ne l'aimait pas. Il songea néanmoins, dans son ressentiment, de rendre la pareille au roi, s'il était possible.

Comme il savait que l'amour attaque principalement celles qui ont le cœur grand, il se donna la liberté de dire un jour à la reine qu'il avait de la douleur que le roi son époux la traitât avec indifférence. La reine à qui il était revenu quelque chose des amours du roi et de sa femme, répondit qu'elle ne pouvait avoir l'honneur et le plaisir tout ensemble. « Je sais bien, ajouta-t-elle, que j'ai l'honneur dont une autre reçoit le plaisir; mais aussi celle qui a le plaisir n'a pas le même honneur que moi. » Lui qui comprit fort bien à qui ces paroles s'adressaient : « L'honneur est né avec vous, madame, répondit-il d'abord. Vous êtes de si bonne maison, que la qualité de reine ou d'impératrice n'ajouterait rien à votre noblesse; mais votre beauté, vos agréments et votre honnêteté méritent tant de plaisir, que celle qui vous ravit celui qui vous est dû, se fait plus de tort qu'à vous. Car, pour une gloire qui tourne à honte, elle perd autant de plaisir que vous ou femme du royaume sauriez avoir : et je puis vous dire, madame, que, la couronne à part, le roi n'est pas plus en état que moi de contenter une femme. Bien loin de cela, je suis persuadé que pour satisfaire une femme de votre mérite, le roi devrait souhaiter d'être de mon tempérament. — Quoique le roi soit d'une complexion plus délicate que vous, répondit la reine en riant, l'amour qu'il a pour moi me contente si fort, que je le préfère à toute autre chose. — Si cela est, madame, répliqua le gentilhomme, je ne vous plains plus. Je sais que si le roi avait pour vous un amour aussi épuré que celui que vous avez pour lui, vous jouiriez, au pied de la lettre, du contentement que vous dites; mais Dieu ne l'a pas voulu, et il veut vous apprendre par là que vous ne devez pas vous en faire une divinité terrestre. — Je vous avoue, dit la reine, que l'amour que j'ai pour lui est si grand, qu'il n'y a point de cœur qui puisse aimer avec tant de passion. — Permettez-moi, s'il vous plaît, de vous dire, madame, repartit le gentilhomme, que vous ne connaissez pas bien l'amour de tous les cœurs. J'ose vous assurer, madame, que tel vous aime d'un amour si parfait et si passionné, que celui que vous avez pour le roi ne peut pas entrer en comparaison. Son amour se fortifie à mesure que celui du roi s'affaiblit; et si vous le trouvez bon, madame, vous serez récompensée de reste de tout ce que vous perdez. »

La reine commença de connaître, tant à ses paroles qu'à son air, que sa langue était l'interprète de son cœur. Là-dessus elle va se rappeler qu'il cherchait depuis longtemps les occasions de lui rendre service, et les cherchait avec tant d'empressement qu'il en était devenu tout mélancolique. Elle avait d'abord cru que sa femme était la cause de sa mélancolie; mais alors elle ne douta point que tout cela ne fût pour son compte. Comme l'amour se fait sentir quand il est véritable, la reine n'eut pas de peine à démêler ce qui était un secret pour tout le monde. Le gentilhomme donc lui paraissant plus aimable que son mari, considérant d'ailleurs qu'il était abandonné de sa femme comme elle l'était de son mari, animée de dépit et de jalousie contre son époux, et d'amour pour le gentilhomme : « Faut-il, ô Dieu! dit-elle en soupirant et les larmes aux yeux, que la vengeance fasse en moi ce que l'amour n'a jamais pu faire! » Le gentilhomme, qui comprit fort bien le sens de cette exclamation, répliqua : « La vengeance est douce, madame, lorsqu'au lieu de tuer son ennemi, on donne la vie à un véritable ami. Il me semble qu'il est temps que la vérité vous guérisse de l'amour peu raisonnable que vous avez pour une personne qui n'en a point pour vous; et qu'un amour juste et bien fondé chasse la crainte qui est fort mal logée dans un cœur aussi grand et aussi vertueux que l'est le vôtre. Mettons à part, madame, votre qualité de reine, et considérons que vous et moi sommes les deux personnes du monde les plus indignement dupées et trahies de ceux que nous avons le plus parfaitement aimés. Vengeons-nous, madame, moins pour leur rendre ce qu'ils nous prêtent, que pour satisfaire à l'amour qui, de mon côté, ne saurait aller plus loin, à moins qu'il ne m'en coûte la vie. Si vous n'avez le cœur plus dur qu'un diamant, vous devez sentir quelque étincelle d'un feu qui s'augmente à mesure que je fais des efforts pour le cacher. Je souffre parce que je vous aime. Aimez-moi par pitié, ou du moins par ressentiment. Votre mérite est si parfait qu'il est digne du cœur de tout ce qu'il y a d'honnêtes gens; cependant vous êtes méprisée et abandonnée de celui pour qui vous avez abandonné tous les autres. »

Ces paroles causèrent à la reine de si violents transports que, pour cacher le trouble de son esprit, elle prit le gentilhomme par le bras et le mena dans un jardin près de sa chambre, où elle fut longtemps à se promener sans pouvoir lui dire un seul mot. Mais le gentilhomme la voyant demi vaincue, ne fut pas plus tôt au bout d'une allée, où personne ne pouvait les voir, qu'il l'entretint de la

Ce bois convient fort bien à cette maison. (Page 26.)

bonne sorte de la passion dont il lui avait fait un si long secret. Comme ils se trouvèrent tous deux d'accord, ils se vengèrent par représailles; et il fut arrêté que toutes les fois que le roi irait voir la femme du gentilhomme, le gentilhomme viendrait voir la reine. Ainsi trompant les trompeurs, ils furent quatre à partager le plaisir dont deux s'imaginaient jouir seuls. Cela étant fait, chacun se retira, la reine dans sa chambre, et le gentilhomme chez lui, tous deux si contents, qu'ils ne se souvenaient plus de leurs déplaisirs passés. Le gentilhomme, bien loin d'avoir peur que le roi allât voir sa femme, souhaitait au contraire qu'il la vît; et pour lui en donner occasion, il allait à la campagne plus souvent qu'à l'ordinaire. Le roi n'était pas plus tôt averti qu'il était à son village, qui n'était qu'à demi-lieue de la ville, qu'il allait trouver la belle; et la nuit n'était pas plus tôt venue, que le gentilhomme de son côté se rendait auprès de la reine, où il faisait l'office de lieutenant du roi si secrètement, que jamais personne ne s'en aperçut. Ce commerce dura longtemps; mais quelque soin que le roi pût prendre pour cacher ses amours, tout le monde en fut informé. Les honnêtes gens plaignaient beaucoup le gentilhomme, duquel plusieurs mauvais plaisants se moquaient, et lui faisaient les cornes par derrière, de quoi il s'apercevait fort bien. Mais il était si aise qu'on se moquât de lui de cette manière, qu'il estimait autant les cornes que la couronne du roi. Ce prince étant avec la femme du gentilhomme, ne put un jour s'empêcher de dire en riant, devant le gentilhomme même, au sujet d'un bois de cerf qui était attaché dans la maison : *Ce bois convient fort bien à cette maison*. Le gentilhomme qui n'avait pas moins de cœur que le roi, fit écrire sur ce bois : *Io porto la corna, si asun le vede; ma tal le porta chi no le crede*. Le roi retournant chez le gentilhomme, et y trouvant ce nouvel écriteau, lui en demanda l'explication : « *Si le cerf*, répondit le gentilhomme, *ne sait pas le secret du roi, il n'est pas juste que le roi sache le secret du cerf*. Contentez-vous de savoir, sire, que tous ceux qui portent les cornes, n'ont pas le bonnet hors de la tête; que les cornes sont si douces, qu'elles ne décoiffent personne; et que tel les porte qui ne croit pas les porter... » Le roi vit bien par là qu'il savait quelque chose de ses affaires; mais il ne soupçonna jamais ni la reine ni lui. Cette princesse joua fort bien son rôle; car plus elle était contente de la conduite de son époux, plus feignait-elle d'en être mal satisfaite. Aussi vécurent-ils de part et d'autre en bonne amitié, jusqu'à ce que la vieillesse vint traverser leurs mutuels plaisirs. »

Voilà une histoire, mesdames, que je vous propose volontiers en exemple, afin que quand vos maris vous donneront des cornes, vous leur en donniez aussi.

— Je suis fort assurée, Saffredant, dit alors Émarsuite en riant, que si vous aimiez comme vous avez fait autrefois, vous souffririez des cornes aussi grandes qu'un chêne, pour en donner une à votre gré; mais aujourd'hui que vos cheveux commencent à grisonner, il est temps de faire trêve à vos désirs.

— Quoique celle que j'aime, mademoiselle, ne me laisse aucune espérance, répliqua Saffredant, et que l'âge ait épuisé mes forces, le désir me reste encore tout entier. Mais puisque vous me censurez d'un si honnête désir, vous conterez, s'il vous plaît, la quatrième nouvelle; et nous verrons si vous trouverez quelque exemple qui puisse me démentir.

Une de la compagnie, qui savait que celle qui prenait les paroles de Saffredant à son avantage, n'en était pas assez aimée pour qu'il eût voulu porter des cornes de sa façon, ne put s'empêcher de rire de la manière avec laquelle elle les avait relatées.

Saffredant, qui sentit que la rieuse était au fait, en fut fort aise, et laissa parler Émarsuite.

— Pour faire voir, mesdames, à Saffredant et à toute la compagnie, dit alors Émarsuite, que toutes les femmes ne sont pas faites comme la reine dont il vient de parler, et que tous les téméraires ne sont pas heureux, je vais vous entretenir de l'aventure d'une dame qui jugea que le dépit d'échouer en amour était plus difficile à soutenir que la mort même. Je ne nommerai point les personnes, parce que l'histoire est si nouvelle, que je ne manquerais pas de me faire des affaires avec leurs parents.

NOUVELLE IV

Téméraire entreprise d'un gentilhomme contre une princesse de Flandres, et la honte qu'il en reçut.

Il y avait en Flandres une dame de la meilleure maison du pays, veuve pour la seconde fois, et n'ayant jamais eu d'enfants. Durant son veuvage elle se retira chez son frère, qui l'aimait beaucoup, et qui était un fort grand seigneur, étant marié à une des filles du roi. Ce jeune prince donnait fort au plaisir, et aimait la chasse, les divertissements et les dames, comme font d'ordinaire les jeunes gens. Il avait une femme de fort mauvaise humeur et qui ne s'accommodait point des divertissements de son époux. Comme la sœur était fort enjouée, et néanmoins fort sage et fort vertueuse, elle accompagnait toujours le prince partout où il menait son épouse. Il y avait à la cour du prince un gentilhomme qui surpassait tous les autres courtisans en taille, en beauté et en bonne mine. Ce cavalier, voyant que la sœur de son maître était une femme enjouée et qui riait volontiers, crut qu'il devait tenter si un amant honnête homme serait de son goût; mais il trouva tout le contraire de ce que l'enjouement de la belle veuve lui avait fait espérer. Cependant, en faveur de sa bonne mine et de son honnêteté, elle fit grâce à son audace, et lui faisait même connaître qu'elle n'était pas fâchée qu'il lui parlât, l'avertissant au reste de ne lui plus tenir le même langage; ce qu'il lui promit, pour ne pas perdre le plaisir et l'honneur de l'entretenir. Mais sa passion augmentant avec le temps, il oublia sa promesse : cependant il n'eut point recours aux paroles, car l'expérience lui avait appris qu'elle savait faire des réponses sages. Il crut enfin qu'étant veuve, jeune, vigoureuse et de bonne humeur, elle aurait peut-être pitié de lui et d'elle, s'il pouvait la trouver en lieu qui fût à son avantage. Pour cet effet, il fit entendre au prince qu'il avait une maison qui était un fort bel endroit pour la chasse; et que s'il lui plaisait d'y venir courre trois ou quatre cerfs dans la belle saison, il aurait le plus grand plaisir qu'il eût jamais eu. Le prince, soit qu'il aimât le gentilhomme, ou qu'il fût bien aise de prendre le plaisir de la chasse, lui promit d'aller chez lui, et lui tint parole. Il trouva une belle maison, et en aussi bon ordre que si elle eût appartenu au plus riche gentilhomme du pays. Il logea celle qu'il aimait plus que soi-même dans un appartement qui était vis-à-vis de celui qu'il avait donné au prince et à la princesse. La chambre de la belle veuve était si bien tapissée par le haut, et si bien nattée par le bas, qu'il était impossible de s'apercevoir d'une trappe qu'il avait ménagée dans la ruelle et descendait dans la chambre de la mère du cavalier, femme âgée et infirme. Comme la bonne femme toussait beaucoup et qu'elle craignait que le bruit de sa toux n'incommodât la princesse, elle changea de chambre avec son fils. Il ne se passait point de soir que la vieille dame ne portât des confitures à la belle veuve. Son fils ne manquait pas de l'y accompagner : et comme il était fort aimé du frère, il lui était permis de se trouver au coucher et au lever de la sœur, où il trouvait toujours de quoi augmenter son amour. Il fut un soir si tard avec la princesse, que, voyant qu'elle s'endormait, il fut contraint de la laisser, et de se retirer dans sa chambre. Il prit la plus belle chemise et la mieux parfumée qu'il eût, et un bonnet de nuit si propre et si riche qu'il n'y manquait rien; puis se regardant au miroir, il fut si content de soi-même, qu'il crut qu'il n'y avait point de dame qui pût tenir contre sa beauté et sa bonne mine. Se promettant donc des merveilles de son entreprise, il se mit dans son lit, où il ne croyait pas faire un long séjour, parce qu'il espérait d'en avoir un meilleur et un plus agréable.

Il n'eut pas plus tôt congédié ses gens, qu'il se leva et ferma la porte. Il fut longtemps à écouter s'il n'entendrait point de bruit à la chambre de la princesse, qui, comme on a déjà dit, était au-dessus de la sienne. Quand il put s'assurer que tout dormait, il se mit en devoir de commencer sa belle entreprise, et abattit peu à peu la trappe, qui était si bien faite et si bien garnie de drap, qu'il ne fit pas le moindre bruit. Ayant monté par là dans la ruelle de la princesse qui dormait profondément, il se coucha sans cérémonie auprès d'elle, sans avoir égard ni aux obligations qu'il lui avait, ni à la maison dont elle était, et sans en avoir au préalable son consentement. Elle le sentit plus tôt entre ses bras qu'elle ne s'aperçut de son arrivée. Mais comme elle était forte, elle se débarrassa de ses mains, et en lui demandant qui il était; elle se servit si bien de ses mains et de ses ongles, que craignant qu'elle ne criât au secours, il se mit en devoir de lui fermer la bouche avec la couverture; mais il n'en put jamais venir à bout. Car, comme elle vit qu'il faisait de son mieux pour la déshonorer, elle fit de son mieux pour s'en défendre, et appela de toute sa force sa dame d'honneur qui couchait dans sa chambre; femme âgée et fort sage, qui courut en chemise au secours de sa maîtresse.

Le gentilhomme se voyant découvert, eut tant de peur d'être reconnu, qu'il descendit par la trappe le plus vite qu'il put. Son désespoir de s'en retourner en si mauvais état ne fut pas moins grand qu'avait été le désir et la confiance d'être bien reçu. Il retrouva sur sa table sa chandelle et son miroir, et se vit le visage tout sanglant d'égratignures et de morsures. Le sang ruisselant sur sa belle chemise, qui était plus sanglante que dorée. « Te voilà, beauté cruelle, récompensée de ton mérite, dit alors l'infortuné. Tes vaines promesses m'ont fait entreprendre une chose impossible, et qui, bien loin d'augmenter mon bonheur, sera peut-être un surcroît de malheur. De quoi deviendrai-je, si elle sait que contre ma promesse j'ai fait cette folie ? Le moins qu'il m'en puisse arriver est d'être banni de sa présence. Devais-je employer la fraude pour ravir un bien que ma naissance et ma bonne mine pouvaient me faire obtenir par des voies légitimes ? Est-ce par violence que je devais me rendre maître de son cœur ? Ne devais-je pas attendre au contraire que l'amour m'en mît en possession pour récompenser ma patience et mes longs services ? car sans amour à quoi aboutissent la vertu et le crédit d'un amant ? » Le reste de la nuit se passa à faire ces tristes réflexions, qui furent interrompues par des larmes, des regrets et des doléances qui ne peuvent s'exprimer. Le matin venu, le gentilhomme fit le malade, pour cacher le désordre de son visage, faisant semblant de ne pouvoir souffrir la lumière jusqu'à ce que la compagnie fût sortie. La dame, persuadée qu'il n'y avait personne à la cour capable de faire un coup si méchant et si déterminé que celui qui avait eu la hardiesse de lui déclarer son amour, visita la chambre avec sa dame d'honneur ; mais ne trouvant point d'endroit par où l'on pût être venu, elle se mit en grosse colère. « Soyez assurée, dit-elle à la dame d'honneur, que le seigneur de cette maison a fait le coup. Mais je m'en vengerai, et l'autorité de mon frère immolera sa tête à ma chasteté. » La dame d'honneur voyant ses transports : « Je suis ravie, madame, lui dit-elle, que l'honneur vous soit si précieux, que de ne vouloir pas épargner la vie d'un homme qui l'a exposée par un excès d'amour ; mais en cela comme en autre chose, tel recule souvent en pensant avancer. Dites-moi donc, madame, la pure vérité. A-t-il eu quelque chose de vous ? — Rien, je vous assure, répondit la belle veuve, que des égratignures et des coups de poing ; et à moins qu'il n'ait trouvé un bon chirurgien, je suis persuadée que nous en verrons demain des marques. — Cela étant, madame, répliqua la dame d'honneur, il me semble que vous devez plutôt louer Dieu, que de penser à vous venger. Puisqu'il a eu le cœur de tenter une pareille entreprise, le dépit de n'y avoir pas réussi lui sera plus sensible que la mort même. Voulez-vous être vengée d'une manière qui vous fasse honneur ? abandonnez-le à son amour et à sa honte, qui sauront bien mieux le faire souffrir que vous. Ne tombez pas, madame, dans l'inconvénient où il s'est jeté. Il s'était promis le plus doux de tous les plaisirs, et il s'est précipité dans la plus cruelle douleur où l'on puisse jamais tomber. Profitez de son exemple, madame, et ne diminuez point votre gloire en pensant l'augmenter. Si vous vous plaignez de l'aventure, vous allez publier ce que personne ne sait ; car vous pouvez compter que de son côté ce sera un secret éternel. Supposez que le prince vous fasse la justice que vous demandez, et qu'il en coûte la vie au gentilhomme, on dira que vous l'avez sacrifié après lui avoir tout accordé : et la plupart des gens croiront difficilement qu'il eût fait une pareille entreprise, si vous ne l'y aviez encouragé. Vous êtes belle, jeune et enjouée. Toute la cour sait que vous recevez bien le gentilhomme que vous soupçonnez : ainsi chacun jugera qu'il n'a entrepris cela que parce que vous l'avez bien voulu. Votre honneur qui n'a souffert jusqu'ici aucune atteinte, deviendra pour le moins douteux dans tous les lieux où l'aventure sera contée. »

La princesse se rendit à de si bonnes raisons, et demanda à sa dame d'honneur ce qu'elle devait faire. « Puisque vous trouvez bon, madame, répondit la demoiselle, que je vous parle avec liberté et avec le zèle que j'ai toujours eu pour vous, je vous dirai qu'il me semble que vous devez avoir une véritable joie, que l'homme le mieux fait que je connaisse, n'ait pu ni par amour ni par violence vous détourner du chemin de la vertu. Cela doit, madame, vous obliger à vous humilier devant Dieu, et à reconnaître que c'est son ouvrage et non pas le vôtre. En effet, plusieurs femmes ont vécu avec plus d'autorité que vous, et n'ont pas laissé de se rendre à des hommes qui ne méritaient pas si bien d'être aimés que lui. Vous devez être plus en garde que jamais contre tout ce qui s'appelle discours tendres, et considérer que plusieurs ont résisté aux premières attaques, qui ont succombé aux secondes. Souvenez-vous, madame, que l'amour est aveugle, et qu'il aveugle de manière qu'on croit n'avoir rien à craindre, lors même qu'on est le plus exposé. Il me semble donc, madame, que vous ne devez dire à personne ce qui vous est arrivé ; et quand même il voudrait vous en parler, faites semblant de ne pas entendre. Par là vous éviterez deux inconvénients : l'un est la vaine gloire de la victoire que vous avez remportée ; l'autre, le plaisir que vous pourriez prendre de vous souvenir de choses si agréables à la chair, que les plus chastes ont bien de la peine, quelques efforts qu'elles fassent, à s'empêcher d'en sentir quelque chose. D'un autre côté, madame, afin qu'il ne croie pas que ce qu'il a fait soit de votre goût, je suis d'avis que vous lui fassiez sentir sa folie, en lui retranchant peu à peu quelque chose du bon accueil que vous aviez coutume de lui faire. Il sentira en même temps que vous avez bien de la bonté de vous contenter de votre victoire, et de renoncer à la vengeance. Dieu vous fasse la grâce madame, de persévérer dans la vertu qu'il a mise en vous, et que, reconnaissant, qu'il est le principe de tous les biens, vous l'aimiez et le serviez à l'avenir mieux que vous n'avez fait jusqu'ici. »

« La princesse suivit le conseil de sa demoiselle, et dormit le reste de la nuit avec autant de tranquillité que le gentilhomme veilla avec trouble et inquiétude. Le lendemain le prince voulant s'en retourner, demanda son hôte. On lui dit qu'il était si malade qu'il ne pouvait voir la lumière, ni entendre parler personne. Le prince en fut surpris, et voulut l'aller voir ; mais ayant appris qu'il reposait, et ne voulant pas l'éveiller, il partit sans lui dire adieu, avec sa femme et sa sœur. Celle-ci concluant que les marques qu'elle avait faites au gentilhomme, et qu'il ne voulait pas faire voir, étaient le véritable motif de sa maladie, n'eut plus aucun doute que ce ne fût lui qui lui avait fait la pièce. Le prince lui manda souvent de revenir à la cour ; mais il n'obéit qu'après qu'il fut bien guéri de toutes ses blessures, à la réserve de celles que l'amour et le dépit lui avaient faites au cœur. De retour à la cour, il parut tout autre, et ne put, sans rougir, soutenir la présence de sa charmante ennemie. Quoiqu'il fût le plus hardi de toute la cour, il fut si déconcerté, qu'il parut souvent devant elle tout décontenancé ; nouvelle preuve que les soupçons de la belle étaient bien fondés. Aussi rompit-elle avec lui peu à peu. Quelque adroitement qu'elle pût le faire, il ne laissa pas de s'en apercevoir ; mais il n'osa pas le témoigner, de peur de pis. Il garda son amour dans le cœur, et souffrit patiemment une disgrâce qu'il avait bien méritée.

Voilà, mesdames, une histoire qui doit faire peur à ceux qui veulent s'emparer de ce qui ne leur appartient pas, et relever le courage aux dames par la considération de la vertu de la jeune princesse, et du bon sens de sa demoiselle. Si pareille chose arrivait à quelqu'une de vous, le remède est tout trouvé.

— Il me semble, dit Hircan, que le gentilhomme dont vous venez de parler avait si peu de cœur, qu'il ne méritait pas qu'on lui fît honneur de révéler son aventure. Puisqu'il avait une si belle occasion, rien ne devait l'empêcher d'en profiter. Il n'était pas bien amoureux, puisque la crainte de la mort et de la honte trouva place dans son cœur.

— Et qu'eût fait le pauvre gentilhomme contre deux femmes ? dit alors Nomerfide.

— Il fallait tuer la vieille, répliqua Hircan ; et la jeune, se voyant seule, aurait été demi vaincue.

— Tuer ! repartit Nomerfide : vous voudriez donc faire un meurtrier d'un amant ? De l'humeur dont vous êtes, on doit craindre de tomber entre vos mains ?

— Si j'avais poussé les choses si loin, continua Hircan, je me croirais perdu de réputation si je n'en venais pas à la conclusion.

— Trouvez-vous étrange, dit alors Guebron, qu'une princesse élevée à la vertu soit difficile à prendre à un seul homme ? Vous seriez donc bien surpris si l'on vous disait qu'une femme du commun a échappé à deux hommes ?

— Guebron, dit Émarsuite, je vous donne ma voix pour dire la cinquième nouvelle. Je suis trompée si vous n'en savez quelqu'une de cette pauvre femme, qui ne déplaira pas à la compagnie.

CONTES DE LA REINE DE NAVARRE.

Pendant que le mari avait l'œil fermé. (Page 38.)

—Puisque ainsi est, répondit Guebron, je vais vous conter une histoire que je tiens pour véritable, parce que je m'en suis informé sur les lieux. Vous verrez par là que les princesses ne sont pas les seules sages et les seules vertueuses; et que ceux qui passent souvent pour fort amoureux et fort fins, ne le sont pas autant qu'on pense.

NOUVELLE V

Une batelière échappa à deux cordeliers qui voulaient la forcer, et fit si bien que leur crime fut su de tout le monde.

Il y avait, au port à Coulon près de Niort, une batelière qui ne faisait jour et nuit que passer des gens. Deux cordeliers de Niort passèrent seuls la rivière avec elle. Comme le trajet est un des plus larges qu'il y ait en France, de peur qu'elle ne s'ennuyât, ils s'avisèrent de lui parler d'amour. Elle fit à cela la réponse qu'elle devait. Mais les bons pères qui n'étaient ni fatigués du travail du passage, ni refroidis de la froideur de l'eau, ni honteux du refus de la femme, résolurent de la forcer, ou de la jeter dans la rivière, si elle faisait la fâcheuse. Elle, aussi sage et aussi fine qu'ils étaient fous et malins, leur dit : « Je ne suis pas si difficile que vous pourriez croire ; mais, je vous prie, accordez-moi deux choses, et vous verrez que j'ai plus d'envie de vous satisfaire, que vous n'en avez d'être satisfaits. » Les cordeliers jurèrent par leur bon saint François, qu'il n'y avait rien qu'ils ne lui accordassent pour avoir d'elle ce qu'ils souhaitaient. « Je vous demande premièrement, dit-elle, que vous me promettiez et juriez, qu'homme vivant ne saura jamais de vous ce qui se passera entre nous. » Ce qu'ils firent très-volontiers. « Je demande en second lieu d'avoir affaire à moi l'un après l'autre ; car je serais trop honteuse si cela se faisait en présence de vous deux. Convenez entre vous qui m'aura le premier. » Cela fut trouvé juste, et le plus jeune donna la préférence au plus vieux.

En approchant d'une petite île, elle dit au jeune cordelier : « Faites là vos oraisons, tandis que votre camarade et moi passerons dans une autre île. Si au retour il se trouve bien de moi, nous le laisserons ici, et nous nous en irons ensemble. » Le jeune sauta d'abord dans l'île en attendant le retour de son compagnon, que la batelière mena à une autre île. Quand ils furent arrivés, elle fit semblant d'attacher son bateau, et dit au moine : « Voyez, je vous prie, où nous pourrons nous mettre. » Le cordelier mit bonnement pied à terre pour chercher un lieu commode. Il n'y fut pas plus tôt, que, donnant du pied contre un arbre, elle reprit le large, et laissa les bons pères auxquels elle fit force huées. « Attendez, messieurs, leur disait-elle, que l'ange de Dieu vienne vous consoler ; car pour aujourd'hui vous n'aurez rien de moi. » Les cordeliers se voyant dupés, se mirent à genoux sur le rivage, lui demandant par grâce de ne leur point faire cet affront, et de les mener au port, avec promesse qu'ils ne lui demanderaient rien. « Je serais bien folle, leur disait-elle toujours chemin faisant, de me remettre entre vos mains, puisque je m'en suis tirée. »

De retour à son village, elle dit à son mari ce qui s'était passé, et avertit la justice de venir prendre deux loups dont elle avait su éviter la dent. La justice y alla si bien accompagnée, qu'il n'y eut petit ni grand qui ne voulût avoir part à cette chasse. Les pauvres moines voyant venir si grosse compagnie, se cachèrent chacun dans son île, comme fit Adam devant Dieu, après qu'il eut mangé la pomme. La honte leur fit envisager la grandeur de leur péché ; et la peur d'être punis les effrayait si fort, qu'ils paraissaient demi-morts. Cela n'empêcha pas qu'ils ne fussent pris et menés prisonniers ; ce qui ne se fit pas sans être moqués et hués des hommes et des femmes. « Ces bons pères, disaient les uns, nous prêchent la chasteté, et veulent forcer nos femmes. — Ils n'osent toucher l'argent, disait le mari ; mais ils veulent bien manier les cuisses des femmes, quoiqu'elles soient plus dangereuses. — Ce sont des tombeaux, disaient les autres, dont les dehors sont blanchis ; mais le dedans est plein de pourriture. — A leurs fruits, s'écriait un autre, vous connaissez la nature de ces arbres. » Tous les passages de l'Écriture contre les hypocrites furent cités contre les pauvres prisonniers. Le prieur vint enfin à leur secours, les demanda et les eut, assurant le magistrat qu'il les punirait plus rigoureusement que la justice séculière ne saurait faire. Pour réparation aux parties intéressées, le prieur promit qu'ils diraient autant de messes et de prières qu'on souhaiterait. Le magistrat se contenta de cela, et rendit les prisonniers. Comme le gardien était homme de bien, ils en furent chapitrés de manière que jamais ils ne passèrent depuis la rivière sans faire le signe de la croix et se recommander à Dieu.

Si cette batelière eut l'esprit de tromper deux hommes si malins, que doivent faire ceux qui ont vu et lu tant de beaux exemples ? Si celles qui ne savent rien, et qui n'entendent qu'à peine deux bons sermons par an, qui n'ont le loisir que de penser à gagner leur vie, gardent leur chasteté avec soin, que ne doivent point faire celles qui, ayant leur vie gagnée, ne s'occupent qu'à lire les saintes Lettres, à entendre des prédications, et à s'exercer à toutes sortes de vertus ? C'est à cela qu'on connaît que le cœur est véritablement vertueux ; car plus l'homme est simple et peu éclairé, plus sont grands les ouvrages de l'Esprit de Dieu. Malheureuse la dame qui ne conserve pas avec soin le trésor qui lui fait tant d'honneur étant bien gardé, et tant de déshonneur au contraire quand elle le garde mal ?

— Il me semble, Guebron, dit Longarine, qu'il ne faut pas avoir beaucoup de vertu pour refuser un cordelier. Il me semble au contraire qu'il serait impossible d'aimer ces sortes de gens.

— Celles qui ne sont pas accoutumées, répliqua Guebron, d'avoir des amants comme vous en avez, ne méprisent pas tant les cordeliers. Ils sont bien faits, vigoureux, gens de relais, parlant comme des anges, et la plupart importuns comme des diables. Ainsi les grisettes qui échappent de leurs mains ont bien de la vertu.

— Oh! par ma foi, dit alors Nomerfide en haussant la voix, vous en direz tout ce que vous voudrez; mais j'aurais mieux aimé qu'on m'eût jetée dans la rivière, que de coucher avec un cordelier.

— Vous savez donc nager? repartit Oysille en riant.

Nomerfide ne trouva pas cela bon, et croyant qu'elle ne lui faisait pas toute la justice qu'elle méritait, elle répondit avec chaleur : « Il y en a qui ont refusé des gens qui valent mieux que des cordeliers, sans en faire sonner la trompette.

— Encore moins ont-ils fait battre le tambour de ce qu'ils ont fait, reprit Oysille, qui riait de la voir fâchée.

— Je vois bien, dit alors Parlamente, que Simontault a envie de parler. Je lui donne ma voix, parce que je vois à son air qu'après deux tristes nouvelles, il ne manquera pas de nous en conter une qui ne nous fera point pleurer.

— Je vous remercie, répondit Simontault, car en me donnant votre voix, peu s'en faut que vous ne m'appeliez plaisant; qualité que je n'aime pas. Pour m'en venger, je vais vous montrer qu'il y a des femmes qui font les chastes à l'égard de certaines gens et pour quelque temps, qui sont néanmoins dans le fond telles que va vous représenter l'histoire véritable que vous allez entendre.

NOUVELLE VI

Stratagème d'une femme qui fit évader son galant, lorsque son mari, qui était borgne, croyait le surprendre avec elle.

CHARLES, dernier duc d'Alençon, avait un valet de chambre borgne, qui se maria avec une femme beaucoup plus jeune que lui. Le duc et la duchesse aimaient ce valet autant que domestique de cet ordre qui fût en leur maison, ce qui était cause qu'il ne pouvait aller voir sa femme aussi souvent qu'il l'eût voulu. La femme, qui ne s'accommodait pas d'une si longue absence, oublia tellement son honneur et sa conscience, qu'elle s'amouracha d'un jeune gentilhomme du voisinage. On en parla enfin, et le bruit en fut si grand, qu'il parvint jusqu'au mari, qui ne pouvait le croire, tant sa femme lui témoignait d'amitié. Il résolut néanmoins, un jour, de savoir ce qui en était, et de se venger, s'il pouvait, de celui qui lui faisait cet affront. Pour cet effet, il feignit d'aller en quelque lieu près de là pour deux ou trois jours seulement. Il ne fut pas plus tôt parti, que sa femme envoya quérir le galant. A peine avaient-ils été demi-heure ensemble, que le mari arrive, et heurte de toute sa force. La belle, qui connut bien que c'était son mari, le dit à son amant, qui en fut si étonné, qu'il eût voulu être encore au ventre de sa mère. Comme il pestait contre elle et contre l'amour qui l'avaient exposé à un tel danger, la belle le rassura, et lui dit de ne se mettre point en peine; qu'elle trouverait moyen de le tirer d'affaire sans qu'il lui en coûtât rien, et qu'il n'avait qu'à s'habiller le plus promptement qu'il pourrait. Le mari cependant heurtait toujours, et appelait sa femme à tue-tête; mais elle faisait semblant de ne le pas connaître: « Que ne vous levez-vous, disait-elle tout haut au valet, pour aller faire taire ceux qui font tant de bruit à la porte? Est-il heure de venir chez des gens d'honneur? Si mon mari était ici, il vous en empêcherait bien. » Le mari entendant la voix de sa femme, l'appela de toute sa force, et criant: « Ma femme, ouvrez-moi: me ferez-vous demeurer à la porte jusqu'au jour? » Quand elle vit que son amant était prêt à sortir: « O mon mari, dit-elle à son époux, que je suis aise que vous soyez venu! Mon esprit s'occupait à un songe qui me faisait le plus grand plaisir que j'aie reçu de ma vie. Il me semblait que votre œil était devenu bon. » Sur cela elle l'embrassa et le baisa, et le prenant par la tête, elle lui fermait d'une main son bon œil, et lui demandait s'il ne voyait pas mieux que de coutume ? Pendant que le mari avait l'œil fermé, le galant s'évada. Le mari s'en défia et lui dit : « Je ne vous observerai plus, ma femme : je croyais vous tromper ; mais j'ai été la dupe, et vous m'avez fait le tour le plus fin qui ait jamais été inventé. Dieu veuille vous convertir ; car il n'y a point d'homme qui puisse ramener une méchante femme, à moins que de la faire mourir. Mais puisque les égards que j'ai eus pour vous n'ont pu vous rendre plus sage, peut-être que le mépris avec lequel je veux désormais vous regarder, vous sera plus sensible et produira un meilleur effet. » Après cela il s'en alla, et la laissa bien étonnée. Cependant les sollicitations des parents et des amis, les excuses et les larmes de la femme l'obligèrent de revenir encore avec elle.

Vous voyez par là, mesdames, combien une femme est habile à se tirer d'un mauvais pas. Si pour cacher un mal elle trouve promptement un expédient, je crois qu'elle serait encore plus prompte et plus ingénieuse pour trouver moyen de s'empêcher de faire un bien ; car, comme j'ai entendu dire, le bon esprit est toujours le plus fort.

— Vous parlerez de finesses tant que vous voudrez, dit Hircan ; mais je crois que si la même chose vous eût arrivé, vous n'auriez su la cacher.

— J'aimerais autant, répondit Nomerfide, que vous disiez tout net que je suis la plus sotte femme du monde.

— Je ne dis pas cela, répliqua Hircan ; mais je vous regarde comme une femme plus propre à s'alarmer d'un bruit, qu'à trouver finement moyen de le faire cesser.

— Il vous semble, repartit Nomerfide, que tout le monde est fait comme vous, qui, pour étouffer un bruit, en faites courir un autre. Il est à craindre que la couverture ne ruine enfin sa compagnie, et que le fondement ne soit si chargé de couvertures, que l'édifice n'en soit renversé. Mais quoique vous passiez pour un homme fort fin, si vous croyez que les hommes aient plus de finesse que les femmes, je vous cède mon rang pour nous en conter quelqu'autre. Et même pour nous apprendre bien des malices, vous n'avez qu'à vous proposer pour exemple.

— Je ne suis pas ici, répondit Hircan, pour me faire pire que je ne suis, quoiqu'il y en ait qui en disent plus que je ne voudrais. En disant cela, il regarda sa femme.

— Que je ne vous empêche point, lui dit-elle d'abord, de dire la vérité : j'aime mieux vous entendre conter vos finesses, que de vous les voir faire ; mais soyez assuré que rien ne peut diminuer l'amour que j'ai pour vous.

— Aussi ne me plains-je pas, repartit Hircan, des faux jugements que vous avez faits de moi. Ainsi, puisque nous nous connaissons l'un l'autre, nous n'en serons que plus tranquilles à l'avenir. Mais je ne suis pas homme à conter de moi une histoire dont la vérité puisse vous chagriner. Toutefois, j'en dirai une d'une personne qui était bien de mes amis.

NOUVELLE VII

Un marchand de Paris trompa la mère de sa maîtresse pour lui cacher ses amours.

Il y avait à Paris un marchand de vin amoureux d'une fille de son voisinage, ou, pour mieux dire, plus aimé d'elle qu'elle ne l'était de lui : car il ne faisait semblant de l'aimer que pour cacher une autre amourette plus relevée et plus honorable. Mais elle, qui voulait bien être trompée, l'aimait tant qu'elle oublia la manière avec laquelle les femmes ont coutume de refuser les hommes. Le marchand, après s'être longtemps donné la peine d'aller dans les lieux où il pouvait la trouver, la faisait venir à son tour où il voulait. La mère, qui était une honnête femme, s'en aperçut, et défendit à sa fille, sous peine du couvent, de ne jamais parler à ce marchand ; mais la fille, qui aimait plus le marchand qu'elle ne craignait sa mère, fit encore pis qu'auparavant. La fille étant un jour seule en une garde-robe, le marchand entra. Trouvant la belle en un lieu commode, il se mit en devoir de l'entretenir de choses où il ne faut point de témoins. Une servante qui avait vu entrer le galant, courut le dire à la mère, qui vint au plus vite interrompre l'entretien. La fille l'entendant venir, dit au marchand, les larmes aux yeux : « L'amour que j'ai pour vous, mon ami, va me coûter bon. Voici ma mère qui va se convaincre de ce qu'elle a toujours craint. » Le marchand, sans s'étonner, quitte incontinent la fille, va au devant de la mère, lui saute au col, l'embrasse le plus fort qu'il peut, et avec la fureur où la fille l'avait déjà mis, il jeta la bonne femme sur un petit lit. La pauvre vieille fut si surprise de cette manière d'agir, qu'elle ne savait que lui dire, sinon : « Que voulez-vous faire ? rêvez-vous ? » Tout cela n'était pas capable de lui faire lâcher prise, comme si c'eût été la plus belle fille du monde ; et, sans qu'elle cria, et qu'à son cri les valets et les servantes vinrent à son secours, elle aurait passé par où elle craignait que sa fille passât. Les domestiques tirèrent la bonne femme à force de bras d'entre les mains du marchand, sans que la pauvre créature ait jamais su, ni pu savoir pourquoi il l'avait ainsi tourmentée. Durant ce grabuge, la fille se sauva chez une de ses voisines, où il y avait noce. Le marchand et sa

Cependant elle alla avec sa fille voir le pauvre gentilhomme (Page 50.)

maîtresse ont souvent ri aux dépens de la bonne femme, qui ne s'aperçut jamais de leur commerce.

Vous voyez par là, mesdames, qu'un homme a été assez fin pour tromper une vieille, et pour sauver l'honneur d'une fille. Si je vous nommais les personnes, ou que vous eussiez vu la contenance du marchand et la surprise de la bonne vieille, vous auriez eu la conscience bien délicate, si vous n'en aviez ri. Il suffit que je vous prouve, par cette histoire, que les hommes ne sont pas moins ingénieux que les femmes pour inventer au besoin des expédients sur-le-champ;

ainsi, mesdames, vous ne devez pas appréhender de tomber entre leurs mains, puisque vous voyez qu'ils trouvent des ressources qui mettent votre honneur à couvert.

— Je confesse, Hircan, répondit Longarine, que le conte est plaisant, et la ruse bien inventée; mais il ne s'ensuit pas pour cela que ce soit un exemple que les filles doivent imiter. Je crois bien qu'il y en a qui voudraient vous le faire trouver bon; mais vous êtes trop habile pour vouloir que votre femme et votre fille, desquelles vous aimez mieux l'honneur que le plaisir, jouassent à pareil jeu. Je crois qu'il n'y aurait personne qui les observât de plus près, et qui y remédiât plus tôt que vous.

— En conscience, répliqua Hircan, si ma femme avait fait la même chose, je ne l'estimerais pas moins, pourvu que je n'en susse rien. Je ne sais si quelqu'un n'a point fait un si bon tour; mais heureusement, comme j'ignore tout, je ne prends rien pour mon compte.

— Les méchants, dit alors Parlamente, sont toujours défiants; mais bien heureux sont ceux qui ne donnent pas sujet de se faire soupçonner.

— Je n'ai guère vu de feu, reprit Longarine, qui ne fît quelque fumée; mais j'ai bien vu de la fumée où il n'y avait point de feu; car aussi ceux qui ont le cœur mauvais, soupçonnent également quand il y a du mal et quand il n'y en a point.

— Vous avez, Longarine, ajouta Hircan, si bien soutenu les dames injustement soupçonnées, que je vous donne ma voix pour dire votre nouvelle. J'espère que vous ne nous ferez pas pleurer, comme a fait madame Oysille, par trop louer les femmes de bien.

— Puisque vous avez envie que je vous fasse rire à mon ordinaire, répliqua Longarine en riant de tout son cœur, ce ne sera pas aux dépens du sexe. Je vous ferai voir combien il est aisé de tromper des femmes jalouses, qui croient être assez sages pour tromper leurs maris.

NOUVELLE VIII

D'un homme qui ayant couché avec sa femme, pensant coucher avec sa servante, y envoya son voisin, qui le fit cocu sans que sa femme en sût rien.

Il y avait, dans la comté d'Allez, un nommé Bornet, qui avait épousé une femme vertueuse, de laquelle il aimait l'honneur et la réputation, comme font, je crois, de leurs femmes tous les maris qui sont ici. Quoiqu'il voulût que sa femme lui fût fidèle, il ne voulait pas être obligé à la même fidélité. En effet, il s'amouracha de sa servante. Ce qu'il craignait dans ce changement, était que la diversité des viandes ne lui plût pas. Il avait un voisin de même étoffe que lui, nommé Sandras, tambour et tailleur de son métier. Il y avait entre eux une si parfaite amitié, que tout était commun hormis la femme. Bornet déclara donc à son ami le dessein qu'il avait fait sur la servante. Non-seulement il l'approuva, mais fit même ce qu'il put pour le faire réussir, dans l'espérance d'avoir part au gâteau. La servante, qui ne voulait point y entendre, se voyant persécutée de tous côtés, s'en plaignit à sa maîtresse, et la pria de trouver bon qu'elle s'en allât chez ses parents, ne pouvant plus vivre dans cette persécution. La maîtresse, qui aimait beaucoup son mari, et duquel elle était déjà jalouse, fut bien aise d'avoir ce reproche à lui faire, et de pouvoir lui montrer que c'était avec raison qu'elle le soupçonnait. Pour cet effet, elle obligea la servante de ménager le terrain, de faire espérer peu à peu, et de promettre enfin au mari de coucher avec lui dans la garde-robe. « Pour le reste, dit-elle, c'est mon affaire. Je ferai en sorte que vous n'y serez pour rien, pourvu que vous me fassiez savoir la nuit qu'il viendra, et qu'âme vivante n'en sache rien. » La servante exécuta fidèlement l'ordre de sa maîtresse, et le maître en fut si aise qu'il alla d'abord porter cette bonne nouvelle à son ami, qui le pria que, puisqu'il avait été du marché, il fut aussi du plaisir. La promesse faite, et l'heure venue, le maître s'en alla coucher, à ce qu'il pensait, avec la servante. Mais sa femme, qui avait renoncé à l'autorité de commander pour avoir le plaisir de servir, avait pris la place de la servante, et reçut son mari, non comme femme, mais faisant l'étonnée, et la faisant si bien, que son mari ne se défia de rien. Je ne saurais vous dire lequel était le plus aise des deux, lui de croire tromper sa femme, ou elle de croire tromper son mari.

Après avoir demeuré avec elle, non autant qu'il voulut, mais autant qu'il put, car il sentait le vieux marié, il sortit de la maison et alla trouver son ami, plus jeune et plus vigoureux que lui, et lui conta le bon repas qu'il venait de faire. « Vous savez, lui dit l'ami, ce que vous m'avez promis. — Allons donc vite, dit le maître, de peur qu'elle ne se lève, ou que ma femme n'ait besoin d'elle. » Le compagnon ne perdit pas de temps. Il y alla, et trouva la même servante que le mari n'avait pas reconnue. Comme elle le prenait pour son mari, elle lui laissa faire tout ce qu'il voulut, et tout cela sans dire un seul mot de part ni d'autre. Celui-ci fit bien plus longue séance que le mari; de quoi la femme s'étonna fort, n'étant pas accoutumée d'être si bien régalée. Elle prit cependant le tout en patience, se consolant sur la résolution qu'elle avait faite de lui parler le lendemain, et de se moquer de lui. L'ami dénicha vers le point du jour; mais ce ne fut pas sans prendre le vin de l'étrier. Durant la cérémonie, il lui prit du doigt l'anneau avec lequel son mari l'avait épousée, ce que les femmes de ce pays gardent avec beaucoup de superstition, et font grand cas d'une femme qui garde cet anneau jusqu'à la mort; et si par hazard elle le perd, elle est regardée comme ayant donné sa foi à un autre qu'à son mari. Elle fut bien aise qu'il lui prît cette anneau, espérant que ce serait une preuve de la tromperie qu'elle lui avait faite. Quand l'ami eut rejoint le mari, il lui demanda ce qu'il en disait. « Je n'ai rien vu de plus gentil, répondit l'ami; et si je n'avais pas eu peur que le jour m'eût surpris, je n'en serais pas sitôt revenu. » Cela dit, ils se couchèrent et reposèrent le plus tranquillement qu'ils purent. En se levant, le mari s'aperçut que son ami avait au doigt l'anneau qu'il avait donné à sa femme en l'épousant. Il lui demanda qui lui avait donné cet anneau. Il fut fort surpris d'apprendre qu'il l'avait pris au doigt de la servante. « Me serais-je fait cocu moi-même, et sans que ma femme n'en ait rien su? dit alors le mari en se donnant la tête contre la muraille. — Peut-être, répondit l'ami pour le consoler, votre femme donna-t-elle hier au soir son anneau à garder à la servante. » Le mari s'en va chez lui, et trouve sa femme plus belle et plus gaie qu'à l'ordinaire, ravie qu'elle était d'avoir empêché sa servante de faire un péché, et d'avoir éprouvé son mari sans y rien perdre que de passer une nuit sans dormir. Le mari la voyant si enjouée : « Si elle savait l'aventure, dit-il en soi-même, elle ne me ferait pas si bon visage. » L'entretenant de plusieurs choses, il la prit par la main, et vit qu'elle n'avait point l'anneau qu'elle portait toujours au doigt. Il en demeura tout interdit, et lui demanda d'une voix tremblante ce qu'elle avait fait de son anneau. Elle était bien aise qu'il lui donnât sujet d'entrer en matière : « O le plus méchant de tous les hommes! lui dit-elle. A qui pensez-vous l'avoir ôté? Vous avez cru l'ôter à la servante, et faire plus pour elle que vous n'avez jamais fait pour moi. La première fois que vous êtes venu coucher avec elle, je vous ai cru aussi amoureux d'elle qu'il était possible. Mais, après que vous fûtes sorti, et revenu pour la seconde fois, il semblait que vous fussiez un diable sans ordre ni mesure. Par quel aveuglement, malheureux, vous êtes-vous avisé de me tant louer? Il y a longtemps que je suis à vous, et que vous ne vous souciez guère de moi. Est-ce la beauté et l'embonpoint de votre servante qui vous ont fait trouver le plaisir si agréable? Non, infâme, c'est le crime et le feu de vos désirs déréglés qui brûle votre cœur, et vous étourdit tellement de l'amour de la servante, que, dans la fureur où vous étiez, je crois que vous auriez pris une chèvre coiffée pour une belle fille. Il est temps, mon mari, de vous corriger, et de vous contenter de moi, qui suis votre femme, et, comme vous savez, femme d'honneur. Pensez à ce que vous avez fait lorsque vous m'avez prise pour une femme vicieuse. Mon unique but en cela a été de vous retirer du vice, afin que, sur nos vieux jours, nous puissions vivre en bonne amitié et repos de conscience. Car si vous voulez continuer la vie que vous avez faite jusqu'ici, j'aime mieux me séparer, que de vous voir marcher tous les jours dans le chemin de l'enfer, et user en même temps votre corps et vos biens. Mais s'il vous plaît d'en agir mieux, de craindre Dieu et de garder ses commandements, je veux bien oublier le passé, comme je veux que Dieu oublie l'ingratitude dont je suis coupable de ne l'aimer pas autant que je dois.

Qui fut bien étonné et bien consterné, ce fut le pauvre mari. Il était au désespoir quand il songeait qu'il avait quitté sa femme qui était belle, chaste, vertueuse et toute pleine d'affection pour lui, pour une autre qui ne l'aimait pas. Mais c'était bien autre chose quand il se représentait qu'il avait été assez malheureux pour la faire sortir du chemin de la vertu malgré elle et à son insu, pour partager avec un autre des plaisirs qui n'étaient que pour lui, et pour avoir été lui-même l'instrument de son déshonneur. Mais voyant sa femme assez en colère de l'amour qu'il avait fait paraître pour sa servante, il n'eut garde de lui dire le vilain tour qu'il lui avait fait. Il lui demanda pardon, lui promit de réparer le passé par une conduite sage, et lui rendit son anneau qu'il avait repris à son ami, qu'il pria de ne rien dire de ce qui s'était passé. Mais, comme avec le temps tout se sait, on sut enfin toutes les circonstances de l'aventure; et s'il ne fut pas appelé cocu, c'est qu'on ne voulut pas faire ce déplaisir à sa femme.

Il me semble, mesdames, que si tous ceux qui ont fait à leurs femmes une pareille infidélité étaient punis de même, Hircan et Saffredant devraient avoir grand'peur.

— Ouais, Longarine, répondit Saffredant, sommes-nous, Hircan et moi, les seuls de la compagnie mariés?

— Vous n'êtes pas les seuls mariés, répliqua Longarine ; mais vous êtes bien les seuls capables de faire un semblable tour.

— Qui vous a dit, reprit Saffredant, que nous avons voulu débaucher les servantes de nos femmes ?

— Si celles qui y ont intérêt, ajouta Longarine, voulaient dire la vérité, il se trouverait bien des servantes qu'on a congédiées avant leur temps.

— Vous êtes assurément plaisantes, interrompit Guebron, vous avez promis à la compagnie de la faire rire, et au lieu de cela vous chagrinez ces messieurs.

— C'est la même chose, repartit Longarine : vu qu'ils n'en viennent pas aux épées, leur colère ne laissera pas de nous faire rire.

— Si nos femmes, dit Hircan, s'amusaient à cette dame, il n'y a point de bon ménage en la compagnie qu'elle ne brouillât.

— Je sais bien devant qui je parle, répondit Longarine. Vos femmes sont si sages et vous aiment tant, que, quand vous leur feriez porter des cornes aussi grandes que celles d'un daim, elles croiraient et voudraient faire accroire aux autres que ce sont des chapeaux de roses.

La compagnie et même les dames intéressées se mirent si fort à rire, que la conversation aurait fini là, si Dagoucin, qui n'avait encore rien dit, ne s'était avisé de dire : « L'homme est bien peu raisonnable, d'avoir de quoi se contenter et de ne se contenter pas. J'ai souvent vu des gens qui, pensant être mieux, étaient encore plus mal, pour ne savoir pas se contenter de la raison. Ces gens-là ne sont point à plaindre ; car enfin l'inconstance est toujours condamnable.

— Mais que feriez-vous, dit Simontault, à ceux qui n'ont pas trouvé leur moitié ? Appelleriez-vous inconstance de la chercher partout où l'on peut la trouver ?

— Comme il est impossible de savoir, répliqua Dagoucin, où est cette moitié dont l'union est si égale, que l'un ne diffère pas de l'autre, il faut s'en tenir où l'amour attache, et ne changer, quoiqu'il arrive, ni de cœur ni de volonté. Car si celle que vous aimez est si semblable à vous et n'a que la même volonté, vous vous aimerez vous-même et non pas elle.

— Quand on n'aime une femme, Dagoucin, dit Hircan, que parce qu'elle a de la beauté, des agréments et du bien, et que la fin que nous nous proposons, est le plaisir, les honneurs ou les richesses, un tel amour n'est pas de longue durée ; car le principe qui nous fait aimer venant à cesser, l'amour s'envole tout aussitôt. Je demeure donc persuadé que celui qui aime, et qui n'a d'autre fin et d'autre désir que de bien aimer, mourra plutôt que de cesser d'aimer.

— De bonne foi, Dagoucin, dit alors Simontault, je ne crois pas que vous ayez jamais été amoureux. Si vous aviez passé par là comme les autres, vous ne nous peindriez pas ici la République de Platon, fondée sur de beaux discours, et sur peu ou point d'expérience.

— Si j'ai aimé, j'aime encore, répliqua Dagoucin, et j'aimerai toute ma vie. Mais j'ai si grand'peur que la démonstration fasse tort à la perfection de mon amour, que je crains que mon amour ne vienne à la connaissance de celle de qui je devrais pareillement souhaiter d'être aimé. Je n'ose même penser que je l'aime, de peur que mes yeux ne trahissent le secret de mon cœur ; plus je cache mon feu, plus trouvé-je de plaisir à sentir que j'aime parfaitement.

— Je crois pourtant, dit Guebron, que vous seriez bien aise d'être aimé.

— Je l'avoue, repartit Dagoucin ; mais quand je serais autant aimé que j'aime, comme mon amour ne saurait diminuer, quoique j'aime beaucoup et que je ne sois point aimé, aussi ne saurait-il augmenter, quand je serais autant aimé que j'aime.

Parlamente, à qui cette fantaisie était suspecte, lui dit alors :

— Prenez garde, Dagoucin, j'en ai vu d'autres qui ont mieux aimé mourir que de parler.

— Ceux-là s'estiment donc heureux, répondit Dagoucin ?

— Oui, répliqua Saffredant, et dignes au surplus d'être mis au rang des innocents, pour qui l'Église chante, *non loquendo, sed moriendo confessi sunt*. J'ai beaucoup entendu parler de ces amoureux transis ; mais je n'en ai pas vu encore mourir un seul. Puisque j'en suis revenu après bien des ennuis soufferts, je ne crois pas qu'un autre en puisse jamais mourir.

— Ha ! Saffredant, dit Dagoucin, voulez-vous donc être aimé, puisque ceux qui sont de votre sentiment n'en meurent point ? J'en sais bon nombre d'autres qui ne sont morts que pour avoir trop aimé.

— Puisque vous en savez les histoires, dit alors Longarine, je vous donne ma voix pour nous en conter une belle.

— Afin que ma parole, dit Dagoucin, suivie de signes et miracles, puisse vous faire ajouter foi à ce que je vais vous dire, je veux vous conter une histoire qui n'est arrivée que depuis trois ans.

NOUVELLE IX

Mort déplorable d'un gentilhomme amoureux, pour avoir su trop tard qu'il était aimé de sa maîtresse.

Entre le Dauphiné et la Provence, il y avait un gentilhomme beaucoup mieux partagé des dons de la nature et de l'éducation que des biens de la fortune. Il aimait avec passion une demoiselle dont je ne dirai pas le nom, à cause de ses parents qui sont de bonnes et grandes maisons, mais comptez que le fait est véritable. Comme il n'était pas d'aussi bonne maison qu'elle, il n'osait lui déclarer son amour. Quoique la disproportion de la naissance le fît désespérer de pouvoir jamais l'épouser, néanmoins l'amour qu'il avait pour elle était si honnête et si raisonnable qu'il eût mieux aimé mourir que de lui demander rien qui eût pu compromettre son honneur. Il ne l'aimait donc que parce qu'il la trouvait parfaitement aimable ; ce qu'il fit si longtemps, qu'elle en eut enfin connaissance. Voyant donc que l'amour qu'il avait pour elle n'était fondé que sur la vertu, elle se crut heureuse d'être aimée d'un si honnête homme. Elle le recevait si bien, que lui, qui n'avait pas tout à fait compté sur cela, était ravi d'aise. Mais l'envie, ennemie de tout repos, ne put souffrir une société si honnête et si douce. Quelqu'un fut dire à la mère de la fille qu'on était surpris que le gentilhomme allât si souvent chez elle, qu'on disait que la beauté de sa fille l'y attirait, et qu'on les avait souvent vus ensemble. La mère, qui était fort assurée de la probité du gentilhomme, fut fort marrie d'apprendre qu'on expliquât mal les visites qu'il faisait chez elle ; mais enfin craignant le scandale et les mauvaises langues, elle le pria de discontinuer, pour quelque temps, de lui faire l'honneur de la venir voir. Il trouva ce compliment d'autant plus mauvais, que la manière honnête et respectueuse dont il en avait usé avec sa fille, ne méritait rien moins que cela. Cependant, pour étouffer les mauvais bruits, il se retira tout à fait, et ne revint que quand on eut cessé de causer. L'absence ne diminua rien de son amour ; mais un jour qu'il était chez sa maîtresse, il entendit qu'on parlait de la marier avec un gentilhomme, qu'il ne croyait pas plus riche que lui, et par conséquent pas plus en droit de prétendre à la belle. Il commença de prendre cœur,

Le vice-roi était accompagné de plusieurs gentilshommes. (Page 54.)

et employa ses amis pour parler de sa part, dans l'espérance que si on laissait choisir la demoiselle, elle le préférerait à son rival. Mais comme le dernier était beaucoup plus riche, la mère et les parents de la fille lui donnèrent la préférence. Le gentilhomme, qui savait que sa maîtresse perdait autant que lui, eut tant de déplaisir de se voir exclus, que, sans autre mal, il commença peu à peu à déchoir, et changea de telle sorte, qu'on eût dit qu'il avait la mort peinte sur le visage, et qu'il allait mourir de moment en moment.

Cela n'empêchait pourtant pas qu'il ne parlât quelquefois à celle qu'il aimait plus que soi-même. Mais enfin n'ayant plus de forces, il fut contraint de garder le lit, et ne voulut jamais qu'on en donnât avis à sa maîtresse, pour lui épargner l'ennui qu'elle en pourrait recevoir. Il s'abandonna tellement à son désespoir, qu'il ne mangeait, ne buvait, ne dormait ni ne reposait : aussi devint-il si maigre et si défiguré, qu'il n'était plus connaissable. Quelqu'un en avertit la mère de la demoiselle, qui était fort charitable, et avait d'ailleurs tant d'estime pour le gentilhomme, que si les parents eussent été de son avis, et de l'avis de la fille, l'honnêteté du malade eût été préférée aux prétendus biens de l'autre ; mais les parents paternels n'y voulurent jamais entendre. Cependant elle alla avec sa fille voir le pauvre gentilhomme, qu'elle trouva plus mort que vif. Comme il connaissait que la fin de sa vie approchait, il s'était confessé, et avait communié, croyant de ne plus voir personne ; mais voyant encore celle qui était sa vie et sa résurrection, les forces lui revinrent de manière qu'il se leva d'abord sur son séant, et dit : « Qu'est-ce qui vous amène ici, madame ? et d'où vient que vous venez voir un homme qui a déjà un pied dans la fosse, et que vous faites mourir ? — Quoi ! répondit la dame, serait-il possible que nous fissions mourir une personne que nous aimons tant ? Dites-moi, je vous prie, pourquoi vous parlez de cette manière ? — J'ai caché tant que j'ai pu, madame, l'amour que j'ai pour mademoiselle votre fille ; cependant mes parents, qui vous l'ont demandée en mariage, ont été plus loin que je ne voulais, puisque j'ai eu par-là le malheur de perdre espérance. Je dis malheur, non par rapport à ma satisfaction particulière, mais parce que je sais que personne ne la traitera jamais si bien, ni ne l'aimera jamais comme j'aurais fait. La perte qu'elle fait du meilleur et plus fidèle serviteur et ami qu'elle ait au monde, m'est plus sensible que la perte de ma vie que je voulais conserver pour elle seule. Néanmoins, comme désormais elle ne peut lui servir de rien, je gagne en la perdant. » La mère et la fille tâchèrent de le consoler. « Prenez courage, mon ami, lui dit la mère. Je vous promets que si Dieu vous redonne la santé, ma fille n'aura jamais d'autre mari que vous. Elle est présente, et je lui ordonne de vous en faire la promesse. » La fille, en pleurant, l'assura de ce que sa mère lui promettait. Mais lui, connaissant que quand Dieu lui redonnerait sa santé, il n'aurait pas sa maîtresse, et qu'on ne lui donnait ces espérances que pour tâcher de le faire revenir, leur dit : « Si vous m'aviez parlé de cette manière il y a trois mois, j'aurais été le plus sain et le plus heureux gentilhomme de France ; mais ce secours vient si tard, que je ne puis ni le croire, ni l'espérer. » Mais voyant qu'elles faisaient des efforts pour le persuader, il leur dit encore : « Puisque vous me promettez un bien dont la faiblesse où je suis ne me permet pas de profiter, quand même vous le voudriez bien, je vous en demande un beaucoup moindre que je n'ai jamais osé vous demander. » Toutes deux lui jurèrent alors qu'elles le lui accorderaient, et qu'il pouvait demander hardiment. « Je vous supplie, continua-t-il, de me donner entre mes bras celle que vous me promettez pour femme, et de lui ordonner de m'embrasser et de me baiser. » La fille, qui n'était pas accoutumée à ces sortes de caresses, fut sur le point d'en faire difficulté; mais sa mère le lui commanda expressément, voyant qu'il n'y avait plus en lui ni sentiment, ni forces d'homme vivant. Après un tel commandement, la fille s'avança sur le lit du malade. « Réjouissez-vous, mon ami, lui dit-elle, réjouissez-vous, je vous en conjure. » Le pauvre languissant, malgré son extrême faiblesse, étendit le plus fort qu'il put ses bras maigres et décharnés, embrassa de toute sa force celle qui était la cause de sa mort, et, appliquant sa froide et pâle bouche sur la sienne, il la tint le plus longtemps qu'il put, et lui dit enfin : « Je vous ai aimée d'un amour si grand et si honnête, qu'au mariage près je n'ai jamais souhaité de vous d'autre faveur que celle que je reçois maintenant. Mais comme Dieu n'a pas jugé à propos de nous unir par le mariage, je rends avec joie mon âme à celui qui est amour et parfaite charité, et qui sait combien je vous ai aimée, et combien mes désirs ont été honnêtes; le suppliant, que puisqu'il m'a fait la grâce d'avoir entre mes bras le cher objet de mes désirs, il lui plaise de recevoir mon âme en ses bonnes mains. » En disant cela il la reprit entre ses bras avec une telle véhémence, que son cœur affaibli, ne pouvant soutenir cet effort, fut abandonné de tous ses esprits; car la joie le dilata tellement, que son âme s'envola à son Créateur. Quoiqu'il y eût déjà du temps que le pauvre gentilhomme était expiré, et ne pût par conséquent retenir sa charmante homicide, l'amour qu'elle avait eu pour lui, et qu'elle avait toujours caché, éclata tellement dans cette touchante conjoncture, que la mère et les domestiques eurent bien de la peine à détacher du corps la vivante presque morte. Le pauvre gentilhomme fut enterré honorablement; mais le plus grand triomphe des obsèques furent les larmes et les cris de cette pauvre demoiselle, qui éclata après sa mort autant qu'elle s'était cachée durant sa vie, comme si elle eût voulu lui faire réparation du tort qu'elle lui avait fait. On m'a dit que, quelque mari qu'on ait voulu lui donner pour la consoler, elle n'a jamais eu depuis de véritable joie.

Ne vous semble-t-il pas, messieurs, qui n'avez pas voulu m'en croire, que cet exemple suffit pour vous faire avouer qu'un amour parfait, trop caché et trop peu connu, mène les gens au tombeau? Il n'y a personne de nous qui ne connaisse les parents de part et d'autre; ainsi vous ne sauriez douter du fait; mais ce sont de ces choses qu'on ne croit qu'après en avoir fait l'expérience.

Hircan, voyant que les dames pleuraient : « Voilà, dit-il, le plus grand fou dont j'aie jamais entendu parler. Est-il raisonnable, en bonne foi, que nous mourrions pour les femmes qui ne sont faites que pour nous, et que nous craignions de leur demander ce que Dieu leur commande de nous donner? Je ne parle pas pour moi ni pour les autres qui sont mariés; car pour moi, j'ai autant ou plus de femmes qu'il m'en faut; mais je dis ceci pour ceux qui en ont besoin. Ils sont, ce me semble, bien sots de craindre celles qui les doivent craindre. Ne voyez-vous pas que cette fille se repentit de son imprudence? Puisqu'elle embrassait le mort, ce qui répugne à la nature, comptez qu'elle eût encore mieux embrassé le vivant, s'il eût eu autant de hardiesse qu'il fit de pitié en mourant.

— Avec cela, dit Oysille, il fit voir qu'il l'aimait honnêtement: et c'est de quoi il sera éternellement louable; car la chasteté, dans un cœur amoureux, est une chose plus divine qu'humaine.

— Madame, répondit Saffredent, pour confirmer ce qu'Hircan venait de dire, je vous prie de croire que la fortune favorise ceux qui sont hardis, et qu'il n'y a point d'homme aimé d'une dame, qui n'en obtienne enfin ce qu'il demande, ou en tout ou en partie, pourvu qu'il sache s'y prendre sagement et amoureusement; mais l'ignorance et la timidité font perdre aux hommes beaucoup de bonnes fortunes. Ce qu'il y a de singulier, est qu'ils attribuent leur perte à la vertu de leur maîtresse, qu'ils n'ont jamais mise à la moindre épreuve. Comptez, madame, que jamais place n'a été bien attaquée sans être prise.

— Je suis surprise, dit alors Parlamente, que deux hommes comme vous osent tenir un pareil langage. Celles que vous avez aimées ne vous sont guère obligées; ou vous avez employé votre adresse sur des sujets si faciles, que vous avez cru que toutes les autres étaient de même.

— Pour moi, madame, répliqua Saffredant, j'ai le malheur de n'avoir pas de quoi me vanter; mais j'attribue bien moins mon malheur à la vertu des dames qu'à la faute que j'ai faite de n'avoir pas assez sagement entrepris, ou conduit mes entreprises avec assez de prudence. Je ne produirai pour toute autorité que la vieille du Roman de la Rose, qui dit: *sans contredit,* messieurs, *nous sommes faites toutes pour tous, et tous pour toutes.* Ainsi je suis persuadé que si une femme est une fois amoureuse, l'amant en viendra à bout, à moins qu'il ne soit une bête.

— Je vous en nommerais une, repartit Parlamente, qui aima bien, qui fut sollicitée, pressée et importunée, et demeura pourtant femme de bien, victorieuse de son amour et de son amant. Direz-vous que ce fait, qui est la vérité même, est impossible?

— Sans doute, je le dis, continua Saffredant.

— Vous êtes bien incrédule, dit encore Parlamente, si vous ne croyez l'exemple que Dagoucin vient de proposer.

— Puisque je vous prouve par un fait certain, reprit Dagoucin, l'amour vertueux de ce gentilhomme qui se soutint jusqu'à son dernier soupir, je vous prie, madame, si vous savez quelque autre histoire à l'honneur de quelque dame, de vouloir bien nous la conter pour finir la journée. Ne vous embarrassez point de la longueur; car il y a encore assez de temps pour dire beaucoup de bonnes choses.

— Puisque je dois finir la journée, dit Parlamente, je ne vous ferai pas long préambule, mon histoire étant si connue, si belle et si véritable, que je voudrais déjà vous l'avoir contée. Je n'en ai pas été le témoin oculaire: mais je la tiens d'un des intimes amis du héros, qui me la raconta à condition que si je la contais à mon tour, je changerais le nom des personnes. Ainsi tout ce que je vais vous dire est vrai, hormis les noms, les lieux et le pays.

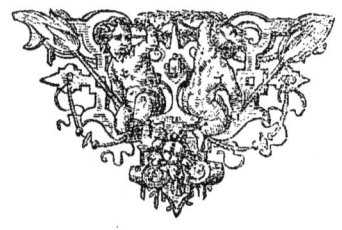

NOUVELLE X

Les amours d'Amadour et de Florinde, où l'on voit plusieurs ruses et dissimulations, et l'exemplaire chasteté de Florinde.

Il y avait, dans le comté d'Arande en Aragon, une dame qui, toute jeune encore, demeura veuve du comte d'Arande, avec un fils et une fille qui se nommait Florinde. Comme elle passait pour être d'une des meilleures maisons d'Espagne, elle n'oublia rien pour élever ses enfants, selon leur qualité, à la vertu et à l'honnêteté. Elle allait souvent à Tolède, où le roi d'Espagne faisait alors son séjour: et quand elle venait à Saragosse, qui n'était pas éloignée de sa maison, elle demeurait longtemps à la cour de la reine, où elle était autant estimée que dame qu'il y eût. Allant un jour, selon sa coutume, faire la cour au roi, qui était pour lors en Saragosse à sa maison de la Jaffière, elle passa par un village appartenant au vice-roi de Catalogne, qui ne quittait point les frontières de Perpignan, à cause des guerres qu'il avait à soutenir contre le roi de France. Mais comme la paix était alors faite, le vice-roi, accompagné de plusieurs officiers, était venu faire la révérence au roi. Le vice-roi ayant eu avis que la comtesse d'Arande devait passer par ses terres, alla au-devant d'elle, soit pour lui confirmer l'estime qu'il avait pour elle depuis longtemps, soit qu'il voulût lui faire honneur comme étant alliée de la couronne. Le vice-roi était accompagné de plusieurs gentilshommes de mérite, qui s'étaient acquis durant les guerres tant de gloire et de réputation, que chacun s'estimait heureux d'avoir leur société. Il y en avait un entre autres nommé Amadour, qui, nonobstant son peu d'âge, qui ne passait pas dix-huit ou dix-neuf ans, avait un air si assuré, et le jugement si formé, qu'on l'eût jugé capable en mille de gouverner une république. Il est vrai qu'outre le bon sens il avait une mine si engageante, et des agréments si vifs et si naturels, qu'on n'était jamais las de le regarder. Sa conversation répondait si bien à tout cela, qu'on ne savait de quoi la nature lui avait été plus libérale, de la beauté du corps, ou des charmes de l'esprit. Mais ce qui le faisait le plus estimer, était sa grande hardiesse, peu ordinaire à des gens de cet âge. Il avait fait voir en tant d'occasions de quoi il était capable, que non-seulement l'Espagne, mais aussi la France et l'Italie estimaient beaucoup ses vertus, ne s'étant jamais épargné dans toutes les guerres où il s'était trouvé. Quand son pays était en paix, il allait chercher la guerre chez les étrangers, et s'acquérait l'estime et l'amour des amis et des ennemis.

Ce gentilhomme se trouva, pour l'amour de son général, à la terre où la comtesse d'Arande était arrivée. Il ne put voir sans en être touché la beauté et les agréments de la fille de la comtesse, qui n'avait alors que douze ans. Il n'avait, ce lui semblait, jamais rien vu de si beau et de si honnête, et crut que s'il pouvait s'en faire aimer, il s'estimerait plus heureux que s'il possédait tous les biens et tous les plaisirs qui pourraient lui venir d'ailleurs. Après avoir bien balancé, il résolut enfin de l'aimer, malgré toutes les impossibilités que la raison lui faisait envisager pour le succès, soit à cause de la disproportion de la naissance, soit à cause de l'âge de la belle, qui ne pouvait encore écouter des discours tendres. Il opposait à ces obstacles une ferme espérance, et se promettait que le temps et la patience finiraient heureusement ses travaux. D'ailleurs l'amour qui s'était soumis de vive force le cœur d'Amadour, lui faisait espérer un dénoûment agréable. Pour remédier à la plus grande difficulté, qui était l'éloignement de sa résidence, et le peu d'occasions qu'il avait de voir Florinde, il résolut de se marier, quoiqu'il eût promis le contraire aux dames de Barcelone et de Perpignan. Il avait fait un si long séjour sur ces frontières durant la guerre, qu'il avait plutôt l'air d'un Catalan que d'un Castillan, quoiqu'il fût né auprès de Tolède, d'une maison riche et distinguée. Comme il était cadet de sa maison, il n'avait pas beaucoup de bien; mais l'amour et la fortune, le voyant abandonné de ses parents, résolurent de faire un chef-d'œuvre, et de donner à sa vertu ce que les lois du pays lui refusaient. Il entendait fort bien l'art de la guerre; et les personnes du premier ordre avaient tant d'estime pour lui, qu'il refusait plus souvent leurs bienfaits, qu'il ne se mettait en peine de les demander.

La comtesse d'Arande arriva donc en Saragosse, et fut très-bien reçue du roi et de toute la cour. Le gouverneur de Catalogne lui rendait de fréquentes visites, et Amadour n'avait garde de manquer à l'accompagner, pour le seul et unique plaisir de parler à Florinde. Pour se faire connaître en si bonne compagnie, il s'attacha à la fille d'un vieux chevalier son voisin. Cette fille s'appelait Aventurade. Elle avait été élevée dès son enfance avec Florinde, et savait tous les secrets de son cœur. Soit qu'Amadour la trouvât à son gré, ou que trois mille ducats de rente qu'elle avait en mariage lui donnassent dans la vue, il lui parla comme voulant l'épouser. Elle l'écouta avec plaisir; mais comme il était pauvre, et que le vieux chevalier était riche, elle crut que le bonhomme ne consentirait jamais au mariage qu'à la sollicitation de la comtesse d'Arande. Elle s'adressa donc à Florinde, et lui dit: « Je crois, madame, que ce gentilhomme castillan, qui, comme vous voyez, me parle ici souvent, a dessein de me rechercher en mariage. Vous savez quel homme est mon père, et vous voyez bien qu'il n'y consentira jamais, à moins que madame la comtesse et vous n'ayez la bonté de l'en prier de la bonne manière. » Florinde qui aimait la demoiselle comme elle-même, l'assura qu'elle en faisait son affaire propre. Aventurade fit tant, qu'elle lui présenta Amadour, qui en lui baisant la main pensa s'évanouir de joie. Quoiqu'il passait pour un des hommes d'Espagne qui parlait le mieux, il ne put retrouver sa langue devant Florinde. Elle en fut fort surprise ; car quoiqu'elle n'eût que douze ans, elle se souvenait bien néanmoins d'avoir entendu dire, qu'il n'y avait pas en Espagne un homme qui dît mieux ce qu'il voulait, et qui le dît de meilleure grâce.

Voyant donc qu'il ne lui disait mot, elle rompit le silence. « Vous êtes si connu de réputation dans toute l'Espagne, lui dit-elle, qu'il serait surprenant, seigneur Amadour, que vous fussiez inconnu ici ; et ceux qui vous connaissent, souhaitent de trouver occasion de vous rendre service : ainsi, si je vous suis bonne à quelque chose, je vous prie de m'employer. » Amadour qui considérait les beautés de Florinde, était si transporté et si ravi, qu'à peine put-il la remercier de ses honnêtetés. Quoique Florinde fût surprise qu'il ne répondît rien, comme elle attribuait ce silence à quelque badinerie plutôt qu'à la force de l'amour, elle se retira sans dire autre chose. Amadour démêlant les grandes vertus que la jeunesse commençait à faire briller en Florinde, dit à son introductrice : « Ne vous étonnez point si j'ai perdu la parole devant Florinde. Elle parle si sagement, et sa grande jeunesse cache tant de vertus, que l'admiration m'a empêché de parler. Comme vous savez ses secrets, je vous prie, Aventurade, de me dire comment il est possible que les cœurs des princes et seigneurs de cette cour puissent tenir contre tant de charmes ? Pour moi, je soutiens qu'il faut être pierre ou bête pour la connaître et ne la pas aimer. » Aventurade qui dès lors aimait Amadour plus que tous les hommes du monde, et qui ne voulait lui rien cacher, lui dit que Florinde était aimée de tout le monde ; mais qu'à cause de la coutume du pays elle parlait à peu de gens, et qu'elle n'avait encore vu personne qui fît le passionné pour Florinde, que deux jeunes princes espagnols qui voulaient l'épouser : l'un de la maison, et fils de l'Enfant fortuné ; et l'autre, le jeune duc de Cardonne. « Je vous prie de me dire, reprit Amadour, lequel des deux vous croyez qu'elle trouve le plus à son gré ? — Elle est si sage, repartit Aventurade, que tout ce qu'on peut lui faire dire, est, qu'elle ne veut que ce que voudra sa mère ; mais autant que nous en pouvons juger, elle aime mieux le fils de l'Enfant fortuné que le jeune duc de Cardonne. Je vous crois homme de si bon sens, ajouta-t-elle, que si vous voulez, vous pouvez dès aujourd'hui démêler ce qui en est. Le fils de l'Enfant fortuné a été nourri à cette cour, et c'est le jeune prince le plus beau et le plus parfait qu'il y ait en Europe. Si nous autres filles avions voix

Elle se tint à la fenêtre pour le voir venir de loin. (Page 67.)

en chapitre, ce mariage se ferait, et l'on verrait ensemble le plus charmant couple qui soit dans toute la chrétienté. Il faut que vous sachiez qu'encore qu'ils soient tous deux bien jeunes, et qu'elle n'ait que douze ans, et lui quinze, il y a déjà trois ans qu'ils s'aiment. Si vous voulez bien faire votre cour à Florinde, je vous conseille de vous mettre bien auprès du jeune prince. » Amadour fut bien aise d'apprendre que Florinde aimait, espérant qu'avec le temps il deviendrait sinon son époux, au moins son amant. Car sa vertu ne lui faisait point de peur, et toute sa crainte était qu'elle ne voulût rien aimer.

Amadour n'eut pas beaucoup de peine à s'introduire auprès du fils de l'Enfant fortuné. Il en eut encore moins à acquérir sa bienveillance, car il savait faire tous les exercices que le jeune prince aimait. Il était surtout bon homme de cheval, savait bien faire des armes, et entendait généralement tous les exercices qu'un jeune homme doit savoir. La guerre recommençant alors en Languedoc, Amadour fut obligé de s'en retourner avec le gouverneur; mais ce ne fut pas sans beaucoup de regret qu'il s'éloigna de Florinde. Avant son départ, il parla à son frère, qui était majordome de la reine d'Espagne, lui dit l'engagement où il était avec Aventurade, le pria de faire de son mieux, durant son absence, pour que son mariage réussît, d'y employer le crédit du roi, de la reine et de tous ses amis. Le gentilhomme, qui aimait son frère, tant parce qu'il était son frère que parce qu'il était honnête homme, lui promit de faire tout ce qu'il pourrait. Il fit si bien que le père d'Aventurade, vieux et avare, oublia son avarice et se laissa toucher aux vertus d'Amadour, qui lui étaient représentées par la comtesse d'Arande, et surtout par la belle Florinde et par le jeune comte d'Arande, qui commençait à grandir et à aimer en grandissant les gens vertueux. Après que le mariage eut été conclu entre les parents, le majordome fit venir son frère, à la faveur de la trêve qu'il y avait alors entre les deux rois. Durant cette trêve, le roi d'Espagne se retira à Madrid, à cause du mauvais air, et fit, à la prière de la duchesse d'Arande, le mariage de l'héritière duchesse de Medina-Cely et du petit comte d'Arande, tant pour le bien et l'union de leur maison que pour la considération qu'il avait pour la comtesse. Les noces se firent au château de Madrid. Amadour se trouva à ces noces, et avança si fort les siennes, qu'il épousa celle à qui il avait plus donné d'amour qu'il n'en avait reçu. Aussi ne se mariait-il que pour avoir un prétexte plausible de fréquenter le lieu où était le charmant objet de sa passion.

Après son mariage il se rendit si hardi, si familier chez la comtesse d'Arande, mais en même temps si agréable, qu'on ne se défiait de lui non plus que d'une femme. Quoiqu'il n'eût alors que vingt-deux ans, il était néanmoins si sage, que la comtesse lui communiquait toutes ses affaires et commandait à son fils et à sa fille de l'entretenir et de suivre ses conseils. Après avoir gagné un point si capital, il se conduisit si sagement et avec tant d'adresse, que Florinde même, qu'il aimait, ne s'en apercevait point. Comme Florinde aimait beaucoup la femme d'Amadour, elle avait tant de confiance au mari, qu'elle ne lui cachait rien. Il fit même en sorte qu'elle lui déclara qu'elle aimait le fils de l'Enfant fortuné. Comme toutes ses vues n'allaient qu'à la gagner entièrement, il lui en parlait incessamment, car il ne se souciait guère de quoi il lui parlât, pourvu qu'il pût l'entretenir longtemps. A peine y avait-il un mois qu'il était marié, qu'il fut contraint de retourner en campagne, et fut plus de deux ans sans pouvoir revenir auprès de sa femme, qui était toujours où elle avait été nourrie. Il lui écrivit souvent durant ce temps-là, mais le fort de ses lettres était des compliments à Florinde qui, de son côté, ne manquait pas de les lui rendre, et souvent même elle écrivait de sa main quelque bon mot dans la lettre d'Aventurade. Il n'en fallait pas davantage pour obliger le mari d'écrire fréquemment à sa femme. Florinde ne connaissait encore rien à tout cela, sinon qu'elle l'aimait comme s'il eût été son propre frère. Amadour ne fit qu'aller et venir, et durant l'espace de cinq ans il ne fut pas deux mois avec sa femme. Cependant, malgré l'éloignement et la longue absence, l'amour ne laissait pas non-seulement de se soutenir, mais même de se fortifier. Il arriva qu'Amadour vint voir sa femme et trouva la comtesse bien loin de la cour. Le roi était allé en Andalousie, et avait emmené le jeune comte d'Arande, qui commençait déjà à porter les armes. La comtesse s'était retirée en une maison de plaisance qu'elle avait sur la frontière d'Aragon et de Navarre, et fut fort aise de voir Amadour, qu'elle n'avait pas vu depuis près de trois ans. Il fut bien reçu de tout le monde, et la comtesse commanda qu'on le traitât comme son fils. Pendant qu'il fut avec elle, elle lui communiqua toutes les affaires de sa maison, et en passa par où il voulut. En un mot, il se mit en si grand crédit dans cette maison, qu'on lui ouvrit la porte partout où il voulait entrer, et on était si prévenu de sa probité, qu'on se fiait en lui pour toutes choses, comme s'il eût été un ange du ciel. Pour Florinde, comme elle aimait Aventurade et Amadour, elle lui témoignait, partout où elle le voyait, qu'elle avait de l'affection pour lui, ne démêlant rien de ses intentions. Comme le cœur de Florinde était sans passion, elle sentait beaucoup de plaisir d'être auprès d'Amadour, mais elle ne sentait rien de plus. Amadour se trouva fort embarrassé pour échapper à la pénétration de ceux qui connaissent par expérience la différence qu'il y a entre les regards d'un homme qui aime et ceux d'un homme qui n'aime pas; car quand Florinde, qui faisait les choses sans dessein et sans conséquence, venait à lui parler familièrement, le feu qu'il cachait en son cœur brûlait avec tant de violence qu'il ne pouvait empêcher que le visage ne s'en sentît et qu'il ne sortît quelques étincelles par les yeux. Pour donner donc le change, il entra en commerce avec une fort belle dame qui avait nom Pauline, femme qui, de son temps, avait passé pour si belle, que peu d'hommes la voyaient et lui échappaient. Pauline ayant appris comme Amadour avait fait l'amour à Barcelone et à Perpignan, et gagné le cœur des plus belles dames du pays, et surtout d'une certaine comtesse de Palamos, qui passait pour la première beauté de toute l'Espagne, lui dit un jour qu'elle le plaignait d'avoir épousé, après tant de bonnes fortunes, une femme aussi laide que la sienne. Amadour, qui comprit fort bien qu'elle avait la charité de vouloir suppléer à ses besoins, lui parla le plus obligeamment qu'il put, dans l'espérance de lui cacher une vérité en lui faisant croire un mensonge. Comme elle avait de l'expérience en amour, elle ne se contenta pas de paroles, et, sentant fort bien que le cœur d'Amadour ne se contentait pas du sien, elle ne douta point qu'il n'eût dessein de la faire servir de couverture. Dans ce soupçon elle l'observait de si près, qu'il ne lui échappait pas un seul mouvement de ses yeux ; mais il sut si bien les régler, non sans beaucoup de peine, qu'elle n'en put jamais tirer que des conjectures. Florinde, qui ne s'apercevait point de ce qu'Amadour sentait pour elle, lui parlait si familièrement devant Pauline, qu'il avait une peine extrême à empêcher que ses yeux ne suivissent les mouvements de son cœur. Pour prévenir les inconvénients, parlant un jour à Florinde, appuyés tous deux sur une fenêtre, il lui dit : « Je vous prie, madame, de me donner un conseil, et de me dire lequel vaut le mieux de parler ou de mourir? — Je conseillerai toujours à mes amis de parler, répondit Florinde sans hésiter ; car il y a peu de paroles auxquelles on ne puisse remédier, mais à la mort il n'y a plus de retour. — Vous me promettez donc, madame, que non-seulement vous ne serez point fâchée de ce que je veux vous dire, mais même que vous n'en serez pas surprise jusqu'à ce que je vous aie entièrement fait connaître mon intention. — Dites ce qu'il vous plaira, répliqua Florinde, car si vous me surprenez, qui que ce soit ne pourra me rassurer. — Deux raisons, madame, dit alors Amadour, m'ont empêché de vous parler de la forte passion que j'ai pour vous : l'une, que je voulais vous la faire connaître par de longs services, et l'autre, que je craignais que vous ne regardassiez comme une grande vanité qu'un simple gentilhomme comme moi portât ses désirs si haut. Quand ma naissance serait aussi illustre que la vôtre, un cœur aussi fidèle que le vôtre trouverait mauvais qu'autre que celui à qui vous l'avez donné vous parlât de tendresse. Mais, madame, comme la nécessité contraint, durant une forte guerre, à faire le dégât de son propre bien et à ruiner son blé en herbe afin que l'ennemi n'en profite pas, de même je prends la liberté d'avancer le fruit que j'espérais cueillir avec le temps, de peur que vos ennemis et les miens ne profitent de notre perte. Je dois vous dire, madame, que, dès le premier moment que j'ai eu l'honneur de vous voir, je me suis si entièrement consacré à votre service, quoique vous fussiez fort jeune, que je n'ai rien oublié pour m'acquérir votre bienveillance, et c'est pour cela que j'ai épousé la première de vos favorites. Vous voyez que j'ai eu le bonheur de me faire estimer de madame la comtesse votre mère, de M. le comte votre frère, et de tous ceux que vous aimez, et qu'on me regarde ici, non comme un serviteur, mais comme l'enfant de la maison. Tous les soins que j'ai pris depuis cinq ans n'allaient qu'à me procurer le bonheur de passer toute ma vie près de vous. Je ne prétends de vous ni bien ni plaisir qui ne soit fondé sur la vertu. Je sais que je ne puis pas vous épouser, et, quand je le pourrais, je ne le voudrais pas au préjudice de celui que je voudrais vous voir pour époux, et à qui vous avez donné votre cœur. De vous aimer d'un amour criminel, comme ceux qui prétendent que l'infamie des dames doit être la récompense de leurs longs services, c'est de quoi je suis si éloigné, que j'aimerais mieux vous voir morte que de savoir que vous méritez d'être moins aimée, et que votre vertu reçût la moindre atteinte, quelque plaisir qu'il pût m'en revenir. Je ne vous demande qu'une chose en récompense de mes longs services: c'est de vouloir être ma souveraine, de me conserver toujours l'honneur de votre bienveillance, de me laisser dans l'état où je suis et de vous fier en moi plus qu'en personne. Au surplus, madame, faites-moi l'honneur d'être bien persuadée qu'en quelque chose que ce pût être, si vous aviez besoin de la vie d'un gentilhomme qui vous estime et vous respecte infiniment, vous pourriez compter sur la mienne, que je sacrifierais de bon cœur. Je vous supplie de croire encore, madame, que tout ce que je ferai d'honnête et de vertueux sera fait pour l'amour de vous. Si j'ai fait, pour des dames qui n'avaient pas le mérite que vous avez, des choses dont on ait fait cas, que ne ferai-je point pour une personne comme vous? Je trouverai faciles les choses que je trouvais difficiles et impossibles. Mais si vous ne trouvez pas bon que je sois tout à vous, ma résolution est de quitter les armes et de renoncer à la vertu qui ne m'aura pas secouru au besoin. Je vous supplie donc, madame, de m'accorder la juste grâce que je vous demande, et que vous ne pouvez me refuser en conscience et avec honneur. »

Florinde changea de couleur à un discours si nouveau pour elle. La surprise lui fit baisser la vue. Mais comme elle était sage, elle lui répondit: « Faut-il une si longue harangue, Amadour, pour me demander ce que vous avez déjà? Je crains si fort que sous vos honnêtetés apparentes il n'y ait quelque choses de malin dont ma jeunesse peu éclairée soit la dupe, que je ne sais ce que je dois vous répondre. De refuser l'honnête amitié que vous m'offrez, je ferais le contraire de ce que j'ai fait jusqu'ici, et vous êtes le seul en qui j'ai eu le plus de confiance, ma conscience et mon honneur ne répugnent ni à votre demande ni à l'amour que j'ai pour le fils de l'Enfant fortuné, puisqu'il est fondé sur le mariage auquel vous ne prétendez pas. Rien ne m'empêche donc de vous répondre suivant vos désirs, que le peu de sujet que je sais que vous avez de me parler comme vous faites. Si vous avez déjà ce que vous demandez, d'où vient que vous le demandez encore avec tant d'empressement? — Vous parlez très-prudemment, madame, répondit Amadour, qui avait la réplique prête, et vous me faites tant d'honneur et tant de justice d'avoir en moi la confiance que vous dites, que si je n'étais pas content d'un tel bien, je serais indigne de tous les autres. Mais considérez, madame, que qui veut bâtir un édifice perpétuel doit commencer par un fondement bon et solide. Comme je me consacre pour toujours à votre service, je songe non-seulement aux moyens d'être auprès de vous, mais même à empêcher qu'on ne s'aperçoive de l'attachement que j'ai pour vous. Quoique cet attachement, madame, soit fort honnête, cependant ceux qui ne connaissent pas le cœur des amants en jugent souvent mal, et cela donne occasion à autant de bruits que si les conjectures étaient bien fondées. Ce qui me fait prendre les devants, c'est, madame, que Pauline, qui sent bien que je ne saurais l'aimer, me soupçonne tellement, qu'en quelque lieu que je sois, elle a continuellement les yeux sur moi. Quand vous me parlez devant elle avec tant de bonté, j'ai tant de peur de faire quelque mouvement qui puisse lui donner lieu à former quelque jugement, que je tombe dans l'inconvénient que je veux éviter. C'est ce qui m'oblige, madame, de vous supplier de ne me parler à l'avenir si à coup devant elle, et devant celles que vous connaîtrez aussi malignes qu'elle ; car je vous proteste, madame, que j'aimerais mieux être mort que si quelqu'un s'en apercevait. Si votre honneur m'était moins cher, je ne me serais pas pressé de vous dire ceci, m'estimant si heureux et étant si content de l'amour que vous avez pour moi et de la confiance que vous me témoignez que je ne demande rien de plus que la continuation de vos bontés.

Florinde fut si satisfaite, qu'elle avait de la peine à se contenir, et sentit dès lors dans son cœur des mouvements qui ne lui étaient pas ordinaires. « La vertu et l'honnêteté répondent pour moi, lui dit-elle ravie des sages raisons qu'il lui alléguait, et vous accordent ce que vous demandez. » Si Amadour fut ravi de joie, c'est de quoi ceux qui aiment ne peuvent douter. Florinde suivit mieux son conseil qu'il n'aurait souhaité, car, comme elle craignait non-seulement devant Pauline, mais aussi partout ailleurs, elle ne le rechercha plus comme elle avait coutume. Elle trouva même mauvais le commerce qu'il avait avec Pauline, qui lui paraissait si belle, qu'elle ne pouvait croire qu'il ne l'aimât pas. Florinde passait son chagrin avec Aventurade, qui commençait à être fort jalouse de son mari et de Pauline. Elle faisait ses doléances à Florinde, qui, étant malade du même mal, la consolait du mieux qu'elle pouvait.

Amadour s'étant bientôt aperçu du changement de Florinde, crut non-seulement qu'elle était en réserve, comme il lui avait conseillé, mais même qu'elle avait conçu de lui des sentiments désavantageux. Un jour qu'il l'accompagnait au retour d'un couvent où elle avait été pour entendre vêpres : « Quel visage me faites-vous, madame ? lui dit-il. — Tel que je crois que vous le voulez », répondit Florinde. Se défiant alors de la vérité, et pour s'en éclaircir encore mieux, il lui dit : « J'ai tant fait, madame, que Pauline ne vous soupçonne plus. — Vous ne sauriez mieux faire pour vous et pour moi, lui répliqua-t-elle, car en vous faisant plaisir vous me faites honneur. » Amadour comprenant par là qu'elle croyait qu'il se faisait un plaisir de parler à Pauline, en fut si outré, qu'il ne put s'empêcher de lui dire en colère : « Vous commencez bientôt, madame, à me faire souffrir. Je suis plus à plaindre qu'à blâmer, et la plus cruelle mortification que j'aie eue de ma vie est la fâcheuse nécessité où je me trouve réduit de parler à une femme que je n'aime pas. Puisque vous expliquez mal ce que j'ai fait pour votre service, je ne parlerai jamais à Pauline, quoi qu'il puisse en arriver. Pour cacher mon déplaisir, comme j'ai caché ma joie, je vais me retirer en quelque lieu du voisinage, où j'attendrai que votre fantaisie ait passé. Mais j'espère que je recevrai des nouvelles de mon général, et je serai obligé de retourner à l'armée, où je demeurerai si longtemps, que j'espère que vous connaîtrez que rien ne me retient ici que vous. » Et, en disant cela, il se retira sans attendre sa réponse, ce qui causa à Florinde un ennui et une tristesse qu'il n'est pas possible d'exprimer. Ainsi commença l'amour, par son contraire, à faire sentir sa force. La belle, revenue à elle, et reconnaissant qu'elle avait tort, écrivit à Amadour, le priant de revenir, ce qu'il fit après que sa colère fut un peu calmée. Je ne puis pas bien vous faire le détail de ce qu'ils se dirent pour détruire ces préjugés de jalousie, mais je puis vous dire qu'il se justifia si bien, qu'elle lui promit de ne croire jamais non-seulement qu'il aimât Pauline, mais qu'elle demeurerait convaincue que ce serait pour lui un martyre des plus cruels de parler à elle ou à quelque autre que dans la seule vue de lui rendre service.

Après que l'amour eut dissipé cet ombrage, et lorsque les amants commençaient à prendre plus de plaisir que jamais à s'entretenir, on reçut nouvelles que le roi d'Espagne envoyait toute son armée à Salses. Amadour, qui avait de coutume d'être à l'armée des premiers, n'eut garde de manquer cette nouvelle occasion d'acquérir une nouvelle gloire ; mais il est vrai qu'il partit avec regret, contre son ordinaire, soit à cause du plaisir qu'il perdait que parce qu'il craignait de trouver du changement à son retour. Il considérait que Florinde avait déjà quinze ans, que plusieurs princes et grands seigneurs la recherchaient, et concluait que, si elle se mariait pendant son absence, il n'aurait plus occasion de la voir, à moins que la comtesse d'Arande ne lui donnât Aventurade pour compagnie. Il mena si bien son affaire, et sut si adroitement remuer ses amis, que la comtesse et Florinde lui promirent que, en quelque lieu qu'elle fût mariée, sa femme ne la quitterait jamais. Et comme on parlait alors de la marier en Portugal, il fut résolu qu'Aventurade l'y accompagnerait. Sur cette assurance Amadour partit, non sans un extrême regret, et laissa sa femme avec la comtesse.

Florinde, se trouvant seule après le départ de son amant, vécut d'une manière qu'elle espérait par là d'acquérir la réputation de la plus parfaite vertu et de faire avouer à tout le monde qu'elle méritait un amant d'un si bon caractère. Amadour, de son côté, arrivé à Barcelone, fut à l'ordinaire parfaitement bien reçu des dames; mais elles le trouvèrent si changé, qu'elles n'auraient jamais cru que le mariage eût pu métamorphoser un homme de cette manière. En effet, il n'était plus le même, et on dit qu'il se fâchait de voir les choses qu'il désirait autrefois. Et la comtesse de Palamos, qu'il avait tant aimée, ne put jamais trouver moyen de le faire seulement aller chez elle. Comme Amadour avait de l'impatience d'arriver au lieu où il y avait de l'honneur à acquérir, il ne demeura que le moins qu'il put à Barcelone. Il ne fut pas plus tôt arrivé à Salses, que la guerre commença fort cruellement entre les deux rois. Je n'entrerai ni dans le détail de cette guerre ni dans l'énumération des actions héroïques qu'Amadour y fit, car, au lieu de conter une nouvelle, il faudrait faire un gros livre. Il suffit de dire que sa renommée l'emportait sur ses compagnons.

Le duc de Nagyères, qui commandait deux mille hommes, arriva à Perpignan et pria Amadour d'être son lieutenant. Il fit si bien son devoir avec son petit corps, qu'à toutes les escarmouches on n'entendait crier que Nagyères. Il arriva que le roi de Tunis, qui depuis longtemps était en guerre avec les Espagnols, apprenant que l'Espagne et la France se faisaient la guerre du côté de Perpignan et de Narbonne, crut qu'il devait profiter de l'occasion pour chagriner le roi d'Espagne, et envoya grand nombre de vaisseaux pour piller et ruiner tout ce qu'ils trouveraient mal gardé sur les frontières d'Espagne. Ceux de Barcelone voyant passer tant de vaisseaux en donnèrent avis au roi, qui était à Salses, et qui envoya d'abord le duc de Nagyères à Palamos. Les Barbares, trouvant le lieu si bien gardé, firent semblant de passer outre, mais ils revinrent durant la nuit et mirent tant de gens à terre que le duc de Nagyères, s'étant laissé surprendre, fut emmené prisonnier. Amadour, qui était fort vigilant, entendant le bruit, assembla incontinent le plus de ses gens qu'il put, et se défendit si bien, que les ennemis, quelque supérieurs qu'ils fussent, furent longtemps sans pouvoir l'endommager. Mais enfin, ayant appris que le duc de Nagyères était prisonnier, et que les Turcs étaient résolus de brûler Palamos et la maison où il faisait ferme, il aima mieux se rendre que d'être cause de la perte de ceux qui l'avaient suivi. D'ailleurs, se mettant à rançon, il espérait encore de voir Florinde. Il se rendit donc à un Turc nommé Derlin, gouverneur du roi de Tunis. Derlin le mena à son maître. Il fut honoré et fort bien reçu, mais encore mieux gardé, car, l'ayant entre les mains, ils croyaient tenir l'Achille de l'Espagne. Il fut près de deux ans au service de Tunis.

Les nouvelles de cet accident arrivées en Espagne, les parents du duc de Nagyères furent fort affligés de son malheur, mais ceux qui aimaient la gloire du pays crurent avoir perdu bien davantage en perdant Amadour. Le bruit en

CONTES DE LA REINE DE NAVARRE. 65

Il s'en donna un si grand coup, qu'il ne fut pas besoin d'y revenir.

vint chez la comtesse d'Arande, où était alors la pauvre Aventurade, dangereusement malade. La comtesse, qui se défiait beaucoup des tendres sentiments qu'Amadour avait pour sa fille, ce qu'elle souffrait et dissimulait en considération des vertus qu'elle reconnaissait en lui, appela sa fille en particulier pour lui apprendre ces fâcheuses nouvelles. Florinde, qui savait bien dissimuler, lui dit que la perte était grande pour toute leur maison, et qu'elle plaignait surtout sa pauvre femme qui, pour surcroît d'affliction, était malade. Mais voyant que sa mère pleurait beaucoup, elle laissa couler quelques larmes pour lui tenir compagnie, de peur que par trop feindre la feinte ne fût découverte. La comtesse lui en parla souvent depuis, mais elle n'en put jamais tirer de quoi faire un jugement certain. Je ne dirai rien des voyages, des prières, des oraisons et des jeûnes que faisait ordinairement Florinde pour la conservation d'Amadour. On ne l'eut pas plus tôt conduit à Tunis, qu'il donna de ses nouvelles à ses amis, et envoya un exprès à Florinde pour lui faire savoir qu'il était en bonne santé et plein d'espérance de la revoir, ce qui fut pour elle une grande consolation. Il ne faut pas demander si elle pouvait écrire, car elle le fit avec tant de diligence, qu'Amadour n'eut pas le temps de s'impatienter.

En ce temps-là, la comtesse eut ordre de se rendre à Saragosse, où était le roi. Le jeune duc de Cardonne s'y trouva, et agit si puissamment auprès du roi et de la reine, qu'ils prièrent la comtesse de conclure le mariage de lui et de Florinde. La comtesse, qui ne pouvait et ne voulait rien refuser à Leurs Majestés, y consentit d'autant plus volontiers qu'elle croyait que sa fille, dans l'âge où elle était, n'aurait d'autre volonté que la sienne. Tout étant fait, elle dit à sa fille qu'elle lui avait choisi le parti qu'elle avait cru le plus avantageux. La fille voyant qu'il n'y avait point à délibérer, puisque la chose était faite, prit le parti de l'obéissance. Pour surcroît de malheur, elle apprit que l'Enfant fortuné était à l'extrémité. Elle ne témoigna jamais rien de son déplaisir, ni devant sa mère ni devant personne, et se contraignit si bien, qu'au lieu de larmes il lui prit un saignement de nez si abondant qu'elle fut en danger de la vie. Pour se rétablir, elle épousa celui qu'elle haïssait plus que la mort. Les noces étant faites, Florinde s'en alla avec son mari dans le duché de Cardonne et emmena Aventurade, à qui elle faisait confidence, en particulier, et des manières dures de sa mère et du regret qu'elle avait d'avoir perdu l'Enfant fortuné, mais pour Amadour, elle ne lui en parlait que pour la consoler. Florinde résolut donc de mettre Dieu et l'honneur devant ses yeux, et de cacher si bien ses ennuis que personne des siens ne s'aperçût jamais que son mari ne fût pas à son gré. Florinde soutint longtemps cette vie, qui ne valait guère mieux que la mort. Elle ne manqua pas de donner avis de tout à Amadour, qui, connaissant son grand cœur et n'ignorant pas l'amour qu'elle avait pour l'Enfant fortuné, crut qu'il était impossible qu'elle vécût longtemps, et la regretta comme une personne qu'il estimait pire que morte. Cette affliction augmenta celle qu'il avait déjà. Il eût voulu être esclave toute sa vie et que Florinde eût un époux selon son cœur. L'idée des ennuis de son amie lui faisait oublier les siens. Sur ces entrefaites il apprit, par un ami qu'il s'était fait à la cour du roi de Tunis, que ce prince était résolu de lui faire présenter le pal, ou qu'il renonçât à sa foi, parce qu'il avait envie de le retenir en cas qu'il en pût faire un bon Turc. Pour prévenir le coup, il fit si bien avec son maître, qu'il le laissa aller sur sa parole, sans en parler au roi, et mit sa rançon à un si haut prix, qu'il ne croyait pas qu'un homme qui avait si peu de bien pût jamais la trouver.

De retour à la cour d'Espagne, il y fit peu de séjour, et s'en alla chercher sa rançon dans la bourse de ses amis. Il fut droit à Barcelone, où le jeune duc de Cardonne, sa mère et Florinde étaient pour affaires. Aventurade n'eut pas plus tôt appris que son mari était revenu, qu'elle le dit à Florinde, qui s'en réjouit pour l'amour d'elle. Mais, de peur que la joie de revoir Amadour ne produisît sur son visage un changement qui pût être mal expliqué par ceux qui ne le connaissaient pas, elle se tint à la fenêtre pour le voir venir de loin, et ne l'aperçut pas plus tôt, que, descendant par un escalier si obscur qu'il n'était pas possible de discerner si elle changeait de couleur, elle l'embrassa, le mena dans sa chambre et le présenta ensuite à sa belle-mère, qui ne l'avait jamais vu. Il n'eut pas là demeuré deux jours, qu'il y fut autant aimé que chez la comtesse d'Arande. Je ne vous dirai rien des conversations que Florinde et Amadour eurent ensemble ni des compliments qu'il lui fit sur ce que son absence l'avait fait souffrir. Après plusieurs larmes du regret que la belle avait, tant d'être mariée contre son inclination que d'avoir perdu celui qu'elle aimait avec tant de passion, et qu'elle n'espérait de jamais revoir, elle prit résolution de se consoler avec Amadour, qu'elle aimait, et en qui elle avait une entière confiance. Cependant elle n'osait s'en expliquer; mais lui, qui s'en défiait, ne perdait ni temps ni occasion pour lui faire connaître combien il l'aimait.

Florinde ne pouvant plus se défendre de faire passer Amadour de l'état d'amant espérant à la condition d'amant favorisé, il arriva un contre-temps fâcheux. Le roi, pour une affaire importante, manda à Amadour de se rendre à la cour. Sa femme fut si frappée de cette nouvelle, qu'elle s'évanouit, et, tombant d'un degré où elle était, elle se blessa si fort qu'elle n'en est jamais revenue. Florinde, qui par cette mort perdait toute sa consolation, en fut aussi affligée que le serait une personne qui aurait perdu tous ses bons parents et amis. Amadour était inconsolable, car d'un côté il perdait une des plus douces et des plus sages femmes qui fut jamais, et de l'autre le moyen de revoir Florinde. Tant de sujets de chagrin l'accablèrent tellement, qu'il pensa mourir subitement. La vieille duchesse de Cardonne était toujours à son lit, et étalait, pour le consoler, toute sa philosophie: mais tout cela ne faisait rien; car si la mort d'un côté l'affligeait, l'amour de l'autre le rendait martyr.

La femme d'Amadour enterrée, et les ordres du roi étant pressants, il n'y avait pas moyen de faire un plus long séjour, ce qui augmenta si fort son désespoir, que la tête pensa lui tourner. Florinde, qui le consolait, et qui avait besoin elle-même de consolation, passa toute une après-dînée à l'entretenir le plus honnêtement qu'il lui fut possible, croyant le consoler un peu en l'assurant qu'elle trouverait moyen de le voir plus souvent qu'il ne pensait. Comme il devait partir le lendemain, et qu'il était si faible qu'il ne pouvait quitter le lit, il la supplia de revenir le voir le soir après que chacun y aurait été. Elle promit de le faire, ne sachant pas qu'un amour extrême ne connaît point de raison. Désespérant donc de voir à l'avenir Florinde, qu'il avait si longtemps aimée et de qui il n'avait jamais eu que ce que vous avez vu, il fut tellement combattu de son amour et de son désespoir, qu'il résolut, comme on dit, de jouer à quitte ou double, c'est-à-dire de tout gagner ou de tout perdre, et de se payer en une heure de ce qu'il croyait avoir mérité. Il fit mettre à son lit de si bons rideaux, que ceux qui étaient dans la chambre n'auraient su le voir, et se plaignait beaucoup plus qu'à l'ordinaire, de sorte que tous ceux de la maison ne croyaient pas qu'il eût encore vingt-quatre heures à vivre.

Après que chacun eut fait le soir sa visite, Florinde, à la sollicitation même de son mari, vint faire la sienne, résolue, pour le consoler, de lui déclarer son affection et de lui dire sans détour ni sans enveloppe qu'absolument elle voulait l'aimer autant que l'honneur pourrait le lui permettre. Assise dans une chaise qui était au chevet du lit d'Amadour, elle commença, pour le consoler, par pleurer avec lui. Amadour, la voyant attendrie, crut avoir trouvé l'heure du berger et se leva sur son lit. Florinde, qui crut qu'il était trop faible, se mit en devoir de l'en empêcher. « Faut-il que je vous perde pour jamais ? » lui dit-il à genoux. Et en disant cela il se laissa tomber entre ses bras comme un homme à qui les forces manquent. La pauvre Florinde l'embrassa et le soutint fort longtemps, faisant de son mieux pour le consoler ; mais le remède qu'elle lui donnait pour diminuer sa douleur l'augmentait de beaucoup. En effet, faisant le demi-mort, et ne parlant point, il se mit en devoir de chercher ce qui fait l'honneur des femmes. Florinde, voyant sa mauvaise intention et ne pouvant la croire, attendu les honnêtes discours qu'il lui avait toujours tenus, lui demanda ce qu'il voulait faire. Amadour, craignant la réponse de la belle, qu'il savait ne pouvoir être que chaste et honnête, alla sans rien dire à ce qu'il cherchait. Florinde, bien surprise, aimant mieux croire que la tête lui avait tourné que de croire qu'il en voulût à son honneur, appela tout haut un gentilhomme qu'elle savait être dans la chambre. Amadour, au dernier désespoir, se jeta sur son lit si brusquement, que le gentilhomme crut qu'il était expiré. Florinde, qui s'était levée de sa chaise, envoya le gentilhomme chercher du vinaigre, et dit alors à Amadour : « Êtes-vous fou, Amadour ? Qu'est-ce que vous avez voulu faire ? — Des services aussi longs que les miens, répondit Amadour, à qui l'amour avait ôté la raison, méritent-ils tant de cruauté ? — Et où est l'honneur que vous m'avez prêché tant de fois ? répondit Florinde. — Ah ! madame, repartit Amadour, il me semble qu'on ne peut pas plus aimer votre honneur que j'ai fait. Tant que vous avez été à marier, j'ai si bien su vaincre ma passion, que vous ne vous en êtes jamais aperçue ; mais à présent que vous êtes mariée, et que votre honneur est à couvert, vous fais-je tort de vous demander ce qui m'appartient? car ne vous ai-je pas gagnée par la force de mon amour? Le premier qui a eu votre cœur a si peu cherché votre corps, qu'il a mérité de perdre l'un et l'autre. Celui qui possède votre corps est indigne d'avoir votre cœur, et par conséquent votre corps même ne lui appartient pas. Mais j'ai tant pris de peines pour vous depuis cinq ou six ans, que vous ne pouvez ignorer, madame, qu'à moi seul n'appartiennent votre corps et votre cœur, pour lesquels je me suis oublié moi-même. Si vous prétendez vous excuser sur la conscience, vous devez compter que ceux qui connaissent par expérience ce que peut l'amour vous condamneront. En effet, vous m'avez ravi ma liberté, et vos attraits ont tellement ébloui mes sens, que, ne sachant désormais que faire, je suis contraint de m'en aller sans espérance de vous revoir jamais. Cependant, en quelque lieu que je sois, ou sur terre, ou sur mer, ou entre les mains de mes ennemis, vous devez être assurée que mon cœur sera toujours à vous. Mais si j'avais de vous, avant mon départ, l'assurance que mon amour mérite, je soutiendrais patiemment les ennuis de cette longue absence. Mais si vous ne m'accordez pas ce que je vous demande, vous apprendrez bientôt que votre rigueur m'aura cruellement fait mourir. »

Florinde, aussi étonnée que fâchée d'entendre parler ainsi un homme dont elle ne se serait jamais défiée : « Sont-ce là, Amadour, répondit-elle en pleurant, les beaux et sages discours que vous m'avez tenus durant ma jeunesse ? Est-ce l'honneur et la conscience dont vous m'avez si souvent conseillé de faire plus de cas que de ma propre vie ? Avez-vous oublié les dames qui ont tenu bon contre l'amour criminel, et que vous m'avez proposées comme des exemples de vertu à imiter ? Et ne vous souvenez-vous plus du mépris que vous avez témoigné pour celles qui ont eu la faiblesse de succomber à cette sale passion ? Je ne puis croire, Amadour, que vous soyez si différent de vous-même, que votre conscience et mon honneur ne vous soient plus d'aucune considération. Si ce que vous dites est vrai, je loue Dieu d'avoir prévenu le malheur où j'allais me précipiter, en me faisant connaître par votre langue le fond de votre cœur, que je n'ai jamais bien connu qu'à présent. Après avoir perdu le fils de l'Enfant fortuné, non-seulement par mon mariage, mais parce que je sais qu'il en aime une autre, et me voyant mariée à un homme que je ne puis aimer, quelques efforts que je fasse, j'avais résolu de vous aimer de tout mon cœur, fondant cette amitié sur la vertu qui m'avait paru en vous, et que je crois avoir acquise par votre moyen, qui est d'aimer mon honneur et ma conscience plus que ma propre vie. Dans ces vues d'honnêteté j'étais venue, Amadour, pour faire avec vous un bon fondement pour l'avenir ; mais vous m'avez fait voir que j'aurais bâti sur le sable mouvant, ou plutôt sur de la boue infâme. Une grande partie de l'ouvrage était faite par rapport à moi, mais vous avez tout renversé d'un seul coup. Ainsi n'espérez plus rien de moi, et ne vous avisez pas de jamais me parler, en quelque lieu que je sois, ni de la langue ni des yeux, et comptez que je ne changerai jamais de sentiment. Je vous le dis avec un extrême regret. Si je vous avais juré une amitié parfaite, je sens bien que mon cœur n'aurait pu sans mourir soutenir cette rupture, quoique, à dire vrai, l'étonnement où je suis d'avoir été trompée est si grand et si douloureux que, s'il n'abrége pas ma vie, il la rendra du moins bien malheureuse. Je n'ai plus rien à vous dire, sinon un adieu éternel. » Je n'entreprendrai point de vous dire quel fut l'accablement où se trouva Amadour après un tel discours. Il serait non-seulement impossible de l'écrire, mais même de se l'imaginer, sinon à ceux qui se sont trouvés en pareil cas.

Amadour voyant qu'elle s'en allait après cette cruelle conclusion, l'arrêta par le bras, bien persuadé qu'il la perdait pour toujours, à moins qu'il ne lui ôtât les sentiments qu'il lui avait donnés. « J'ai souhaité toute ma vie, madame, lui dit-il en composant son visage du mieux qu'il put, d'aimer une femme de vertu, et, comme j'en ai peu trouvé, j'ai voulu savoir si vous étiez autant estimable du côté de la vertu que du côté de la beauté, de quoi je suis maintenant, grâces à Dieu, pleinement convaincu. Je me félicite d'avoir donné mon cœur à tant de perfections, et je vous supplie, madame, de faire grâce à mon caprice et à mon audace, puisque le dénoûment vous en est si glorieux et me fait tant de plaisir. » Florinde, qui commençait à connaître la malice des hommes par ce qui venait de lui arriver, comme elle avait été difficile à croire le mal où il était, elle le fut encore davantage à croire le bien où il n'était pas, et lui dit : « Plût à Dieu que ce que vous dites fût vrai ; mais je ne suis pas si ignorante que l'état de mariage où je suis ne me fasse connaître clairement que la force de la passion et l'aveuglement vous ont fait faire ce que vous m'avez fait. Si j'avais eu le malheur de lâcher la main, je suis assurée que vous n'auriez pas retiré la bride. Ce n'est pas par ce chemin-là qu'on cherche la vertu. Mais c'est assez, j'ai cru du bien de vous. Je connais présentement ce qui en est, et je ne suis plus dans l'erreur. » En disant cela, Florinde sortit et ne fit toute la nuit que pleurer. Elle avait tant de douleur de ce changement, que son cœur eut bien de la peine à soutenir les regrets que l'amour lui causa. La raison lui disait qu'elle ne devait plus aimer, mais le cœur, dont on n'est pas le maître, lui disait toute autre chose. Ne pouvant donc se résoudre à l'aimer moins qu'à l'ordinaire, et sachant que l'amour lui faisait faire cette faute, elle résolut de satisfaire à l'amour et de l'aimer de tout son cœur, mais de n'en rien témoigner pour satisfaire à son honneur.

Amadour partit le lendemain, content comme vous pouvez juger. Cependant, comme il avait le cœur grand, bien loin de se désespérer, il souhaita tout de nouveau de revoir Florinde et de regagner sa bienveillance. Ayant donc pris le chemin de Tolède, où était le roi d'Espagne, il passa par le comté d'Arande, où il arriva un soir fort tard, et trouva la comtesse fort malade de chagrin de l'absence de Florinde. Elle baisa et embrassa Amadour comme si c'eût été son propre fils, tant parce qu'elle l'aimait que parce qu'elle se défiait qu'il aimait Florinde. Elle lui en demanda des nouvelles, et il lui en dit autant qu'il lui fut possible, mais non pas toutes véritables. Il lui avoua l'amitié qu'il y avait entre eux, ce que Florinde avait toujours caché, le pria de lui faire avoir souvent de ses nouvelles et de la retirer bientôt auprès d'elle. Il passa la nuit avec la comtesse et partit le lendemain.

Après avoir fait ses affaires avec la reine, il partit pour l'armée, si triste et si prodigieusement changé, que ni les dames ni les officiers qu'il fréquentait ne le connaissaient plus. Il ne portait que des habits noirs, encore étaient-ils d'une frise beaucoup plus grosse qu'il ne fallait pour le deuil de sa femme, qui couvrait heureusement celui qu'il avait dans le cœur. Amadour fut ainsi trois ou quatre ans sans revenir à la cour. La comtesse d'Arande ayant appris que Florinde faisait pitié, tant elle était changée, l'envoya quérir, espérant qu'elle reviendrait auprès d'elle; mais cela n'arriva pas, car Florinde, ayant eu avis qu'Amadour avait déclaré leur amitié à sa mère, se trouva fort en peine. Elle considérait d'un côté que, si elle disait la vérité à sa mère, Amadour pouvait en recevoir du déplaisir, ce qu'elle n'aurait voulu faire pour sa vie, se croyant en état de punir son insolence sans le secours de ses parents. Elle voyait d'un autre côté que, cachant le mal, sa mère et ses amis l'obligeraient à lui parler et à lui faire bonne mine, craignant par là d'entretenir ou de fortifier ses mauvaises intentions. Mais le voyant éloigné, elle n'en fit pas semblant, et ne lui écrivit que quand la comtesse le lui ordonna. Aussi Amadour connut si bien que ses lettres venaient plutôt d'obéissance que de bonne volonté, qu'il languissait en les lisant, au lieu qu'autrefois il ne les recevait qu'avec des transports de joie.

Après avoir fait, durant deux ou trois ans, tant de belles choses, que tout le papier d'Espagne ne saurait les contenir, il crut avoir trouvé moyen de regagner le cœur de Florinde. Pour vaincre son ennemie, puisqu'elle se déclarait telle contre lui, il mit à part et la raison et la crainte de la mort. Son parti étant pris, il fit tant auprès du général, qu'il fut député pour aller entretenir le roi sur certaines entreprises qu'on faisait sur Leucate, et, sans se mettre en peine des suites, il communiqua le sujet de son voyage à la comtesse d'Arande avant que d'en avoir parlé au roi. Comme il savait que Florinde était auprès de sa mère, il se rendit en poste chez la comtesse, sous prétexte de vouloir prendre son conseil. Il envoya un de ses amis pour l'avertir qu'il venait pour la prier de n'en rien dire et de trouver bon qu'il lui parlât de nuit sans que personne en sût rien. La comtesse, bien joyeuse de cette nouvelle, en fit part à Florinde, et l'envoya déshabiller dans la chambre de son mari, afin qu'elle fût prête quand elle la ferait avertir et que chacun fût retiré. Florinde, qui n'était pas encore revenue de sa première peur, n'en témoigna pourtant rien à sa mère, et s'en alla à son oratoire se recommander à Dieu et le prier de vouloir garantir son cœur de toutes faiblesses. Se souvenant qu'Amadour l'avait souvent louée de sa beauté, qui n'avait rien perdu par sa longue maladie, elle aima mieux la diminuer elle-même que de souffrir qu'elle allumât un feu si criminel dans le cœur d'un si honnête homme. Pour cet effet, elle prit une pierre, qu'elle trouva à point nommé, et s'en donna de si grands coups par le visage, que sa bouche, ses yeux, son nez, en demeurèrent tout défigurés. Afin qu'on ne s'aperçût pas qu'elle l'eût fait, quand la comtesse l'envoya quérir, elle se laissa tomber en sortant de l'oratoire. La comtesse accourut à ses cris et la trouva dans ce triste état. Florinde se releva et dit à sa mère qu'elle avait donné du visage contre une grosse pierre. Elle fut incontinent pansée et son visage bandé. Ensuite la comtesse la fit passer dans sa chambre et la pria d'aller entretenir Amadour, qui était dans son cabinet, jusqu'à ce qu'elle se fût défaite de la compagnie. Florinde obéit, croyant qu'Amadour avait quelqu'un avec lui; mais se trouvant seule, et voyant la porte fermée, elle en eut autant de chagrin qu'Amadour en eut de joie, s'imaginant d'emporter par amour ou par force ce qu'il avait tant souhaité.

Après l'avoir un peu entretenue, la trouvant dans les mêmes sentiments où il l'avait laissée, et protestant que, dût-il lui en coûter la vie, elle n'en aurait jamais d'autres, il lui dit, outré de désespoir: «Il ne sera pas dit, madame, qu'un petit scrupule me prive du fruit de mes travaux. Puisque l'amour, la patience et les supplications ne servent de rien, il faut donc y employer la force.» Florinde, voyant son visage et ses yeux si changés que le plus beau teint du monde était rouge comme feu, et le regard le plus doux et le plus agréable si horrible et si furieux, qu'il semblait que le feu de son cœur sortait par ses yeux, et que, dans cette fureur, il avait pris d'une de ses fortes mains les deux siennes, tendres et délicates; considérant d'un autre côté qu'elle était sans défense, et que ses mains et ses pieds étaient si bien tenus, qu'elle ne pouvait ni fuir ni se défendre, crut que le seul moyen qui lui restait était de tenter si son premier amour était tellement éteint qu'il ne pût désarmer sa cruauté. «Si je dois, Amadour, vous regarder à présent comme un ennemi, lui dit-elle, je vous conjure, par l'honnête amour dont j'ai cru autrefois que votre cœur était animé, de vouloir au moins m'écouter avant que de me tourmenter. A quoi songez vous, Amadour, continua-t-elle, voyant qu'il l'écoutait, de vouloir une chose qui ne saurait vous donner de plaisir et qui me comblerait de douleur? Vous avez si bien connu mes sentiments durant ma jeunesse et ma plus grande beauté, qui pouvait servir d'excuse

Après avoir tenté toutes choses, il s'adressa à son favori. (Page 84.)

à votre passion, que je m'étonne qu'à l'âge où je suis, et laide comme vous me voyez, vous puissiez vous résoudre à me tourmenter. Je suis persuadée que vous ne doutez point que mes sentiments ne soient toujours les mêmes, et qu'il n'y a par conséquent que la violence qui puisse vous faire avoir ce que vous souhaitez. Voyez comme mon visage est fait, oubliez la beauté que vous m'avez vue, et vous perdrez l'envie de m'approcher. S'il y a en vous quelque reste d'amour, il est impossible que la pitié ne l'emporte sur votre fureur. C'est à votre pitié et à la vertu, dont vous m'avez donné tant de preuves, que je m'adresse et que je demande grâce. Ne troublez point mon repos, et n'entreprenez rien sur mon honneur, que je suis résolue de conserver jusqu'au dernier soupir. Si l'amour que vous avez eu pour moi a dégénéré en haine, et que vous ayez dessein, plus par vengeance que par affection, de me rendre la femme du monde la plus malheureuse, je vous déclare qu'il n'en sera pas ainsi, et que vous me forcerez de me plaindre hautement de votre malhonnêteté à celle qui est si prévenue en votre faveur. Si vous me réduisez à cette extrémité, comptez que votre vie n'est pas en sûreté. — S'il faut que je meure, répondit Amadour, un moment mettra fin à mes peines; mais la difformité de votre visage, qui est, je crois, votre ouvrage, ne m'empêchera pas de faire ce que j'ai résolu. Quand vous n'auriez que la peau et les os, je ferais la même chose.

Florinde voyant que les prières, les raisons et les larmes étaient inutiles, s'aida du secours qu'elle craignait autant que la perte de sa vie, et, d'une voix triste et pitoyable, appela sa mère le plus haut qu'elle put. A cette voix, la comtesse se douta d'abord de la vérité, et accourut le plus promptement qu'il fut possible. Amadour qui n'était pas si prêt à mourir qu'il le disait, lâcha prise si promptement, que la comtesse, ouvrant le cabinet, le trouva à la porte, et Florinde assez éloignée de lui. « Qu'est ceci donc, Amadour? dit la comtesse; dites-moi la vérité. » Amadour, qui s'était préparé à l'avance, et qui ne manquait jamais d'expédient au besoin, répondit d'un visage pâle et transi : « Je ne connais plus Florinde, madame; jamais homme ne fut plus surpris que je le suis. Je croyais, comme je vous ai dit, avoir quelque part à sa bienveillance, mais je vois bien que je n'y ai plus rien. Il me semble, madame, que, du temps qu'elle était avec vous, elle n'était ni moins sage ni moins vertueuse qu'aujourd'hui, mais elle ne faisait pas conscience de parler et de regarder les gens. J'ai voulu la regarder, mais elle n'a pas voulu le souffrir. Voyant cela, j'ai cru que c'était un songe ou une rêverie, et lui ai demandé la main à baiser, suivant la coutume du pays, mais elle me l'a absolument refusée. Il est vrai, madame, que j'ai tort, et je vous en demande pardon de lui avoir pris et baisé la main quasi par force. Je ne lui demandais pas autre chose; mais je vois bien qu'elle a résolu ma mort, et c'est pour cela, je crois, qu'elle vous a appelée; peut-être a-t-elle eu peur que j'eusse quelque autre dessein. Quoi qu'il en soit, madame, je reconnais que j'ai tort; car, quoiqu'elle doive aimer tous vos bons serviteurs, mon malheur veut que je n'aie aucune part à sa bienveillance. Mon cœur ne changera pas pour cela, ni par rapport à vous, ni par rapport à elle ; et je vous supplie, madame, de me conserver votre bienveillance, puisque je perds la sienne sans l'avoir mérité. » La comtesse, qui croyait en partie et en partie doutait, demanda à sa fille pourquoi elle l'avait appelée si haut? Florinde répondit qu'elle avait eu peur. La comtesse lui fit plusieurs autres questions, et n'eut jamais que la même réponse, parce qu'ayant échappé à son ennemi, elle le croyait assez puni d'avoir manqué son coup. Après que la comtesse eut longtemps entretenu Amadour, elle le laissa parler encore à Florinde en sa présence, pour voir quelle mine il ferait; mais il lui dit peu de chose, et se contenta de la remercier de n'avoir rien dit à sa mère, la priant au moins que, puisqu'il était banni de son cœur, un autre ne profitât point de sa disgrâce. « Si j'avais pu me défendre par quelque autre voie, répondit Florinde, tout se serait passé entre nous. Vous en serez quitte pour cela, à moins que vous ne me forciez à faire pis. Ne craignez pas que j'aime jamais, car, puisque je me suis trompée à juger d'un cœur que j'avais cru tout plein de vertu, je ne croirai jamais qu'il y ait homme en qui on doive se fier. Ce malheur sera cause que je bannirai pour jamais les passions que l'amour peut produire. » En disant cela, elle prit congé de lui. La mère, qui les observait, ne put former aucun jugement; mais elle s'aperçut bien dès lors que sa fille n'avait plus d'amitié pour Amadour, et crut que c'était sans raison, et qu'il suffisait qu'elle aimât quelqu'un, pour que Florinde eût de l'aversion pour lui. Dès ce moment-là elle fut si mal satisfaite d'elle, qu'elle fut sept ans sans lui parler qu'avec aigreur, et tout cela à la sollicitation d'Amadour. Florinde, qui ne fuyait rien tant autrefois que la présence de son mari, résolut d'être toute sa vie auprès de lui, pour s'épargner les chagrins que sa mère lui faisait. Mais, voyant que rien ne lui réussissait, elle prit le parti de tromper Amadour. Pour cet effet, elle fit semblant, pendant quelques jours, de s'humaniser, et lui conseilla de s'attacher à une femme qu'elle disait avoir entretenue de leur amour. Cette dame qui était auprès de la reine, et qui avait nom Lorette, ravie d'avoir fait une telle conquête, fut si peu maîtresse de ses transports, que le bruit s'en répandit partout. La comtesse d'Arande même étant à la cour, s'en aperçut, et traita depuis Florinde plus doucement qu'à l'ordinaire. Florinde ayant appris que le mari de Lorette, qui était capitaine, avait si bien pris l'alarme, qu'il avait résolu de tuer Amadour à quelque prix que ce fût; Florinde, dis-je, qui, quelque mine qu'elle fît, ne pouvait s'empêcher d'aimer Amadour, l'en avertit incontinent. Lui qui serait volontiers revenu à elle, lui répondit que, si elle voulait lui accorder tous les jours trois heures de conversation, il ne parlerait de sa vie à Lorette; mais elle n'en voulut rien faire. « Puis donc, répliqua Amadour, que vous ne voulez pas que je vive, pourquoi voulez-vous m'empêcher de mourir, à moins que vous n'espériez me faire plus souffrir en vivant, que mille morts ne sauraient faire? Que la mort me fuie tant qu'elle voudra, je la chercherai tant que je la trouverai, et ce sera alors que je serai en repos. »

Sur ces entrefaites, on reçut nouvelles que le roi de Grenade avait déjà commencé les actes d'hostilité contre le roi d'Espagne; ce qui obligea le roi d'y envoyer le prince son fils avec le connétable de Castille et le duc d'Albe, deux vieux et sages seigneurs. Le duc de Cardonne et le comte d'Arande voulurent en être, et prièrent le roi de leur donner quelque commandement. Le roi leur donna des charges qui répondaient à leur qualité, et voulut qu'ils eussent pour conducteur Amadour, qui fit, durant la guerre, des actions si surprenantes, qu'il y paraissait autant de témérité que de bravoure. Il en fit tant qu'à la fin il y laissa la vie. Car les Maures ayant fait mine de vouloir donner bataille, plièrent au premier choc, et firent semblant de fuir pour obliger l'armée chrétienne à les suivre ; ce qui leur réussit. Le vieux connétable et le duc d'Albe se défiant de la ruse, retinrent, malgré lui, le prince d'Espagne, et l'empêchèrent de passer la rivière ; mais le comte d'Arande et le duc de Cardonne la passèrent nonobstant les défenses. Les Maures voyant qu'ils n'étaient suivis que de peu de gens, firent volte-face. Le duc de Cardonne fut tué d'un coup de cimeterre, et le comte d'Arande si dangereusement blessé, qu'on le laissa pour mort sur la place, Amadour étant survenu, fendit la presse avec tant de fureur, qu'on eût dit qu'il était enragé. Il fit emporter les corps du duc et du comte au camp du prince, qui les regretta comme s'ils eussent été ses propres frères. En visitant leurs plaies, on trouva que le comte d'Arande n'était pas encore mort, et on l'envoya chez lui en litière, où il fut longtemps malade. Le corps du jeune duc fut transporté à Cardonne. Amadour ayant retiré ces deux corps, eut si peu soin de lui, qu'il se laissa envelopper par un grand nombre de Maures. Sachant donc que, s'il tombait entre les mains du roi de Grenade, il mourrait d'une mort cruelle, à moins qu'il ne renonçât à la religion chrétienne, il résolut de ne donner la gloire de sa mort ni à sa prise ni à ses ennemis, et de rendre à Dieu et son corps et son âme. Baissant donc la croix de son épée, il s'en donna un si grand coup, qu'il ne fut pas besoin d'y revenir.

Ainsi mourut le pauvre Amadour, aussi regretté que ses vertus le méritaient. La renommée en porta d'abord les nouvelles en Espagne. Florinde, qui était alors à Barcelone où son mari avait autrefois ordonné qu'on l'enterrât, après avoir fait faire avec pompe les obsèques de son époux, sans en parler ni à mère ni à belle-mère, se retira dans le monastère de Jésus, prenant pour époux et pour amant celui qui l'avait délivrée d'un amour aussi violent que celui d'Amadour, et du chagrin que lui causait la compagnie d'un tel mari. Elle ne s'occupa depuis que du soin d'aimer Dieu si parfaitement, qu'après avoir été longtemps religieuse, elle lui rendit son âme avec la même joie qu'une épouse va voir son époux. »

— Je crains, mesdames, qu'une si longue histoire ne vous ait été ennuyeuse; mais elle aurait été encore plus longue, si j'avais voulu suivre celui qui me l'a contée. Imitez, mesdames, la vertu de Florinde, mais ayez moins de cruauté ; et n'estimez jamais tant les hommes, de peur que, venant à vous détromper, vous ne les réduisiez à mourir cruellement, et vous à vivre avec tristesse.

— Ne vous semble-t-il pas, dit Parlamante à Hircan après cette longue audience, que cette femme ait été poussée à bout, et qu'elle ait vertueusement résisté ?

— Non, répondit Hircan ; car une femme ne peut faire moins de résistance que de crier. Et qu'aurait-elle fait, si elle avait été en lieu où elle n'eût pas été entendue ! D'ailleurs, si Amadour n'eût pas eu plus de peur que d'amour, il n'aurait pas si aisément lâché prise. Ainsi je soutiens toujours que jamais homme n'aima parfaitement, et ne fut aimé, qui n'ait obtenu de sa maîtresse ce qu'il lui a demandé, s'il s'y est pris comme il faut. Mais encore faut-il que je loue Amadour d'avoir fait une partie de son devoir.

— Trouvez-vous, répliqua Oysille, qu'un serviteur fasse son devoir de faire violence à sa maîtresse, à laquelle il doit toute sorte de respect et d'obéissance ?

— Quand nos maîtresses, madame, dit alors Saffredant, tiennent leur rang assises à leur aise comme nos juges, nous sommes à genoux devant elles ; et quand nous les menons danser avec crainte, et les servons avec tant de diligence que nous prévenons leurs demandes, nous avons tant de peur de les offenser et tant de désir de les bien servir, qu'on ne saurait nous voir sans nous regarder avec compassion. On nous croit souvent plus sots que les bêtes, et on loue la fierté de nos dames, qui cependant parlent avec tant d'honnêteté, qu'elles se font craindre, aimer et estimer de ceux qui n'en voient que les dehors. Mais, dans le particulier, où l'on n'a pour juge que l'amour, nous savons fort bien qu'elles sont femmes et nous hommes. Le nom de maîtresse se change alors en celui d'amie ; et celui qui était serviteur en public, devient ami dans un tête-à-tête. De là est venu le vieux proverbe :

> Pour bien servir et loyal être,
> De serviteur on devient maître.

Elles ont l'honneur autant que les hommes en peuvent donner et ôter ; et comme elles voient que nous souffrons avec patience, il est juste qu'elles nous dédommagent de nos souffrances, quand elles le peuvent faire sans blesser leur honneur.

— Vous ne parlez pas, dit Longarine, du véritable honneur, qui est le contentement le plus parfait qu'on ait en ce monde. Quand tout le monde me croirait femme de bien, et que je saurais seule le contraire, les louanges ne feraient qu'augmenter ma honte et ma confusion secrète. D'un autre côté, quand toute la terre me condamnerait, et que ma conscience ne me reprochât rien, la calomnie me ferait une espèce de plaisir, tant il est vrai que la vertu n'est jamais entièrement malheureuse.

— Quoique vous n'ayez rien laissé à dire, reprit Guebron, vous me permettrez de dire à mon tour que je regarde Amadour comme le plus honnête et le plus vertueux cavalier qui puisse être. Quoiqu'on lui ait donné un nom supposé, je crois néanmoins le connaître; mais, puisqu'on ne l'a pas nommé, je ne le nommerai point aussi. Il suffit de dire que, si c'est celui que je pense, jamais son cœur ne fut susceptible de peur, ni exempt d'amour.

— Il me semble, dit alors Oysille, que cette journée s'est passée si agréablement, que, si cela continue, un entretien si divertissant nous fera trouver le temps court. Le soleil est déjà bas, et il y a longtemps qu'on a sonné vêpres à l'abbaye. Je ne vous en ai rien dit, parce que j'avais moins envie d'entendre vêpres que de savoir la fin de cette histoire. Sur cela tout le monde se leva, et, arrivant à l'abbaye, ils trouvèrent les religieux qui les attendaient depuis plus d'une heure. Après les vêpres on soupa. La soirée ne se passa pas sans parler des contes qui s'étaient faits, et sans chercher dans leur mémoire de quoi passer le jour suivant avec le même plaisir. Après avoir fait dans le pré une infinité de jeux, chacun alla se coucher fort content des agréments de la journée.

DEUXIÈME JOURNÉE

Le lendemain ils se levèrent de bon matin, résolus de retourner au lieu où ils avaient eu tant de plaisir. Chacun avait son conte prêt, et avait de l'impatience de le mettre au jour. Après avoir entendu la morale de madame Oysille et la messe, il fut question de dîner, et on se rappela en même temps plusieurs histoires passées.

Après-dîné, ils allèrent se reposer dans leurs chambres, et, à l'heure marquée, chacun se rendit au pré, où il semblait que le temps et le jour favorisaient leur dessein. Après qu'ils se furent tous assis sur des sièges verts, faits des propres mains de la nature, Parlamente dit :

— Puisque je finis la journée d'hier, c'est à moi à choisir celle qui doit commencer celle-ci. Comme madame Oysille, la plus sage et la plus âgée des femmes, parla hier la première, je donne aujourd'hui ma voix à la plus jeune; je ne dis pas à la plus folle, assurée que je suis que si nous la suivons toutes, les religieux n'attendront pas à dire vêpres aussi longtemps qu'ils firent hier. C'est à vous, Nomerfide, que ceci s'adresse; mais, je vous prie, ne nous faites point commencer la journée par les larmes.

— Il n'était point nécessaire de me le dire, répondit Nomerfide. J'avais déjà pris mon parti, m'étant rappelé tout à propos un conte qui me fut fait l'an passé par une bourgeoise de Tours, qui m'assura qu'elle avait entendu prêcher le cordelier dont je vais vous parler.

NOUVELLE XI

Fragments facétieux des sermons d'un cordelier.

Il y a près de la ville de Bléré en Touraine un village nommé Martin-le-Beau, où un cordelier de Tours fut appelé pour y prêcher les Avents et le Carême suivant. Ce cordelier, qui avait plus de caquet que de savoir, se trouvant quelquefois court, s'avisait, pour achever son heure, de faire des contes qui ne déplaisaient pas tout à fait à ces bons villageois. Prêchant, le Jeudi absolu, sur l'Agneau pascal, quand il fut question de dire qu'il se mangeait de nuit, voyant à son sermon de belles jeunes dames d'Amboise, nouvellement arrivées dans le dessein de faire leurs Pâques, et d'y demeurer quelques jours après, il voulut se surpasser, et demanda à toutes les femmes si elles ne savaient pas ce que c'était que manger de la chair crue de nuit? « Je veux vous l'apprendre, mesdames, » leur dit-il. Les jeunes hommes d'Amboise nouvellement arrivés les uns avec leurs femmes, les autres avec leurs sœurs et nièces, et qui ne connaissaient pas l'humeur du pèlerin, commencèrent à s'en scandaliser ; mais, après l'avoir entendu, au lieu d'être scandalisés, ils rirent, et surtout de ce qu'il dit que pour manger l'Agneau Pascal, il fallait *avoir les reins ceints, des pieds en ses souliers, et une main à son bâton*. Le cordelier les voyant rire, et se défiant pourquoi, se reprit incontinent. « Eh bien, dit-il, *des souliers en ses pieds, et un bâton en sa main*. Blanc chapeau et chapeau blanc, n'est-ce pas la même chose ? » Si l'on se mit alors à rire, je crois que vous n'en doutez pas. Les dames mêmes ne purent s'en empêcher. Le cordelier sentant que son heure approchait fit de nouveaux efforts pour divertir les dames, et leur donner sujet d'être contentes de lui. « Quand vous serez tantôt, mesdames, à causer avec vos commères, leur dit-il, vous demanderez : qui est ce maître frère qui parle si hardiment ? c'est quelque bon compagnon. Je vous dirai, mesdames, je vous dirai, ne vous étonnez pas, non, si je parle hardiment, car je suis à votre commandement. » Et en disant cela il finit son sermon, laissant ses auditeurs plus disposés à rire de ses sottises, qu'à pleurer de la Passion de Notre-Seigneur dont on célébrait alors la commémoration. Ses autres sermons durant les fêtes furent quasi de pareille efficace. Et

Le duc, sans armes mais non sans cœur. (Page 86.)

comme vous savez que les frères de cet ordre n'oublient pas à faire faire la quête pour avoir, comme on parle, les œufs de Pâques, qui non-seulement ne leur manquent pas, mais on leur donne même plusieurs autres choses, comme du linge et de la filasse, des andouilles, des jambons, des échinées et autres petites choses; le mardi d'après Pâques qu'il faisait ses recommandations dont telles gens ne sont point chiches, il dit: « Je suis obligé, mesdames, de vous remercier des charités que vous avez faites à notre pauvre couvent; mais je ne saurais m'empêcher de vous dire que vous n'avez pas considéré les besoins que nous avons. Vous ne nous avez donné pour la plupart que des andouilles dont, Dieu merci, nous ne manquons point, le couvent en étant tout farci. Que ferons-nous donc de tant d'andouilles ? savez-vous ce que nous en ferons ? Je suis d'avis, mesdames, que vous mêliez vos jambons avec nos andouilles, et vous ferez une belle aumône. » Puis, continuant son sermon, il fit venir le scandale à propos. Après s'être étendu là-dessus et avoir produit quelques exemples, il s'écria avec chaleur : « Je suis surpris, messieurs et mesdames de Saint-Martin, que vous vous scandalisez pour une chose qui est moins que rien, et que vous fassiez partout sans sujet des contes de moi, disant : qui eût cru que le père eût engrossé la fille de son hôtesse ? Il y a vraiment bien là de quoi s'étonner. Un moine a engrossé une fille. Belle merveille ! mais venez çà, belles dames, n'auriez-vous pas sujet d'être bien plus surprises si la fille avait engrossé le moine ? »

Voilà, mesdames, les belles viandes dont ce bon pasteur nourrissait le troupeau de Dieu. Encore était-il si effronté après son péché qu'il avait l'impudence d'en parler en chaire, où l'on ne doit rien dire qui n'instruise le prochain, et qui ne tende premièrement à la gloire de Dieu.

— Voilà un maître moine, dit Saffredant. J'aimerais presque autant frère Angibault, sur le dos duquel on mettait tous les discours facétieux qui se faisaient en bonne compagnie.

— Je ne trouve pas qu'il y ait là matière à rire, répondit Oysille ; et la circonstance du temps n'est pas avantageuse au moine.

— Vous ne dites pas, madame, reprit Nomerfide, qu'encore qu'il ne s'agisse pas d'un temps bien éloigné, les bonnes gens de village, et la plupart même de ceux des bonnes villes, qui se croient plus habiles que les autres, avaient alors plus de respect pour de tels prédicateurs que pour ceux qui leur prêchaient purement et simplement le saint Évangile.

— Quoi qu'il en soit, dit alors Hircan, il n'avait pas grand tort de demander des jambons pour des andouilles ; car il y a bien plus à manger. Quand quelque dévote eût entendu la chose par amphibologie, comme je crois que le moine l'entendait, ni lui ni ses confrères ne s'en seraient pas mal trouvés, non plus que la jeune courtisane qui en eut plein son sac.

— Quelle effronterie, reprit Oysille, de renverser le sens du texte suivant son caprice, croyant avoir affaire à des gens aussi bêtes que lui, et cherchant impudemment par là à corrompre les femmelettes, pour leur apprendre à manger de nuit la chair crue !

— Oui ; mais vous ne dites pas, dit Simontault, qu'il avait devant les yeux ces jeunes tripières d'Amboise, dans le baquet desquelles il eût volontiers lavé son... Nommerai-je ? non. Vous m'entendez. Il eût bien voulu leur en faire goûter, non pas rôti, mais tout grouillant et frétillant, pour leur donner plus de plaisir.

— Tout beau, tout beau, seigneur Simontault, dit Parlamente, vous vous oubliez; et ne vous souvenez-vous plus de votre modestie ordinaire dont vous savez si bien vous servir au besoin?

— Oui, madame, répliqua Simontault; mais le malhonnête homme de moine m'a fait équivoquer. Pour revenir à nos premiers errements, je prie Nomerfide, qui est cause de mon erreur, de donner sa voix à quelqu'un qui nous fasse oublier notre commune faute.

— Puisque vous voulez que j'aie part à la faute, repartit Nomerfide, je choisirai quelqu'un qui réparera tout; et ce quelqu'un-là sera Dagoucin, qui est si sage, qu'il aimerait autant mourir que de dire une folie.

Dagoucin la remercia de l'estime qu'elle faisait de lui.

— L'histoire que je vais vous raconter est pour vous faire voir comment l'amour aveugle ces cœurs des plus grands et des plus honnêtes, et comme il est difficile de vaincre un méchant à force de bienfaits.

NOUVELLE XII

Ce qui arriva à un duc, et son impudence pour parvenir à ses fins, avec la juste punition de sa mauvaise volonté.

Il y avait depuis peu à Florence un duc qui avait épousé madame Marguerite, fille naturelle de l'empereur Charles-Quint. Comme la princesse était encore fort jeune et que le duc ne pouvait pas coucher avec elle qu'elle n'eût un âge plus mûr et plus avancé, il la traita fort doucement, et se rendit amoureux, pour l'épargner, de quelques autres dames de la ville, qu'il allait voir la nuit tandis que sa femme dormait. Il le fut entre autres d'une fille aussi belle que sage et vertueuse, et sœur d'un gentilhomme que le duc aimait comme lui-même, et auquel il donnait tant d'autorité qu'on lui obéissait comme au duc. Il n'avait point de secrets qu'il ne lui communiquât, de manière qu'on pouvait le nommer le second duc. Le prince sachant que la sœur du gentilhomme était une femme d'une très-grande vertu, n'osait lui parler de son amour. Après avoir tenté toutes choses, il s'adressa à son favori et lui dit : « S'il y avait une chose au monde, mon ami, que je ne voulusse pas faire pour vous, je craindrais de vous dire ce que je pense, et encore plus de vous demander votre assistance. Mais j'ai tant d'amitié pour vous que si j'avais une femme, une mère ou une fille qui pût vous sauver la vie, vous devez être assuré que vous n'en mourriez pas. Je suis persuadé que vous m'aimez autant que je vous aime. Si moi qui suis votre maître, ai une pareille affection pour vous, celle que vous devez avoir pour moi ne doit pas être moindre. J'ai donc un secret à vous dire. Pour l'avoir voulu cacher, je suis tombé dans l'état où vous me voyez, d'où je n'espère sortir que par la mort, ou par le service que vous me rendrez si vous voulez le faire. » Le gentilhomme, touché des raisons de son maître, et voyant son visage baigné de larmes, en eut tant de pitié qu'il lui dit : « Je suis votre créature, monsieur ; c'est de vous que je tiens le bien et la gloire que j'ai, et vous pouvez vous ouvrir à moi qui vous suis entièrement dévoué. » Le duc alors lui déclara l'amour qu'il avait pour sa sœur, et lui dit qu'il ne voyait pas pouvoir vivre longtemps, à moins qu'il ne lui en procurât la jouissance ; bien persuadé qu'il était que ni les prières, ni les présents, ne feraient rien auprès d'elle. « Si donc, ajouta le duc en finissant, vous aimez ma vie autant que j'aime la vôtre, trouvez moyen de me faire avoir un bien que je ne puis jamais espérer que par votre entremise. » Le gentilhomme, qui aimait sa sœur et l'honneur de sa maison plus que le plaisir de son maître, lui fit quelques remontrances, et le supplia de ne pas le réduire à la cruelle nécessité de solliciter le déshonneur de sa famille, lui protestant qu'il n'y avait rien qu'il ne fît pour lui ; mais que son honneur ne permettait pas qu'il lui rendît le service qu'il demandait de lui. Le duc, outré de colère, mit le doigt entre les dents, et, se mordant l'ongle, lui répondit d'un air tout enflammé : « Puisque je ne trouve en vous aucune amitié, je sais ce que j'ai à faire. » Le gentilhomme, qui savait que son maître était cruel, eut peur et lui dit : « Puisque vous le voulez absolument, monsieur, je lui parlerai et vous dirai sa réponse. — Si vous faites cas de ma vie, je ferai cas de la vôtre, » répliqua le duc en se retirant. Le gentilhomme entendit fort bien ce que cela signifiait, et fut un jour ou deux sans voir le duc, songeant aux moyens de se tirer d'un si mauvais pas. Il considérait d'un côté l'obligation qu'il avait à son maître, les biens et les honneurs qu'il en avait reçus ; de l'autre côté, il se représentait l'honneur de sa maison, la vertu et la chasteté de sa sœur. Il savait fort bien qu'elle ne consentirait jamais à une action de cette infamie, à moins que la fourbe ou la violence ne s'en mêlât ; ce qu'il ne pouvait se résoudre de mettre en œuvre, attendu la honte qui en reviendrait à lui et aux siens. Il conclut enfin qu'il aimait mieux mourir que de faire une pareille pièce à sa sœur, qui était une des plus honnêtes femmes d'Italie, et prit le parti de délivrer sa patrie d'un tyran qui voulait violemment diffamer sa maison ; car il était bien assuré que le seul et unique moyen de mettre à couvert sa vie et la vie des siens était de se défaire du duc. Résolu donc, sans parler à sa sœur, de sauver sa vie et de prévenir sa honte par un seul et même coup, il alla trouver le duc au bout de deux jours, et lui dit qu'il avait tant fait auprès de sa sœur, qu'après bien des peines, il l'avait enfin portée à consentir à ce qu'il désirait ; mais à condition que la chose demeurerait secrète, et que personne qu'eux trois n'en saurait rien. Comme on croit aisément ce qu'on désire, le duc crut la chose de la meilleure foi du monde. Il embrassa le frère, lui promit tout ce qu'il pourrait lui demander, le pria de presser l'exécution de la parole qu'il lui donnait, et prit jour avec lui pour cela. Il ne faut pas demander si le duc fut bien aise.

Quand il vit approcher la nuit tant désirée, nuit où il espérait de vaincre celle qu'il avait cru invincible, il se retira de bonne heure avec le gentilhomme, et n'oublia pas de s'ajuster et de se parfumer du mieux qu'il put. Tout le monde s'en étant allé, le frère le conduisit chez sa sœur, et le fit entrer dans une chambre magnifiquement parée. Le gentilhomme le déshabilla et le mit au lit, où il le laissa, lui disant : « Je vais vous quérir, monsieur, celle qui n'entrera pas dans cette chambre sans rougir; mais j'espère qu'avant que le jour vienne, elle sera assurée de vous. » Après avoir quitté le duc, il fut à sa chambre et n'y trouva qu'un seul homme de ses gens, auquel il dit : « Aurais-tu bien le cœur de me suivre en un lieu où je veux me venger du plus grand de mes ennemis ? — Oui, monsieur, répondit l'homme qui ne savait de quoi il s'agissait, et fût-ce contre le duc même. » Le gentilhomme, sans lui donner le temps de se reconnaître, l'emmena si brusquement, qu'il n'eut le temps de prendre d'autres armes qu'un poignard qu'il avait déjà. Le duc l'entendant revenir, crut qu'il lui amenait l'objet de son amour, et ouvrit le rideau et les yeux pour regarder et pour recevoir le bien qu'il avait si longtemps attendu; mais au lieu de voir celle dont il espérait la conservation de sa vie, il vit l'instrument qui devait lui donner la mort, c'est-à-dire une épée nue que le gentilhomme avait tirée, et dont il le frappait tout en chemise. Le duc sans armes, mais non pas sans cœur, se leva sur son séant, saisit le gentilhomme au travers du corps, et lui dit : « Est-ce ainsi que vous me tenez parole ? » Faute d'autres armes, il se servit des ongles et des dents, mordit le gentilhomme au pouce, et se défendit si bien qu'ils tombèrent tous deux dans la ruelle. Le gentilhomme, qui n'était pas assuré d'être le plus fort, appela son homme, qui trouvant le duc et son maître si acharnés l'un contre l'autre, que l'obscurité du lieu l'empêchait de les bien distinguer, il les prit tous deux par les pieds, les traîna au milieu de la chambre, et se mit en devoir de couper la gorge au duc avec son poignard. Il se défendit jusques à ce que la perte de son sang l'eût rendu si faible, qu'il n'en pouvait plus. Alors le gentilhomme et son valet le portèrent sur le lit, où ils l'achevèrent de tuer à coups de poignard; puis, ayant tiré les rideaux, ils laissèrent le corps dans la chambre, qu'ils fermèrent.

Voyant qu'il avait vaincu son ennemi, et qu'en le tuant il avait mis en liberté la République, il crut que son action ne serait pas complète s'il ne faisait la même chose à cinq ou six proches parents du duc. Pour cet effet, il donna ordre à son homme de les aller quérir un à un pour en faire comme il avait fait du duc; mais le valet, qui n'était ni assez hardi, ni assez vigoureux, répondit: « Il me semble, monsieur, que vous en avez assez fait pour ce coup, et que vous feriez bien mieux de songer à vous sauver la vie, qu'à l'ôter aux autres. Si nous étions autant de temps à expédier chacun d'eux, que nous en avons mis à expédier le duc, le jour viendrait avant que nous eussions achevé, quand même nous trouverions nos ennemis sans défense. » Comme la peur s'empare aisément de ceux qui font mal, le gentilhomme crut son valet, le prit seul avec lui, et s'en alla à un évêque qui avait charge de faire ouvrir les portes, et de donner les ordres nécessaires au maître des postes. Le gentilhomme dit au prélat qu'il venait de recevoir nouvelles qu'un de ses frères était à l'extrémité; que le duc lui avait donné permission d'y aller, et qu'ainsi il le priait d'ordonner à la poste qu'on lui donnât deux bons chevaux, et au portier d'ouvrir la porte de la ville. L'évêque qui n'estimait guère moins sa prière que le commandement du duc son maître, lui donna d'abord un billet, par le moyen duquel il eut incontinent ce qu'il demandait. Mais, au lieu d'aller voir son frère, il piqua droit à Venise, où il se fit guérir des morsures que le duc lui avait faites, et puis s'en alla en Turquie.

Le jour étant venu, les domestiques du duc voyant qu'il était si longtemps à revenir, ne doutèrent pas qu'il ne fût allé voir quelque dame ; mais enfin voyant qu'il se passait trop de temps, ils commencèrent à le chercher de tous les côtés. La pauvre duchesse, qui commençait fort à l'aimer, sachant qu'on ne le trouvait point, fut dans une peine extrême. Le gentilhomme favori ne paraissant point non plus, on alla le chercher chez lui. On vit du sang à la porte de sa chambre, mais personne qui pût en dire des nouvelles. La trace du sang mena les domestiques du duc jusques à la porte de la chambre où il était, qu'ils trouvèrent fermée. La porte ayant été d'abord enfoncée, et voyant le plancher tout couvert de sang, ils tirèrent les rideaux du lit, et trouvèrent le pauvre duc raide mort sur le lit. Représentez-vous quelle fut l'affliction de ces pauvres domestiques, qui emportèrent le corps au palais. L'évêque y arriva dans le même temps, et leur conta comme le gentilhomme s'était sauvé la nuit, sous prétexte d'aller voir son frère. Il n'en fallut pas davantage pour faire conclure que c'était lui qui avait fait le coup. Il parut clairement que sa sœur n'en avait pas entendu parler. Quoiqu'elle fût surprise d'un événement si peu attendu, elle en aima davantage son frère, qui, sans se mettre en peine de sa propre vie, l'avait délivrée d'un tyran qui en voulait à son honneur. Elle vécut toujours avec la même vertu ; et quoiqu'elle demeurât pauvre, parce que tous les biens de la famille furent confisqués, sa sœur et elle ne laissèrent pas de trouver des maris aussi honnêtes gens et aussi riches qu'il y en eut en Italie. L'une et l'autre ont toujours vécu depuis en très-bonne réputation.

— Voilà un fait, mesdames, qui doit bien vous faire craindre ce petit dieu, qui se fait un plaisir de tourmenter les princes et les particuliers, les forts et les faibles ; et qui les aveugle tellement, qu'il leur fait oublier Dieu et leur conscience, et enfin leur propre vie. Les princes, et ceux qui ont l'autorité en main, doivent craindre d'outrager leurs inférieurs. Il n'y a point de si petit homme qui ne puisse nuire quand Dieu veut se venger du pécheur, ni de si grand qui puisse mal faire à celui que Dieu veut protéger.

Cette histoire fut bien écoutée de toute la compagnie ; mais on en jugea bien diversement. Les uns soutenaient que le gentilhomme avait bien fait de mettre sa vie et l'honneur de sa sœur en sûreté, et de délivrer sa patrie d'un pareil tyran. Les autres disaient au contraire qu'il y avait trop d'ingratitude d'ôter la vie à un homme qui l'avait comblé de biens et d'honneurs. Les dames disaient qu'il était un bon frère et un vertueux citoyen. Les hommes, au contraire, soutenaient qu'il était maître et mauvais serviteur. C'était un plaisir d'entendre les raisons de part et d'autre ; mais les dames, à leur ordinaire, parlaient autant par passion que par raison, et disaient que le duc méritait la mort, et croyaient heureux celui qui l'avait tué. Dagoucin voyant les grandes contestations qu'il avait excitées :

— Je vous prie, mesdames, dit-il, de ne point vous échauffer pour une chose déjà passée, et prenez garde seulement que vos beautés ne fassent faire des meurtres plus cruels que celui dont je viens de faire la relation.

— La belle dame sans compassion, dit Parlamente, nous a appris à dire qu'il ne meurt guère de gens d'une si agréable maladie.

— Plût à Dieu, madame, répartit Dagoucin, que toutes celles qui sont ici, sussent combien cette opinion est fausse. Je crois qu'elles ne voudraient point avoir la réputation d'être sans compassion, ni ressembler à cette incrédule qui laissa mourir un bon serviteur, faute de lui répondre favorablement.

— Vous voudriez donc, reprit Parlamente, que pour sauver la vie à un homme qui dit qu'il nous aime, nous exposassions notre honneur et notre conscience ?

— Je ne vous dis pas cela, répliqua Dagoucin ; car celui qui aime parfaitement, craindrait plus de faire tort à l'honneur de sa maîtresse qu'elle-même : et partant il me semble qu'une réponse honnête et satisfaisante, telle que requiert un amour honnête et parfait, ne ferait que plus éclater l'honneur et la conscience d'une dame. Je dis un amour honnête, car je soutiens que ceux qui aiment autrement, n'aiment pas comme il faut.

— C'est toujours là le but de vos raisons, dit Émarsuite. Vous commencez par l'honneur et vous finissez par le contraire. Si tous ceux qui sont ici veulent en dire la vérité, je les en croirai à leur serment.

Hircan jura qu'il n'avait jamais aimé que sa femme, à laquelle il ne voulait point faire offenser Dieu. Autant en dit Simontault, qui ajouta qu'il avait souvent souhaité que toutes les femmes fussent méchantes, à la réserve de la sienne.

— Vous méritez que la vôtre le soit, répondit Guebron ; mais pour moi, je puis bien jurer que j'ai tant aimé une femme, que j'eusse mieux aimé mourir que de lui faire faire quelque chose capable de diminuer l'estime que j'avais pour elle. Mon amour était tellement fondé sur ses vertus, que, quelque chose de précieux que j'eusse pu obtenir d'elle, je n'aurais pas voulu y voir une tache.

— Je croyais, Guebron, dit Saffredant en riant, que l'amour que vous avez pour votre femme, et le bon sens dont la nature vous a partagé, vous eussent

Et, mettant la pointe de son épée en terre... (Page 99.)

empêché d'être amoureux; mais je vois bien que je me suis trompé, puisque vous vous servez encore des termes dont nous avons de coutume de tromper les plus fines, et à la faveur desquels nous nous faisons écouter des plus sages. En effet, qui est celle qui ne nous prêtera pas l'oreille, quand nous débuterons par l'honneur et par la vertu? Mais si nous produisions notre cœur tel qu'il est, tels sont bien venus auprès des dames, qui n'en seraient pas seulement regardés. Nous couvrons notre diable du plus bel ange que nous pouvons trouver, et sous cette couverture nous recevons bien des faveurs avant que nous soyons connus

Peut-être même menons-nous les dames si loin, que, pensant aller droit à la vertu, elles n'ont ni le temps ni le moyen de reculer quand elles viennent à connaître le vice.

— Je vous croyais, dit Guebron, tout autre que vous ne dites, et je m'imaginais que la vertu vous était plus agréable que le plaisir. Quoi ! Saffredant, y a-t-il de plus grande vertu que d'aimer comme Dieu l'a commandé ? Il me semble que c'est beaucoup mieux fait d'aimer une femme comme femme, que d'en faire son idole, comme font plusieurs autres. Pour moi, je suis très-persuadé qu'il vaut mieux d'en user que d'en abuser.

Toutes les dames furent du sentiment de Guebron, et firent taire Saffredant, qui dit :

— Il m'est aisé de n'en plus parler, car j'en ai été si maltraité, que je ne veux plus y retourner.

— Votre malice, répliqua Longarine, est cause que vous avez été maltraité : car qui est l'honnête femme qui vous voudrait pour amant après ce que vous venez de dire ?

— Celles qui ne m'ont pas trouvé fâcheux, ne changeraient pas leur honnêteté pour la vôtre ; mais n'en parlons plus, afin que ma colère ne choque personne, et ne me choque moi-même. Songeons à qui Dagoucin donnera sa voix.

— Je la donne à Parlamente, répondit-il incontinent, persuadé que je suis qu'elle doit savoir mieux que personne ce que c'est qu'honnête et parfaite amitié.

— Puisque vous me choisissez pour conter une histoire, dit Parlamente, je vais vous en dire une arrivée à une dame qui a toujours été de mes bonnes amies, et ne m'a jamais rien caché.

NOUVELLE XIII

Un capitaine de galères, sous ombre de dévotion, devint amoureux d'une demoiselle, et ce qui en arriva.

Il y avait auprès de madame la régente, mère du roi François, une dame fort dévote, mariée à un gentilhomme de même caractère. Quoique son mari fût vieux et elle jeune et belle, néanmoins elle le servait et aimait comme s'il eût été le plus beau jeune homme du monde. Pour lui ôter tout sujet de chagrin, elle se mit à vivre comme une femme de l'âge dont il était, fuyant toutes compagnies, toute magnificence en habits, toute sorte de danses et de jeux que les femmes ont coutume d'aimer, et faisant du service de Dieu son unique plaisir et divertissement. Elle gagna si bien par ce moyen le cœur et la confiance de son mari qu'elle le menait comme elle voulait et lui et sa maison. Il arriva un jour que son mari lui dit qu'il avait souhaité dès sa jeunesse de faire le voyage de Jérusalem, et lui demanda ce qu'il lui en semblait. Elle qui ne cherchait qu'à lui plaire : « Puisque Dieu nous a privés d'enfants, mon ami, lui dit-elle, et nous a donné assez de biens, je serais fort d'avis d'en employer une partie à faire ce saint voyage; car que vous alliez à Jérusalem ou ailleurs, je suis résolue de vous suivre et de ne vous abandonner jamais. » Le bonhomme fut si aise de cette réponse qu'il croyait être déjà sur le mont Calvaire. Sur ces entrefaites, vint à la cour un gentilhomme qui avait longtemps servi contre le Turc, et qui était venu pour faire approuver au roi une entreprise qu'on avait concertée contre une place des Ottomans, dont le succès devait être fort avantageux à la chrétienté. Le vieux dévot lui parla de son voyage, et ayant appris qu'il était résolu de le faire, il lui demanda si, après celui-là, il serait d'humeur d'en faire un autre à Jérusalem que sa femme et lui avaient fort grande envie de voir. Le capitaine, fort aise d'apprendre un si bon dessein, lui promit de l'accompagner et de tenir la chose secrète. Il avait de l'impatience de voir sa femme pour lui dire ce qu'il avait fait. Comme elle n'avait guère moins d'envie que son mari de faire le voyage, elle en parlait souvent au capitaine qui, regardant plus la personne que les paroles, en devint si amoureux qu'en lui parlant des voyages qu'il avait faits en mer, il mettait souvent l'embarquement de Marseille avec l'Archipel, et au lieu de dire un navire, disait souvent un cheval, tant il était hors de soi-même; cependant il la trouvait d'un caractère si singulier qu'il n'osait ni lui dire qu'il l'aimait, ni faire semblant de l'aimer. Le feu de sa passion devint si violent à force d'être caché qu'il en était souvent malade. La demoiselle, qui le regardait comme son guide, en avait autant de soin que de la croix, et l'envoyait visiter si souvent que les soins que le malade voyait que la belle avait de lui le guérissaient sans autre médecine. Plusieurs personnes, qui savaient que le capitaine avait eu plus de réputation par la bravoure que par la dévotion, s'étonnaient du grand commerce qu'il avait avec cette femme; et voyant qu'il avait changé du blanc au noir, qu'il fréquentait les églises, allait aux sermons et faisait tous les devoirs d'un dévot, ne doutèrent pas qu'il ne le fît pour se mettre bien auprès de la dame et ne purent même s'empêcher de lui en dire quelque chose. Le capitaine, craignant que cela ne vînt aux oreilles de la dévote, se retira, et dit à son mari et à elle, qu'étant sur le point d'avoir ses dépêches de la cour et de partir, il avait plusieurs choses à leur dire; mais que, pour plus grand secret, il ne pouvait plus leur parler qu'en particulier, et les pria pour cet effet de l'envoyer quérir, quand ils seraient tous deux retirés. Le gentilhomme trouvant cela fort de son goût, ne manquait pas tous les soirs de se coucher de bonne heure, et de faire déshabiller sa femme. Après que tout le monde était retiré, il envoyait quérir le capitaine pour parler du voyage de Jérusalem, où souvent le bonhomme s'endormait dévotement. Le capitaine voyant le vieux dévot endormi dans son lit, et se trouvant sur une chaise auprès de celle qu'il trouvait la plus charmante du monde, avait le cœur si serré entre la crainte et le désir de parler, qu'il perdait souvent la parole. Mais afin qu'elle ne s'en aperçût pas, il se jetait sur les saints lieux de Jérusalem, où étaient les témoignages du grand amour que Jésus-Christ a eu pour nous. Ce qu'il disait de cet amour, n'était que pour cacher le sien. En disant cela il regardait la belle, pleurait et soupirait si à propos, que son cœur était tout pénétré de piété. A cet extérieur de dévotion, elle le croyait si saint, qu'elle le pria de lui dire comment il avait vécu, et comment il était venu à aimer Dieu avec tant d'ardeur. Il lui dit qu'il était un pauvre gentilhomme qui, pour acquérir des biens et des honneurs, avait oublié sa conscience, et épousé une femme qui était sa parente de trop près, riche, mais vieille et laide, et qu'il n'aimait point; qu'après avoir tiré tout l'argent de sa femme, il s'en était allé chercher fortune en mer, et qu'il avait tant fait qu'il était devenu capitaine de galère : mais depuis qu'il avait eu l'honneur de la connaître, ses saintes conversations et ses bons exemples l'avaient tellement fait changer de vie, qu'il était résolu, si Dieu lui faisait la grâce de revenir de son expédition, de conduire elle et son mari à Jérusalem, pour y faire pénitence de ses grands péchés qu'il avait abandonnés, et qu'il ne

CONTES DE LA REINE DE NAVARRE.   93

lui restait qu'à faire réparation à sa femme, avec laquelle il espérait de se réconcilier bientôt. Ces discours plurent fort à la dévote, qui se félicitait beaucoup d'avoir converti un pêcheur de cette importance.

Ses conversations nocturnes continuèrent tous les soirs jusques au départ du capitaine, qui n'osa jamais s'expliquer. Il lui fit seulement présent d'un crucifix de Notre-Dame de Pitié, la suppliant, quand elle le verrait, de se souvenir de lui. Le temps de son départ étant venu, et ayant pris congé du mari qui s'endormait, il fallut enfin prendre congé de la belle, à laquelle il vit les larmes aux yeux par bonne amitié qu'elle avait pour lui. Sa passion en fut si fort émue, que n'osant s'en expliquer, il tomba presque évanoui en lui disant adieu, et fut dans une sueur si grande, que non-seulement ses yeux, mais aussi toutes les parties de son corps jetaient des larmes par manière de dire. Ainsi ils se quittèrent sans se parler; et la belle qui n'avait jamais senti tant de regret, en demeura tout étonnée. Elle n'eut pas pour cela moins bonne opinion de lui, et l'accompagna de ses prières. Un mois après, comme la dévote se retirait chez elle, elle trouva un gentilhomme qui lui présenta une lettre du capitaine, la priant de la lire en particulier, et l'assurant qu'il l'avait vu embarquer bien résolu de faire une expédition qui plût au roi, et qui fût avantageuse à la foi. Il ajouta en même temps qu'il s'en retournait à Marseille, pour donner ordre aux affaires du capitaine. La belle se mit à la fenêtre, et ouvrit la lettre qui était de deux feuilles de papier écrit de tous les côtés. Voici ce qu'elle contenait :

> Mon long celer, ma taciturnité
> A porté ma telle nécessité,
> Que je ne puis trouver de reconfort
> Ou qu'à parler, ou qu'à souffrir la mort.
> Ce parler-là auquel j'ai défendu
> De se montrer, a attendu
> De me voir seul et de mon secours loin;
> Et lors m'a dit qu'il était de besoin
> De le laisser aller s'évertuer,
> De se montrer ou bien de me tuer.
> Il a plus fait, car il s'est venu mettre
> Au beau milieu de cette mienne lettre,
> Et dit que, puisque œil ne peut voir,
> Celle qui tient ma vie en son pouvoir,
> Dont le regard sans pleur me contentait,
> Quand son parler mon oreille écoutait,
> Que maintenant par force il saillira
> Devant tes yeux, ou point ne faillira
> De te montrer mes plaintes et douleurs,
> Dont le celer est cause que je meurs.
> Je l'ai voulu de ce papier ôter,
> Craignant que point ne voulusse écouter

Ce sot parler qui se montre en absence,
Qui trop craintif était en sa présence;
Disant mieux vaut en me taisant mourir
Que de vouloir ma vie secourir,
Pour envier celle que j'aime tant;
Car de mourir pour son bien suis content.
D'autre côté ma mort pourrait porter
Occasion de trop déconforter
Celle pour qui seulement j'ai envie
De conserver ma santé et ma vie.
Ne t'ai-je pas, ô madame, promis,
Que mon voyage à fin heureuse mis,
Tu me verras devers toi retourner,
Pour ton mari avec toi emmener,
Au lieu où as tant de dévotion
Pour prier Dieu sur le mont de Sion?
Si je ne meurs, nul ne t'y mènera.
Trop de regret ma mort te donnera,
Voyant à rien tourner notre entreprise,
Qu'avecque tant d'affection as prise.
Je viendrai donc, et puis t'y mènerai,
Et en bref temps à toi retournerai.
La mort pour moi est bonne à mon avis,
Mais seulement pour toi seule je vis.
Pour vivre donc il me faut alléger
Mon pauvre cœur, et du faix soulager
Qui est à lui et à moi importable,
De te montrer mon amour véritable,
Qui est si grande et si bonne et si forte
Qu'il n'y en eut jamais de telle sorte.
Que diras-tu? ô parler trop hardi!
Que diras-tu? je te laisse aller di.
Pourras-tu bien lui donner connaissance
De mon amour? Las! Tu n'as la puissance
De remontrer la millième part.
Diras-tu point au moins que son regard
A retiré mon cœur de telle force,
Que mon corps n'est plus qu'une morte écorce,
Si par le sien je n'ai vie et vigueur?
Las! mon parler faible et plein de langueur,
Tu n'as pouvoir de bien au vrai lui peindre
Comment son œil peut un bon cœur contraindre.
Encore moins à louer sa parole,
Ta puissance est pauvre, débile et molle.
Si tu pouvais au moins lui dire un mot,
Qui bien souvent (comme muet et sot)
Sa bonne grâce et vertu me rendait,
Et à mon œil qui tant la regardait,
Faisait jeter par grand amour des larmes,
Et à ma bouche aussi changer ses termes,

Voir en un lieu de dire que l'aimois,
Je lui parlais des signes et des mois,
Et de l'étoile arctique et antarctique.
O mon parler, tu n'as pas la pratique
De lui conter en quel étonnement
Me mettait lors mon amoureux tourment.
De dire aussi mes maux et mes douleurs,
Il n'y a pas tant de valeurs
De déclarer ma grande et forte amour :
Tu ne saurais me faire un si bon tour.
Si tu ne peux au moins faire le tout,
De raconter commence à quelque bout,
Et dis ainsi : Crainte de te déplaire
M'a fait long-temps, malgré mon vouloir, taire
Ma grande amour qui devant ton mérite,
Et devant Dieu et ciel doit être dite :
Car la vertu en est le fondement.
Et me rend doux mon trop cruel tourment ;
Vu que l'on doit un tel trésor ouvrir
Devant chacun, èt son cœur découvrir.
Car qui pourrait un tel amant reprendre,
D'avoir osé ou voulu entreprendre
D'acquérir dame en qui la vertu toute,
Voire et l'honneur font leur séjour sans doute?
Mais au contraire on doit bien fort blâmer
Celui qui voit un tel bien sans l'aimer.
Or l'ai-je vu et l'aime d'un tel cœur,
Qu'amour sans plus en a été vainqueur.
Las ! ce n'est point amour léger ou feint
Sur fondement de beauté, fol et peint.
Encore moins cet amour qui me lie,
Regarde en rien la vilaine folie :
Point n'est fondé en vilaine espérance
D'avoir de toi aucune jouissance.
Car rien n'y a au fond de mon désir,
Qui contre toi souhaite aucun plaisir.
J'aimerais mieux mourir en ce voyage,
Que te savoir moins vertueuse ou sage,
Ni que pour moi fût moindre la vertu,
Dont ton corps est et ton cœur revêtu.
Aimer te veux comme la plus parfaite
Qui oncques fut. Pourquoi rien ne souhaite
Qui puisse ôter cette perfection,
La cause et fin de mon affection.
Et plus de moi tu es sage estimée,
Et plus encor parfaitement aimée.
Je ne suis pas celui qui se console
En son amour, et en sa dame folle.
Mon amour est très-sage et raisonnable ;
Car je l'ai mis en dame tant aimable,

Qu'il n'y a Dieu, ni ange en paradis,
Qui te voyant ne dit ce que je dis :
Mais si de toi je ne puis être aimé,
Il me suffit au moins d'être estimé.
Le serviteur plus parfait qui fut oncques,
Ce que croiras, j'en suis très-sûr adoncques,
Que la longueur du temps te fera voir,
Que de t'aimer je fais loyal devoir :
Et si de toi je n'en reçois autant,
A tout le moins de t'aimer suis content,
En t'assurant que rien ne te demande,
Fors seulement que je te recommande
Le cœur et corps brûlant pour ton service
Dessous l'autel d'amour pour sacrifice.
Crois hardiment que si je reviens vif,
Tu reverras un serviteur naïf :
Et si je meurs, ton serviteur mourra,
Que jamais dame un tel ne trouvera.
Ainsi de toi s'en va emporter l'onde
Le plus parfait serviteur de ce monde.
La mer peut bien ce mien corps emporter,
Mais non le cœur, que nul ne peut ôter
D'avecque toi, où il fait sa demeure,
Sans plus vouloir à moi tenir une heure.
Si je pouvais avoir par juste échange
Un peu du tien pur et clair comme un ange,
Je ne craindrais d'emporter la victoire,
Dont ton seul cœur en gagnerait la gloire.
Or vienne donc ce qu'il en aviendra,
J'en ai jeté le dé, là se tiendra
Ma volonté sans aucun changement.
Et pour mieux peindre au tien entendement
Ma loyauté, ma ferme sûreté,
Ce diamant, pierre de fermeté,
En ton doigt blanc je te supplie prendre :
Car puis pourras trop plus qu'heureux me rendre.
Ce diamant suis celui qui m'envoie
Entreprenant cette douteuse voie,
Pour mériter par ses œuvres et faits,
D'être du rang des vertueux parfaits,
Afin qu'un jour il puisse avoir sa place
Au désiré lieu de ta bonne grâce.

La dévote lut cette lettre tout du long, et s'étonnait d'autant plus de l'amour du capitaine, qu'elle ne s'en était jamais défiée. Considérant le diamant qui était gros et beau, et la bague émaillée de noir, elle ne savait ce qu'elle en devait faire. Après y avoir rêvé toute la nuit, elle fut ravie de trouver sujet de ne pas répondre faute de messager, songeant en elle-même que le porteur ayant autant de peine

La troisième porte était ouverte. (Page 104.)

qu'il en avait pour le service de son maître, elle devait lui épargner le chagrin de la fâcheuse réponse qu'elle avait résolu de lui faire, et qu'elle jugea à propos de remettre jusques au retour du capitaine. Mais elle fut fort embarrassée du diamant, sa coutume n'étant point de se parer qu'aux dépens de son mari. Comme elle avait du sens, elle s'avisa de l'employer à la décharge de la conscience du capitaine, et dépêcha sur-le-champ un de ses domestiques à la triste femme du capitaine, à laquelle elle écrivit comme si c'eût été une religieuse de Tarascon, en ces termes :

« Madame, monsieur votre mari ayant passé par ici, un peu avant de s'embarquer, il s'est confessé, et a reçu son Créateur en bon chrétien, et m'a déclaré un fait dont il sent sa conscience chargée : c'est le regret de ne vous avoir pas aimée comme il devait. Il me pria en partant de vous envoyer cette lettre avec ce diamant, qu'il vous prie de garder pour l'amour de lui, vous assurant que si Dieu le ramène en santé, il réparera le passé par tout l'amour que vous pouvez souhaiter. Ce diamant sera pour vous un gage de sa parole. Je vous demande pour lui le secours de vos bonnes prières ; car il aura, toute ma vie, part aux miennes. »

Cette lettre ainsi composée fut envoyée à la femme du capitaine. Quand la bonne femme eut reçu la lettre et le diamant, il ne faut pas demander combien elle pleura de joie et de regret ; de joie d'être aimée de son mari, et de regret de s'en voir privée. Elle baisa la bague plus de mille fois, et la lava de ses larmes. Elle loua Dieu de lui avoir redonné l'amitié de son mari sur la fin de ses jours, et dans le temps qu'elle ne l'espérait plus. La religieuse qui, après Dieu, lui avait procuré tant de bien, ne fut pas oubliée pour les remerciements. Elle lui fit réponse par le même homme, qui fit bien rire sa maîtresse, quand il lui dit de quelle manière la femme du capitaine avait reçu le tout. La dévote se félicita de s'être défaite de son diamant d'une manière si pieuse, et eut autant de joie d'avoir rétabli la bonne intelligence entre le mari et la femme, que si elle avait gagné un royaume.

Quelque temps après, on reçut nouvelles de la défaite de la mort du pauvre capitaine. Il fut abandonné de ceux qui devaient le secourir ; et les Rhodiens, qui avaient plus d'intérêt à cacher son dessein, furent les premiers à le révéler. Près de quatre-vingts hommes qui avaient fait descente, y périrent presque tous. Il y avait entre autres un gentilhomme nommé Jean, et un Turc que la dévote avait tenu sur les fonts, et qu'elle lui avait donné pour faire le voyage avec lui. Le premier mourut avec le capitaine, et le Turc, blessé de quinze coups de flèches, gagna à la nage les vaisseaux français, et ce fut par lui qu'on sut au vrai comme la chose s'était passée. Un certain gentilhomme que le capitaine croyait de ses amis, et qu'il avait avancé auprès du roi et des plus grands de la France, voyant que le capitaine avait fait descente, reprit le large avec ses vaisseaux. Le capitaine voyant que son dessein était découvert, et qu'il avait affaire à plus de quatre mille Turcs, se mit en devoir de se retirer. Mais le gentilhomme en qui il avait tant de confiance, considérant qu'après sa mort il aurait le commandement et le profit de cette grande flotte, représenta aux officiers qu'il ne fallait pas hasarder les vaisseaux du roi, et tant de braves gens qui étaient dessus, pour sauver quatre-vingts ou cent personnes. Ceux qui n'avaient pas plus de cœur que lui furent de son sentiment. Le capitaine voyant que plus il les appelait, plus ils s'éloignaient, tourna tête aux ennemis ; et quoiqu'il fût jusques aux genoux dans le sable, il se défendit si vaillamment, qu'il semblait que lui seul dût défaire les ennemis. Pour son compagnon, il avait plus de peur des ennemis que de désir d'avoir part à sa victoire. Quelque chose qu'il pût faire, il reçut enfin tant de coups de flèches de ceux qui ne pouvaient s'approcher de lui qu'à la portée de l'arc, qu'il commença de s'affaiblir par la perte de son sang. Les Turcs voyant alors la faiblesse des chrétiens, fondirent sur eux à grands coups de cimeterre. Nonobstant la supériorité du nombre, les fidèles se défendirent tant qu'ils eurent de vie. Le capitaine appela le gentilhomme nommé Jean, que la dévote lui avait donné, et le Turc aussi, et mettant la pointe de son épée en terre, baisa et embrassa la croix à genoux, disant : « Seigneur, reçois l'âme de celui qui n'a point épargné sa vie pour l'exaltation de ton nom. » Jean, voyant qu'en disant ces paroles les forces lui manquaient, l'embrassa lui et son épée, voulant le secourir ; mais un Turc lui coupa par derrière les deux cuisses. « Allons, capitaine, s'écria-t-il tout haut à ce coup : allons en paradis voir celui pour qui nous mourons. » Comme il avait eu part à la vie du capitaine, il eut aussi part à sa mort. Le Turc voyant qu'il ne pouvait servir ni à l'un ni à l'autre, et qu'il avait quatre coups de flèches, regagna les vaisseaux à la nage ; et quoiqu'il demandât d'y être reçu, et qu'il fût le seul réchappé de quatre-vingts, le perfide commandant ne voulut pas le recevoir. Mais comme il nageait fort bien, il alla de vaisseau en vaisseau, et fit tant qu'il fut reçu dans un petit vaisseau, où il ne fut pas longtemps sans être guéri de ses blessures. Ce fut par cet étranger qu'on sut la vérité de cet événement, glorieux au capitaine et honteux à son compagnon. Le roi et tous les gens de bien qui en entendaient parler, jugèrent l'action si noire envers Dieu et envers les hommes, qu'il n'y avait point de supplice qu'il ne méritât. Mais à son retour il débita tant de faussetés, et fit tant de présents, que non-seulement son crime demeura impuni, mais il succéda à la charge de celui dont il ne méritait pas d'être le valet. Quand cette triste nouvelle vint à la cour, madame la régente, qui estimait fort le capitaine, le regretta beaucoup. Autant en fit le roi, et tous ceux qui l'avaient connu. La dévote, qu'il aimait passionnément, apprenant une mort si triste, changea en larmes la dureté qu'elle avait eue pour lui ; et quant aux lamentations, elle fut suivie de son mari, qui se voyait frustré de l'espérance de son voyage.

« Je ne dois pas oublier qu'une demoiselle qui appartenait à la dévote, et qui aimait le gentilhomme Jean plus qu'elle-même, vint dire à sa maîtresse, le propre jour que le capitaine et lui furent tués, qu'elle avait vu en songe celui qu'elle aimait avec tant de passion, qu'il lui était venu dire adieu en habit blanc, et lui avait dit qu'il s'en allait en paradis avec son capitaine. Mais quand elle apprit que son songe était véritable, elle fit tant de doléances, que sa maîtresse était assez occupée à la consoler. Quelque temps après, la cour alla en Normandie, d'où était le capitaine, la femme duquel ne manqua pas de venir faire la révérence à la régente. Elle prit pour introductrice la dévote que son mari avait tant aimée. En attendant l'heure qu'elle pût avoir audience, elles entrèrent dans une église. La veuve commença à louer son mari, et à faire des doléances sur sa mort. « Je suis, madame, la plus malheureuse de toutes les femmes, lui dit-elle entre autres choses, Dieu m'a ôté mon mari dans le temps qu'il m'aimait plus qu'il n'avait jamais fait. » En disant cela, elle lui montra le diamant qu'elle avait au doigt pour gage de sa parfaite amitié. Cela ne fut pas dit sans larmes ; et la dévote, qui voyait que sa tromperie avait produit un si grand bien, avait tant d'envie de rire, quelque affligée qu'elle fût, que ne pouvant la présenter à la régente, elle la donna à une autre, et se retira dans une chapelle, où elle passa l'envie qu'elle avait de rire.

— Il me semble, mesdames, que celles à qui l'on fait des présents, devraient souhaiter de les employer aussi utilement que fit cette dévote ; car elles trouveraient qu'il y a du plaisir et de la joie à faire du bien. Il ne faut point l'accuser de tromperie, mais louer son bon sens qui sut tirer du bien de ce qui ne valait rien en soi.

— Vous voulez donc dire, répondit Nomerfide, qu'un beau diamant de deux cents écus ne vaut rien ? Je vous assure que s'il fût tombé entre mes mains, sa femme ni ses parents n'en eussent jamais rien vu. Rien n'est mieux à soi que ce qui est donné. Le capitaine était mort, personne n'en savait rien, et elle se fût bien passée de faire pleurer cette pauvre vieille.

— De bonne foi, répliqua Hircan, vous avez raison ; car il y a bien des femmes qui, pour faire voir qu'elles valent plus que les autres, font souvent des actions contre leur naturel ; en effet, ne savons-nous pas tous qu'il n'est rien de si avare qu'une femme ? Cependant la gloire l'emporte souvent sur l'avarice, et leur fait faire des choses où leur cœur n'a point de part. Je crois que celle qui fit si peu de cas du diamant ne le méritait pas.

— Doucement, doucement, dit Oysille : je crois la connaître, et je vous prie de ne la point condamner sans l'entendre.

— Je ne la condamne point, madame, répondit Hircan ; mais si le capitaine était un aussi galant homme que vous le représentez, il lui était glorieux d'avoir un amant d'un tel mérite et de porter sa bague ; mais peut-être qu'un moins digne d'être aimé la tenait si bien par le doigt, que le diamant ne put y entrer.

— Il est vrai, dit Émarsuite, qu'elle le pouvait bien garder, puisque personne n'en savait rien.

— Quoi! reprit Guebron, est-ce que tout est permis à ceux qui aiment, pourvu qu'on n'en sache rien.

— Je n'ai jamais vu, répliqua Saffredant, punir d'un crime que l'imprudence; en effet, il n'y a point de meurtrier, point de voleur, point d'adultère qui soient punis par la justice ou blâmés parmi les hommes, pourvu qu'ils soient aussi fins que malins. Mais la malice les aveugle souvent de manière qu'ils deviennent insensés. Ainsi il est vrai de dire que les sots sont punis, et non pas les vicieux.

— Vous en direz ce qu'il vous plaira, dit encore Oysille. C'est à Dieu à juger du cœur de cette dame : pour moi, je n'y trouve rien que d'honnête et de vertueux. Et pour écarter cette dispute, je vous prie, Parlamente, de donner votre voix à quelqu'un.

— Je la donne très-volontiers à Simontault, répondit Parlamente, et je suis trompée, si après ces deux tristes nouvelles il ne nous en va conter une qui ne nous fera point pleurer.

— Grand merci, dit Simontault : en me donnant votre voix, peu s'en faut que vous ne me nommiez facétieux; épithète qui me déplaît. Pour m'en venger, je vous ferai voir qu'il y a des femmes qui font semblant d'être chastes à l'égard de certaines gens, ou durant quelque temps; mais la fin les démasque, comme vous l'allez voir par cette histoire véritable.

NOUVELLE XIV

Subtilité d'un amant, qui, sous le nom de véritable ami, trouva moyen de se récompenser de ses travaux passés.

Du temps que le grand-maître de Chaumont était gouverneur du duché de Milan, il y avait un gentilhomme nommé Bonnivet, que son mérite a fait depuis amiral de France. Comme ses grandes vertus le faisaient aimer de tout le monde, il se trouvait volontiers aux régals où étaient les dames auprès desquelles il était mieux venu que ne fut jamais Français, tant parce qu'il était bien fait et agréable et qu'il parlait bien, que parce qu'il passait pour le plus adroit et le plus résolu soldat de son temps. Un jour de carnaval qu'il allait en masque, il fit danser une des dames de la ville la mieux faite et la plus belle. A toutes les pauses que faisaient les hautbois, il ne manquait pas de lui parler d'amour; ce qu'il savait mieux faire que personne. La belle, qui ne se croyait pas obligée de répondre à ces très-humbles supplications, l'arrêta tout court et lui dit sur-le-champ qu'elle n'aimait et n'aimerait jamais que son mari, et qu'il devait s'adresser ailleurs. Cette réponse ne rebutant point Bonnivet, qui ne se croyait pas encore refusé, il poussa sa pointe et la sollicita vivement jusques à la mi-carême. Il trouva toujours la belle inébranlable, et ne pouvait croire ce qu'il voyait, vu la mauvaise mine du mari et la beauté de la femme. Sentant donc qu'elle usait de dissimulation, il résolut d'avoir recours à la fraude et discontinua dès lors ses sollicitations. Il s'informa de sa conduite et apprit qu'elle aimait un gentilhomme italien qui avait de la sagesse et de la vertu. Bonnivet fit connaissance peu à peu avec l'Italien, et s'y prit si adroitement, qu'il ne s'aperçut aucunement du motif qui le faisait agir. Il eut pour lui une si parfaite estime, qu'à sa belle près, c'était la personne du monde qu'il aimait le plus. Bonnivet, pour tirer le secret du gentilhomme italien, fit semblant de lui dire le sien, et lui dit qu'il aimait une dame qu'il ne devinerait jamais, le priant au reste de garder le secret, afin qu'ils n'eussent tous deux qu'un cœur et une pensée. L'Italien, pour répondre à la confiance que Bonnivet avait en lui, l'instruisit tout du long de l'amour qu'il avait pour celle dont il s'agit, et dont Bonnivet voulait se venger.

Ils se voyaient tous les jours et se rendaient réciproquement compte des bonnes fortunes de la journée, avec cette différence que l'un mentait et l'autre disait la vérité. L'Italien avoua qu'il y avait trois ans qu'il aimait la dame en question, sans en avoir eu que de bonnes paroles et des assurances d'être aimé. Bonnivet lui donna tous les conseils dont il put s'aviser; et l'Italien se trouva si bien de ses conseils, qu'en peu de jours elle lui accorda tout ce qu'il demandait. Il ne s'agissait plus que trouver moyen de se voir; mais comme Bonnivet était fertile en expédients, ce moyen fut bientôt trouvé. « Je vous suis plus obligé qu'à un homme du monde, lui dit un jour l'Italien avant soupé; car, grâce à vos bons conseils, j'espère avoir, cette nuit, ce que je souhaite depuis tant d'années. — Je vous prie, dit alors Bonnivet, que je sache ce que c'est que votre entreprise, afin que si c'est un effet du hasard, ou qu'il y entre de l'artifice, je puisse vous aider et servir comme votre ami. » Il apprit que la belle pouvait laisser la grande porte de la maison ouverte, sous prétexte qu'un de ses frères qui était malade envoyait à toute heure en ville quérir ce qu'il avait besoin; que l'Italien devait entrer par cette porte dans la cour, mais ne pas monter par l'escalier, et, passant par un petit degré à main droite, entrer dans la première galerie qu'il trouverait, où toutes les portes des chambres de son beau-père et de son beau-frère se rendaient; de bien choisir la troisième porte, la plus proche du degré, et que, si en la poussant doucement il la trouvait fermée, il n'avait qu'à s'en retourner, bien assuré que le mari était de retour, qu'on lui avait dit néanmoins ne devoir revenir que dans deux jours; mais que s'il la trouvait ouverte, il n'avait qu'à entrer doucement et fermer la porte au verrou, persuadé qu'il n'y aurait dans la chambre que la belle; mais surtout qu'il avait ordre de venir avec des souliers de feutre, pour ne pas faire de bruit, et de ne partir de chez lui que deux heures après minuit ne fussent sonnées, parce que les beaux-frères de la belle, qui aimaient le jeu, ne se couchaient jamais qu'il ne fût plus d'une heure. Bonnivet le félicita, lui souhaita bon voyage, et lui dit que s'il lui était bon à quelque chose, il ne l'épargnât pas. L'Italien le remercia, et lui dit que comme en ces sortes de choses on ne pouvait pas prendre trop de précautions, il s'en allait donner ordre à tout.

Bonnivet, de son côté, ne dormit pas, et voyant qu'il était temps de se venger de la belle, il se retira de bonne heure, se fit faire la barbe de la longueur et de la largeur que l'Italien la portait, et se fit couper les cheveux, afin qu'en touchant on ne pût le reconnaître. Les souliers de feutre ne furent pas oubliés, non plus que toutes les autres choses que portait l'Italien. Comme il était fort considéré du beau-père de la belle, il ne fit point difficulté d'y aller de bonne heure, résolu, en cas qu'il fût aperçu, d'aller droit à la chambre du bonhomme avec lequel il avait des affaires. Il vint à minuit chez la belle, où il trouva assez d'allants et venants; mais il passa sans être reconnu, et entra dans la galerie. Il toucha les deux premières portes, et les trouva fermées. La troisième étant ouverte, il entra et ferma la porte au verrou. La chambre était toute tendue de blanc, et il y avait un lit avec une garniture de la même couleur, d'une toile si déliée et si ouvragée qu'on ne pouvait rien voir de plus propre. La belle était seule et au lit, parée avec la dernière richesse. A la faveur d'un gros flambeau de cire blanche dont la chambre était illuminée, il vit par un coin du rideau la propreté de la belle sans en être vu. De peur d'en être reconnu, il commença par éteindre le flambeau; ensuite il se déshabilla et se coucha auprès d'elle. La belle, qui croyait que c'était celui qui l'avait si longtemps aimée, le reçut avec toutes les caresses qu'il lui fut possible. Mais comme il savait qu'il devait tout cela à son erreur, il se donna bien de garde de lui dire un seul mot, et ne songea qu'à se venger aux dépens de l'honneur de la belle, et sans lui en avoir aucune obligation. Mais elle était si satisfaite d'une si douce vengeance, qu'elle croyait l'avoir récompensé de toutes ses peines. Cela dura jusques à ce qu'une heure fût sonnée, qui était le temps de dire adieu. Alors il lui demanda, le plus bas qu'il put, si elle était aussi contente de lui qu'il l'était d'elle. Elle, qui le prenait toujours pour son amant, lui répondit que non-seulement elle était contente, mais même surprise de l'excès de son amour, qui l'avait tenu une heure sans parler. Il ne put alors s'empêcher d'éclater, et de lui dire : « Me refuserez-vous une autre fois, madame, comme vous avez fait ci-devant ? » Elle, qui le reconnut à la voix, fut au désespoir de honte et de regret, et l'appela mille fois trompeur, traître, méchant. Elle voulut se jeter hors du lit pour chercher un couteau, pour s'en tuer du regret qu'elle avait d'avoir prostitué son honneur à un homme qu'elle n'aimait pas, et qui, pour se venger du mépris qu'elle avait fait de lui, pouvait publier la chose. Mais il la retint, et lui promit si fortement de l'aimer plus que celui qui l'aimait, et l'assura si bien qu'il garderait le secret, qu'elle le crut et s'apaisa. Il lui dit comme il avait fait, et lui conta les peines qu'il avait prises pour elle. Elle loua son adresse, et lui jura qu'elle l'aimerait mieux que l'autre, qui n'avait pu garder son secret. Elle ajouta qu'elle voyait la fausseté des préjugés qu'on avait contre les Français, qui étaient plus sages, plus constants et plus discrets que les Italiens; qu'elle abandonnerait désormais les sentiments de sa nation, et qu'elle voulait s'attacher à lui. Mais elle le pria de ne se trouver de quelque temps dans les lieux ou aux régals où elle serait, à moins qu'il n'y vînt en masque; bien persuadée, disait-elle, qu'elle aurait tant de honte, que tout le monde jugerait mal d'elle à sa contenance. Il le lui promit, et la pria à son tour de bien recevoir son ami quand il viendrait à deux heures, et qu'à l'avenir elle pourrait peu à peu s'en défaire. Elle fit de grandes difficultés, et ne se rendit que par la force de l'amour qu'elle avait pour lui. En prenant congé, il la rendit si contente qu'elle

CONTES DE LA REINE DE NAVARRE. 105

Il lui fit jurer sur cette croix. (Page 112.)

eût bien voulu qu'il eût fait plus long séjour. S'étant donc habillé, il sortit, et laissa la porte entr'ouverte en l'état qu'il l'avait trouvée. Comme il était près de deux heures, et qu'il avait peur de rencontrer l'Italien, il s'en alla poster au haut du degré, il le vit bientôt passer et entrer dans la chambre de la belle. Bonnivet se retira ensuite à son logis, et, pour se reposer des travaux de la nuit, il se mit au lit, où il était encore à neuf heures du matin. L'Italien ne manqua pas de venir à son lever, et de lui conter son aventure, qui n'avait pas eu tous les agréments qu'il en avait espérés; car il dit : « J'ai trouvé la belle debout, et en manteau de nuit, avec une grosse fièvre, le pouls fort ému, le visage en feu, et commençant si fort à suer, qu'elle m'a prié de m'en retourner, n'osant appeler ses femmes, de peur d'inconvénient. Elle était enfin si mal, qu'elle avait plus besoin de penser à la mort qu'à l'amour, et d'entendre parler de Dieu que de Cupidon. « Je suis bien marrie, au reste, m'a-t-elle dit, que vous vous soyez « exposé pour l'amour de moi, ne pouvant vous rendre en ce monde ce que « j'espère bientôt de faire en l'autre. » J'ai été si surpris, ajouta-t-il, d'un contre-temps si peu attendu, que mon feu et ma joie se sont convertis en glace et en tristesse, et je me suis incontinent retiré. Ce matin, dès que le jour a paru, j'ai envoyé demander de ses nouvelles, et on m'a rapporté qu'elle était extrême-ment mal. » En faisant cette relation il pleurait si fort, qu'il semblait que l'âme dût lui sortir par les yeux. Bonnivet, qui avait autant envie de rire que l'autre de pleurer, le consola du mieux qu'il pût, et lui représenta que les commence-ments des choses de longue durée sont toujours difficiles, et que l'amour n'avait fait naître ce retardement que pour lui faire trouver plus doux le plaisir de la jouissance. Là-dessus ils se séparèrent. La belle garda quelques jours le lit, et ne fut pas plus tôt debout qu'elle congédia son premier amant, alléguant pour raison la crainte qu'elle avait eue de la mort, et des alarmes de sa conscience. Elle fut tout entière à Bonnivet, dont l'amour dura, selon l'ordinaire, comme la beauté des fleurs.

Il me semble, mesdames, que les finesses de Bonnivet valent bien l'hypocrisie de la Milanaise qui, après avoir contrefait la prude, fit voir enfin sa turpitude.

— Vous direz ce qu'il vous plaira des femmes, dit Émarsuite, mais Bonnivet fit le tour d'un malhonnête homme. Si une femme aime un homme, s'ensuit-il qu'un autre doive lui faire une supercherie de cette force?

— Comptez, répliqua Guebron, que quand ces sortes de marchandises sont en vente, le plus offrant et dernier enchérisseur les emporte toujours. Ne vous imaginez pas que ceux qui servent des dames se donnassent tant de peines pour l'amour d'elles. Ils ont en cela plus d'égard à eux qu'à elles.

— C'est de quoi je ne doute aucunement, repartit Longarine; car, pour vous parler franchement, tous les amants que j'ai eus ont toujours débuté par mes intérêts et par me dire qu'ils aimaient ma vie, ma satisfaction et mon honneur, et le dénouement de tout cela a toujours été leur propre intérêt, leur plaisir et leur gloire. Ainsi le meilleur est de les congédier dès la première partie de leur sermon; car quand on vient à la seconde, on ne peut pas si honnêtement les refuser, attendu que le vice connu est de soi refusable.

— Il faudrait donc, dit Émarsuite, renvoyer un homme dès qu'il ouvre la bouche, sans savoir ce qu'il a à dire.

— Ce n'est pas cela, répliqua Parlamente. On sait bien qu'une femme d'abord ne doit pas faire semblant d'entendre et même de croire la déclaration qu'un amant lui a faite. Mais quand il en vient aux gros serments, il me semble qu'il est plus honnête aux dames de le laisser dans ce beau chemin, que d'aller jusqu'à la vallée. Devons-nous croire, Nomerfide, qu'ils nous aiment d'un amour criminel? n'y a-t-il pas du péché à juger mal de son prochain?

— Vous en croirez ce qu'il vous plaira, dit Oysille; mais il faut tellement craindre que cela soit, qu'aussitôt que vous en découvrez quelque chose, vous ne sauriez assez promptement vous éloigner d'un feu qui a plus tôt brûlé un cœur qu'il ne s'en soit aperçu.

— Ces lois sont bien dures, répondit Hircan. Si les femmes, auxquelles la douceur sied si bien, étaient aussi rigoureuses que vous voulez qu'elles soient, nous quitterions la douceur et les supplications, et emploierions la ruse et la violence.

— Le meilleur est, repartit Simontault, que chacun suive son penchant, qu'il aime ou qu'il n'aime point; mais toujours le cœur sur les lèvres.

— Plût à Dieu, dit Saffredant, que cette loi apportât autant d'honneur qu'elle ferait de plaisir!

Mais Dagoucin ne put se tenir de dire: — Ceux qui aimeraient mieux mourir que de faire connaître leurs sentiments ne s'accommoderaient pas de votre loi.

— Mourir? répondit Hircan. Le cavalier est encore à naître qui voudrait mourir pour pareille chose. Mais laissons l'impossibilité, et voyons à qui Simontault donnera sa voix.

— A Longarine, repartit Simontault; car j'ai tantôt remarqué qu'elle parlait toute seule, et je crois qu'elle répète quelque bon rôle, et elle n'a pas de coutume de déguiser la vérité ni contre les hommes ni contre les femmes.

— Puisque vous me croyez si amie de la vérité, dit Longarine, je vais vous conter une histoire qui, pour n'être pas tant que je voudrais à la louange des femmes, vous fera voir néanmoins qu'il y en a qui ont le cœur aussi bon, l'esprit aussi juste et ne sont pas moins rusées que les hommes. Si mon conte est un peu long, je tâcherai de vous dédommager par un peu de gaieté.

NOUVELLE XV

Une dame de la cour se voyant méprisée de son mari qui aimait ailleurs, lui rendit la pareille, et aima de son côté.

Il y avait à la cour du roi François Ier un gentilhomme dont je dirais bien le nom si je voulais. Il était pauvre et n'avait pas cinq cents livres de rente; mais le roi en faisait tant de cas pour les grandes vertus dont il était doué qu'il lui fit épouser une femme si riche qu'un grand seigneur s'en serait contenté. Comme sa femme était encore fort jeune, il pria une des plus grandes dames de la cour de vouloir la tenir auprès d'elle; ce qu'elle fit bien volontiers. Le gentilhomme était si honnête et avait si bon air que toutes les dames de la cour en faisaient fort grand cas; une entre autres que le roi aimait et qui n'était ni si belle ni si jeune que sa femme. Le gentilhomme aimait cette femme avec tant de passion et faisait si peu de compte de la sienne qu'à peine en un an couchait-il une nuit avec elle; et pour surcroît de douleur à cette pauvre petite femme, il ne lui parlait jamais, ni ne lui donnait aucune marque d'amitié; ce qu'elle avait assez de peine à soutenir. Il jouissait cependant de son bien et lui en faisait si petite part qu'elle n'avait pas de quoi s'habiller suivant sa qualité, ni comme elle aurait voulu. La dame auprès de qui elle était en parlait souvent au mari par manière de plainte. « Votre femme, lui disait-elle, est belle, riche et de bonne maison; cependant vous la méprisez. Son enfance et sa jeunesse lui ont jusqu'ici fait souffrir vos mépris; mais il est à craindre que quand elle se verra belle et grande, son miroir, et quelqu'un qui ne vous aimera pas, lui représentera si bien sa beauté que vous dédaignez, que le dépit lui fera faire une chose à laquelle elle n'oserait avoir pensé si vous en usiez mieux avec elle. » Le gentilhomme, qui avait le cœur ailleurs, se moqua de cette sage remontrance et alla toujours son chemin. En deux ou trois ans la jeune femme commença à devenir une des plus belles femmes de France. Sa réputation fut si grande que le bruit courait à la cour qu'elle n'avait pas sa pareille. Plus elle se sentait digne d'être aimée, plus lui était sensible le mépris que son mari avait pour elle. Elle en tomba dans un si grand accablement que sans les consolations de sa maîtresse elle se fût presque jetée dans le désespoir. Après avoir inutilement tenté tous les moyens de plaire à son mari, elle conclut en elle-même qu'il était impossible qu'il répondît si mal à l'amour qu'elle avait pour lui, à moins qu'il ne fût pris ailleurs. Elle chercha si bien et si finement qu'elle trouva qu'il était toutes les nuits si occupé ailleurs qu'il oubliait sa conscience et sa femme. Quand elle fut bien assurée de la vie qu'il menait, elle tomba dans une si profonde mélancolie qu'elle ne voulait s'habiller que de noir et fuyait tous les lieux de divertissement. Sa maîtresse s'en aperçut et n'oublia rien pour la tirer de cet accablement; mais tous ses soins furent inutiles. Son mari en fut averti; mais il s'en moqua, au lieu de songer au remède. Un grand seigneur, proche parent de la maîtresse de cette jeune femme, et qui lui rendait de fréquentes visites, ayant appris un jour les duretés du mari, en fut si touché qu'il voulut essayer de consoler la femme. Il la trouva de si bonne conversation, si belle et si vertueuse qu'il souhaita beaucoup plus de s'en faire aimer que de lui parler de son mari, si ce n'est pour lui faire connaître le peu de sujet qu'elle avait de l'aimer.

Cette jeune dame se voyant abandonnée de celui qui la devait aimer, et d'un autre côté aimée et sollicitée par un seigneur si bien fait, se crut heureuse d'avoir fait une conquête de cette conséquence. Quoiqu'elle désirât toujours de conserver son honneur, elle prenait néanmoins grand plaisir de lui parler et de se voir aimée, de quoi elle était pour ainsi dire affamée. Cette amitié dura quelque temps; mais le roi qui aimait fort le mari, et qui ne voulait pas que personne lui fît affront ni déplaisir, s'en étant aperçu, pria le prince de discontinuer ses soins sous peine d'encourir son indignation. Le prince, qui aimait plus les bonnes grâces du roi que toutes les dames du monde, lui promit d'abandonner son dessein puisqu'il le souhaitait, et d'aller dès le soir même prendre congé de la belle, ce qu'il fit aussitôt qu'il sut qu'elle s'était retirée à son logis, où logeait aussi le mari, qui avait sa chambre au-dessus de celle de sa femme. Sur le soir, étant à la fenêtre, il vit entrer le prince dans la chambre de sa femme; le prince, qui le vit bien, ne laissa pas pour cela d'entrer. En disant adieu à celle qu'il ne commençait que d'aimer, il lui allégua pour toutes raisons de son changement le commandement du roi. Après bien des larmes et bien des regrets qui durèrent jusqu'à une heure après minuit, la belle lui dit en se séparant: « Je loue Dieu, monsieur, de la grâce qu'il me fait de me priver de votre amitié, puisqu'elle est si médiocre et si faible, qu'elle n'est pas à l'épreuve du commandement des hommes. Pour moi, je n'ai consulté pour vous aimer ni maîtresse, ni mari, ni moi-même. L'amour, votre honnêteté et votre bonne mine ont gagné mon cœur; mais puisque le vôtre est moins amoureux que craintif, vous ne pouvez pas aimer parfaitement, et je ne veux point d'ami qui ne soit à toute épreuve. J'aime parfaitement comme j'avais résolu de vous aimer; mais, monsieur, je suis contrainte de vous dire adieu et de vous déclarer que votre timidité ne mérite pas un amour aussi franc et aussi sincère que le mien. » Le prince sortit, les larmes aux yeux, et regardant derrière lui, il vit encore le mari qui l'avait vu entrer et sortir. Il lui dit le lendemain pourquoi il était allé voir sa femme et lui apprit le commandement que le roi lui avait fait. Le gentilhomme en fut fort content et en remercia le roi. Mais voyant que sa femme embellissait tous les jours et qu'il devenait vieux et laid, il commença à changer de rôle et à prendre celui qu'il faisait depuis longtemps jouer à sa femme; car il l'aimait plus que de coutume et prenait plus garde à elle. Mais plus elle voyait qu'il la recherchait, plus elle le fuyait, étant bien aise de lui rendre une partie des ennuis qu'il lui avait donnés par son indifférence. Pour ne goûter pas sitôt le plaisir que l'amour commençait à lui donner, elle s'adressa à un jeune gentilhomme si bien fait, parlant si bien et ayant si bon air, qu'il était aimé de toutes les dames de la cour. En se plaignant à lui des duretés qu'on avait eues pour elle, elle lui fit naître l'envie d'avoir pitié d'elle et le fit si bien qu'il n'oublia rien pour tâcher de la consoler. La belle, de son côté, pour se dédommager du prince qu'elle avait perdu, aima si fort ce nouveau venu qu'elle oublia ses chagrins passés et ne songeait qu'aux moyens de ménager son intrigue avec adresse. Elle y réussit si bien que sa maîtresse ne s'en aperçut jamais, se donnant bien de garde de parler en sa présence à son amant. Quand elle avait quelque chose à lui dire, elle allait voir certaines dames de la cour, entre lesquelles il y en avait une dont son mari faisait semblant d'être amoureux. Un soir après soupé que la nuit était fort obscure, la belle se déroba et entra toute seule dans la chambre des dames où elle trouva celui qu'elle aimait plus qu'elle-même. Elle s'assit auprès de lui, et, appuyée sur une table, ils s'entretenaient ensemble faisant semblant de lire un livre. Quelqu'un que le mari avait mis en sentinelle vint lui dire où sa femme était allée; et lui, qui était sage, la suivit le plus promptement qu'il put. Il entre dans la chambre et voit sa femme qui lisait un livre. La belle, feignant de ne le point voir, alla d'un autre côté parler aux dames. La belle, voyant que son mari l'avait trouvée avec un homme auquel elle n'avait jamais parlé en sa présence, se trouva si déconcertée qu'elle perdit la tramontane, et ne pouvant passer le long d'un banc, se glissa le long d'une table et s'enfuit comme si son mari l'eût poursuivie l'épée à la main. Elle alla retrouver sa maîtresse qui était sur le point de se retirer. Après l'avoir déshabillée, elle sortit et rencontra une de ses femmes qui lui venait dire que son mari la demandait. Elle répondit franchement qu'elle ne voulait point y aller, parce qu'étant aussi bizarre et aussi dur qu'il l'était, elle craignait qu'il ne lui fît quelque violence. Elle y alla pourtant enfin, de peur de pis. Son mari ne lui en dit pas un seul mot que quand ils furent couchés. Elle, qui ne voyait pas lieu de dissimuler, s'en prit à ses yeux et se mit tendrement à pleurer. Il lui demanda le sujet de ses larmes et elle répondit qu'elle pleurait parce qu'elle avait peur qu'il fût fâché contre elle de ce qu'il l'avait trouvée lisant avec un gentilhomme. Le mari répliqua qu'il ne lui avait jamais défendu de parler à personne et qu'il n'avait point trouvé mauvais qu'elle parlât à ce gentilhomme; mais qu'il avait été surpris de la voir fuir comme si elle avait fait quelque chose digne de censure; et que cela lui avait fait croire qu'elle aimait le gentilhomme. Le tout aboutit à lui défendre de ne parler désormais à homme ni en public, ni en particulier, l'assurant qu'en cas qu'elle en usât autrement, il la tuerait sans miséricorde. Elle accepta volontiers le parti, comptant de prendre mieux ses mesures à l'avenir. Mais comme il suffit de nous défendre les choses que nous voulons pour nous les faire désirer avec plus d'empressement, la pauvre femme eut bientôt oublié les menaces de son mari. Dès le soir même, étant retournée coucher en une autre chambre avec d'autres demoiselles et ses gardes, elle envoya prier le gentilhomme de la venir voir la nuit.

Le mari, que la jalousie empêchait de dormir, et qui avait entendu dire que le gentilhomme allait voir sa femme de nuit, s'enveloppe dans une cape, prend avec lui un valet de chambre et va frapper à la porte de sa femme. Elle, qui n'attendait rien moins que lui, se leva toute seule en brodequins et en manteau, et voyant ses femmes endormies, elle sort et s'en va droit à la porte où elle avait entendu heurter. Au qui va là, fut répondu le nom de celui qu'elle aimait; mais, pour en être plus assurée, elle entr'ouvrit le guichet et dit : « Si vous êtes celui que vous dites, donnez-moi la main, je connaîtrai bien si vous dites vrai. » Elle n'eut pas plus tôt touché la main de son mari qu'elle le reconnut, et refermant vite le guichet, elle s'écria : « Ha, monsieur, c'est votre main. — Oui, répliqua le mari fort en colère, c'est la main qui vous tiendra parole; ainsi ne manquez pas de venir quand je vous manderai. » En disant cela, il s'en retourna et elle regagna sa chambre plus morte que vivante. « Levez-vous, mes amies, dit-elle tout haut en entrant, à ses femmes, levez-vous; vous avez trop dormi pour moi. J'ai voulu vous tromper, et je me suis trompée moi-même. » En achevant elle tomba évanouie. A ce cri, ses femmes se levèrent, si étonnées de voir leur maîtresse comme morte et d'entendre ce qu'elle avait dit, que le plus pressé pour elles fut de courir aux remèdes pour tâcher de la faire revenir. Quand elle eut recouvré l'usage de la parole, elle leur dit : « Vous voyez aujourd'hui, mes amies, la plus malheureuse créature qu'il y ait au monde. » Sur cela elle leur conta son aventure, les priant de la secourir, car elle se regardait déjà comme une femme morte. Dans le temps que ses femmes se mettaient en devoir de la consoler, il arriva un valet de chambre de son mari qui lui mandait d'aller incontinent le trouver. D'abord elle embrassa deux de ses femmes, et se mit à crier et à pleurer, les priant de ne la laisser point aller, étant bien assurée qu'elle ne reviendrait point. Mais le valet de chambre la rassura, et lui dit qu'il répondait sur sa vie qu'elle n'aurait aucun mal. Voyant donc que la résistance était inutile, elle se jeta entre les bras du valet, et lui dit : « Puisqu'il le faut, mon ami, portez ce malheureux corps à la mort. » Le valet l'emporta demi-évanouie de tristesse, elle ne fut pas plus tôt dans la chambre de son mari, qu'elle se jeta à ses pieds et lui dit : « Ayez pitié de moi, monsieur, je vous en supplie, et je vous jure devant Dieu que je vous dirai la vérité de tout. — Je prétends bien que vous me la disiez, » répliqua le mari comme un homme outré de colère ; et là-dessus il fit sortir tout le monde. Comme sa femme lui avait toujours paru fort dévote, il crut qu'elle ne se parjurerait point s'il la faisait jurer sur la croix. Il en fit donc apporter une fort belle qu'il avait empruntée, et étant tous deux seuls, il la fit jurer sur cette croix qu'elle lui dirait la vérité sur ce qu'il lui demanderait. Elle, qui avait eu le temps de se recueillir, et qui n'était plus dans les premiers mouvements de la crainte de la mort, reprit courage, et résolut de ne lui rien cacher, mais en même temps de ne rien dire qui pût exposer son amant. Après qu'il eut fait les questions qu'il jugea nécessaires, voici comme elle y répondit :

« Je ne veux point me justifier, monsieur, ni diminuer l'amour que j'ai eu pour le gentilhomme qui cause votre jalousie. Quelque chose que je puisse vous dire à cet égard, vous ne pourriez et ne devriez pas le croire, après ce qui vient d'arriver ; mais je dois vous dire ce qui a donné lieu à cet amour. Jamais femme n'aima tant son mari que je vous aime ; et sans les duretés que vous avez eues pour moi, je n'aurais jamais aimé autre que vous. Vous savez qu'étant encore enfant, mes parents voulaient me marier à un homme de plus grande maison que vous ; mais jamais ils ne purent m'y faire consentir, dès le moment que je vous eus parlé. Je me déclarai pour vous malgré tout ce qu'ils purent me dire, sans avoir égard à votre pauvreté. Vous savez de quelle manière vous m'avez traitée jusqu'ici. Cela m'a causé tant d'ennui et de déplaisir, que, sans le secours de madame, avec laquelle vous m'avez mise, j'aurais presque succombé à mon désespoir. Mais enfin, me voyant grande et estimée belle de chacun, si ce n'est de vous, je commençai à sentir si vivement le tort que vous me faisiez, que l'amour que j'avais pour vous s'est converti en haine, et le désir de vous plaire en celui de me venger. Dans ce désespoir, j'eus occasion de voir un prince qui, plus soumis au roi qu'à l'amour, me quitta dans le temps qu'un commerce honnête commençait à me faire sentir des consolations. Après avoir perdu le prince, je trouvai celui-ci qui n'eut pas la peine de me prier, car il est assez bien fait, assez honnête et a assez de vertus pour être recherché de toutes les femmes de bon sens. A ma prière et non à la sienne, il m'a aimée avec tant d'honnêteté, qu'il ne m'a jamais rien demandé qui soit contraire à mon honneur. Quoique le peu d'amour que j'ai sujet d'avoir pour vous me donnât lieu de ne vous pas garder

Il vit que c'étaient deux servantes qui, avec deux épées, lui donnaient cette alarme. (Page 122.)

la foi matrimoniale, celui que j'ai pour Dieu et pour mon honneur m'a empêché jusqu'ici de ne rien faire dont j'aie besoin de me confesser, ou qui puisse me faire appréhender l'infamie. Je ne nie point que feignant d'aller faire mes oraisons, je ne me sois retirée le plus souvent que j'ai pu dans une garde-robe pour lui parler; car je n'ai jamais confié à personne la conduite de cette intrigue. Je ne nie point aussi qu'étant dans un lieu si retiré, et hors de tout soupçon, je ne l'aie baisé de meilleur cœur que je ne vous baiserai jamais. Mais que Dieu ne me fasse jamais miséricorde, si jamais il s'est passé autre chose dans nos tête-à-tête, si jamais il m'a demandé rien de plus, et si mon cœur même a eu dessein de lui accorder autre chose; car j'étais si aise, qu'il ne me semblait pas qu'il y eût au monde de plus grand plaisir. Et vous, monsieur, qui êtes la seule cause de mon malheur, voudriez-vous vous venger d'une action dont il y a si longtemps que vous me donnez l'exemple, avec cette différence que ce que vous avez fait est sans honneur et sans conscience? Vous savez, et je le sais aussi, que celle que vous aimez ne se contente pas de ce que Dieu et la raison commandent. Quoique la loi des hommes condamne à l'infamie les femmes qui en aiment d'autres que leurs maris, la loi de Dieu, plus vénérable et plus auguste mille fois, condamne les hommes qui aiment d'autres femmes que les leurs. S'il faut mettre à la balance la faute que nous avons tous deux commise, vous vous trouverez plus coupable que moi. Vous êtes un homme sage, vous avez de l'expérience et de l'âge pour connaître le mal et le savoir éviter, mais je suis jeune, et n'ai aucune expérience de la force et de la puissance de l'amour. Vous avez une femme qui vous aime et vous chérit plus que sa propre vie; et j'ai un mari qui me fuit, qui me hait et me fait des duretés qu'il ne voudrait pas faire à une servante. Vous aimez une femme âgée, maigre et moins belle que moi; et j'aime un gentilhomme plus jeune que vous, mieux fait et plus aimable que vous. Vous aimez la femme d'un de vos meilleurs amis, et violez d'un côté les devoirs de l'amitié, et contrevenez de l'autre aux égards que vous devez avoir pour tous deux; et j'aime un gentilhomme qui n'est attaché à rien qu'à l'amour qu'il a pour moi. Jugez sur ce pied-là, monsieur, sans prévention, lequel de nous est le plus condamnable ou le plus excusable. Je ne crois pas qu'il y ait d'homme sage et entendu qui ne vous donne le tort, considérant que je suis jeune et peu éclairée, méprisée de vous et aimée du gentilhomme de France le mieux fait et le plus honnête, et que je n'aime, nonobstant tout cela, que parce que je désespère d'être aimée de vous. »

A tant de vérités étalées par une belle femme, avec tant de grâce et d'assurance qu'on voyait aisément qu'elle ne croyait mériter aucune punition, le mari se trouva si surpris, qu'il ne sut que lui répondre, sinon que l'honneur d'un homme et d'une femme n'était pas la même chose; que cependant, puisqu'elle jurait qu'il ne s'était jamais rien passé de criminel entre son amant et elle, il n'avait pas résolu de l'en aimer moins; mais qu'il la priait de n'y revenir plus et d'oublier l'un et l'autre le passé. Elle promit, et le raccommodement étant fait, ils s'en allèrent coucher ensemble.

Le lendemain, une vieille demoiselle, qui craignait beaucoup pour la vie de sa maîtresse, vint à son lever et lui dit: « Eh bien, madame, comment vous portez-vous?—Il n'y a point, ma mie, répondit-elle en riant, de meilleur mari que le mien; car il m'en a cru à mon serment. » Ainsi se passèrent cinq ou six jours. Le mari cependant, ne diminuant rien de ses ombrages, observait de si près sa femme qu'il la faisait garder la nuit et le jour; mais quelques vigilants que fussent ses Argus, ils ne le furent pas assez pour empêcher qu'elle n'entretînt encore son amant dans un lieu obscur et suspect. Toutefois la belle conduisit son affaire si secrètement, que personne n'en a jamais pu savoir la vérité. Ce ne fut qu'un valet qui fit courir le bruit qu'il avait trouvé un gentilhomme et une demoiselle dans une écurie qui était sous la chambre de la maîtresse de la dame dont il s'agit. La jalousie du mari en augmenta tellement, qu'il résolut de faire assassiner le galant, et assembla pour cette belle expédition grand nombre de parents et d'amis, qui devaient l'expédier en cas qu'ils le rencontrassent; mais le principal des parents était si intime ami de celui dont on minutait la mort et qu'il faisait chercher, qu'au lieu de le surprendre, il l'avertissait de tout ce qu'on tramait contre lui. Il était si fort aimé à la cour et avait toujours si bonne compagnie, qu'il ne craignait point son ennemi. Aussi ne fut-il point rencontré. Mais il alla dans une église où il savait qu'était la maîtresse de celle qu'il aimait, et qui n'avait point entendu parler de ce qui s'était passé, parce qu'il n'avait jamais parlé à la jeune dame devant elle.

Il lui apprit la jalousie du mari et le dessein qu'il avait fait sur sa vie, et lui dit qu'encore qu'il fût innocent, il était résolu d'aller voyager dans les pays étrangers pour étouffer le bruit qui commençait à devenir grand. La princesse fut fort étonnée d'apprendre une telle nouvelle et jura que le mari avait grand tort de soupçonner une femme si sage et en qui elle n'avait rien connu que vertu et honnêteté. Cependant, vu le crédit du mari et pour faire cesser le bruit, elle lui conseilla de s'éloigner pour quelque temps, l'assurant qu'elle ne croirait jamais ces folies et ces soupçons. Le gentilhomme et sa maîtresse, qui était avec le prince, furent bien aises que la princesse eut bonne opinion d'eux et leur promit la continuation de sa bienveillance. Elle conseilla à l'amant de parler au mari avant son départ. Il suivit ce conseil, et rencontrant le mari dans une galerie près de la chambre du roi, il lui dit d'un visage assuré, et avec le respect dû à un homme de son rang : « J'ai toute ma vie souhaité, monsieur, de vous rendre service et j'apprends qu'en récompense vous me faites chercher pour m'ôter la vie. Je vous prie de considérer, monsieur, que vous avez plus de pouvoir et d'autorité que moi; cependant je suis gentilhomme aussi bien que vous, et il me fâcherait fort de donner ma vie *gratis*. Je vous supplie encore de considérer que vous avez une femme de bien; et si quelqu'un veut dire le contraire, je suis prêt à lui dire qu'il en a faussement menti. Pour moi, je ne sache pas avoir rien fait capable de vous donner sujet de me vouloir mal; ainsi, si vous le voulez bien, je demeurerai votre serviteur, ou sinon, je le suis du roi, et j'ai sujet de me contenter. » Le mari répondit qu'à la vérité il l'avait soupçonné, mais qu'il le croyait si galant homme qu'il aimait mieux être son ami que son ennemi; et en lui disant adieu, le bonnet à la main, il l'embrassa comme son ami. Vous pouvez penser ce que disaient ceux qui, le soir précédent, avaient eu commission de le tuer, en voyant tant de démonstrations d'estime et d'amitié. Chacun en parlait à sa manière. L'amant partit donc; mais comme il avait moins d'argent que de bonne mine, sa maîtresse lui donna une bague de trois mille écus qu'il mit en gage pour quinze cents. Quelque temps après son départ, le mari alla voir la princesse de sa femme et la pria de lui permettre d'aller passer quelques mois avec une de ses sœurs. La princesse, surprise d'une proposition si peu attendue, le pria tant de lui en dire le sujet qu'il lui en dit une partie. La belle ayant donc pris congé de sa maîtresse et de toute la cour, sans pleurer ni sans montrer le moindre signe de chagrin, s'en alla où son mari voulait l'envoyer, sous la conduite d'un gentilhomme qui eut ordre exprès de la garder avec soin, et surtout de faire en sorte qu'elle ne parlât en chemin à la personne suspecte. Elle, qui savait les ordres qu'on avait donnés à son égard, leur donnait tous les jours des alarmes et se moquait de leur vigilance. Le jour qu'elle partit, entre autres, elle rencontra un cordelier à cheval et l'entretint, chemin faisant, montée sur une haquenée, depuis la dînée jusqu'à la couchée. A une bonne lieue de l'auberge, elle lui dit : « Voilà, mon père, deux écus que je vous donne pour les consolations que vous m'avez données: je les ai enveloppés de papier comme vous voyez, parce que je sais que vous n'oseriez y toucher autrement. Je vous prie de vous en aller au galop à travers les champs incontinent que vous m'aurez quittée. » Il ne fut pas plus tôt parti qu'elle dit à ses gens: « Vous êtes de bons serviteurs et des gardes bien vigilants, qui exécutez en perfection les ordres de votre maître, qui se fie en vous. Celui auquel on vous a tant recommandé de ne me laisser point parler m'a entretenue toute la journée et vous l'avez laissé faire. Vous mériteriez des coups de bâton et non pas des gages. » Le gentilhomme auquel on avait confié la garde de la belle, entendant cela, en eut tant de dépit qu'il ne put répondre un seul mot. Il prit donc deux hommes avec lui, donna des deux, courut après le cordelier qui fuyait de son mieux, se voyant poursuivi; mais comme ils étaient mieux montés que lui, ils firent tant qu'ils le joignirent. Le bon père, qui ne savait pourquoi on lui donnait ainsi la chasse, cria d'abord miséricorde; et pour la demander avec plus d'humilité, il abattit son chaperon et demeura la tête nue. Ils connurent par là que ce n'était pas celui qu'ils cherchaient et que leur maîtresse les avait joués; ce qu'elle fit bien plus cruellement encore à leur retour. « C'est bien à vous, leur dit-elle, qu'il faut donner des femmes à garder. Vous les laissez parler sans savoir à qui; et puis, croyant ce qu'elles vous disent, vous allez faire affront aux serviteurs de Dieu. »

Après quelques autres plaisanteries de la même force, elle arriva au lieu où son mari l'envoyait et où ses deux belles-sœurs et le mari d'une d'elles la tenaient fort sujette. Le mari apprit en ce temps-là que sa bague était en gage pour quinze cents écus et en fut fort chagrin. Pour sauver l'honneur de sa femme et ravoir sa bague, il lui fit dire de la retirer et qu'il payerait les quinze cents écus. Elle, qui ne se souciait pas de la bague, puisque l'argent demeurait à son amant, lui écrivit que son mari la contraignait de retirer sa bague, et, afin qu'il ne crût pas qu'elle l'aimât moins qu'auparavant, elle lui envoya un diamant que sa maîtresse lui avait donné et qu'elle aimait plus que tous ses autres bijoux. Son amant lui envoya volontiers l'obligation du marchand, bien aise d'avoir eu quinze cents écus et un diamant; mais surtout d'être assuré que sa maîtresse l'aimait toujours. Tant que le mari vécut, ils demeurèrent éloignés l'un de l'autre et ne purent se parler que par lettres. Le mari étant mort, l'amant croyant que sa maîtresse avait toujours pour lui les sentiments qu'elle lui avait promis, ne perdit pas de temps à la demander en mariage; mais il trouva que la longue absence lui avait donné un rival qui était plus aimé que lui. Il en eut tant de chagrin que, fuyant le commerce des dames, il chercha les périls et mourut enfin après s'être autant signalé que jeune homme ait jamais fait.

Ce conte, mesdames, où le sexe n'est pas épargné, fait voir aux maris que les femmes qui ont le cœur grand se laissent plutôt vaincre par la colère et par la vengeance que par les charmes de l'amour. L'héroïne de cette nouvelle résista longtemps à cette douce passion; mais enfin elle s'abandonna à son désespoir. Une femme de bien n'en doit pas faire de même, parce qu'il n'y a point d'excuse à une mauvaise action. Plus on est exposé à faire le mal, plus y a-t-il de vertu à se vaincre et à faire bien, au lieu de rendre le mal pour le mal; d'autant plutôt que le mal qu'on croit faire à autrui retombe souvent sur celui qui le fait. Heureuses sont celles en qui éclate la vertu de Dieu en chasteté, en douceur et en patience.

— Il me semble, Longarine, dit Hircan, que la dame dont vous venez de parler a été plus aimée de dépit que d'amour; car, enfin, si elle eût aimé le gentilhomme autant qu'elle en faisant semblant, elle ne l'aurait jamais quitté pour un autre; et partant on la peut nommer dépiteuse, vindicative, opiniâtre et changeante.

— Vous en parlez bien à votre aise, répondit Émarsuite; mais vous ne savez pas quel crève-cœur c'est d'aimer sans être aimée.

— Il est vrai, répliqua Hircan, que je ne l'ai guère éprouvé; car on ne me saurait faire si peu froide mine, que je ne laisse d'abord là et l'amour et la dame.

— C'est fort bien, dit Parlamente, pour un homme comme vous, qui n'aime que son plaisir; mais une honnête femme ne doit pas laisser son mari.

— Cependant, repartit Simontault, la belle dont il est question oublia pour quelque temps qu'elle était femme ; car un homme n'aurait su se venger avec plus d'éclat.

— Pour une qui n'est pas sage, dit Oysille, il ne faut pas conclure que les autres soient de même.

— Vous êtes pourtant toutes femmes, répliqua Saffredant ; et, quelque parées que vous soyez, qui chercherait bien avant sous vos jupes trouverait que vous êtes telles.

— Qui voudrait vous écouter, dit alors Nomerfide, on passerait la journée à se chicaner. Mais j'ai tant d'impatience d'entendre encore une autre nouvelle que je prie Longarine de donner sa voix à quelqu'un.

Longarine jetant alors les yeux sur Guebron lui dit : — Si vous avez quelque histoire à conter de quelque honnête femme, je vous prie de le faire.

— Puisque vous voulez que je parle, répondit Guebron, je vais vous faire un conte qui est arrivé à Milan.

NOUVELLE XVI

Une Milanaise approuva la hardiesse et le grand courage de son amant, et l'aima depuis de fort bon cœur.

Du temps que le grand-maître de Chaumont était gouverneur de Milan, il y avait une dame qui passait pour une des plus honnêtes femmes de la ville. Elle était veuve d'un comte italien, et demeurait chez ses beaux-frères, ne voulant point entendre parler de secondes noces. Sa conduite était si sage et si réglée, qu'elle était généralement estimée de tous les Français et Italiens qui étaient dans le duché. Ses beaux-frères et belles-sœurs régalant un jour le grand-maître de Chaumont, la veuve fut contrainte de s'y trouver; ce qu'elle n'avait pas coutume de faire, en quelque endroit que se fît le régal. Les Français ne purent la voir sans louer sa beauté et sa bonne grâce, et un entre autres dont je ne dirai pas le nom. Il suffira de vous avertir qu'il n'y avait point de Français en Italie qui fût plus digne d'être aimé, puisque la nature ne lui avait épargné aucune des perfections qui peuvent rendre un homme aimable. Quoiqu'il vît la veuve en crêpe noir, séparée de la jeunesse, et retirée dans un coin avec plusieurs vieilles; comme il était homme à qui jamais ni homme ni femme n'avait fait peur, il se mit à l'entretenir, ôta son masque, et quitta la danse pour avoir sa conversation. Il passa toute la soirée avec elle et avec les vieilles de sa compagnie, et y trouva plus de plaisir qu'il n'aurait fait avec les plus jeunes et les plus lestes de la cour. Cette conversation le charma si fort, que quand il fallut se retirer, il ne croyait pas avoir eu le loisir de s'asseoir. Quoiqu'il n'entretînt la veuve que de choses communes, et de la portée d'une pareille compagnie, elle ne laissa pas de s'apercevoir qu'il avait envie de faire connaissance avec elle; ce qu'elle résolut si bien d'éviter, que jamais depuis il ne put la voir ni en festin, ni en grosse compagnie. Il s'informa de sa manière de vivre, et apprit qu'elle allait souvent aux églises et maisons religieuses. Il mit tant de gens en campagne, qu'elle ne pouvait aller si secrètement dans ces lieux-là, qu'il ne s'y trouvât le premier, et n'y demeurât tant qu'il pouvait la voir. Il profitait si bien du temps et la regardait de si bon cœur, qu'elle ne pouvait ignorer l'amour qu'il avait pour elle. Pour prévenir ces rencontres, elle résolut de feindre pendant quelque temps d'être malade, et d'entendre la messe chez elle. Le gentilhomme en eut un chagrin extrême, car il ne pouvait la voir que par ce seul moyen-là. Elle, pensant avoir rompu ses mesures, retourna aux églises comme auparavant. L'amour prit incontinent soin d'en avertir le gentilhomme, qui reprit aussi sa première dévotion. Craignant qu'elle ne fît naître quelqu'autre obstacle, et qu'il n'eût pas le temps de lui faire savoir ce qu'il sentait pour elle; un matin qu'elle croyait être bien cachée dans une petite chapelle où elle entendait la messe, il alla se mettre au bout de l'autel, et la voyant peu accompagnée, se tourna vers elle dans le temps que le prêtre faisait l'élévation, et lui dit d'une voix douce et pleine d'affection: « Je jure, madame, par celui que le le prêtre tient, que vous êtes la seule cause de ma mort. Quoique vous m'ôtiez les moyens de vous parler, vous ne pouvez pas ignorer la passion que j'ai pour vous; mes yeux languissants et mon air moribond vous l'ont assez expliqué. » La dame, faisant semblant de ne rien entendre, se contenta de lui dire qu'il ne fallait pas prendre le nom de Dieu en vain; « mais les dieux, à ce que les poëtes disent, se moquent des serments et des mensonges des amants : ainsi, les femmes qui aiment l'honneur ne doivent être ni crédules, ni pitoyables. » En disant cela, elle se leva et s'en retourna chez elle. Ceux qui ont passé par-là croiront sans peine que le gentilhomme fut fort affligé de telle réponse. Cependant, comme il ne manquait pas de cœur, il aima mieux une réponse chagrinante, que d'avoir manqué l'occasion de lui déclarer son amour. Il fut constant, pendant trois ans durant, et ne perdit pas un moment à l'entretenir de son glorieux martyre, et par lettres, et par tous les autres moyens qui se présentaient; mais durant tout ce temps-là elle ne lui répondit autre chose, sinon qu'elle le fuyait comme le loup fuit le mâtin; et cela, non par aversion qu'elle eût pour lui, mais parce qu'elle craignait d'exposer son honneur et sa réputation. Le gentilhomme sentit si bien que c'était là le nœud de la difficulté, qu'il poussa les affaires plus vivement qu'il n'avait jamais fait. Après bien des peines, des refus et des souffrances, la belle fut touchée de sa constance, eut pitié de lui, et lui accorda enfin ce qu'il avait si longtemps désiré et attendu. Étant convenus des moyens, le gentilhomme ne manqua pas d'aller chez la belle, quelques risques qu'il y eût à courir de la vie, parce qu'elle logeait avec ses parents. Cependant, comme il était aussi fin qu'agréable, il fit sa manœuvre avec tant d'adresse et de prudence, qu'il entra dans sa chambre à l'heure marquée; il la trouva seule, couchée dans un beau lit. Comme il se pressait de se déshabiller pour se coucher avec elle, il entendit à la porte des gens qui parlaient bas, et des épées dont on ferraillait les murailles. « Nous sommes perdus, lui dit alors la belle plus morte que vive; votre vie et mon honneur sont en grand danger : mes frères vous

CONTES DE LA REINE DE NAVARRE. 121

... ne pouvant soutenir ce mot de dire adieu pour jamais. (Page 134.)

cherchent pour vous tuer. Cachez-vous sous le lit, je vous prie; car ne vous trouvant point, je serai en droit de me plaindre de l'alarme qu'ils m'auront donnée sans sujet. » Le gentilhomme, qui n'était pas aisé à épouvanter, lui répondit froidement : « Vos frères sont-ils gens à faire peur à un honnête homme ? Quand toute leur race serait assemblée, je suis assuré que toute leur troupe n'attendrait pas le quatrième coup de mon épée : demeurez au lit tranquillement et me laissez garder la porte. » Il mit alors l'épée à la main, s'enveloppa le bras de sa cape, et ouvrit la porte pour voir de plus près les épées dont il entendait le bruit. La porte étant ouverte, il vit que c'étaient deux servantes qui, avec deux épées, lui donnaient cette alarme. « Pardonnez-nous, monsieur, lui dirent-elles en le voyant. Nous ne faisons ceci que par ordre de notre maîtresse ; mais c'est le seul obstacle que nous vous ferons. » Le gentilhomme voyant que c'étaient des femmes, se contenta de leur faire une grosse imprécation, et de leur fermer la porte au nez. Il se coucha auprès de sa maîtresse le plus promptement qu'il lui fut possible. La peur n'avait point diminué son amour ; et, sans s'amuser à lui demander la raison de ces escarmouches, il ne songea qu'à satisfaire sa passion. Comme le jour approchait, il lui demanda pourquoi elle avait si longtemps différé son bonheur, et quelle raison elle avait eue de faire faire un tel manège aux servantes. « J'avais résolu, répondit-elle en riant, de ne jamais aimer, et j'ai exécuté ma résolution depuis que je suis veuve ; mais dès la première fois que vous me parlâtes, je trouvai tant d'honnêteté en vous, que je changeai d'avis, et commençai dès lors à vous aimer autant que vous m'aimiez. Il est vrai que l'honneur, qui a toujours été le principe de ma conduite, ne pouvait consentir que l'amour me fît faire quelque chose qui pût donner atteinte à ma réputation. Mais, comme la biche mortellement blessée croit changer son mal en changeant de lieu ; de même j'allais d'église en église pensant fuir celui que je portais en mon cœur. Vous voyez bien présentement que je vous aimais de la bonne sorte, puisque j'ai trouvé le secret d'accorder l'honneur avec l'amour : mais pour être bien assurée que je donnais mon cœur à un parfaitement honnête homme, j'ai donné ordre à mes servantes de faire ce qu'elles ont fait. Je puis vous assurer que si vous aviez eu peur jusqu'à vous cacher sous le lit, mon dessein était de me lever, de passer dans une autre chambre, et de ne vous voir jamais de plus près : mais comme je vous ai trouvé bien fait, de bonne mine et plein de vertu et d'intrépidité, au-delà même de ce que la renommée m'en avait dit ; et que la peur n'a pu vous ébranler, ni refroidir le moins du monde l'amour que vous avez pour moi, j'ai résolu de m'attacher à vous pour le reste de mes jours ; persuadée que je ne saurais mettre en de meilleures mains ma vie et mon honneur, que de les confier à l'homme du monde qui a, je crois, le plus de vertu. » Comme si la volonté des hommes était immuable, ils se promirent et se jurèrent une chose qui n'était pas en leur pouvoir : je veux dire une amitié perpétuelle, qui ne peut ni naître, ni demeurer dans le cœur des hommes, comme le savent celles qui en ont fait l'expérience, et qui vous diront que ces sortes d'engagements ne sont pas de longue durée.

— Ainsi, mesdames, vous vous donnerez de garde de nous, comme ferait le cerf du chasseur, s'il avait de la raison ; car notre félicité, notre gloire et notre intelligence est de vous voir prises et de vous ôter ce qui doit vous être plus cher que la vie.

— Depuis quand, Guebron, dit Hircan, êtes-vous devenu prédicateur ? Vous n'avez pas toujours parlé de même.

— Il est vrai, répliqua Guebron, que j'ai tenu toute ma vie un tout autre langage ; mais comme j'ai les dents faibles, et que je ne puis pas mâcher la venaison, j'avertis les pauvres biches de se donner de garde des veneurs, pour réparer dans ma vieillesse les maux que j'ai faits durant ma jeunesse.

— Nous vous remercions, Guebron, repartit Nomerfide, de nous avertir de notre profit ; mais nous ne croyons pas vous en être fort obligées, car vous n'avez pas ainsi parlé à celle que vous avez tant aimée ; ainsi c'est une marque que vous ne nous aimez guère. N'êtes-vous point encore fâché que nous soyons aimées ? Nous nous croyons cependant aussi sages et aussi vertueuses que celle que vous avez si longtemps recherchée étant jeune. Mais c'est la vanité ordinaire aux vieillards, qui croient toujours avoir été plus sages que ceux qui viennent après eux.

— Quand la tromperie de quelqu'un de vos soupirants, repartit Guebron, vous aura fait connaître la malice des hommes, vous croirez alors, Nomerfide, que je vous aurai dit la vérité.

— Il me semble, dit alors Oysille, que le gentilhomme dont vous vantez tant la hardiesse, devait plutôt être doué de fureur d'amour ; passion si violente, qu'elle fait entreprendre aux plus poltrons des choses auxquelles les plus hardis penseraient deux fois.

— S'il n'avait pas cru, madame, repartit Saffredant, que les Italiens sont gens à payer mieux de la langue que du bras, il me semble qu'il aurait dû avoir peur.

— Oui, reprit Oysille, s'il n'avait pas eu dans le cœur un feu qui dissipe la crainte.

— Puisque vous ne trouvez pas la hardiesse de ce gentilhomme assez louable, vous en savez apparemment un autre, dit Hircan, qui vous paraît plus digne de louange.

— Il est vrai, répondit Oysille, que celui-ci est louable ; mais j'en sais un qui mérite d'être admiré.

— Je vous prie donc, reprit Guebron, de prendre ma place, et de nous dire, comme vous nous promettez, quelque chose de grand et digne d'un homme de grand cœur.

— Si un homme a fait voir tant de bravoure contre les Milanais pour sa vie et pour l'honneur de sa maîtresse, et qu'il passe pour si hardi, que ne doit-on point dire, ajouta Oysille, d'un autre qui, sans nécessité et par pure valeur, a fait le tour que je vais vous conter.

NOUVELLE XVII

Le roi François donna une preuve signalée de sa générosité au comte Guillaume qui voulait le faire mourir.

Un comte allemand, nommé Guillaume, de la maison de Saxe, dont celle de Savoie est alliée, que ces deux maisons n'en faisaient anciennement qu'une, vint à Dijon, dans le duché de Bourgogne, et se mit au service du roi François. Ce comte, qui passait pour un des hommes aussi bien faits et aussi hardis qu'il y en eût en Allemagne, fut si favorablement reçu du roi, qu'il le prit non-seulement à son service, mais le tint près de sa personne et de sa chambre. Le seigneur de la Tremouille, gouverneur de Bourgogne, ancien chevalier et fidèle serviteur du roi, naturellement soupçonneux et attentif aux intérêts de son maître, avait toujours bon nombre d'espions chez les ennemis, pour découvrir leurs intrigues, et se conduisait avec tant de prudence, que peu de chose lui échappait. On lui écrivit un jour, entre autres choses, que le comte Guillaume avait déjà touché quelques sommes d'argent, avec promesse d'en recevoir de plus grandes, pourvu qu'il fît mourir le roi, de quelque manière que ce pût être. Le seigneur de la Tremouille ne manqua pas d'en donner avis au roi, et n'en fit pas un secret à madame Louise de Savoie, sa mère, qui, oubliant qu'elle était alliée de l'Allemand, pria le roi de le chasser incontinent. Le roi, au lieu de chasser le comte, pria madame Louise de n'en point parler, disant qu'il était impossible qu'un si honnête homme fît une si vilaine action. Quelque temps après on reçut encore un second avis, confirmatif du premier. Le gouverneur, tout de feu pour la conservation de son maître, lui demanda permission, ou de le chasser, ou d'y donner ordre ; mais le roi lui commanda expressément de ne faire semblant de rien, ne doutant pas d'en savoir la vérité par quelque autre moyen. Un jour que le roi allait à la chasse, il prit pour toutes armes une parfaitement bonne épée, mena le comte Guillaume avec lui, et lui commanda de le suivre le premier, et de près. Après avoir couru le cerf durant quelque temps, le roi, voyant ses gens éloignés, et se trouvant seul avec le comte, se détourna du chemin. Quand ils furent bien avant dans la forêt, le roi tira son épée, et dit au comte : « N'est-il pas vrai que cette épée est belle et bonne ? » Le comte, la prenant par le bout, répondit qu'il n'en avait point vu qui lui parût meilleure. « Vous avez raison, répliqua le roi, et il me semble que si quelqu'un avait fait dessein de me tuer, et qu'il connût la force de mon bras, la bonté de mon cœur et cette épée, il y penserait deux fois avant que de m'attaquer : cependant, je le regarderais comme un grand scélérat, si, étant tête-à-tête et sans témoin, il n'osait exécuter son dessein. — Le dessein serait bien scélérat, sire, répondit le comte bien étonné ; mais l'exécution serait encore plus scélérate et plus folle. » Le roi remit en riant son épée dans le fourreau : et entendant le bruit de la chasse bien près de lui, il piqua de ce côté-là le plus promptement qu'il put.

Quand il eut rejoint ses gens, il ne dit pas un mot de ce qui s'était passé, persuadé que le comte Guillaume, quelque vigoureux et dispos qu'il fût, n'était pas homme à faire un coup si déterminé. Cependant le comte ne doutant pas qu'il ne fût suspect, et craignant beaucoup d'être découvert, alla dès le lendemain trouver Robertet, secrétaire des finances, et lui dit qu'ayant pensé aux bienfaits et appointements que le roi lui avait proposés pour demeurer à son service, il trouvait qu'il n'y en avait pas pour l'entretenir la moitié de l'année ; et que s'il ne plaisait pas à Sa Majesté de lui faire donner le double, il serait contraint de se retirer : priant Robertet de savoir sur cela la volonté du roi le plus tôt qu'il pourrait. Robertet répondit qu'il ne saurait faire plus de diligence que d'aller sur-le-champ en parler au roi, commission qu'il prit d'autant plus volontiers, qu'il avait vu les avis que la Tremouille avait donnés. Le roi ne fut pas plus tôt éveillé, que Robertet fit son compliment en présence de M. de la Tremouille et de l'amiral de Bonnivet, qui ne savaient pas ce que le roi avait fait. « Vous avez envie, dit le roi, de chasser le comte Guillaume, et vous voyez qu'il se chasse soi-même. Ainsi vous lui direz que s'il n'est pas content de ce que j'ai fait pour lui lorsqu'il est entré à mon service, ce que quantité de gens de bonne maison s'estimeraient heureux d'avoir, il peut chercher mieux ailleurs. Bien loin de vouloir l'en empêcher, je serai bien aise qu'il trouve un aussi bon parti qu'il le mérite. » Robertet fut aussi diligent à porter cette réponse au comte, qu'il l'avait été d'en faire la proposition au roi. « Puisque ainsi est, dit le comte, il faut donc se retirer. » Comme la peur le pressait de partir, vingt-quatre heures suffirent pour faire le reste. Il prit congé du roi comme Sa Majesté se mettait à table, feignant un sensible regret de ce que la nécessité le privait de sa présence. Il prit aussi congé de la mère du roi, qui le lui donna avec la même joie qu'elle l'avait reçu comme parent et ami. Ainsi le comte se retira chez lui. Le roi, voyant que sa mère et ses serviteurs étaient surpris d'un départ si précipité, leur apprit l'alarme qu'il avait donnée au comte, ajoutant qu'encore qu'il fût innocent de ce qu'on lui imputait, il avait eu néanmoins assez de peur pour s'éloigner d'un maître, dont il ne connaissait pas encore le tempérament.

Je ne vois point de raison, mesdames, qui pût obliger le roi à exposer ainsi sa personne contre un homme si estimé, si ce n'est que par pure grandeur d'âme il voulût quitter la compagnie et les lieux où les rois ne trouvent point d'inférieurs qui leur présentent le combat, pour se rendre égal à un homme qu'il prenait pour son ennemi, et pour éprouver en personne sa hardiesse et son grand courage.

— Il avait sans contredit raison, dit Parlamente : car les louanges de tous les hommes ne satisfont pas un grand cœur, comme l'expérience qu'il fait des vertus que Dieu a mises en lui.

— Il y a longtemps, dit Guebron, que les poëtes ont chanté qu'on ne peut parvenir au temple de la Renommée sans passer par celui de la Vertu. Comme je connais les deux personnes dont vous avez fait le conte, je sais fort bien que le roi est l'homme le plus hardi de son royaume.

— Quand le comte Guillaume vint en France, reprit Hircan, j'aurais eu plus de peur de son épée que de celle des plus braves Italiens qui étaient à la cour.

— Vous savez bien, répondit Émarsuite, que le roi est si estimé, que toutes les louanges que nous pourrions lui donner seraient fort au-dessous de son mérite, et que la journée serait passée avant que chacun en eût dit ce qu'il en croit. Ainsi, madame, donnez votre voix à quelqu'un qui dise encore du bien des hommes, s'il y en a à dire.

— Il me semble, dit Oysille à Hircan, qu'il vous est si ordinaire de dire du mal des femmes, que vous n'aurez pas de peine à nous dire du bien des hommes : c'est pourquoi je vous donne ma voix.

— Il me sera d'autant plus aisé, repartit Hircan, qu'il n'y a que peu de temps qu'on m'a fait un conte à la louange d'un gentilhomme, dont l'amour, la fermeté et la patience sont si louables, que je n'en dois pas laisser perdre la mémoire.

NOUVELLE XVIII

Une jeune dame éprouve la fidélité d'un jeune écolier, son amant, avant que de lui laisser prendre avantage sur son honneur.

Il y avait, dans une des bonnes villes de France, un seigneur de bonne maison qui était aux écoles, désirant d'acquérir la science qui acquiert aux honnêtes gens l'honneur et la vertu. Quoiqu'il fût déjà si savant qu'à l'âge de dix-sept à dix-huit ans il semblait qu'il fût la science et l'exemple des autres, l'Amour ne laissa pas néanmoins de lui faire encore d'autres leçons. Pour se faire mieux écouter et mieux recevoir, il se cacha sous le visage et dans les yeux de la plus belle dame du pays qu'un procès avait amenée en ville. Avant que l'Amour se servît des charmes de cette bell pour soumettre ce jeune seigneur à son empire, il avait gagné le cœur de la dame en lui faisant voir les perfections du gentilhomme, qui, pour la bonne mine, les agréments, le bon sens et le beau parler, n'avait personne qui le surpassât. Vous qui savez combien ce feu fait de chemin en peu de temps dès qu'une fois il commence à brûler les faubourgs d'un cœur, vous jugerez sans peine que l'Amour ne tarda guère à se rendre maître de deux sujets si accomplis et à les remplir tellement de lumière que leur pensée, leur volonté, leur parole n'était que flamme de cet amour qui, avec la jeunesse, mère de la crainte, lui faisait pousser les affaires le plus doucement qu'il lui était possible. Mais il n'était pas nécessaire de faire violence à la belle, puisque l'amour en avait déjà fait la conquête. Cependant la pudeur, compagne inséparable des dames, l'obligea de cacher le plus longtemps qu'elle put les sentiments de son cœur. Mais enfin la citadelle de l'honneur, je veux dire le cœur, fut ruinée de telle sorte que la pauvre dame donna son consentement aux choses auxquelles elle n'avait jamais refusé de consentir. Cependant, pour éprouver la patience, la fermeté et la passion de son amant, elle ne se rendit qu'à une condition pour lui : et moyennant qu'il remplît la condition, elle l'assura de l'aimer toujours très-parfaitement; mais que s'il y manquait, elle ferait tout le contraire. La condition était qu'elle voulait bien lui parler, tous deux couchés en chemise dans le même lit, et qu'il ne lui demanderait que des baisers et des paroles. Lui, qui croyait qu'il n'y avait point de joie comparable à ce qu'elle lui offrait, ne balança point à promettre. Le soir venu, on fit ce qu'on avait arrêté. Elle eut beau le caresser, il ne voulut jamais fausser sa parole, quelques mouvements que la nature lui fît sentir. Quoiqu'il fût bien persuadé que sa peine n'avait rien de moins que celle du purgatoire, son amour était si grand et son espérance si forte que, comptant sur la perpétuelle amitié qui lui coûtait tant à acquérir, il triompha par sa patience et se leva d'auprès d'elle tout tel qu'il s'y était couché. La belle, à mon avis, plus étonnée que contente d'une si grande retenue, alla se mettre en tête ou que son amour était moins grand qu'il ne disait ou qu'il n'avait pas trouvé en elle tout le bien qu'il avait cru, comptant pour rien l'honnêteté, la patience et la religieuse fidélité de son amant. Elle résolut donc, avant que de se rendre, d'éprouver encore une fois l'amour qu'il disait avoir. Pour cet effet, elle le pria de galantiser une fille qu'elle avait à son service, belle et bien plus jeune qu'elle, afin que, le voyant venir si souvent chez elle, on crût qu'il y venait pour sa demoiselle et non pas pour elle. Le jeune seigneur, bien persuadé qu'il avait donné de l'amour autant qu'il en avait reçu, fit tout ce qu'on exigea de lui et en conta à cette fille, à la sollicitation de sa maîtresse. La jeune fille, le voyant bien fait et beau parleur, prit ce qu'il lui dit pour argent comptant et l'aima comme si elle en avait été bien aimée. La maîtresse, voyant qu'on en était venu si avant, et que son amant ne laissait pas néanmoins de la sommer de sa parole; considérant d'ailleurs qu'après avoir mis à d'assez fortes épreuves l'amour qu'il avait pour elle, il était juste enfin de récompenser sa constance et sa soumission, elle lui promit de la venir voir à une heure après minuit. Si cet amant passionné eut de la joie, et s'il fut ponctuel à se trouver au rendez-vous, cela s'en va sans dire. La belle, pour éprouver tout de nouveau la violence de son amour, dit à sa demoiselle : « Je sais l'amour qu'un tel seigneur a pour vous, et je sais aussi que vous n'en avez pas moins pour lui. J'entre tellement dans vos intérêts que j'ai résolu de vous faciliter à l'un et à l'autre une longue conversation où vous puissiez vous entretenir à votre aise. » La demoiselle fut si transportée qu'elle ne put lui déguiser sa passion. Suivant donc le conseil de sa maîtresse, et pour lui obéir, elle se coucha dans un beau lit, seul et unique dans la chambre, dont la dame laissa la porte ouverte, après avoir allumé des flambeaux pour faire mieux remarquer la beauté de la demoiselle. Ensuite elle fit semblant de s'en aller et se cacha si bien auprès du lit qu'il n'était guère possible de la voir. L'amant, croyant la trouver comme elle lui avait promis, entra à l'heure marquée, le plus doucement qu'il put. Après avoir fermé la porte et s'être déshabillé, il se mit au lit, pensant y trouver ce qu'il désirait. A peine eut-il avancé les bras pour embrasser celle qu'il prenait pour sa maîtresse, que la pauvre fille, qui le croyait tout à elle, lui porta les

Grand bien vous fasse, madame, lui dit-il.

siens au col et lui parla avec tant d'affection et avec un vermillon qui lui donnait tant de grâce qu'il n'y a point de saint ermite qui n'en eût perdu ses patenôtres. Mais, la reconnaissant à la vue et à la voix, l'amour qui l'avait fait coucher avec tant de diligence le fit lever bien plus vite qu'il ne s'était couché, dès qu'il reconnut que ce n'était pas celle qui l'avait tant fait souffrir. Pestant donc et contre la maîtresse et contre la demoiselle : « Votre folie, dit-il à celle-ci, et la malice de celle qui vous a fait mettre là ne sauraient me rendre autre que je suis. Tâchez à être femme de bien; car ce ne sera pas moi qui vous en empêchera. » Et en disant cela, il sortit en très-grosse colère, et fut longtemps sans revenir voir sa maîtresse. Cependant l'amour, qui n'est jamais sans espérance, lui représenta que plus sa constance était grande et connue par tant d'expériences, plus la jouissance serait-elle longue et heureuse. La dame, qui avait tout entendu, fut si contente et si surprise de l'excès et de la solidité de son amour qu'elle eut de l'impatience de le revoir pour lui faire réparation des maux qu'elle lui avait fait souffrir pour éprouver son amour. D'abord qu'elle le vit, elle lui parla si honnêtement et avec tant de tendresse que non-seulement il oublia tout ce qu'il avait souffert, mais même s'en félicita, voyant qu'on en faisait honneur à sa constance et qu'on en demeurait convaincu de son parfait amour. Il ne lui arriva depuis aucun contre-temps ; ses travaux et son amour furent couronnés, et il eut de la belle tout ce qu'il pouvait souhaiter.

— Trouvez-moi, je vous prie, mesdames, une femme qui ait eu en amour la même fermeté, la même patience et la même fidélité. Ceux qui ont été exposés à de pareilles tentations, trouvent bien petites en comparaison celles que la peinture donne à saint Antoine. Car qui peut être chaste et patient avec la beauté, l'amour, le temps et le loisir des femmes, peut compter qu'il aura assez de vertu pour vaincre tous les diables ensemble.

— C'est dommage, dit Oysille, qu'il ne s'adressât à une femme aussi vertueuse que lui. C'eût été l'amour le plus honnête et le plus parfait dont on ait jamais entendu parler.

— Dites-moi, je vous prie, dit Guebron, lequel des deux vous trouvez le plus difficile ?

— Il me semble, dit Parlamente, que c'est le dernier ; car le dépit et la colère est la plus terrible de toutes les tentations.

Longarine dit qu'elle croyait que ce fût le premier, parce que, pour tenir sa parole, il avait à vaincre l'amour et soi-même.

— Vous en parlez bien à votre aise, répondit Simontault ; mais nous qui savons ce que la chose vaut, en devons dire notre avis. Pour moi, je dis qu'il fut fou la première fois et la dernière sot. Je crois qu'en tenant parole à sa maîtresse, elle en souffrait autant ou plus que lui. Elle n'exigeait cette parole de lui que pour faire plus la femme de bien qu'elle n'était, car elle n'ignorait pas qu'il n'y a ni commandement, ni serment, ni rien au monde qui puisse arrêter les mouvements d'un amour violent. Elle était bien aise de couvrir son vice d'une apparence de vertu, et faire accroire qu'elle n'était accessible qu'à une vertu héroïque. Il fut sot la seconde fois de laisser celle qui l'aimait, et qui valait mieux que l'autre, ayant surtout une aussi bonne excuse que le dépit dont il était outré.

— Je dis tout le contraire, interrompit Dagoucin. La première fois il parut ferme, patient et homme de parole ; et la seconde, fidèle et aimant en perfection.

— Et que sait-on, dit Saffredant, s'il n'était point de ceux qu'un chapitre nomme *de frigidis et maleficiacis*? Mais, pour qu'il ne manquât rien à l'éloge de ce héros, Hircan aurait dû nous dire s'il fit son devoir quand il eut ce qu'il demandait. On aurait alors jugé sans peine s'il fut sage par vertu ou par impuissance.

— Vous pouvez croire, répondit Hircan, que si l'on me l'avait dit, je ne l'aurais pas plus caché que le reste; mais connaissant, comme je fais, l'homme et sa complexion, j'attribue son action à la force de son amour et nullement à l'impuissance et à la froideur.

— Si cela est, reprit Saffredant, il devait se moquer de sa parole. Si la belle s'en était offensée, il n'y aurait pas eu grand'peine à l'apaiser.

— Mais, répartit Émarsuite, peut-être qu'alors elle ne l'aurait pas voulu.

— Belle raison! dit Saffredant. N'était-il pas assez fort pour la forcer, puisqu'elle lui avait donné champ?

— Vertubleu! dit Nomerfide, comme vous y allez! Est-ce ainsi qu'il faut acquérir la bienveillance d'une femme qu'on croit sage et honnête?

— Il me semble, reprit Saffredant, que l'on ne saurait faire plus d'honneur à une femme de qui l'on veut quelque chose de pareil, que de la prendre par force; car il n'y a si petite demoiselle qui ne soit bien aise de se faire longtemps prier. Il y en a d'autres qu'on ne peut gagner qu'à force de présents. D'autres sont si bêtes, qu'elles ne sont presque prenables par aucun côté. Avec celles-là, il ne faut penser qu'à chercher des moyens. Mais quand on a affaire à une prude, si sage qu'on ne peut la tromper, et si bonne qu'on ne peut en venir à bout ni par paroles, ni par présents, n'est-il pas juste de chercher tous les moyens possibles pour l'emporter? Quand vous entendez dire qu'un homme a forcé une femme, concluez qu'elle ne lui avait laissé que ce seul moyen d'en venir à bout, et n'ayez pas moins d'estime pour un homme qui a exposé sa vie pour satisfaire son amour.

— J'ai vu autrefois, dit Guebron en riant, assiéger et prendre des places par force, parce qu'il n'y avait pas moyen de faire venir les gouverneurs à composition, ni par argent, ni par menaces; car on dit que place qui parlemente est à demi rendue.

— Il semble, dit Émarsuite, que l'amour ne soit fondé que sur ces folies. Il y a bien des gens qui ont constamment aimé avec d'autres intentions.

— Si vous savez quelque histoire là-dessus, dit Hircan, dites-la, je vous donne ma voix.

— J'en sais une, répondit Parlamente, que je dirai bien volontiers.

NOUVELLE XIX

Un homme et une femme au désespoir de ne s'être pas mariés, se mettent en religion,
l'homme à Saint-François, et la femme à Sainte-Claire.

Du temps du marquis de Mantoue, qui avait épousé la sœur du duc de Ferrare, il y avait chez la duchesse une demoiselle nommée Pauline, tellement aimée d'un gentilhomme qui était au service du marquis, que tout le monde était surpris de l'excès de son amour, parce qu'étant pauvre, mais bien fait de sa personne et de plus fort aimé de son maître, il devait s'attacher à une femme qui eût assez de bien pour tous deux ; mais il croyait que Pauline était un trésor qu'il espérait de posséder à la faveur du sacrement. La marquise, qui aimait Pauline et qui voulait qu'elle se mariât plus richement, l'en détournait tant qu'elle pouvait, et les empêchait souvent de parler ensemble, leur représentant que s'ils se mariaient, il n'y aurait en Italie rien de plus pauvre et de plus misérable qu'eux. Mais le gentilhomme ne pouvait goûter cette raison. Pauline, de son côté, dissimulait son amour du mieux qu'il lui était possible ; mais pour tout cela, elle n'en pensait pas moins. Leur commerce fut long, et ils espéraient que le temps améliorerait leur fortune. Durant cette attente la guerre survint, et le gentilhomme fut fait prisonnier avec un Français aussi amoureux en France que l'autre l'était en Italie. Se voyant tous deux dans la même disgrâce, ils commencèrent à se découvrir réciproquement leurs secrets. Le Français lui dit que son cœur était esclave aussi bien que le sien, sans lui dire où. Mais comme ils étaient tous deux au service du marquis de Mantoue, le Français savait que son camarade aimait Pauline, et ses intérêts lui étant chers, il lui conseilla d'abandonner ce commerce ; ce que l'Italien jurait n'être pas en son pouvoir de faire, ajoutant que si le marquis de Mantoue, en récompense de sa prison et des services qu'il lui avait rendus, ne lui donnait pas sa maîtresse à son retour il se ferait cordelier, et ne servirait jamais d'autre maître que Dieu. Le Français, qui ne voyait en lui aucun signe de religion, à la dévotion près qu'il avait en Pauline, ne pouvait croire qu'il parlât tout de bon. Au bout de neuf mois, le Français fut remis en liberté, et fit tant qu'il la procura à son camarade, qui ne fut pas plus tôt libre, qu'il recommença ses sollicitations auprès du marquis et de la marquise pour son mariage avec Pauline. On avait beau lui représenter la pauvreté où ils seraient réduits; et les parents, de part et d'autre, qui ne voulaient pas y consentir, lui défendaient de parler davantage à Pauline, afin que l'absence et l'impossibilité le guérît de cet entêtement, tout cela n'était pas capable de l'arrêter. Se voyant forcé d'obéir, il demanda permission à la marquise de prendre congé de Pauline, puisqu'il ne devait plus lui parler; ce qui lui fut incontinent accordé. « Puisque le ciel et la terre sont contre nous, dit-il à Pauline en l'abordant, et que non-seulement on ne veut pas que nous nous mariions, mais même que nous nous voyions et que nous nous parlions, le marquis et la marquise, nos maîtres, qui exigent de nous une si cruelle obéissance, peuvent bien se vanter d'avoir, d'une seule parole, blessé deux cœurs, dont les corps ne sauraient plus que languir; et font bien voir, par un ordre si rigoureux, qu'ils n'ont jamais connu ni l'amour, ni la pitié. Je sais bien que leur vue est de nous bien et richement marier l'un et l'autre; mais ils ne savent pas qu'on est véritablement riche dès qu'on est content; cependant ils m'ont tant fait de mal et de déplaisir, qu'il m'est impossible de demeurer plus longtemps à leur service. Je crois bien que si jamais je n'avais parlé de me marier avec vous, ils n'auraient pas porté le scrupule jusqu'à nous défendre de nous parler; mais enfin, pour moi, je puis vous assurer qu'après vous avoir aimée avec tant d'honnêteté et de vertu, je vous aimerai toute ma vie. Et parce qu'en vous voyant je ne saurais soutenir une si grande dureté, et que ne vous voyant pas, mon cœur qui ne saurait être vide, se remplirait d'un désespoir dont la fin me serait funeste, j'ai résolu depuis longtemps de me mettre en religion. Ce n'est pas que je ne sache bien qu'on peut se sauver en toutes sortes d'états; mais je crois que dans ces retraites, on a plus de loisir pour méditer la grandeur de la divine bonté, qui aura, j'espère, pitié des fautes de ma jeunesse, et disposera mon cœur à autant aimer les choses du ciel que j'ai aimé celles de la terre. Si Dieu me fait la grâce de devenir savant, mon occupation continuelle sera de prier Dieu pour vous. Je vous supplie, par l'amour fidèle et constant que nous avons eu l'un pour l'autre, de vous souvenir de moi dans vos oraisons, et de prier le Seigneur de me donner autant de constance en ne vous voyant pas, qu'il m'a donné de contentement en vous voyant. Comme j'ai espéré toute ma vie d'avoir de vous par mariage ce que l'honneur et la conscience permettent, et que je me suis contenté de l'espérance : maintenant que je la perds cette espérance, et que je ne puis être traité de vous comme mari, je vous prie, en vous disant adieu, de me traiter comme frère et de m'accorder un baiser. » La pauvre Pauline, qui lui avait toujours témoigné assez de rigueur, voyant l'extrémité de sa douleur et la justice de sa demande, considérant que dans le désespoir où il était, il se contentait d'une chose si raisonnable, et ne pouvant lui répondre que par des larmes, se jeta à son col, le cœur si saisi, que la parole, le sentiment et les forces l'abandonnant, elle tomba évanouie entre ses bras ; et l'amour, la tristesse et la pitié lui en firent faire autant. Une des compagnes de Pauline, qui les vit tomber l'un d'un côté, l'autre de l'autre, appela du secours, qui les fit revenir à force de remèdes. Pauline qui voulait cacher son affection, eut honte quand elle s'aperçut qu'elle l'avait fait éclater avec tant de véhémence. Cependant la pitié qu'elle avait eue de l'évanouissement du gentilhomme, fut pour elle une bonne excuse. Cet amant, affligé au dernier point et ne pouvant soutenir ce mot de dire adieu pour jamais, s'en alla tout au plus vite, le cœur et les dents si serrés, qu'entrant dans sa chambre comme un mort, il se laissa tomber sur son lit, et passa la nuit à faire de si tristes lamentations, que ses domestiques crurent qu'il avait perdu tous ses parents et amis, et tout ce qu'il avait de bien au monde. Le lendemain au matin, il se recommanda à Notre Seigneur ; et après avoir distribué à ses domestiques le peu de bien qu'il avait, sans en retenir que quelque peu d'argent dont il crut avoir besoin, il défendit à ses gens de le suivre et s'en alla seul au couvent de l'Observance demander l'habit de religieux, résolu de n'en porter d'autre de sa vie. Le gardien, qui l'avait connu autrefois, crut d'abord qu'il voulait rire, ou qu'il rêvait lui-même ; en effet, il n'y avait point d'homme dans tout le pays qui eût moins la mine d'un cordelier, et qui fût mieux partagé des agréments et des vertus qu'on pouvait désirer en un gentilhomme ; mais, après l'avoir entendu et l'avoir vu répandre des ruisseaux de larmes, sans savoir d'où en venait la source, il le reçut humainement. Voyant sa persévérance, il lui donna l'habit bientôt après, qu'il reçut avec beaucoup de dévotion. Le marquis et la marquise en eurent avis et en furent si surpris, qu'à peine pouvaient-ils le croire. Pauline, pour faire voir qu'elle était sans passion, dissimula du mieux qu'elle put le regret qu'elle avait de son amant, et le fit si bien, que chacun disait qu'elle l'avait bientôt oublié. Elle passa cinq à six mois de cette manière, durant lesquels un religieux lui donna une chanson que son amant avait faite peu de jours après qu'il eut pris l'habit. L'air en est italien et commun. J'ai traduit les paroles en français, et le plus près de l'italien qu'il m'a été possible :

> Que dira-t-elle ?
> Que fera-t-elle ?
> Quand elle me verra de ses yeux
> Religieux ?
>
> Las ! la pauvrette
> Toute seulette

Sans parler longtemps sera
    Échevelée,
    Déconsolée,
Étranges choses pensera.
Son penser par aventure
En monastère et clôture
A la fin la conduira.

    Que dira-t-elle?
    Que fera-t-elle?
Quand elle me verra de ses yeux
    Religieux?

    Que diront ceux
    Qui de nos feux
Ont traversé l'innocence,
    De voir qu'Amour
    Par un tel tour
En sanctifie la constance?
Chacun d'eux en pleurera,
Et voyant ma conscience,
Ils en auront repentance.

    Que dira-t-elle, etc.

    Mais s'ils venaient,
    Et nous tenaient
Propos de réjouissance,
    Nous leur dirons
    Que nous mourrons
Dans cette maison d'abstinence.
Puisque leur rigueur cruelle
Nous fait prendre la robe telle,
Chacun de nous la gardera.

    Que dira-t-elle, etc.

    Et si prier
    De marier
Viennent ici pour nous tenter,
    Nous remontrant
    L'état charmant
Qui pourrait nous contenter,
Nous répondrons que notre âme
Qui sent la divine flamme,
A jamais la chérira.

    Que dira-t-elle, etc.

O amour forte!
Qui cette porte
De dépit m'as fait passer,
Fais qu'en ce lieu
De prier Dieu
Je ne puisse me lasser,
Car notre amour mutuel
Sera tant spirituel,
Que Dieu s'en contentera.

Que dira-t-elle, etc.

Laissons les biens,
Ce sont liens
Plus durs à rompre que le fer,
Quittons la gloire
Qui l'âme noire
Par orgueil mène en enfer :
Fuyons la concupiscence,
Gardons la chaste innocence,
Que Jésus nous donnera.

Que dira-t-elle, etc.

Suis donc, amie,
La sainte vie
De ton bon et fidèle ami.
Ne crains de prendre
L'habit de cendre,
Et fuis le monde ennemi;
Car d'amitié vive et forte,
De sa cendre faut que sorte
Le phénix qui durera.

Que dira-t-elle, etc.

Ainsi qu'au monde
Fut pure et monde
Notre parfaite amitié,
Faisons paraître
Dans notre cloître
Qu'elle est plus grande de moitié,
Car l'amour fidèle et ferme
Qui n'a jamais fin ni terme,
Droit au ciel nous conduira.

Que dira-t-elle?
Que fera-t-elle?
En me voyant de ses yeux
Religieux?

Un valet de pied ayant vu un jour entrer le bâtard. (Page 149.)

« Après avoir lu et relu cette chanson dans un coin de la chapelle, elle se mit si fort à pleurer, qu'elle mouilla tout le papier de ses larmes. Et sans qu'elle eût peur de paraître plus passionnée qu'elle ne devait, elle n'aurait pas manqué de s'aller confiner sur-le-champ dans quelque ermitage, à couvert de tout commerce du monde. Quoiqu'elle eût déjà résolu de renoncer entièrement au monde, elle témoignait néanmoins tout le contraire, et se contraignait de manière qu'elle ne paraissait plus la même. Elle fit ce personnage durant cinq à six mois, faisant paraître plus d'enjouement qu'à l'ordinaire. Mais étant allée un jour entendre la messe à l'Observance avec sa maîtresse, comme le prêtre, le diacre et le sous-diacre sortaient du revestiaire pour aller au grand autel, son amant, qui n'avait pas encore achevé l'année de son noviciat, servait d'acolyte, et portant à ses deux mains les deux canettes couvertes d'une toile de soie, marchait le premier, les yeux baissés vers la terre. Pauline le voyant en cet équigage, qui augmentait plutôt que de diminuer sa bonne mine et ses agréments, fut si surprise et si troublée, que, pour couvrir la véritable cause de la rougeur qui lui montait au visage, elle se mit à tousser. Le pauvre amant, qui entendait mieux ce son là que celui des cloches de son monastère, n'osa tourner la tête; mais passant devant elle, il ne put empêcher que ses yeux ne prissent le chemin qu'ils avaient si longtemps pratiqué. En regardant tristement sa maîtresse, il fut si saisi du feu qu'il croyait presque éteint, que, le voulant cacher plus qu'il ne pouvait, il se laissa tomber tout de son long. La crainte qu'il eut que la cause en fût connue, lui fit dire que le pavé de l'église, qui était rompu en cet endroit là, l'avait fait tomber. Pauline connaissant par là que pour avoir changé d'habit, il n'avait pas changé de cœur, et croyant qu'il y avait si longtemps qu'il avait quitté le commerce du monde, que chacun s'imaginait qu'elle l'eût oublié, résolut d'exécuter le dessein qu'elle avait formé d'imiter son amant du côté de la retraite. Comme il y avait plus de quatorze mois qu'elle mettait ordre à tout ce qui lui était nécessaire pour entrer en religion, elle demanda un matin permission à la marquise d'aller à la messe à Sainte-Claire; ce qui lui fut accordé, ne sachant pourquoi elle le demandait. En passant par les Cordeliers, elle pria le gardien de lui faire venir son amant qu'elle appelait son parent. Elle le vit en particulier dans une chapelle, et lui dit: « Si j'avais pu avec honneur me mettre en religion aussitôt que vous, il y a longtemps que j'y serais; mais à présent que j'ai prévenu par ma patience les discours de ceux qui donnent aux choses un mauvais sens plutôt qu'un bon, je suis résolue de renoncer au monde, et de prendre l'ordre, l'habit et la vie que vous avez choisis. Si vous avez du bien, j'y aurai part; et si vous avez du mal, je ne veux pas en être exempte. Je veux aller en paradis par le même chemin que vous, persuadée que l'Être souverainement parfait et le seul digne d'être nommé amour, nous a attirés à son service par une amitié honnête et raisonnable, qu'il convertira toute en lui par son Saint-Esprit. Oublions, vous et moi, je vous prie, ce corps qui périt, et qui tient du vieux Adam, pour recevoir et revêtir celui de Jésus-Christ qui est notre esprit. » Cet amant à froc fut si aise et si content d'apprendre un désir si saint, qu'il en pleura de joie et la confirma du mieux qu'il put dans ce pieux sentiment. « Puisque je ne puis jamais espérer que la satisfaction de vous parler, je m'estime bien heureux d'être en un lieu où je puisse toujours avoir occasion de vous revoir. Nos conversations seront telles, que nous en vaudrons mieux l'un et l'autre; vivant comme nous ferons dans l'état d'un amour, d'un cœur et d'un esprit tirés et conduits par la bonté de Dieu, que je supplie de les tenir en ses bonnes mains, où personne ne périt. » En disant cela, et pleurant d'amour et de joie, il lui baisa les mains; mais elle baissa le visage jusques à la main, et ils se donnèrent par vraie charité le baiser d'amour. Pauline partant de là, s'en alla dans le couvent de Sainte-Claire, où elle fut reçue et voilée. Quand elle y fut une fois, elle en fit donner avis à la marquise, qui en fut si surprise, qu'elle ne pouvait le croire. Sa maîtresse l'alla voir le lendemain, et fit ce qu'elle put pour la détourner de son dessein. Toute la réponse qu'elle eut de Pauline fut qu'elle devait être contente de lui avoir ôté un mari de chair, l'homme du monde qu'elle avait le plus aimé, sans chercher encore à la séparer de celui qui est immortel et invisible, ce que ni elle ni toutes les créatures ne pouvaient pas faire. La marquise voyant une résolution si forte et si bonne, la baisa et la laissa dans son monastère avec un regret extrême. Ces deux personnes vécurent depuis si saintement et si dévotement, qu'il ne faut point douter que celui duquel la fin de la loi est charité, ne leur ait dit à la fin de leur course comme à la Madeleine : « Vos péchés vous sont pardonnés, puisque vous avez beaucoup aimé; » et ne les ait retirés en paix dans l'heureux séjour où la récompense surpasse infiniment tous les mérites des hommes.

— Vous ne pouvez disconvenir, mesdames, que l'amour de l'homme n'ait été le plus grand; mais il lui fut si bien rendu, que je voudrais que tous ceux qui s'en mêlent en fussent si richement récompensés.

— Il y aurait donc, dit Hircan, plus de fous et de folles qu'il n'y en eut jamais.

— Appelez-vous folie, répliqua Oysille, d'aimer honnêtement durant la jeunesse, et puis borner tout cet amour à Dieu?

— Si le dépit et le désespoir sont louables, répondit Hircan en riant, je dirai que Pauline et son amant méritent fort d'être loués.

— Cependant, dit Guebron, Dieu a plusieurs moyens pour nous attirer à lui; et quoiqu'il semble que les commencements en soient mauvais, la fin en est néanmoins très-bonne.

— Je crois encore, dit Parlamente, que jamais personne n'a parfaitement aimé Dieu, qu'il n'ait parfaitement aimé quelque créature en ce monde.

— Qu'appelez-vous aimer parfaitement? repartit Saffredant; croyez-vous que ces amoureux transis qui adorent les dames de cent pas, sans oser s'expliquer, aiment parfaitement?

— J'appelle parfaits amants, répondit Parlamente, ceux qui cherchent en ce qu'ils aiment quelque perfection, soit la bonté, la beauté ou le bon air, qui vont toujours à la vertu, et qui ont le cœur si noble et si honnête, qu'ils aimeraient mieux perdre la vie que d'en venir à la conclusion sur des choses basses que l'honneur et la conscience ne permettent pas ; car l'âme, qui n'est créée que pour retourner à son souverain bien, ne fait, tant qu'elle est dans la prison du corps, que désirer d'y parvenir. Mais parce que les sens, qui peuvent lui en donner des nouvelles, sont obscurs et charnels depuis le péché du premier père, ils ne peuvent lui montrer que les objets visibles qui approchent le plus de la perfection ; après cela l'âme court et croit trouver dans la beauté extérieure, dans les agréments visibles et dans les vertus morales, la beauté, la grâce et la vertu souveraine. Mais après les avoir cherchées et éprouvées, et n'avoir pas trouvé celui qu'elle aime, elle passe outre comme l'enfant qui aime les pommes, les poires, les poupées et autres petites choses, les plus belles que son œil peut voir, et qui croit que c'est être riche que d'assembler de petites pierres ; mais à mesure qu'il devient grand, il aime les poupées vivantes, et amasse les biens nécessaires à la vie humaine. Après qu'une plus longue expérience lui a fait connaître qu'il n'y a ni perfection, ni félicité dans les choses de la terre, il cherche la véritable félicité et celui qui en est la source et le principe. Cependant si Dieu ne lui ouvrait les yeux de la foi, il courrait risque de devenir d'ignorant, infidèle philosophe ; car c'est la foi seule qui montre et fait recevoir le bien que l'homme charnel et animal ne peut connaître.

— Ne voyez-vous pas, dit alors Longarine, qu'encore que la terre inculte produise quantité d'arbres et d'herbes inutiles, on ne laisse pas de la souhaiter, dans l'espérance que quand elle sera bien cultivée et ensemencée, elle produira de bon grain ? De même le cœur de l'homme, qui ne sent que les choses visibles, ne parviendra jamais à aimer Dieu que par la semence de la parole, car son cœur est un terroir stérile, froid et corrompu.

— De là vient, repartit Saffredant, que la plupart des hommes sont trompés, parce qu'ils ne s'attachent qu'à l'extérieur et méprisent l'intérieur qui est le plus précieux.

— Si je savais parler latin, répliqua Simontault, je vous citerais saint Jean, qui dit : *Comment celui qui n'aime point son frère qu'il voit, aimera-t-il Dieu qu'il ne voit point ?* En aimant les choses visibles, on vient à aimer les invisibles.

— Qui est-ce qui est aussi parfait que vous le dites ? et *laudabimus eum*, repartit Émarsuite.

— Il y en a, répondit Dagoucin, qui aiment si fortement et si parfaitement, qu'ils aimeraient mieux mourir que d'avoir des désirs contraires à l'honneur et à la conscience de leurs maîtresses, et qui seraient néanmoins fâchés que ni elles ni autres s'en aperçussent.

— Ceux-là, répondit Saffredant, sont comme le caméléon qui vit de l'air. Il n'y a point d'homme au monde qui ne soit bien aise qu'on sache qu'il aime, et qui ne soit ravi de savoir qu'il est aimé. Aussi suis-je persuadé qu'il n'y a point de si forte fièvre d'amitié qui ne passe d'abord qu'on sait qu'on est le fiévreux. Pour moi, j'en ai vu des miracles évidents.

— Je vous prie, dit Émarsuite, prenez ma place et nous faites une histoire de quelqu'un qui soit revenu de mort à vie, pour avoir connu en sa maîtresse le contraire de ce qu'il désirait.

—· Je crains tant, dit Saffredant, de déplaire aux dames, de qui j'ai été et serai toujours le très-humble serviteur, que, sans un commandement exprès, je n'aurais osé parler de leurs imperfections ; mais par obéissance, je dirai la vérité.

NOUVELLE XX

Un gentilhomme trouve son inhumaine entre les bras de son palefrenier, et se guérit tout-à-coup de son amour.

Il y avait un gentilhomme en Dauphiné, nommé du Ryant qui était de la maison du roi François Ier, et un des hommes de son temps aussi bien fait et aussi honnête. Il servit fort longtemps une veuve de qualité, qu'il aimait et respectait si fort que, de peur de perdre ses bonnes grâces, il n'osait lui demander ce qu'il souhaitait avec le plus de passion. Comme il se sentait bien fait et fort digne d'être aimé, il croyait fortement ce qu'elle lui jurait souvent, c'est qu'elle l'aimait plus que tous les hommes du monde ; et que si elle était contrainte de faire quelque chose pour quelqu'un, ce serait pour lui seulement qui était le plus accompli qu'elle eût jamais connu. Elle le priait de se contenter de cela, et de n'aller pas plus loin qu'à l'honnête amitié, l'assurant qu'elle ne s'apercevrait pas plus tôt qu'il songeât à quelque chose de plus, qu'elle était entièrement perdue pour lui. Non-seulement le pauvre gentilhomme se contentait de ces belles paroles, mais aussi se trouvait heureux d'avoir gagné le cœur d'une personne qu'il croyait si vertueuse. Il serait long de vous faire un détail circonstancié de son amour, du long commerce qu'il eut avec elle, et des voyages qu'il faisait pour la venir voir. Il suffit de dire pour conclusion, que ce pauvre martyr d'un feu si plaisant, que plus on en brûle, plus on en veut brûler, cherchait tous les jours les moyens d'aggraver son martyre. [L'envie le prit un jour d'aller voir en poste celle qu'il aimait plus que soi-même, et dont il faisait plus de cas que de toutes les femmes du monde. Arrivé chez elle, il demanda où elle était. On lui dit qu'elle ne faisait que d'arriver de vêpres, et qu'elle avait été faire un tour à la garenne pour achever ses dévotions. Il descend de cheval et s'en va droit à la garenne, et trouva ses femmes qui lui dirent qu'elle allait seule se promener dans une grande allée de la garenne. Il commença plus que jamais d'espérer quelque bonne fortune, et continua de la chercher le plus doucement qu'il lui fut possible, désirant sur toutes choses de pouvoir la trouver seule. Mais étant près d'un pavillon d'arbres pliés, lieu aussi beau et agréable qu'il en fût, il y entra brusquement, dans l'impatience de voir ce qu'il aimait; mais en entrant, il vit la belle couchée sur l'herbe, entre les bras d'un palefrenier de la maison, aussi laid, aussi sale et aussi infâme, que le gentilhomme était bien fait, honnête et aimable. Je n'entreprends pas de vous dire quel fut son dépit à un spectacle si peu attendu. Il suffira de vous dire qu'il fut si grand, qu'il éteignit en un moment un feu qui brûlait depuis longtemps. « Grand bien vous fasse, madame, lui dit-il, aussi plein de dépit qu'il l'avait été d'amour. Votre déshonnêteté connue me guérit aujourd'hui de la passion que la vertu que je croyais en vous m'avait inspirée »; et sans autrement lui dire adieu, il s'en retourna plus vite qu'il n'était venu. La pauvre femme ne lui répondit qu'en mettant la main devant son visage, afin que, ne pouvant couvrir sa honte, elle couvrît au moins ses yeux, pour ne voir pas celui qui ne la voyait que trop clairement, nonobstant sa longue dissimulation.

— Ainsi, mesdames, à moins que de vouloir aimer parfaitement, ne vous avisez pas de dissimuler avec un honnête homme, et de chercher du plaisir dans le déplaisir que vous pourriez lui faire; car l'hypocrisie est payée comme elle le mérite.

— Il faut avouer, dit Oysille, que vous nous l'avez gardé belle pour la fin de la journée. Si nous n'avions pas juré de dire la vérité, je ne saurais croire qu'une femme de cette importance eût pu s'oublier si fort que de quitter un gentilhomme si bien fait pour un vilain palefrenier.

— Si vous saviez, madame, répondit Hircan, la différence qu'il y a entre un gentilhomme qui a toute sa vie porté le harnais et suivi l'armée, et un valet qui a été sédentaire et bien nourri, vous excuseriez cette pauvre veuve.

— Quelque chose que vous en disiez, repartit Oysille, je doute que vous voulussiez recevoir pour elle aucune excuse.

— J'ai entendu dire, continua Simontault, qu'il y a des femmes qui sont bien aises d'avoir des évangélistes pour prêcher leur vertu et leur chasteté; elles les traitent le mieux et le plus familièrement qu'il leur est possible, et les assurent qu'elles leur accorderaient ce qu'ils demandent, si la conscience et l'honneur pouvaient le leur permettre. Quand les pauvres benêts sont en compagnie, ils parlent d'elles et jurent qu'ils mettraient la main au feu qu'elles sont femmes de vertu, se fondant sur l'épreuve qu'ils croient en avoir faite. Celles qui se découvrent à leurs semblables toutes telles qu'elles sont, se font louer par ces bonnes gens, pendant qu'elles choisissent pour donner leurs faveurs à des gens qui n'ont pas la hardiesse de parler, et d'une condition si abjecte, que quand ils parleraient ils ne seraient pas crus.

— Voilà une chose, répliqua Longarine, que j'ai entendu dire autrefois à des jaloux du premier ordre. Mais cela s'appelle se forger des monstres; car quoique cela soit arrivé à une malheureuse, faut-il conclure de là que les autres font la même chose?

— Plus nous parlerons de cette matière, interrompit Parlamente, et plus nous serons drapées. Il vaut mieux aller entendre vêpres, pour ne nous pas faire attendre aussi longtemps qu'on fit hier.

Chacun fut de son avis.

— Si quelqu'un de nous, dit Oysille chemin faisant, rend grâces à Dieu d'avoir dit aujourd'hui la vérité, Saffredant doit lui demander pardon d'avoir fait un si vilain conte contre les dames.

— Je vous jure, répondit Saffredant, qu'encore que je n'aie parlé que par ouï-dire, ce que j'ai dit néanmoins est la vérité même; mais si je voulais vous dire ce que je sais des femmes pour l'avoir vu, je vous ferais faire plus de signes de croix qu'on n'en a fait pour sacrer une église. On est bien éloigné de se repentir quand la confession aggrave le péché.

— Puisque vous avez une si mauvaise opinion des femmes, dit Parlamente, elles doivent vous bannir de leur société.

— Il y en a, répliqua Saffredant, qui ont si bien pratiqué votre conseil, que si je pouvais dire pis d'elle et faire pis à toutes pour les exciter à me venger de celle qui me fait tant d'injustice, je ne m'y épargnerais pas.

Sur cela on entra dans l'église, où l'on trouva vêpres sonnées, mais point de religieux pour les dire. Ils avaient appris que cette compagnie s'assemblait dans le pré et qu'on y disait des choses fort agréables; et comme ils préféraient le plaisir à leurs oraisons, ils s'étaient allés cacher ventre à terre dans un fossé derrière une haie fort épaisse, et avaient écouté avec tant d'attention, qu'ils n'avaient pas entendu sonner vêpres. Cela parut en ce qu'ils vinrent avec tant de précipitation, qu'ils furent quasi hors d'haleine, quand il fut question de commencer vêpres. Après qu'elles furent dites, ils avouèrent à ceux qui leur demandèrent pourquoi ils avaient tant tardé à dire vêpres, et pourquoi ils avaient si mal chanté, que c'était pour les avoir trop bien écoutés. On fit grâce à leur bonne volonté, et on leur permit d'écouter à l'avenir derrière la haie, et de s'asseoir à leur aise. On soupa avec joie; et ceux qui avaient oublié quelque chose dans le pré, le dirent alors: ce qui emporta le reste de la soirée, jusques à ce qu'Oysille les pria de se retirer pour songer au lendemain: et après un bon et long entretien, chacun prit le chemin de sa chambre.

Il l'embrassa et lui dit, les larmes aux yeux.

TROISIÈME JOURNÉE

La compagnie ne put le lendemain se rendre sitôt à la salle, qu'elle n'y trouvât madame Oysille, qui méditait depuis une demi-heure ce qu'elle devait dire. S'ils avaient été satisfaits des conversations précédentes, ils ne le furent pas moins de la seconde. Ils écoutaient madame Oysille avec tant d'application qu'ils n'entendirent pas la cloche, et qu'un religieux vint les avertir qu'on allait dire la messe. Après avoir entendu la messe, et dîné sobrement pour avoir la mémoire plus libre, chacun se retira dans sa chambre pour visiter son répertoire en attendant l'heure de retourner au pré ; ce qu'il firent dès que le temps fut venu. Ceux qui avaient quelque folie à dire, étaient déjà si joyeux, qu'on ne pouvait les voir sans se préparer à bien rire. Étant assis, ils demandèrent à Saffredant à qui il donnait sa voix ?

— La faute que je fis hier, répondit-il, étant aussi grande que vous le dites, et ne sachant rien qui puisse la réparer, je donne ma voix à Parlamente. Comme elle est fort sensée, elle saura si bien louer les dames, qu'elle fera oublier la vérité que je vous ai dites.

— Je n'entreprends pas, répliqua Parlamente, de réparer vos fautes ; mais je me donnerai bien de garde de les imiter. Pour cet effet, je veux vous faire voir, sans m'éloigner de la vérité, que nous avons juré de dire, qu'il y a des dames qui n'ont aimé que par un principe de vertu. Comme celle dont je veux parler est de bonne maison, je ne changerai de l'histoire que le nom. Vous verrez, mesdames, par ce que je vais dire, que l'amour ne peut changer un cœur chaste et vertueux.

NOUVELLE XXI

Amour vertueux d'une fille de qualité et d'un bâtard d'une bonne et grande maison. Empêchement qu'une reine fit à leur mariage. Sage réponse de la demoiselle à la reine.

Il y eut une reine en France qui entretenait plusieurs filles de bonne maison, et une entre autres nommée Rolandine, qui était sa proche parente ; mais la reine qui n'était pas contente du père de cette fille, châtiait l'innocente pour le coupable, et en usait assez mal avec elle. Quoique cette demoiselle ne fût pas des plus belles, ni des plus laides, elle avait tant de sagesse et de douceur, que plusieurs grands seigneurs la demandèrent en mariage, et n'eurent point de réponse, le père aimant tant son argent, qu'il oubliait l'établissement de sa fille. Elle avait si peu de part, comme on a déjà dit, à la faveur de sa maîtresse, qu'elle n'était point recherchée de ceux qui voulaient faire bien leur cour à la reine. Ainsi, par la négligence du père, et par le dédain de la maîtresse, cette pauvre fille demeura longtemps sans être mariée. Elle s'en chagrina à la longue, moins par l'envie d'être mariée que par honte de ne l'être pas. Son chagrin alla si loin, qu'elle quitta les pompes et les mondanités de la cour, pour ne s'occuper qu'à prier Dieu, et à faire quelques petits ouvrages. Elle passa sa jeunesse dans cette tranquille retraite, où elle vivait si saintement et si dévotement que rien plus. Comme elle approchait de trente ans, il se présenta un gentilhomme bâtard, d'une maison illustre, et un des honnêtes hommes de son temps ; mais mal partagé des biens de la fortune, et d'un air si médiocre, qu'une autre qu'elle ne l'aurait pas volontiers choisi pour son amant. Comme ce pauvre gentilhomme était demeuré sans parti, et que souvent un malheureux cherche l'autre, il aborda un jour Rolandine. Comme ils se ressemblaient assez du côté du tempérament et de la fortune, ils se plaignirent réciproquement l'un à l'autre, et lièrent une amitié très-intime. Voyant qu'ils étaient tous deux dans la même disgrâce, ils se cherchaient partout pour se consoler l'un l'autre, et ce long commerce produisit une très-étroite amitié. Ceux qui avaient vu Rolandine si sauvage qu'elle ne voulait parler à personne, furent incontinent scandalisés de la voir à tout moment avec le bâtard, et dirent à sa gouvernante qu'elle ne devait pas souffrir de si longs entretiens. Elle en parla à Rolandine, et lui remontra qu'on trouvait mauvais qu'elle eût un si grand commerce avec un homme qui n'était ni assez riche pour l'épouser, ni assez bien fait pour être aimé. Rolandine, qui avait toujours été plus reprise de son austérité que de ses mondanités, répondit à sa gouvernante : « Vous voyez, ma mère, que je ne puis avoir de mari de ma qualité. Je me suis toujours attachée aux jeunes et aux bien faits ; mais comme je crains de tomber dans l'inconvénient où j'en ai vu tomber tant d'autres, je m'attache à ce gentilhomme, qui, comme vous savez, est si sage et si vertueux, qu'il ne me parle que de bonnes choses. Quel tort vous fais-je donc, et à ceux qui en parlent, de me consoler de mes ennuis par une honnête société ? » La pauvre bonne femme, qui aimait sa maîtresse plus qu'elle-même, lui dit : « Je vois bien, mademoiselle, que vous avez raison, et que votre père et votre maîtresse ne vous traitent pas comme vous le méritez ; mais puisque ce commerce donne lieu à des discours qui ne sont pas avantageux à votre honneur, vous devez rompre avec cet homme, fût-il votre propre frère. — Je le ferai puisque vous me le conseillez, répliqua Rolandine en pleurant ; mais il est bien étrange de n'avoir en ce monde aucune consolation. » Le bâtard la vint voir à son ordinaire ; mais elle lui conta tout du long, les larmes aux yeux, ce que sa gouvernante lui avait dit, et le pria de ne la plus voir que ce bruit ne fût un peu passé : ce qu'il fit à sa prière. L'un et l'autre ayant perdu leur consolation durant cet éloignement, commencèrent à sentir une inquiétude que Rolandine n'avait jamais éprouvée. Elle ne cessait de prier Dieu, de jeûner et de voyager. Car cet amour encore inconnu lui causait un si grand trouble, qu'elle n'avait pas un moment de repos. Le bâtard n'était guère mieux ; mais comme il était déjà résolu de l'aimer, et de tâcher à l'épouser, et qu'il voyait qu'il lui serait bien glorieux d'y pouvoir réussir, il ne songea plus qu'aux moyens de lui faire une déclaration d'amour, et surtout de mettre la gouvernante dans ses intérêts. Pour cet effet, il lui représenta la déplorable condition de sa maîtresse, à laquelle on voulait ôter toute sorte de consolation. La bonne femme le remercia en pleurant de la part qu'il prenait généreusement aux intérêts de sa maîtresse, et chercha avec lui les moyens de le faire parler à elle. Il fut dit que Rolandine ferait semblant d'être incommodée d'une migraine, où rien n'est plus insupportable que le bruit ; que quand ses compagnes iraient à la chambre, ils demeureraient seuls, et pourraient s'entretenir en toute liberté. Le bâtard fut ravi de l'expédient, et s'abandonna entièrement aux conseils de la gouvernante ; et de cette manière il parlait à sa maîtresse quand il voulait. Mais ce plaisir ne fut pas de longue durée, car la reine, qui n'aimait pas Rolandine, demanda ce qu'elle faisait dans sa chambre. Quelqu'un répondit qu'elle avait la migraine ; mais quelqu'autre, ou qui ne s'accommodait pas de son absence, ou qui voulait la chagriner, dit que le plaisir qu'elle avait d'entretenir le bâtard, devait la guérir de sa migraine. La reine, qui trouvait les péchés véniels des autres des péchés mortels pour elle, l'envoya quérir, et lui défendit de ne parler jamais au bâtard que dans sa chambre, ou dans sa salle. Rolandine paya d'obéissance, et répondit que si elle avait cru que le bâtard ou un autre eût déplu à Sa Majesté, elle ne lui aurait jamais parlé. Cependant elle résolut en elle-même de chercher un autre expédient dont la reine ne saurait rien. Comme elle jeûnait les mercredis, les vendredis et les samedis, et qu'elle ne sortait pas de sa chambre, elle faisait venir ces jours-là le bâtard qu'elle commençait à aimer, et avait le temps de lui parler avec sa gouvernante, pendant que les autres soupaient. Moins ils avaient de temps à se parler, plus ce qu'ils se disaient était vif et passionné ; car ils dérobaient le temps de leur entretien comme fait le larron quelque chose de précieux. Comme il n'y a point de secret qui ne se découvre enfin, un valet de pied ayant vu un jour entrer le bâtard, le dit en lieu où la chose ne fut cachée à personne, non pas même à la reine, qui se mit en si grosse colère, que le bâtard n'osa depuis entrer dans la chambre des demoiselles. Il faisait souvent semblant d'aller en voyage, pour avoir occasion de parler à l'objet de son amour, et revenait tous les soirs à la chapelle du château, habillé tantôt en cordelier, tantôt en jacobin, et si bien déguisé que personne ne le connaissait. Rolandine et sa gouvernante ne manquaient pas d'abord d'aller entretenir le bon père.

Le bâtard bien persuadé que Rolandine l'aimait, ne fit point difficulté de lui dire un soir : « Vous voyez, mademoiselle, à quoi je m'expose pour votre service, et les défenses que la reine vous a faites de me parler. Vous voyez, d'un autre côté, que votre père ne pense à rien moins qu'à vous marier. Il a refusé tant de bons partis, que je ne connais, ni près ni loin, personne qui puisse vous avoir. Je sais que je suis pauvre, et que vous ne sauriez épouser gentilhomme qui ne fût plus riche que moi. Mais si c'est être riche que d'avoir beaucoup d'amour et de bonne volonté, je croirais être le plus opulent homme du monde. Dieu vous a donné de grands biens, et des espérances d'en avoir encore de plus grands. Si j'étais assez heureux pour que vous voulussiez me choisir pour mari, je serais toute ma vie votre époux, votre ami et votre serviteur. Si vous en prenez un égal à vous, ce qui, je crois, se trouvera difficilement, il voudra être maître, et regardera plus à vos biens qu'à votre personne, à la beauté qu'à la vertu, jouira de vos biens et ne vous traitera pas comme vous méritez. Le désir d'avoir ce contentement, et la peur que j'ai que vous n'en ayez point avec un autre, m'obligent à vous prier de me rendre heureux, et vous la femme la plus contente et la mieux traitée qui fut jamais. » Rolandine, écoutant la déclaration qu'elle avait résolu de lui faire, répondit avec un air tranquille : « Je suis très-aise que vous m'ayez prévenue, et que vous me disiez ce que j'avais depuis longtemps résolu de vous dire. Depuis deux ans que je vous connais, je n'ai pas été un moment sans penser et repenser aux raisons que j'ai pu inventer pour et contre vous. Mais enfin ayant résolu de m'engager dans le mariage, il est temps que je commence, et que je choisisse celui avec lequel je croirai vivre avec le plus de repos et de satisfaction. J'ai eu pour soupirants des gens bien faits, riches et de grande qualité ; mais vous êtes le seul avec lequel je trouve que mon cœur et mon esprit pourront le mieux s'accorder. Je sais qu'en vous épousant je n'offense point Dieu, et que je fais au contraire ce qu'il commande. Pour mon père, il a si fort négligé mon établissement, et l'a refusé tant de fois, que la loi veut que je me marie sans lui. Il ne peut que me déshériter. Mais quand je n'aurai que ce qui m'appartient, je m'estimerai la femme du monde la plus heureuse, ayant un mari comme vous. Quant à la reine, ma maîtresse, je ne dois point faire scrupule de lui désobéir pour obéir à Dieu, puisqu'elle n'en a point fait de traverser les avantages qui se sont présentés pour moi durant ma jeunesse.

Mais pour vous faire connaître que l'amour que j'ai pour vous est fondé sur l'honneur et sur la vertu, je veux que vous me promettiez qu'en cas que je consente au mariage que vous me proposez, vous n'en demanderez la consommation que quand mon père sera mort, ou après que j'aurai trouvé les moyens de l'y faire consentir. » Le bâtard le lui ayant promis bien volontiers, ils se donnèrent mutuellement un anneau en foi de mariage, et se baisèrent dans le temple de Dieu, qu'ils prirent pour témoin de leur promesse ; et jamais il n'y a eu depuis entre eux autres privautés que des baisers. Cette légère satisfaction contenta fort ces deux parfaits amants, qui furent longtemps sans se voir, et sans jamais se défier l'un de l'autre. Il n'y avait guère de lieu où il n'y eût de l'honneur à acquérir, que le bâtard ne s'y trouvât, persuadé qu'il ne pouvait jamais être pauvre, vu la riche femme que Dieu lui avait donnée, qui, durant son absence, garda si fidèlement cette parfaite amitié, qu'elle ne fit cas d'aucun homme. Il y eut des gens qui la demandèrent en mariage, et qui n'eurent pour réponse, qu'ayant été si longtemps sans être mariée, elle était résolue de ne se marier jamais. Cette réponse fut si publique, qu'elle vint à la connaissance de la reine, qui lui demanda la raison d'un tel langage. Rolandine répondit que c'était pour lui obéir : qu'elle savait bien que jamais elle n'avait voulu la marier, quoi-qu'il se fût présenté des partis avantageux, et que l'âge et la patience lui avaient appris à se contenter de son état présent. Toutes les fois qu'on lui parlait de mariage, elle faisait la même réponse. La guerre étant finie, et le bâtard revenu à la cour, elle ne lui parlait point devant les gens, mais lui parlait toujours à l'église sous prétexte de confession; car la reine avait défendu à l'un et à l'autre, sous peine de la vie, de ne se parler qu'en compagnie. Mais l'amour honnête qui ne craint point les défenses, était plus ingénieux à leur faire trouver les moyens de se voir et de s'entretenir que leurs ennemis à les empêcher. Il n'y eut point d'habit de religieux que le bâtard ne prît successivement : et moyennant cela leur commerce se soutint toujours agréablement jusques à ce que le roi alla à une maison de plaisance. Cette maison n'était pas si proche, que les dames pussent aller à pied à d'autre église qu'à celle du château, qui était si mal bâtie, et le confessionnal était si à découvert, que le confesseur eût été facilement reconnu. Mais à mesure qu'une occasion leur manquait, l'amour leur en faisait trouver une autre ; car précisément en ce temps-là il arriva à la cour une proche parente du bâtard. Cette dame et son fils furent logés chez le roi ; et on donna à ce jeune prince une chambre avancée, et comme détachée de l'appartement du roi, et placée de manière qu'il pouvait de sa fenêtre voir Rolandine et lui parler. Cette chambre qui était sur la salle du roi, était celle des dames d'honneur compagnes de Rolandine. Celle-ci ayant vu plusieurs fois ce jeune prince à la fenêtre, en fit avertir le bâtard par la gouvernante. Après avoir reconnu le terrain, il fit semblant de prendre grand plaisir à lire le livre des Chevaliers de la Table ronde qui était un de ceux du prince, et sur l'heure du dîner il priait le valet de chambre de le laisser entrer, et de l'enfermer dans la chambre pour achever de lire son livre. Le valet, qui le connaissait pour parent de son maître et pour honnête homme, le laissait lire tant qu'il voulait. Rolandine, de son côté, venait à sa fenêtre, et pour avoir occasion d'y demeurer plus longtemps, elle faisait semblant d'avoir mal à une jambe, et mangeait de si bonne heure, qu'elle n'allait plus à la table des dames. Elle s'avisa de travailler à un lit de soie, qu'elle attachait à la fenêtre, où elle était bien aise d'être seule. Quand elle était seule, elle entretenait son mari, et lui parlait de manière que personne n'aurait su les entendre. Quand elle voyait approcher quelqu'un, elle toussait et faisait signe au bâtard de se retirer. Ceux qui avaient ordre de les observer, étaient persuadés qu'ils ne s'aimaient plus, car elle ne sortait pas d'une chambre, où il ne pouvait la voir, parce que l'entrée lui en était défendue.

La mère du jeune prince étant un jour dans la chambre de son fils, se mit à la fenêtre où était ce gros livre, et n'y eut pas été un moment, qu'une des compagnes de Rolandine qui était à la fenêtre de leur chambre, salua cette dame et lui parla. La dame lui demanda comment Rolandine se portait. L'autre répondit qu'elle la verrait s'il lui plaisait, et la fit mettre à la fenêtre avec ses coiffes de nuit. On parla de la maladie de Rolandine, et puis chacun se retira. La dame jetant les yeux sur ce gros livre de la Table ronde, dit au valet de chambre qui en avait la garde : « Je m'étonne que les jeunes gens donnent leur temps à lire tant de folies. » Le valet de chambre répondit qu'il s'étonnait encore plus que des gens âgés et qui passaient pour sages, y fussent plus attachés que les jeunes ;

et lui dit là-dessus, comme quelque chose de singulier, que le bâtard son parent passait tous les jours quatre à cinq heures à lire ce livre. La dame en devina d'abord la raison, et ordonna au valet de chambre de se cacher, et de bien observer ce qu'il ferait. Le valet de chambre s'acquitta de sa commission, et trouva qu'au lieu de lire, le bâtard se tenait à la fenêtre, où Rolandine venait lui parler. Il entendit même plusieurs choses de leur amitié qu'ils croyaient tenir bien cachée. Le lendemain il dit à sa maîtresse ce qu'il avait entendu. Elle envoya quérir son cousin le bâtard, et après lui avoir fait plusieurs remontrances, lui défendit de ne se trouver plus à cette fenêtre. Le soir, elle parla à Rolandine, et la menaça d'en avertir la reine, en cas qu'elle continuât cette folle amitié. Rolandine, sans s'étonner, jura que, quelque chose qu'on en dît, elle n'avait point parlé au bâtard depuis les défenses de sa maîtresse, comme pouvaient lui dire ses compagnes et les domestiques; qu'à l'égard de la fenêtre dont elle parlait, elle n'y avait jamais parlé au bâtard. Cependant le bâtard, craignant que son intrigue n'éclatât, s'éloigna du danger, et fut longtemps sans revenir à la cour, mais non sans écrire à Rolandine; ce qu'il fit avec tant d'adresse, que, quelque garde que la reine fît faire, Rolandine recevait des nouvelles de son amant deux fois la semaine. Il se servit premièrement d'un religieux; mais ce moyen lui manquant, il envoyait un petit page, habillé tantôt d'une couleur, tantôt d'une autre. Il s'arrêtait aux endroits où les dames passaient, et se fourrant avec les autres, il trouvait toujours moyen de rendre ses lettres à Rolandine. La reine allant un jour à la campagne, quelqu'un qui reconnut le page, et qui avait ordre de veiller à cette affaire, courut après le page; mais comme il était fin, et qu'il ne douta pas que ce ne fût à lui qu'on en voulait, il entra chez une pauvre femme qui faisait bouillir son pot, et jeta incontinent ses lettres au feu. Le gentilhomme qui le poursuivait, l'ayant atteint, le dépouilla tout nu, et le fouilla partout sans rien trouver, puis le laissa aller. Quand le page fut parti, la bonne femme demanda au gentilhomme pourquoi il avait ainsi fouillé ce pauvre enfant? Il répondit qu'il croyait qu'il portât des lettres. « Vous n'aviez garde de les trouver, répliqua la vieille. Il les avait trop bien cachées. — Je vous prie de me dire où, » répliqua le gentilhomme, qui croyait déjà les tenir. Il fut bien étonné quand il sut qu'il les avait brûlées, et vit bien que le page avait été plus fin que lui. Cependant il alla d'abord rendre compte à la reine de ce qu'il avait appris.

Le bâtard donc ne pouvant plus se servir du page y envoya un vieux domestique qui, sans se mettre en peine des menaces de mort qu'il savait bien que la reine avait fait faire à ceux qui se mêleraient de cette affaire, entreprit de faire tenir des lettres à Rolandine. Étant entré au château où elle était, il alla se poster à une porte qui était au pied d'un grand degré, par où toutes les dames passaient; mais un valet qui l'avait autrefois vu le reconnut d'abord et alla le

CONTES DE LA REINE DE NAVARRE. 153

Elle supplia son mari à genoux de la venger.

dénoncer au maître d'hôtel de la reine, qui lui donna ordre d'aller l'arrêter sur-le-champ. Le valet, sage et avisé, voyant qu'on le regardait de loin, se tourna vers la muraille comme s'il eût voulu pisser, déchira ses lettres en autant de petits morceaux qu'il lui fut possible, et les jeta derrière une porte. Incontinent après, il fut pris et fouillé; et ne lui trouvant rien, on l'interrogea par serment, s'il n'avait point porté de lettres. On n'oublia rien du côté des promesses et des menaces pour lui faire confesser la vérité; mais, quelque chose qu'on fît, on n'en put jamais rien tirer. Le rapport en fut fait à la reine ; mais quelqu'un s'étant avisé de regarder derrière la porte auprès de laquelle il avait été pris, on y trouva les morceaux de lettres. On envoya quérir le confesseur du roi, qui assembla tous ces morceaux sur une table, et lut tout du long la lettre, où le mariage secret se trouva clairement expliqué, car le bâtard appelait Rolandine sa femme. La reine, qui n'était pas d'humeur à cacher la faute de son prochain, fit grand bruit, et voulut qu'on employât toutes choses pour faire confesser au bonhomme la vérité de la lettre, qu'il ne pouvait méconnaître en la lui montrant ; mais, quoi qu'on pût lui dire ou montrer, il n'y eut pas moyen de lui faire rien avouer. Ceux qui avaient été chargés de cette affaire le menèrent au bord de la rivière et le mirent dans un sac, lui disant qu'il mentait à Dieu et à la reine contre la vérité prouvée. Lui qui aimait mieux mourir que d'accuser son maître leur demanda un confesseur, et après avoir mis à sa conscience le meilleur ordre qu'il lui fut possible, il leur dit : « Je vous prie, messieurs, de dire à monsieur le bâtard, mon maître, que je lui recommande ma femme et mes enfants, et que je meurs de bon cœur pour son service. Faites de moi ce qu'il vous plaira, et comptez que vous ne tirerez jamais rien de moi au désavantage de mon maître. » Alors, pour lui faire plus de peur, ils le jetèrent dans l'eau, enveloppé dans le sac, en lui criant : « On te sauvera, si tu veux dire la vérité ; » mais voyant qu'il ne répondait rien, ils le retirèrent et furent rendre compte à la reine de la constance de cet homme. « Ni le roi, ni moi, dit alors la reine, ne sommes pas si heureux en serviteurs que le bâtard qui n'a pas de quoi les récompenser. » Elle fit ce qu'elle put pour attirer ce bonhomme à son service ; mais il ne voulut jamais quitter son maître qui lui permit d'entrer au service de la reine où il vécut heureux et content.

La reine, après avoir découvert le mariage par la lettre du bâtard, envoya quérir Rolandine et, avec beaucoup d'empressement, l'appela plusieurs fois malheureuse au lieu de cousine, lui remontrant le déshonneur qu'elle avait fait à sa maison et à elle qui était sa maîtresse, de s'être ainsi mariée sans son consentement. Rolandine, qui connaissait depuis longtemps le peu d'amitié que la reine avait pour elle, lui rendit la pareille. Comme l'amour manquait, que la crainte n'avait plus de lieu et que Rolandine voyait bien qu'une censure si publique venait moins de l'amour qu'on lui portait que de l'envie qu'on avait de lui faire honte, et qu'on prenait plus de plaisir à la mortifier qu'on n'avait de déplaisir de lui voir faire une faute, elle répondit d'un air aussi tranquille et assuré que celui de la reine marquait de trouble et de colère : « Si vous ne connaissiez pas votre cœur, madame, je vous représenterais la mauvaise volonté que vous avez depuis longtemps pour monsieur mon père et pour moi ; mais vous le savez si bien que vous ne serez pas surprise d'apprendre que ce n'est un secret pour personne. Pour moi, madame, je m'en suis aperçue à mon grand dommage. Si vous aviez eu autant de bonté pour moi que pour celles qui ne vous sont pas si proches que moi, je serais dès l'heure qu'il est mariée d'une manière qui vous ferait honneur et à moi aussi; mais vous m'avez abandonnée et ne m'avez pas donné le moindre témoignage de faveur. Les bons partis qui se sont présentés m'ont tous échappé par la négligence de monsieur mon père et par le peu de cas que vous avez fait de moi. Un traitement si dur m'avait jetée dans un tel désespoir que si ma santé avait été assez bonne pour les austérités du couvent, je m'y serais volontiers jetée pour me délivrer des ennuis continuels que votre rigueur me donnait. Dans ce désespoir, s'est présenté celui qui serait d'aussi bonne maison que moi, si l'amour de deux personnes était autant estimé que l'anneau matrimonial; car vous savez que son père passerait devant le mien. Il m'a longtemps aimée et soutenue; mais vous, madame, qui ne m'avez jamais pardonné la moindre faute, ni loué quelque bonne action que j'aie pu faire, quoique vous sussiez par expérience que ma coutume n'était point de parler d'amour ni de mondanité, et que je vivais plus religieusement qu'aucune autre, vous n'avez pas laissé de trouver d'abord mauvais que je parlasse à un gentilhomme aussi malheureux que moi, et en l'amitié duquel je ne cherchais qu'un peu de consolation à mes ennuis. Quand je vis que j'en étais entièrement privée, mon désespoir fut si grand que je résolus de chercher le repos avec le même soin que vous travailliez à me l'ôter. Dès l'heure même, nous nous fîmes des promesses de mariage qui furent scellées par un anneau. Il me semble donc, madame, que vous me faites tort de m'appeler méchante et malheureuse. La grande et parfaite amitié qu'il y a entre le bâtard et moi m'aurait donné occasion de faire du mal, si j'avais voulu; cependant nous n'avons jamais été plus loin qu'au baiser, persuadée que Dieu me ferait la grâce d'obtenir le consentement de mon père avant que de consommer le mariage. Je n'ai rien fait ni contre Dieu, ni contre ma conscience. J'ai attendu jusqu'à trente ans pour voir ce que vous et mon père feriez pour moi; et ma jeunesse s'est passée avec tant de chasteté et de vertu que personne au monde ne saurait là-dessus me faire aucun reproche fondé. Me voyant sur le retour et hors d'espérance de trouver un mari de mon rang, la raison m'a déterminée d'en prendre un suivant mon goût, non pour le plaisir des yeux; car, comme vous savez, celui que j'ai choisi n'est pas bien fait. Je n'ai pas eu en vue non plus de satisfaire aux mouvements de la nature, puisqu'il n'y a point encore eu de consommation. On ne peut pas dire encore que l'orgueil et l'ambition aient eu part à mon choix, puisque celui en faveur duquel je me suis déterminée est pauvre et peu avancé; ainsi je n'ai eu d'égard qu'à la vertu, à l'honnêteté et aux bonnes qualités qui sont en lui et sur lesquelles tout le monde est contraint de lui rendre justice et à l'amour qu'il a eu pour moi, qui m'a fait espérer d'avoir avec lui du repos et de l'agrément. Après avoir bien pensé au bien et au mal qui pouvait m'en arriver, j'ai pris le parti qui m'a paru le meilleur et ai enfin résolu, après deux ans d'examen, de finir ma vie avec lui; et si bien résolu que ni les tourments qu'on pourrait me faire, ni la mort même, ne me feraient pas changer de sentiment. Ainsi, madame, je vous supplie de m'excuser autant que je suis excusable et de me laisser jouir de la paix et du repos que j'espère trouver avec lui. »

La reine voyant tant d'ingénuité et de résolution et ne pouvant répondre rien de raisonnable, fit venir l'emportement au secours de la raison. Continuation de censures et d'injures et sur le tout beaucoup de larmes. « Malheureuse, lui dit-elle, au lieu de vous humilier et témoigner de la repentance de la faute que vous avez faite, vous parlez avec audace, et, au lieu d'en rougir, vous n'en versez pas seulement une larme. C'est une preuve de votre obstination et de la dureté de votre cœur. Mais si le roi et votre père veulent m'en croire, ils vous mettront en lieu où vous serez contrainte de tenir un autre langage. — Puisque vous m'accusez, madame, de parler avec audace, répondit Rolandine, je suis résolue de ne plus rien dire, à moins qu'il ne vous plaise de me permettre de parler. » La reine lui ayant permis de répondre : « Ce n'est point à moi, madame, reprit-elle, de vous parler avec audace. Comme vous êtes ma maîtresse et la plus grande princesse de la chrétienté, je dois toujours avoir pour vous le respect qui vous est dû, et mon dessein n'a jamais été de m'en éloigner; mais comme je n'ai pour avocat que la vérité et qu'il n'y a que moi qui la sache, je suis obligée de la dire hardiment, dans l'espérance que, si j'ai le bonheur de vous la faire bien connaître, vous ne me croirez pas telle qu'il vous a plu de me nommer. Je suis persuadée que ceux qui sauront de quelle manière je me suis conduite dans l'affaire dont il s'agit ne me blâmeront point, et je fonde cette certitude sur celle que j'ai de n'avoir rien fait ni contre Dieu, ni contre mon honneur. Voilà, madame, ce qui me fait parler sans crainte, bien assurée que celui qui voit mon cœur est avec moi; et cela étant, j'aurais tort de craindre ceux qui sont soumis à son jugement. Pourquoi donc pleurer, madame, puisque l'honneur et la conscience ne me reprochent rien? A l'égard de la repentance, je suis si éloignée, madame, de me repentir de ce que j'ai fait, que si j'étais à commencer, je ferais la même chose. C'est vous, madame, qui avez grand sujet de pleurer, tant du tort que vous m'avez fait par le passé que de celui que vous me faites à présent de me censurer publiquement d'une faute dont vous êtes plus coupable que moi. Si j'avais offensé Dieu, le roi, vous, mes parents et ma conscience, je devrais témoigner ma repentance par mes larmes; mais je ne dois point pleurer pour avoir fait une action bonne, juste et sainte, dont on n'a jamais parlé qu'avec avantage et que vous seule, madame, avez divulguée trop tôt en lui donnant un air de crime qui fait voir clairement que vous avez plus pour but de me déshonorer que de conserver l'honneur de votre maison et de vos parents. Mais puisqu'il vous plaît, madame, d'en user ainsi, je ne dois pas vous contredire. Tout innocente que je suis, je n'aurai pas moins de plaisir à subir la peine qu'il vous plaira m'infliger que vous en aurez à vouloir me la faire souffrir. Vous et mon père, madame, n'avez qu'à dire ce que vous voulez que je souffre, vous serez promptement obéis. Je compte, madame, qu'il n'y manquera pas, et je serai bien aise qu'il suive vos sentiments, et qu'ayant été de votre avis dans la négligence qu'il a fait paraître à me procurer du bien, il imite votre activité à présent qu'il s'agit de me faire du mal. Mais j'ai un autre père au ciel qui, j'espère, me donnera autant de patience qu'il m'en faudra pour soutenir les maux que je vois que vous me préparez ; aussi est-ce en lui seul que je mets toute ma confiance. »

La reine, outrée de colère, commanda qu'on l'ôtât de devant ses yeux et qu'on la mît seule dans une chambre sans la laisser parler à personne. On lui laissa néanmoins sa gouvernante, et ce fut par ce moyen qu'elle fit savoir au bâtard l'état où elle était, lui demandant en même temps ce qu'il croyait qu'elle devait faire. Le bâtard, croyant que les services qu'il avait rendus au roi seraient comptés pour quelque chose, vint incontinent à la cour. Il trouva le roi à la chasse, lui conta la vérité du fait, lui remontra sa pauvreté, le supplia d'apaiser la reine et de permettre que son mariage fût consommé. « M'assurez-vous, lui dit le roi pour toute réponse, que vous l'avez épousée ? — Oui, sire, répliqua le bâtard, par paroles et par présents seulement ; mais s'il vous plaît, sire, la cérémonie sera achevée. » Le roi baissa la tête et, sans dire autre chose, reprit le chemin du château. En arrivant, il appela le capitaine de ses gardes et lui donna ordre d'arrêter le bâtard. Cependant un de ses amis, qui devina l'intention du roi, le fit avertir de s'éloigner et de se retirer à une de ses maisons qui n'était pas éloignée ; et si le roi le faisait chercher, comme il croyait qu'il ferait, il en aurait incontinent avis, afin qu'il sortît du royaume ; et qu'en cas que les choses se passassent plus doucement, il lui manderait de revenir. Le bâtard crut son ami et fit tant de diligence que le capitaine des gardes ne le trouva point.

Cependant le roi et la reine ayant vu ensemble ce qu'ils feraient de la pauvre demoiselle qui avait l'honneur d'être leur parente, il fut arrêté, par avis de la reine, de la renvoyer à son père, auquel on ferait savoir la vérité du fait. Avant que de partir, plusieurs ecclésiastiques et gens de conseil allèrent la voir et lui représentèrent que, n'étant engagée que de parole, elle pouvait aisément s'en dédire, moyennant que l'un et l'autre le voulussent bien. Le roi voulait qu'elle le fît pour l'honneur de la maison dont elle était ; mais elle répondit qu'elle était prête d'obéir au roi en toutes choses, pourvu que la conscience n'y fût point engagée, parce, disait-elle, que les hommes ne peuvent séparer ce que Dieu a joint, les suppliant, au reste, de ne point lui demander une chose si déraisonnable. « Si l'amour et la bonne volonté, ajoutait-elle, qui n'ont pour principe que la crainte de Dieu, sont un vrai et solide engagement de mariage, je suis si bien liée que ni le feu ni l'eau ne peuvent rompre ce lien. La mort seule peut le faire, et ce ne sera qu'à elle à qui je rendrai mon anneau et mon serment; ainsi, messieurs, je vous prie de ne plus m'en parler. » Elle avait tant de fermeté qu'elle aimait mieux mourir et tenir parole que de vivre et de la violer. Cette vigoureuse réponse fut rapportée au roi qui, voyant qu'il n'y avait pas moyen de la détacher de son mari, donna ordre qu'on la menât chez son père; ce qu'on fit en si triste équipage que tous ceux qui la voyaient ne pouvaient s'empêcher de pleurer. Elle avait manqué à la vérité; mais la punition fut si grande et sa constance si singulière, qu'elle fit passer sa faute pour une vertu. Le père, apprenant cette fâcheuse nouvelle, ne voulut point voir sa fille et l'envoya à un château situé dans une forêt et qu'il avait fait autrefois bâtir pour un sujet qui mérite d'être conté après cette nouvelle. Elle y fut longtemps prisonnière, et tous les jours le père lui faisait dire que si elle voulait renoncer à son mari il la traiterait comme sa fille et la mettrait en liberté. Rien ne fut capable de l'ébranler et elle aima mieux être prisonnière en persistant dans son mariage que toute la liberté du monde en renonçant à son mari. On eût dit, à la voir, qu'elle se faisait un divertissement de ses peines, tant elle les souffrait agréablement pour celui qu'elle aimait. Le bâtard n'en fit pas de même, quoiqu'il lui eût les obligations que vous avez vues. Il s'enfuit en Allemagne où il avait beaucoup d'amis et fit voir, par son inconstance, qu'il s'était attaché à Rolandine plus par avarice et par ambition que par véritable amour; car il se rendit amoureux d'une dame allemande et en fut si passionné qu'il oublia d'écrire à celle qui souffrait tant pour l'amour de lui. Quelques cruautés que la fortune eût pour eux, elle leur laissa toujours le moyen de s'écrire; mais l'inconstance fit négliger au bâtard le seul bien que la fortune leur avait laissé; de quoi Rolandine fut d'abord si affligée qu'elle en perdit le repos. Voyant donc que les lettres du bâtard étaient froides et toutes différentes des premières, elle ne douta point qu'une nouvelle amitié ne lui eût enlevé le cœur de son mari et n'eût fait ce que les tourments et les persécutions n'avaient pas été capables de faire. Mais comme l'amour qu'elle avait pour lui était trop parfait, elle ne put se résoudre de rien décider sur des conjectures. Pour en savoir donc la vérité, elle trouva moyen d'envoyer un homme de confiance, non pour lui porter des lettres, ni pour lui parler, mais pour l'observer et pour se bien informer de la vérité. Le retour de son homme lui apprit que le bâtard était fort amoureux d'une Allemande et que le bruit courait qu'elle était fort riche et qu'il voulait l'épouser. Cette nouvelle jeta la pauvre Rolandine dans une affliction si extrême qu'elle tomba dans une dangereuse maladie. Ceux qui en savaient le sujet lui disaient de la part de son père que, puisque l'inconstance et la lâcheté du bâtard lui étaient connues, elle était en droit de l'abandonner; et ils firent même tout ce qu'ils purent pour lui persuader de le faire. Mais quelques tourments qu'on lui fît jusqu'au bout, il n'y eut pas moyen de la faire changer, montrant jusqu'à l'extrémité la grandeur de son amour et en même temps la grandeur de sa vertu. A mesure que l'amour du bâtard diminuait, celui de Rolandine augmentait, et, malgré tant de contre-temps, il demeura toujours entier et parfait, parce qu'il gagnait ce que celui du bâtard perdait. Sentant donc qu'en elle seule était tout l'amour qui était autrefois en deux, elle résolut de le conserver jusqu'à la mort de l'un ou de l'autre. La bonté divine, qui est la parfaite charité et le véritable amour, eut pitié de sa douleur et eut tant d'égard à sa patience que le bâtard mourut bientôt après dans la recherche d'une autre femme. Après en avoir reçu l'avis par gens qui avaient assisté à son enterrement, elle envoya supplier son père de trouver bon qu'elle lui parlât. Le père, qui ne lui avait jamais parlé depuis qu'elle était prisonnière, l'alla voir incontinent. Après avoir entendu fort au long ses justes raisons, au lieu de la condamner et de songer à la tuer, comme il l'en avait souvent menacée, il l'embrassa et lui dit, les yeux baignés de larmes: « Vous êtes plus juste que moi, ma fille; car si vous avez fait une faute, j'en suis la principale cause; mais, puisque Dieu a ainsi permis les choses, je veux réparer le passé. » Il l'emmena donc chez lui et la traita comme sa fille aînée. Un gentilhomme qui portait le nom et les armes de la maison la fit demander en mariage. Ce gentilhomme, fort sage et fort vertueux, voyait souvent Rolandine et conçut tant d'estime pour elle qu'il la loua de ce que les autres la blâmaient, persuadé qu'il était qu'elle n'agissait que par un principe de vertu. Le chevalier étant du goût du père et de Rolandine, le mariage fut incontinent conclu. Il est vrai qu'un frère qu'elle avait et qui était le seul héritier de la maison ne voulut jamais lui faire part du bien de la famille, sous prétexte qu'elle avait manqué d'obéissance à son père, et la traita, après la mort du bonhomme, avec tant de cruauté que son mari, qui était cadet, et elle ne subsistaient qu'avec peine. Mais Dieu pourvut à tout, car le frère, qui voulait tout retenir, mourut et laissa, par sa mort, et ses biens et ceux de sa sœur qu'il retenait injustement. Une si riche succession mit Rolandine et son mari dans l'abondance. Ils vécurent honorablement selon leur qualité, furent reconnaissants des grâces que la Providence leur avait faites, eurent beaucoup d'amitié l'un pour l'autre, et, après avoir élevé deux fils dont il plu à Dieu de bénir leur mariage, Rolandine rendit joyeusement son âme à celui en qui elle avait toujours mis toute sa confiance.

Que les hommes, mesdames, qui nous regardent comme l'inconstance même me montrent un mari comme la femme dont je viens de parler et qui ait la même bonté, la même fidélité et la même constance. Je suis persuadée qu'ils auraient tant de peine à en venir à bout que j'aime mieux les en quitter que de les mettre en cette peine. Pour vous, mesdames, je vous prie pour soutenir votre gloire ou de n'aimer point du tout, ou d'aimer aussi parfaitement que cette demoiselle. Ne dites point qu'elle a exposé son honneur ; mais dites plutôt que sa fermeté doit augmenter la nôtre.

— Il est vrai, Oysille, dit Parlamente, que votre héroïne est une femme d'un très-grand cœur, et d'autant plus recommandable par sa fermeté qu'elle avait affaire à un mari infidèle qui voulut la quitter pour une autre.

— Je crois, dit Longarine, que ce chagrin fut le plus difficile à soutenir ; car il n'y a fardeau si pesant que l'amour de deux personnes bien unies ne puisse doucement porter ; mais quand une des deux manque à son devoir et laisse tout le fardeau à l'autre, le poids en est insupportable.

— Vous devez donc avoir pitié de nous, répondit Guebron, puisque nous avons tout l'amour à soutenir, et que vous ne voulez pas faire la moindre chose pour aider à porter un si pesant fardeau.

— Les fardeaux de l'homme et de la femme sont souvent différents, répliqua Parlamente. L'amour de la femme, fondé sur la piété et sur la vertu, est si juste et si raisonnable, que celui qui manque aux devoirs d'une telle amitié, doit passer pour lâche et pour méchant envers Dieu et envers les hommes ; mais les hommes n'aimant uniquement que pour le plaisir, les femmes ignorantes, toujours les dupes des méchants hommes, s'engagent souvent plus qu'il ne faudrait dans un commerce de tendresse. Quand Dieu leur fait connaître les criminelles intentions de ceux qu'elles avaient cru n'en avoir que de bonnes, c'est beaucoup quand elles peuvent rompre avec honneur et sans donner atteinte à leur réputation. Les folies les plus cachées sont toujours les meilleures.

— Voilà une raison fondée sur un principe faux, qui est que les femmes vertueuses peuvent honnêtement cesser d'aimer les hommes, sans que les hommes puissent discontinuer d'aimer les femmes, comme si le cœur des uns était différent du cœur des autres. Mais je suis persuadé qu'il y a dans les volontés la même diversité que dans les visages et dans les habits. Toute la différence que j'y trouve, est que plus la malice est cachée, et plus elle est à craindre.

— Je comprends bien, reprit Parlamente avec un peu d'émotion, ce que vous voulez dire. Selon vous, les femmes les moins dangereuses sont celles de qui la malice est connue.

— Changeons de matière, interrompit Simontault, et disons pour conclusion au sujet du cœur de l'homme et de la femme, que le meilleur n'en vaut rien. Voyons à qui Parlamente donnera sa voix.

CONTES DE LA REINE DE NAVARRE. 161

Ils se donnèrent tant de coups l'un et l'autre.

— Je la donne à Guebron, répondit Parlamente.
— Puisque j'ai commencé, dit alors Guebron, à parler des cordeliers, je ne dois pas oublier les moines de saint Benoît, et ne puis m'empêcher de conter ce qui arriva de mon temps à deux de ces bons pères, sans prétendre que ce que je dirai d'un méchant religieux, vous empêche d'avoir bonne opinion de ceux qui sont honnêtes gens. Mais comme le Psalmiste dit: *que tout homme est menteur*, *et qu'il n'y en a pas un seul qui fasse le bien*, il me semble qu'on ne peut

manquer d'estimer l'homme tel qu'il est : en effet, s'il y a du bien en lui, on doit l'attribuer non à la créature, mais à celui qui est le principe et la source de tout bien. La plupart des gens se trompent en donnant trop à la créature, ou en s'estimant trop eux-mêmes. Et afin que vous ne croyiez pas qu'il soit impossible de trouver une extrême concupiscence sous une extrême austérité, je vais vous conter un fait arrivé du temps du roi François Ier.

NOUVELLE XXII

Un prieur, contrefaisant l'homme de bien, met tout en œuvre pour séduire une religieuse; mais enfin sa méchanceté fut découverte.

Il y avait à Saint-Martin-des-Champs, à Paris, un prieur, dont je ne dirai point le nom, parce qu'il a été de mes amis. Il vécut avec tant d'austérité jusqu'à l'âge de cinquante ans, et le bruit de sa sainteté se répandit si fort dans tout le royaume, qu'il n'y avait ni prince ni princesse qui ne le reçût avec vénération, quand il en était visité. Il ne se faisait point de réforme de religion à laquelle il n'eût part; aussi le nommait-on le père de la vraie religion. Il fut élu visiteur de la célèbre Société des Dames de Fontevrault, qui le craignaient si fort, que quand il venait à quelqu'un de leurs monastères, les religieuses tremblaient de peur, et le traitaient comme elles auraient pu faire le roi, pour l'obliger par ce moyen à les traiter avec moins de rigueur. Il ne voulait pas d'abord qu'on eût tant de déférence pour lui; mais approchant de sa cinquantième année, il vint enfin à trouver bon les honneurs qu'il avait refusés au commencement; et s'accoutumant insensiblement à se regarder comme le bien public des sociétés religieuses, il eut soin de conserver sa santé mieux qu'il n'avait fait. Quoiqu'il fût obligé par sa règle de ne manger jamais de chair, il s'en dispensa lui-même; ce qu'il ne voulut jamais faire pour personne; et disait pour raison que tout le faix de la religion était sur lui. Il se choya si bien, que d'un moine maigre il en fit un fort gras. En changeant de manière de vivre, il changea aussi de cœur, et commença à regarder les visages sur lesquels il faisait autrefois conscience de jeter les yeux. A force de regarder les beautés que les voiles rendent plus désirables, il commença de les convoiter. Pour satisfaire à sa passion, il employa des moyens si subtils, que de pasteur il devint loup; et si dans les monastères de sa juridiction il rencontrait quelque Agnès, il ne manquait pas de la corrompre. Après avoir fait longtemps cette méchante vie, la bonté divine ayant pitié des pauvres brebis égarées, voulut démasquer ce scélérat comme vous allez voir.

Étant allé un jour faire la visite d'un couvent près de Paris, qui se nomme

Gif, il arriva que confessant les religieuses, il s'en présenta une nommée sœur Marie Hérouet, dont la parole était si douce et si agréable, qu'elle promettait que le cœur ne l'était pas moins. A la seule parole de cette fille, le bon père sentit une passion qui surpassait toutes celles qu'il avait eues de sa vie pour les autres religieuses. En lui parlant il se baissa pour la regarder, et voyant sa bouche si vermeille et si charmante, il ne put s'empêcher de hausser le voile pour voir si les yeux répondaient à tant de beautés. Il trouva ce qu'il cherchait, et le remarqua si bien, que son cœur fut rempli d'une ardeur si véhémente, qu'il en perdit non-seulemrnt le boire et manger, mais même toute contenance ; ce qu'il cachait pourtant du mieux qu'il pouvait. De retour à son prieuré, il n'y avait point de repos pour lui. Il passait les jours et les nuits dans une inquiétude extrême, l'esprit continuellement occupé à chercher les moyens de satisfaire sa passion, et de faire de cette religieuse ce qu'il avait fait de plusieurs autres. Comme il avait remarqué en elle de la sagesse et un esprit fin et délicat, la chose lui paraissait difficile. D'un autre côté, il se voyait si laid et si cassé, qu'il résolut de ne lui point parler, et prit le parti d'emporter par la crainte ce qu'il ne pouvait espérer de l'amour. Pour cet effet, il retourna peu de jours après au couvent de Gif, et y fit paraître plus d'austérité qu'il n'avait jamais fait. Il se chagrina contre toutes les religieuses. L'une n'avait pas le voile assez bas, l'autre levait trop la tête, et l'autre ne faisait pas la révérence en religieuse. Il était si sévère pour toutes ces bagatelles, qu'on le craignait comme un Dieu peint en jugement. Comme le prieur était goutteux, il se fatigua tant à visiter les lieux réguliers, qu'environ l'heure de vêpres, heure par lui assignée, il se trouva au dortoir. L'abbesse lui dit qu'il était temps de dire vêpres. « Faites-les dire, mère, répondit le prieur, car je suis si las que je demeurerai ici, non pour me reposer, mais pour parler à sœur Marie, de qui j'apprends quelque chose de scandaleux ; car on m'a dit qu'elle babille comme une mondaine. » La prieure, qui était tante de la mère de sœur Marie, le pria de la bien chapitrer, et la laissa seule entre les mains du prieur et d'un jeune religieux qui était avec lui. Se voyant seul avec sœur Marie, il commença par lui lever le voile, et lui commanda de le regarder. Sœur Marie répondit que sa règle lui défendait de regarder les hommes. « C'est bien dit, ma fille, répliqua le moine, mais vous ne devez pas croire que les religieux soient hommes. » Sœur Marie craignant donc de tomber dans la désobéissance, le regarda et le trouva si laid, qu'elle crut faire plus de pénitence que de péché à le regarder. Le révérend père, après lui avoir parlé de l'amour qu'il avait pour elle, voulut lui porter la main au téton. Elle le repoussa comme elle devait. Le bon père, fâché d'un si désagréable commencement, lui dit en grosse colère : « Faut-il qu'une religieuse sache qu'elle a des tétons ? — Je sais que j'en ai, répondit sœur Marie, et je suis bien assurée que ni vous, ni autre, ne les toucherez jamais. Je ne suis ni assez jeune, ni assez ignorante, pour ne savoir pas ce qui est péché et ce qui ne l'est pas. » Voyant donc qu'il ne la pouvait gagner par là, il eut recours à un autre expédient, et lui dit : « Il faut, ma fille, que je vous déclare mon infirmité ; j'ai une maladie que tous les médecins jugent incurable, à moins que je ne me réjouisse avec une femme que j'aime passionnément : je ne voudrais pour ma vie faire un péché mortel, mais quand on en viendrait jusque-là, je sais que la simple fornication n'est pas à comparer au péché d'homicide. Ainsi si vous aimez ma vie, vous m'empêcherez de mourir, et sauverez votre conscience de crédulité. » Elle lui demanda quelle sorte de jeu il avait dessein de faire. Il lui répondit qu'elle pouvait reposer sa conscience sur la sienne, et demeurer persuadée qu'il ne ferait rien dont l'un ou l'autre fût chargé. Pour lui faire juger, par les préliminaires, du passe-temps qu'il demandait, il vint à l'embrasser, et essaya de la jeter sur un lit. Ne doutant plus alors de sa mauvaise intention, elle se défendit si bien de paroles et des bras, qu'il ne put toucher qu'à ses habits. Voyant alors que rien ne lui réussissait, et que tous ses efforts étaient inutiles, je ne dirai pas comme un furieux, mais comme un homme sans conscience et sans raison, il lui mit la main sous la robe, et égratigna tout ce qui se trouva sous ses ongles avec tant de fureur et de rage, que la pauvre fille criant de toute sa force tomba évanouie. A ce cri, l'abbesse courut au dortoir, et se fit des reproches d'avoir laissé sa parente seule avec le révérend père. Elle fut un moment à la porte du dortoir pour écouter ce qui s'y faisait ; mais entendant la voix de sa nièce, elle poussa la porte que le jeune moine tenait. Le prieur voyant venir l'abbesse, lui montra sa nièce évanouie, et lui dit : « Vous avez tort, notre mère, de ne m'avoir pas dit le tempérament de sœur Marie : car ignorant sa débilité, je l'ai fait tenir debout devant moi ; et comme je la chapitrais, elle est tombée évanouie comme vous voyez. » On la fit revenir avec du vinaigre et autres remèdes, et l'on trouva qu'en tombant elle s'était blessée à la tête. Quand elle fut revenue, le prieur craignant qu'elle ne dît à sa tante l'occasion de son mal, trouva moyen de lui dire tout bas et en particulier : « Je vous commande, ma fille, sur peine de désobéissance et de damnation éternelle, de ne jamais parler de ce que je vous ai fait. Le grand amour que j'ai pour vous me l'a fait faire ; et puisque je vois que vous ne voulez pas répondre à ma passion, je ne vous en parlerai de ma vie. Je dois pourtant vous assurer, pour la dernière fois, que, si vous voulez m'aimer, je vous ferai choisir pour abbesse d'une des meilleures abbayes de ce royaume. » Elle répondit qu'elle aimait mieux mourir en chartre perpétuelle, que d'avoir jamais d'autre ami que celui qui était mort pour elle en croix, s'estimant plus heureuse de souffrir avec lui tous les maux, que de jouir sans lui de tous les biens que le monde peut donner : l'avertissant une fois pour toutes de ne lui parler plus sur ce ton, s'il ne voulait pas qu'elle s'en plaignît à l'abbesse, et lui promettant de ne jamais parler du passé en cas qu'il en demeurât là. Avant que de se retirer, ce méchant pasteur, pour paraître tout autre qu'il n'était dans le fond, et pour avoir le plaisir de considérer encore celle qu'il aimait, se tourna vers l'abbesse et lui dit : « Je vous prie, ma mère, de faire chanter à toutes vos filles un *Salve Regina*, à l'honneur de la Vierge en qui je mets mon espérance. » Le *Salve Regina* fut chanté, et durant ce temps-là le renard ne fit que pleurer, non de dévotion, mais de regret d'avoir si mal réussi. Les religieuses qui prenaient cette dévotion pour un effet de l'amour qu'il avait pour la Vierge Marie, le regardaient comme un saint ; mais sœur Marie qui connaissait son hypocrisie, priait Dieu en son cœur de confondre un scélérat qui avait tant de mépris pour la virginité.

Cet hypocrite étant de retour à Saint-Martin, y apporta le feu criminel qui le consumait nuit et jour, et n'occupait son esprit qu'à trouver les moyens de parvenir à son injuste fin. Comme il craignait l'abbesse, dont il connaissait la vertu, il crut qu'il ne pouvait mieux faire que de la tirer de ce monastère. Pour cet effet, il alla trouver madame de Vendôme, qui demeurait alors à La Fère, où elle avait fondé et bâti un couvent de saint Benoît, nommé le Mont-Olivet. Il lui représenta, en sa qualité de réformateur souverain, que l'abbesse du Mont-Olivet n'était pas capable de gouverner une telle communauté. La bonne dame le pria de lui en indiquer une qui fût digne de remplir cette charge. Lui qui ne demandait autre chose, lui conseilla d'abord de prendre l'abbesse de Gif, qu'il lui dépeignit comme la plus capable qui fût en France. Madame de Vendôme l'envoya quérir incontinent, et lui donna le gouvernement de ce monastère du Mont-Olivet. Le prieur, qui était le maître des suffrages de toutes les communautés, fit élire à Gif une abbesse à sa dévotion. L'élection étant faite, il alla à Gif, pour essayer encore une fois si par prière ou par promesse il pourrait gagner sœur Marie. Cette seconde tentative ne lui ayant pas mieux réussi que la première, il s'en revint au désespoir à son prieuré de Saint-Martin ; et là, tant pour parvenir à ses fins que pour se venger de sa cruelle, et de peur aussi que son affaire n'éclatât, il fit dérober de nuit les reliques de Gif, et en accusa le confesseur du monastère, religieux âgé et homme de bien. Il le fit mettre en prison à Saint-Martin. Pendant qu'il le tenait prisonnier, il suborna deux témoins qui signèrent étourdiment qu'ils avaient vu dans un jardin le confesseur et sœur Marie faisant une action infâme et déshonnête ; ce qu'il voulait faire avouer au vieux religieux. Le bonhomme, qui savait toutes les fredaines de son prieur, le supplia d'assembler le chapitre, et qu'il dirait, en présence des religieux, la vérité de tout ce qu'il en savait. Le prieur, craignant que la justification du confesseur ne fît sa condamnation, n'eut garde d'accorder cette demande. Trouvant donc le confesseur inébranlable, il le traita si mal, que les uns disent qu'il mourut en prison; les autres, qu'il le contraignit de quitter l'habit et de sortir du royaume. Quoi qu'il en soit, il n'a jamais paru depuis. Le prieur ayant à son avis une si grande prise sur sœur Marie, s'en alla à Gif, où l'abbesse étant à sa dévotion, ne lui contredisait en rien. Il commença par user de son autorité de visiteur, et fit venir toutes les religieuses l'une après l'autre, pour les entendre en chambre, par forme de confession et de visitation. Sœur Marie, qui avait perdu sa bonne tante, ayant enfin comparu, le révérend père commença enfin par lui dire : « Vous savez, sœur Marie, de quel crime vous êtes accusée, et par conséquent vous savez aussi que la grande chasteté que vous affectez ne vous a de rien servi ; car on sait fort bien que vous n'êtes rien moins que chaste. — Produisez-moi celui qui m'a accusée, répondit sœur Marie avec un air assuré, et vous verrez comment il soutiendra la chose devant moi. — Le confesseur même en a été convaincu, et cette preuve doit vous suffire, répliqua le prieur. — Je le crois si homme de bien, repartit sœur Marie, qu'il n'est pas capable de confesser une pareille fausseté ; mais, quand il l'aurait fait, faites-le venir devant moi, et je prouverai le contraire. » Le prieur voyant qu'elle ne s'étonnait point, lui dit : « Je suis votre père, et, en cette qualité, je veux ménager votre honneur. Je m'en rapporte à votre conscience, et j'en croirai ce que vous direz. Je vous conjure donc, sur peine de péché mortel, de me dire la vérité. Étiez-vous vierge quand vous entrâtes dans cette maison ? —L'âge de cinq ans que j'avais alors, mon père, répondit-elle, est le garant de ma virginité. — Et depuis ce temps-là, ma fille, lui demanda-t-il encore, n'avez-vous point perdu cette belle fleur ? » Elle jura que non, et que jamais elle n'avait eu de tentation que de sa part. « Je ne saurais le croire, répliqua le cafard, et c'est une chose à prouver. — Quelle preuve en voulez-vous ? lui dit-elle. — Celle que je fais aux autres, répondit le moine. Comme je suis le visiteur des âmes, je le suis aussi des corps. Vos abbesses et prieures ont toutes passé par mes mains, et vous ne devez point faire scrupule de me laisser visiter votre virginité. Mettez-vous donc sur ce lit et relevez le devant de votre robe sur votre visage. —Vous m'avez tant parlé, répondit sœur Marie tout en colère, de l'amour criminel que vous avez pour moi, que j'ai sujet de croire que votre dessein est moins de visiter ma virginité que de me la ravir ; ainsi comptez que jamais je n'y consentirai. —Vous êtes excommuniée, lui dit-il alors, de refuser l'obéissance ; et si vous ne faites ce que je vous dis, je vous déshonorerai en plein chapitre, et dirai tout ce que je sais de vous et du confesseur. » Sœur Marie répondit sans s'émouvoir que celui qui connaissait le cœur de ses serviteurs, la rassurerait autant devant lui, qu'il pourrait la consterner devant les hommes. « Et puisque vous portez la méchanceté jusque-là, ajouta-t-elle, j'aime mieux être la victime de votre cruauté, que la complice de vos désirs criminels ; parce que je sais que Dieu est juste juge. »

Le prieur, dans une rage qu'on peut mieux imaginer que dépeindre, courut sur-le-champ assembler le chapitre. Il fit venir sœur Marie devant lui, la fit mettre à genoux, et lui dit : « C'est avec une douleur extrême, sœur Marie, que je vois que les bonnes remontrances que je vous ai faites sur une faute aussi capitale vous ont été inutiles ; et c'est avec regret que je me trouve forcé de vous ordonner une pénitence contre ma coutume. J'ai examiné votre confesseur sur certains crimes dont il était accusé, et il m'a confesssé qu'il a abusé de vous, et cela en un lieu où deux témoins disent l'avoir vu. Au lieu donc de la charge honorable de maîtresse des novices que vous avez, j'ordonne que vous soyez non-seulement la dernière de toutes, mais encore que vous mangiez à terre, au pain et à l'eau, en présence de toutes les sœurs, jusqu'à ce que vous ayez mérité grâce par votre repentance. » Sœur Marie ayant été avertie à l'avance par une de ses compagnes qui savait toute son affaire, que si elle répondait quelque chose qui déplût au prieur, il la mettrait *in pace*, c'est-à-dire en chartre perpétuelle, reçut sa sentence sans dire mot, levant les yeux au ciel, et priant celui qui lui avait fait la grâce de résister au péché, de lui donner dans sa souffrance la patience qui lui était nécessaire. Ce ne fut pas encore tout. Ce vénérable prieur défendit encore de ne la laisser parler de trois ans à sa mère ou à ses parents, ni d'écrire aucune lettre qu'en communauté.

Le malheureux s'en alla après ce bel exploit, et ne revint plus. Cette pauvre fille demeura longtemps dans l'état que je viens de dire. Mais sa mère, qui avait pour elle quelque chose de plus tendre que pour tous ses autres enfants, et qui ne recevait plus de ses nouvelles, surprise d'un tel changement, dit à un de ses fils, qui était un jeune homme sage et bien tourné, qu'elle croyait que sa fille était morte, et que les religieuses cachaient sa mort pour jouir plus longtemps de sa pension ; et le pria de savoir, à quelque prix que ce fût, ce qui en était, et de voir sa sœur, s'il était possible. Le frère alla incontinent au couvent. On lui dit, à l'ordinaire, que sa sœur ne quittait pas le lit. Le jeune homme ne prit point cela en paiement, et jura que si on ne la lui faisait voir, il passerait par-dessus les murailles et forcerait le monastère. Cette menace fit tant de peur aux religieuses, qu'elles amenèrent sa sœur à la grille ; mais l'abbesse la suivait de si près, qu'elle ne pouvait parler à son frère que la bonne mère ne l'entendît. Comme sœur Marie était sage, elle s'était précautionnée à l'avance, et avait écrit tout ce que j'ai déjà dit, et circonstancié mille autres stratagèmes que le prieur avait mis en œuvre pour la séduire, et que je ne mettrai point ici, pour être court. Je ne dois pourtant pas oublier que, pendant que sa tante était abbesse, le prieur s'étant imaginé qu'on le rebutait à cause de sa laideur, découpla à sœur Marie un religieux jeune et bien fait, espérant que si ce moine réussissait, il pourrait ensuite obtenir par la crainte ce qu'il avait inutilement

Regardez ici, madame.

demandé. Mais d'un jardin où le jeune moine lui parla d'affaire avec des gestes et des expressions si infâmes, que j'aurais honte de les rapporter, la pauvre fille courut à l'abbesse, qui parlait au prieur, en criant : « Ma mère, ce sont des démons et non des religieux qui viennent nous visiter. » Le prieur craignant alors d'être découvert, dit à l'abbesse en riant : « Certainement, ma mère, sœur Marie a raison. » Il la prit ensuite par la main, et lui dit en présence de l'abbesse : « J'avais entendu dire que sœur Marie parlait fort bien, et avait tant de facilité, qu'on la croyait mondaine. C'est pourquoi j'ai fait violence à mon naturel, et lui ai parlé comme les mondains parlent aux femmes, autant que je le puis savoir par les livres ; car pour l'expérience, j'y suis aussi ignorant que je l'étais le jour que je naquis. Et comme j'attribuais sa vertu à ma vieillesse et à ma laideur, j'ai commandé à mon jeune religieux de lui parler sur le même ton. Elle a fait, comme vous voyez, une sage et vertueuse résistance. Je lui en sais bon gré, et l'en estime si fort, que je veux désormais qu'elle soit la première après vous, et la maîtresse des novices, afin que sa vertu se fortifie de plus en plus. » Ce vénérable prieur fit plusieurs coups de la même force, durant trois ans qu'il fut amoureux de la religieuse, qui, comme j'ai dit, donna à son frère, par la grille, la relation de ses tristes aventures.

Le frère apporta cette relation à sa mère. Cette femme, au désespoir, partit incontinent pour Paris, où elle trouva la reine de Navarre, sœur unique du roi. Elle lui fit voir cette pitoyable histoire, et lui dit : « Ne vous fiez plus, madame, à ces hypocrites. Je croyais avoir mis ma fille dans les faubourgs, ou du moins dans le chemin du paradis, et je l'ai mise en enfer, et entre les mains de gens pires que tous les diables qui y sont ; car les diables ne nous tentent qu'autant que nous y donnons notre consentement, et ceux-ci veulent nous emporter par la violence, quand ils ne peuvent le faire par amour. » La reine de Navarre fut fort embarrassée. Elle avait une confiance entière au prieur de Saint-Martin, et elle lui avait donné la charge des abbesses de Montivilier et de Canses-Belles-Sœurs. D'un autre côté, elle trouvait le crime si noir et si horrible, qu'elle ne pouvait se résoudre à le laisser impuni. Elle prit enfin son parti, qui fut de venger l'innocence de cette pauvre fille. Elle communiqua la chose au chancelier du roi, qui était alors légat en France. Le légat fit venir le prieur qui dit pour toute excuse qu'il avait soixante-dix ans. Le bon père parla à la reine de Navarre, la priant sur tous les plaisirs qu'elle voudrait jamais lui faire, et pour toute récompense de ses services, d'avoir la bonté de faire cesser ce procès, lui protestant qu'il avouerait que sœur Marie Héroüet était une perle d'honneur et de chasteté. La reine fut tellement étonnée de ce discours, que, ne sachant que lui répondre, elle lui tourna le dos, et le laissa là. Le pauvre moine, fort confus, se retira dans son monastère, où il ne voulut plus être vu de personne, et mourut un an après. Sœur Marie Héroüet, estimée à proportion des vertus que Dieu avait mises en elle, fut tirée de l'abbaye de Gif, où elle avait tant souffert, et faite abbesse, par le roi, de l'abbaye de Gien, près de Montargis. Elle réforma l'abbaye que Sa Majesté lui avait donnée, et vécut comme une sainte animée de l'esprit de Dieu, qu'elle loua toute sa vie du repos qu'il lui avait procuré, et de la dignité dont il l'avait revêtue.

— Voilà une histoire, mesdames, qui confirme bien ce que dit saint Paul aux Corinthiens : que Dieu se sert *des choses faibles pour confondre les fortes,* et de celles qui paraissent inutiles aux yeux des hommes, pour renverser la gloire et l'éclat fastueux de ceux qui s'imaginent être quelque chose, et ne sont pourtant rien dans le fond. Il n'y a de bien dans tous les hommes que celui que Dieu y met par sa grâce; et il n'y a point de tentation dont on ne sorte victorieux, quand Dieu accorde son secours. Vous le voyez par la confession d'un moine qu'on croyait homme de bien, et par l'élévation d'une fille qu'il voulait faire passer pour criminelle et méchante. En cela se trouve véritable ce que dit Notre Seigneur : *que celui qui s'élèvera, sera humilié ; que celui qui s'humiliera, sera élevé.*

— Que de gens de bien ce prieur a trompés! dit Oysille, car j'ai vu qu'on se fiait plus en lui qu'en Dieu.

— Ce n'est pas moi qu'il a trompée, répondit Nomerfide, car je ne me suis jamais fiée à ces sortes de gens.

— Il y en a de bons, reprit Oysille; et la méchanceté d'un particulier ne doit pas être rejetée sur le général : mais les meilleurs sont ceux qui fréquentent moins les maisons séculières et les femmes.

— C'est fort bien dit, répartit Émarsuite; car moins on les voit, moins on les connaît, et plus on les estime : la raison est, que plus on les fréquente, mieux on connaît leur fond.

— Laissons donc l'Église où elle est, dit Nomerfide, et voyons à qui Guebron donnera sa voix.

— Ce sera à madame Oysille, répondit Guebron, à condition qu'elle nous dira quelque chose à l'honneur des frères religieux.

— Nous avons tant juré, répliqua Oysille, de dire la vérité, que je ne saurais m'en éloigner. D'ailleurs, en faisant votre conte, vous m'avez fait ressouvenir d'une pitoyable histoire, dont je serai obligée de vous régaler, parce que je suis dans le voisinage du pays où la chose est arrivée de mon temps. Je la choisis de fraîche date, mesdames, afin que l'hypocrisie de ceux qui se croient plus religieux que les autres, en vous enchante l'esprit de manière que, votre foi quittant le droit chemin, ne s'imagine trouver le salut en aucun autre qu'en celui seul qui ne veut point de compagnon dans l'ouvrage de notre création et de notre rédemption. Celui-là seul est tout-puissant pour nous sauver dans l'éternité, et pour nous consoler durant cette vie, et nous délivrer de toutes nos afflictions. Vous savez que Satan prend souvent la forme d'un ange de lumière, afin que l'œil, trompé par les apparences de la sainteté et de la dévotion, s'attache aux choses qu'il devrait fuir.

NOUVELLE XXIII

Un cordelier est la cause de trois meurtres, du mari, de la femme et d'un enfant.

Il y avait en Périgord un gentilhomme qui avait tant de dévotion pour saint François, qu'il s'imaginait que tous ceux qui en portaient l'habit, devaient être aussi saints que le saint même. Il fit faire chez lui, à l'honneur de ce bon saint, un appartement pour loger les religieux de cet ordre, par le conseil desquels il réglait toutes ses affaires, et même jusques aux moindres choses qui regardaient le ménage, croyant aller bien sûrement en suivant de si bons guides. Il arriva que la femme de ce gentilhomme, qui était belle et aussi sage et vertueuse que belle, accoucha d'un beau garçon ; de quoi son mari qui l'aimait déjà beaucoup, l'aima doublement encore. Pour régaler et divertir sa commère, il envoya quérir un de ses beaux-frères. A l'heure du souper il arriva un cordelier, duquel je tairai le nom, pour l'honneur de l'ordre. Le gentilhomme fut fort aise de voir son père spirituel, pour lequel il n'avait rien de secret. Après une longue conversation entre la commère, le beau-frère et le moine, on se mit à table pour souper. Durant le repas, le gentilhomme regardant sa femme, qui avait assez de beauté et d'agrément pour donner dans la vue, demanda tout haut au bon père : « Est-il vrai, mon père, que c'est un péché mortel de coucher avec sa femme pendant qu'elle est en couche ? » Le cordelier, qui paraissait tout autre qu'il n'était, répondit : « Certainement, monsieur, que je crois que c'est un des grands péchés qui se commette dans le mariage : quand il n'y aurait que l'exemple de la bienheureuse Vierge, qui ne voulut entrer au temple qu'après le jour de sa purification, quoiqu'elle n'eût pas besoin de cette cérémonie ; vous devriez indispensablement vous abstenir de ce petit plaisir, puisque la bonne Vierge Marie, pour obéir à la loi, s'abstenait d'aller au temple, où était toute sa consolation. D'ailleurs les médecins disent qu'il y a à craindre pour les enfants qui en peuvent venir. » Le gentilhomme, qui avait cru que le père lui donnerait permission de coucher avec sa femme, ne fut point aise d'une réponse si contraire à son espérance ; cependant il laissa là la chose. Le révérend père, après avoir bu un peu plus que de raison durant cette conversation, jeta les yeux sur la commère, et conclut en lui-même que, s'il en était le mari, il coucherait avec elle sans en demander conseil à personne. Comme le feu s'allume peu à peu, et augmente en sorte qu'il brûle la maison, de même le pauvre *frater* se sentit épris d'une telle concupiscence, qu'il résolut tout à coup de pousser à bout le désir que son cœur cachait il y avait plus de trois ans. Après qu'on eut desservi, il prit le gentilhomme par la main, le mena près du lit de sa femme, et lui dit devant elle : « Comme je connais, monsieur, l'amitié qu'il y a entre vous et mademoiselle, j'entre dans les mouvements que vous inspire à tous deux la grande jeunesse où vous êtes. C'est pourquoi je veux vous dire un secret de notre sainte théologie ; c'est que la loi qui est si rigoureuse à cause des abus que les maris indiscrets font, n'a pas la même rigueur pour les maris aussi sages et aussi modérés que vous. Ainsi, monsieur, après avoir dit devant les gens quelle est la sévérité de la loi, je dois vous dire en particulier quelle en est la douceur. Sachez donc qu'il y a femmes et femmes, comme il y a hommes et hommes. Il faut donc, avant toutes choses, que mademoiselle qui est accouchée depuis trois semaines, vous dise si elle est hors du flux de sang. » La demoiselle répondit bien positivement qu'elle l'était. « Cela étant, mon fils, reprit le cordelier, je vous permets de coucher avec elle sans scrupule, à ces deux conditions : la première, que vous n'en parlerez à personne et que vous y viendrez secrètement ; l'autre, que vous n'y viendrez qu'à deux heures après minuit, afin de ne pas troubler la digestion de votre épouse. » Le gentilhomme lui promit tout cela, et appuya sa promesse d'un si gros serment, que le moine qui le connaissait plus sot que menteur, ne douta point qu'il ne tînt ce qu'il promettait. Après une assez longue conversation, il leur souhaita le bonsoir, leur donna nombre de bénédictions, et se retira dans sa chambre. Il prit, en se retirant, le gentilhomme par la main, et lui dit : « Certes, monsieur, il est temps de vous retirer aussi, et de laisser reposer mademoiselle. » Le gentilhomme sortit, et dit à sa femme, en présence du bon père, de laisser la porte ouverte.

« Le bon moine, étant dans sa chambre, ne pensa à rien moins qu'à dormir. Aussitôt qu'il n'entendit plus de bruit dans la maison, c'est-à-dire à l'heure à peu près qu'il avait coutume d'aller à matines, il s'en alla droit à la chambre où le gentilhomme était attendu. Il trouva la porte ouverte, et étant entré, il commença par éteindre la chandelle, et se coucha le plus vite qu'il put auprès de la commère. « Ce n'est pas, mon ami, ce que vous avez promis au bon père, de ne venir ici qu'à deux heures. » Le cordelier, plus attentif à l'action qu'à la contemplation, craignant d'ailleurs d'être reconnu, pensa plus à satisfaire la passion criminelle dont son cœur était empoisonné depuis longtemps, qu'à lui répondre : de quoi la demoiselle fut fort étonnée. L'heure que le mari devait venir approchant, le cordelier déniche et regagne sa chambre. Comme l'amour l'avait empêché de dormir, la crainte, qui suit toujours le crime, ne lui permit pas de reposer. Il se lève, s'en va au portier, et lui dit : « Mon ami, monsieur m'a commandé de m'en aller tout à l'heure à notre couvent, où j'ai ordre de faire prier Dieu pour lui : ainsi donnez-moi, je vous prie, ma monture, et m'ouvrez la porte sans que personne en entende rien ; car le secret est ici nécessaire. » Le portier, sachant qu'obéir au cordelier était servir son maître, ouvrit la porte et le laissa sortir.

Dans ce moment-là le gentilhomme s'éveilla, et voyant que l'heure qu'il devait aller voir sa femme n'était pas éloignée, il se leva en robe de chambre, et alla se coucher auprès de sa femme, où il pouvait aller suivant la loi de Dieu, sans en demander permission à l'homme. Sa femme, ignorant ce qui s'était passé, et entendant parler son mari auprès d'elle, en fut surprise, et lui dit : « Quoi ! monsieur, est-ce la promesse que vous avez faite au bon cordelier de ménager votre santé et la mienne ? non content d'être ici venu avant l'heure, vous y revenez encore. Pensez-y, monsieur, je vous en supplie. » Le gentilhomme, étourdi d'une telle nouvelle, ne put cacher son chagrin et lui dit : » Que me dites-vous là ? il y a trois semaines que je n'ai couché avec vous, et vous m'accusez d'y venir trop souvent. Si vous me parlez davantage sur ce ton, vous me ferez croire que ma compagnie vous déplaît, et de me contraindre de faire ce que je n'ai jamais fait, je veux dire de chercher ailleurs le plaisir légitime que vous me refusez. « La dame, qui crut qu'il plaisantait, lui répondit : « Je vous supplie, monsieur, ne vous trompez pas vous-même en croyant me tromper. Quoique vous ne m'ayez pas parlé la première fois que vous êtes venu, j'ai pourtant bien connu que vous y étiez. » Le gentilhomme connut alors qu'ils étaient tous deux dupés, et fit un gros serment qu'il n'y était point venu. La femme en eut tant de douleur, qu'elle pria son mari avec larmes de savoir au plus tôt qui ce pouvait être, puisqu'il n'y avait que son frère et le cordelier qui fussent couchés chez eux. Le gentilhomme porta d'abord ses conjectures sur le cordelier, courut à sa chambre, et n'y trouva personne. Pour être assuré qu'il avait pris la fuite, il fit venir le portier, et lui demanda s'il ne savait point de quoi le cordelier était devenu. Le portier lui ayant dit ce qui s'était passé, le bon gentilhomme, bien convaincu de la scélératerie du moine, s'en retourna d'abord trouver sa femme, et lui dit : « Soyez assurée, ma mie, que celui qui a couché avec vous, et qui a fait tant de prouesses, est notre père confesseur. » La demoiselle, à qui l'honneur avait toujours été précieux, se jeta dans un si grand désespoir, qu'oubliant toute humanité et le naturel de femme, elle supplia son mari, à genoux, de la venger d'un si sensible outrage. Le mari monta à cheval incontinent et poursuivit le cordelier.

La femme étant seule dans son lit, sans conseil et sans autre consolation que son enfant nouveau-né, repassant sur l'affreuse aventure qui venait de lui arriver, et ne comptant pour rien son ignorance, se crut coupable et la femme du monde la plus malheureuse. Ces tristes réflexions, qu'elle fondait sur l'atrocité du crime, sur l'amour qu'elle avait pour son époux, et sur l'honneur qu'elle aimait sur toutes choses, la troublèrent si fort, et la jetèrent dans un désespoir si extrême, qu'elle crut que la mort lui était meilleure que la vie. Dans cette cruelle situation d'esprit, elle s'abandonna à sa douleur, et perdit non-seulement l'espérance que tout chrétien doit avoir en Dieu, mais aussi le sens commun et la mémoire de sa propre nature. Ne connaissant donc ni Dieu, ni soi-même, mais étant au contraire pleine de rage et de fureur, elle défit une corde de son lit, et s'étrangla de ses propres mains. A l'agonie d'une mort si cruelle, et lorsque la nature fait les derniers efforts, cette malheureuse fit des mouvements si violents, que portant le pied sur le visage de son enfant, son innocence ne put le garantir d'une mort aussi douloureuse que celle de sa mère. Mais elle fit un si grand cri en rendant les derniers soupirs, qu'une femme, qui couchait dans sa chambre, se leva promptement, et alluma de la chandelle.

Cette femme, voyant sa maîtresse pendue et étranglée à la corde du lit, et son enfant étouffé sous ses pieds, courut tout effrayée à la chambre du frère de la morte, et le mena voir ce spectacle. Le frère, affligé autant que le peut et doit être un homme qui aimait tendrement sa sœur, demanda à la servante qui avait fait un tel crime. La servante répondit qu'elle n'en savait rien, et qu'elle ne pouvait dire autre chose, sinon qu'il n'était entré personne que son maître, qui n'était sorti que depuis un moment. Le frère, allant incontinent à la chambre de son beau-frère, et ne le trouvant point, crut fermement qu'il avait fait le coup. Il monta sans retardement à cheval, et, sans plus ample information, courut après son beau-frère, et l'attendit dans un chemin comme il revenait de la poursuite du cordelier, bien fâché de n'avoir pu le rejoindre. « Défendez-vous, lâche scélérat, dit le frère de la morte au mari, aussitôt qu'il le vit. J'espère que Dieu me vengera par cette épée du plus méchant de tous les hommes. » Le mari voulut s'excuser, mais le beau-frère le serrait de si près, que tout ce qu'il put faire, fut de se défendre sans s'informer du sujet de la querelle. Ils se donnèrent tant de coups l'un à l'autre, que la perte de sang et la lassitude les contraignirent de mettre pied à terre et de se reposer, l'un d'un côté, l'autre de l'autre. En prenant ainsi haleine, le mari dit au frère : « Que je sache au moins, mon frère, pourquoi l'amitié que nous avons toujours eue l'un pour l'autre, s'est convertie en une si cruelle haine ? — Que je sache aussi, répondit le frère, pourquoi vous avez fait mourir ma sœur, l'une des femmes de bien qui fut jamais, et pourquoi, sous prétexte de vouloir coucher avec elle, vous l'avez pendue et étranglée à la corde de votre lit ? » A ces mots, le pauvre mari, plus mort que vif, dit à son beau-frère : « Est-ce possible, mon frère, que vous ayez trouvé votre sœur en l'état que vous dites ? Je vous prie, mon frère, reprit l'époux, après qu'on l'eut assuré qu'on ne disait rien que de vrai, de trouver bon que je vous dise pourquoi je suis sorti. » Et sur cela il conta l'aventure du cordelier. Le frère, fort étonné, et plus fâché encore de l'avoir attaqué sans raison, lui fit de grandes excuses. « Je vous ai fait tort, lui dit-il ; mais je vous prie de me le pardonner. — Si je vous ai fait tort, répondit l'époux, vous en êtes vengé ; car je suis si blessé, que je désespère d'en réchapper. » Le beau-frère le remonta à cheval du mieux qu'il put, et le ramena chez lui, où il mourut le lendemain, et confessa devant tous ses parents et amis qu'il était la cause de sa mort. Pour satisfaire à la justice, on conseilla au cordelier d'aller demander sa grâce au roi François Ier. Pour cet effet, après avoir fait enterrer honorablement le père, la mère et l'enfant, il partit un vendredi saint pour aller solliciter sa grâce à la cour, et l'obtint par la faveur de François Olivier, chancelier d'Alençon, et choisi depuis par le roi, en considération de ses grandes vertus, pour chancelier de France.

— Je suis persuadée, mesdames, qu'après cette histoire, qui est la vérité même, il n'y aura personne de vous qui n'y pense deux fois avant que de loger de pareils hôtes. Que ceci vous apprenne que plus le venin est caché, et plus il est dangereux.

— Demeurez d'accord, dit Hircan, que ce mari était un grand sot de mener souper un tel galant auprès d'une si belle femme.

— J'ai vu le temps, dit Guebron, qu'il n'y avait point dans notre pays de maison, où il n'y eût une chambre pour les bons pères ; mais à présent ils sont si bien connus, qu'on les craint plus que les aventuriers.

— Il me semble, reprit Parlamente, qu'une femme étant au lit, ne doit jamais faire entrer dans sa chambre ni moine, ni prêtre, que pour lui administrer les sacrements de l'Église ; et pour moi, quand j'en appellerai, on peut compter que je suis dangereusement malade.

— Si tout le monde était aussi austère que vous, répondit Émarsuite, les pauvres prêtres n'ayant plus la liberté de voir les femmes, seraient pis que des excommuniés.

— Ne craignez rien pour eux, dit alors Saffredant ; ces bonnes gens ne manqueront jamais de femmes.

— Comment ! dit Simontault, ce sont ceux qui nous unissent aux femmes par les liens du mariage, et ils ont la méchanceté de tâcher à nous désunir et à nous faire rompre le serment qu'ils nous ont fait faire.

— C'est une pitié, reprit Oysille, que ceux qui ont l'administration des sacrements, s'en jouent de cette manière ; on devrait les brûler tout vifs.

— Vous ferez mieux, répliqua Saffredant, de les respecter que de les blâmer, et de les flatter que de les injurier ; mais passons outre, et voyons qui aura la voix d'Oysille.

Comme la femme tenait à genoux les confitures devant le prince.

— Ce sera Dagoucin, répondit Oysille; car je le vois si rêveur, qu'il me semble prêt à dire quelque chose de bon.

— Puisque je ne puis ni n'ose dire ce que je pense, dit Dagoucin, au moins parlerai-je d'un homme à qui la cruauté fut préjudiciable, et puis avantageuse. Quoique l'amour ait si bonne opinion de sa force et de sa puissance, qu'il veut aller tout nu, et qu'il lui soit fort ennuyeux et enfin insupportable de se produire sous le voile, cependant ceux qui, pour obéir à ses conseils, se pressent trop de se découvrir, s'en trouvent souvent mal, comme il arriva à un gentilhomme de Castille, dont je vais vous conter l'histoire.

NOUVELLE XXIV

Ingénieuse invention d'un Castillan pour faire déclaration d'amour à une reine et ce qui en arriva.

Il y avait à la cour d'un roi et d'une reine de Castille, que l'histoire ne nomme pas, un gentilhomme de si bonne maison et si bien fait de sa personne qu'il n'y avait pas son pareil dans toute l'Espagne. Chacun admirait ses vertus autant qu'il était surpris de son indifférence ; car on ne s'était jamais aperçu qu'il aimât ou servît aucune dame, quoiqu'il y en eût grand nombre à la cour capables d'échauffer la glace même ; mais il n'y en eut point qui pût prendre ce gentilhomme, qui se nommait Élisor. La reine, qui était une femme d'une grande vertu, mais pourtant femme et pas plus exempte que les autres de la flamme qui moins elle éclate, plus elle est violente, surprise de ce que ce gentilhomme ne s'attachât à aucune de ses femmes, lui demanda un jour s'il était vrai qu'il fût aussi indifférent qu'il le paraissait. Il répondit que si elle voyait son cœur comme elle voyait son visage, elle ne lui ferait pas cette question. La curiosité, péché originel du beau sexe, lui fit venir l'envie de savoir ce qu'il voulait dire, et elle le pressa si fort qu'elle lui fit avouer qu'il aimait une dame qu'il croyait la plus vertueuse qu'il y eût au monde. Elle fit tout ce qu'elle put et par prières et par commandements pour lui faire dire qui elle était ; mais tout cela fut inutile. Elle fit semblant d'être en si grosse colère contre lui qu'elle jura qu'elle ne lui parlerait jamais, s'il ne lui nommait celle qu'il aimait avec tant de passion. Elle le poussa si loin qu'elle le réduisit à dire qu'il aimerait autant mourir que de faire ce qu'elle lui ordonnait. Mais voyant enfin qu'il allait être privé de l'honneur de la voir et en même temps de sa bienveillance, faute de dire une vérité si honnête dans le fond que personne ne devait la prendre en mauvaise part, il lui dit tout tremblant : « Je ne puis ni n'ose, madame, vous nommer cette personne ; mais je vous la ferai voir, la première fois que vous irez à la chasse ; et je suis sûr que vous direz aussi bien que moi que c'est la femme la plus belle et la plus accomplie qu'il y ait au monde. » Après cette réponse, la reine alla plus tôt à la chasse qu'elle n'aurait fait. Élisor en fut averti et se prépara à l'aller servir à son ordinaire. Il avait eu soin de faire faire un grand miroir d'acier en façon de hallecret. Il le mit devant son estomac et s'enveloppa bien d'un manteau de frise noire, tout bordé de canetille et d'or richement frisé. Il était monté sur un cheval noir fort richement enharnaché. Le harnais était tout doré et émaillé de noir à la moresque, et son chapeau de soie noire avec une riche enseigne, où il y avait pour devise un Amour couvert par force, enrichi de pierreries. L'épée, le poignard et les devises qui y étaient répondaient au reste ; en un mot, il était en fort bon équipage et si bon homme de cheval que tous ceux qui le voyaient quittaient le plaisir de la chasse pour voir les passades et les sauts qu'Élisor faisait faire à son cheval. Après avoir conduit la reine au lieu où l'on avait tendu les toiles, il mit pied à terre et alla à la reine pour lui aider à descendre de cheval. Dans le temps qu'elle lui tendait les bras, il ouvrit son manteau qui couvrait sa nouvelle cuirasse, la prit entre ses bras, lui montra son miroir, et lui dit : « Regardez ici, madame, je vous en supplie » ; et sans attendre sa réponse, il la mit doucement à terre.

La chasse finie, la reine revint au palais sans parler à Élisor. Elle l'appela après soupé et lui dit qu'il était le plus grand menteur qu'elle eût jamais vu, parce que lui ayant promis de lui faire voir à la chasse celle qu'il aimait le plus, il n'en avait cependant rien fait ; mais aussi qu'elle avait résolu de ne faire désormais aucun cas de lui. Élisor, craignant que la reine n'eût pas entendu ce qu'il lui avait dit, répondit qu'il avait tenu parole et que non-seulement il lui avait montré la femme, mais aussi la chose qu'il aimait le mieux. Elle, contrefaisant l'ignorante, lui dit qu'elle n'avait point compris qu'il lui eût montré une seule de ses femmes. « Il est vrai, répliqua Élisor ; mais que vous ai-je montré en vous descendant de cheval ? — Rien, dit la reine, qu'un miroir que vous aviez devant l'estomac. — Et qu'avez-vous vu dans ce miroir ? repartit Élisor. — Rien que moi seule, répliqua la reine. — Par conséquent, madame, répondit Élisor, je vous ai tenu parole pour vous obéir. Jamais rien n'entrera dans mon cœur que celle que vous avez vue devant mon estomac ; et c'est la seule que je veux aimer, vénérer et adorer, non comme une femme, mais comme une divinité en terre, de laquelle dépendent ma vie et ma mort. La seule grâce que je vous demande, madame, est que la parfaite passion qui m'a fait vivre pendant que je l'ai cachée ne me fasse point mourir après l'avoir déclarée. Si je ne suis pas digne que vous me regardiez et que vous me receviez pour votre plus passionné serviteur, souffrez au moins que je vive comme j'ai fait jusqu'ici, de la satisfaction que j'ai d'avoir osé donner mon cœur à un sujet si parfait et si digne que je dois me contenter de l'aimer, quoique je ne puisse pas espérer un amour réciproque. Si la connaissance que vous avez de ma forte passion ne me rend pas plus agréable à vos yeux qu'auparavant, ne m'ôtez pas au moins la vie qui consiste dans le bien que j'espère de vous voir comme à l'ordinaire. Je ne reçois de vous que le seul bien qui m'est absolument nécessaire. Si j'en ai moins, vous en aurez moins de serviteurs et vous perdrez le meilleur et le plus affectionné que vous ayez eu et aurez jamais. »

La reine, soit pour paraître autre qu'elle n'était, soit qu'elle voulût faire une plus longue épreuve de l'amour qu'il avait pour elle, ou qu'elle eût dessein d'en aimer un autre qu'elle ne voulait pas quitter pour lui, ou soit enfin qu'elle fût bien aise d'avoir cet amant de réserve en cas que son cœur vînt à être vacant par quelque faute que pourrait faire celui qu'elle aimait déjà, lui dit d'un air ni fâché, ni content : « Je ne vous demanderai point, Élisor, comment, ne connaissant point la puissance de l'amour, vous avez pu être si présomptueux et si extravagant que de m'aimer ; car je sais qu'on est si peu le maître de son cœur qu'on ne le fait pas aimer et haïr ce qu'on veut. Mais puisque vous avez si bien su me déclarer que vous m'aimez, je veux savoir combien il y a de temps que vous êtes dans ces sentiments. » Élisor la trouvant si belle et voyant qu'elle s'informait de sa maladie ne désespéra pas qu'elle ne lui donnât quelque remède ; mais considérant d'un autre côté la sagesse et la gravité avec laquelle elle l'interrogeait, il craignit d'avoir affaire à un juge qui allait donner contre lui sentence de condamnation. Malgré cette incertitude d'espérance et de crainte, il lui protesta qu'il l'aimait dès sa grande jeunesse, et que depuis sept ans seulement il avait senti sa peine ou, pour mieux dire, une maladie si agréable qu'il aimerait mieux la mort que la guérison. « Puisque vous avez eu sept ans de constance, répondit la reine, je ne dois pas moins balancer à vous en croire que vous avez fait à me déclarer votre amour. C'est pourquoi si vous dites la vérité, je veux m'en convaincre de manière que je n'en puisse jamais douter ; et si je suis satisfaite de l'épreuve, je vous croirai à mon égard tel que vous me jurez que vous êtes ; vous trouvant alors tel que vous dites, vous me trouverez telle que vous souhaitez. » Élisor la supplia de le mettre à telle épreuve qu'il lui plairait, n'y ayant rien de si difficile qui ne lui parût fort aisé dans l'espérance d'être assez heureux que de lui faire connaître le parfait amour qu'il avait pour elle, lui protestant au reste qu'il n'attendait que l'honneur de ses commandements. « Si vous m'aimez, Élisor, autant que vous le dites, répliqua la reine, je suis assurée que pour avoir mes bonnes grâces, rien ne vous sera difficile ; ainsi je vous commande, par le désir que vous avez de les posséder, et par la crainte de les perdre, que dès demain, sans me voir davantage, vous quittiez la cour et vous en alliez dans un lieu, où de sept ans vous n'ayez aucunes nouvelles de moi, ni moi de vous. Vous savez bien que vous m'aimez, puisque vous m'aimez depuis sept ans. Après sept autres années d'expérience, je croirai ce que toutes vos protestations ne sauraient me faire croire. »

Ce cruel commandement fit d'abord croire à Élisor que sa vue était de l'éloigner; mais après y avoir mieux pensé, il accepta le parti, espérant que l'expérience ferait plus pour lui que tout ce qu'il pourrait dire. « Si j'ai vécu sept ans sans aucune espérance, lui dit-il, dans la cruelle nécessité de dissimuler mon amour, à présent qu'il vous est connu et que j'ai quelque rayon d'espoir, je passerai les autres sept avec plus de patience et de tranquillité. Mais, madame, ajouta-t-il, comme, en obéissant au commandement que vous me faites, je me trouve privé de tout le bien que j'ai jamais eu au monde, quelle espérance me donnez-vous de me reconnaître au bout de sept ans pour votre fidèle serviteur ? » La reine tirant un anneau de son doigt : « Coupons cet anneau en deux, lui dit-elle. J'en aurai la moitié et vous l'autre, afin que je puisse vous reconnaître à cette moitié d'anneau, en cas que la longueur du temps me fasse perdre la mémoire de votre visage. » Élisor prit donc l'anneau et en fit deux moitiés, en donna une à la reine et garda l'autre. Prenant ensuite congé d'elle, plus mort que ceux qui ont déjà rendu l'âme, il s'en alla chez lui donner les ordres pour son départ. Il envoya tout son train en province et s'en alla avec un seul valet en un lieu si solitaire qu'aucun de ses parents et amis n'eut de ses nouvelles durant les sept ans. Comment il vécut pendant ce temps-là et quel fut le chagrin que lui fit souffrir l'absence, c'est de quoi je ne puis rien dire ; mais ceux qui aiment ne le peuvent ignorer.

Précisément au bout de sept ans, et au moment que la reine allait à la messe, un ermite à longue barbe vint à elle, lui baisa la main et lui présenta une requête qu'elle ne daigna pas regarder, quoique sa coutume fût de recevoir toutes les requêtes qu'on lui présentait, quelque pauvres que fussent les gens. La moitié de la messe étant dite, elle ouvrit la requête et y trouva la moitié de l'anneau qu'elle avait donné à Élisor. Elle fut agréablement surprise ; et avant que de lire ce qu'elle contenait, elle donna ordre sur-le-champ à son aumônier de lui amener l'ermite qui lui avait présenté la requête. L'aumônier le chercha de tous les côtés et apprit, pour toutes nouvelles, qu'on l'avait vu monter à cheval, sans qu'on sût lui dire quel chemin il avait pris. En attendant la réponse de l'aumônier, la reine lut la requête. Il se trouva que c'était une lettre aussi bien faite qu'il était possible ; et sans l'envie que j'ai eue de vous la rendre intelligible, je n'aurais jamais osé la traduire. Je vous prie au reste, mesdames, de croire que le castillan est plus propre que le français à exprimer les mouvements de l'amour.

Voici la lettre :

Le temps m'a fait, par sa force et puissance,
Avoir d'Amour parfaite connaissance ;
Le temps après m'a été ordonné
En tel travail durant ce temps donné,

Que par le temps l'incrédule a pu voir
Ce que l'Amour n'a pu faire savoir :
Le temps lequel avait fait l'Amour naître,
Va dans mon cœur le faire enfin paraître
Tout tel qu'il est. C'est pourquoi le voyant,
Ne l'ai connu tel comme en le croyant :
Le temps m'a fait voir sur quel fondement
Mon cœur voulait aimer si fortement :
Ce fondement était votre beauté,
Qui cachait grande cruauté.
Le temps m'apprend que la beauté n'est rien,
Et que la cruauté est cause de mon bien;
Partant je fus de la beauté chassé,
Dont les regards j'avais tant pourchassé :
Ne voyant plus votre beauté que j'aime,
J'ai mieux senti votre rigueur extrême.
A votre ordre cruel j'obéis cependant,
Et je m'en tiens très-heureux, très-content,
Vu que le temps qui produit l'amitié,
A eu de moi par sa longueur pitié,
En me faisant un si honnête tour,
Que je n'ai point souhaité le retour,
Fors seulement pour vous dire en ce lieu
Non un bonjour, mais le dernier adieu.
Le temps m'a fait voir l'amour pauvre et nu,
Tout tel qu'il est, et d'où il est venu.
Et par le temps j'ai le temps regretté,
Autant ou plus que j'avais souhaité,
Conduit d'amour qui aveugle mes sens,
Dont rien de lui fors regret je ne sens :
Mais en voyant cet amour décevable,
Le temps m'a fait voir l'amour véritable,
Que j'ai connu en ce lieu solitaire,
Où par sept ans m'a fallu plaindre et taire.
J'ai par le temps connu l'amour d'en haut,
Lequel connu, soudain l'autre défaut :
Par le temps suis du tout à lui rendu,
Et par le temps de l'autre défendu;
Mon cœur, mon corps lui donne en sacrifice,
Pour faire à lui et non à vous service.
En vous servant rien m'avez estimé,
Et j'ai le rien en offensant aimé,
Mort me donnez pour vous avoir servie,
Et le fuyant il m'a donné la vie.
Or par ce temps Amour plein de bonté,
Par l'autre Amour si soumis, si dompté,
Que mis à rien s'est converti en vent;
Qui fut pour moi trop doux, trop decevant.
Je vous le rends tout entier sans témoin,
N'ayant de lui ni de vous nul besoin;

> Car l'autre Amour et parfait et durable
> M'attache à lui d'une attache immuable.
> A lui je vais, là me veux affermir;
> Sans plus ni vous, ni votre Dieu servir.
> Je prends congé de cruauté, de peine,
> Du vrai tourment, du mépris, de la haine,
> Du feu brûlant dont vous êtes remplie,
> De même qu'en beauté vous êtes accomplie :
> Je ne puis mieux dire adieu à tous maux,
> A tous malheurs et accablants travaux,
> Et à l'enfer de l'amoureuse femme,
> Qu'en un seul mot vous dire adieu, Madame,
> Sans nul espoir qu'où je sois, ou soyez,
> De vous revoir, ou que vous me voyiez.

Cette lettre ne fut pas lue sans beaucoup de larmes et de surprise, accompagnée d'un regret incroyable. En effet, la perte qu'elle faisait d'un serviteur qui l'aimait si parfaitement, devait lui être si sensible, que tous ses trésors, ni sa couronne même, ne pouvaient l'empêcher d'être la princesse du monde la plus pauvre et la plus misérable, puisqu'elle avait perdu ce que tous les biens ne sauraient recouvrer. Après avoir entendu la messe, elle rentra dans sa chambre, où elle fit les doléances que sa cruauté méritait. Il n'y eut ni montagne, ni rocher, ni forêt, où elle n'envoyât chercher l'ermite; mais celui qui l'avait tiré de ses mains, l'empêcha d'y retomber, et le mena en paradis avant qu'elle pût en avoir des nouvelles en ce monde.

Cet exemple fait voir que nul sujet ne doit dire ce qui peut lui faire du mal et ne lui faire aucun bien. Moins encore devez-vous, mesdames, pousser la défiance et l'incrédulité si loin, que de perdre vos amants en voulant les mettre à une épreuve trop difficile.

— J'ai entendu parler toute ma vie, Dagoucin, dit Guebron, de la dame à qui l'aventure est arrivée, comme de la femme du monde la plus vertueuse; mais je la tiens, de l'heure qu'il est, pour la plus folle et la plus cruelle qui fut jamais.

— Il me semble pourtant, dit Parlamente, qu'elle ne lui faisait pas grand tort, s'il aimait autant qu'il disait, d'exiger sept ans d'épreuve. Les hommes sont si accoutumés à mentir dans ces occasions-là, qu'on ne saurait prendre trop de sûretés avant que de s'y fier, si je puis dire qu'il faille s'y fier.

— Les dames d'aujourd'hui, dit Hircan, sont bien plus sages que celles du temps passé; car elles ont en sept jours d'épreuve autant de sûreté d'un amant, que les autres en avaient en sept ans.

— Il y en a pourtant en cette compagnie, dit Longarine, qu'on a aimées plus de sept ans à toute épreuve, sans avoir pu s'en faire aimer.

— Cela est vrai, dit Simontault; mais avec votre permission, on doit les mettre au rang de celles du vieux temps, car aujourd'hui elles ne seraient pas reçues.

— Cependant, dit Oysille, Élisor eut beaucoup d'obligation à la reine, parce qu'elle fut cause qu'il tourna entièrement son cœur à Dieu.

— Ce fut un grand bonheur pour lui, dit Saffredant, de trouver Dieu par les chemins, car ayant autant d'ennuis qu'il en avait, je m'étonne qu'il ne se soit pas donné au diable.

— Quand votre dame vous a maltraité, répondit Émarsuite, vous êtes-vous donné à tous les diables?

— Je m'y suis donné mille et mille fois, répliqua Saffredant; mais le diable voyant que les tourments de l'enfer étaient moindres que ceux qu'elle me faisait souffrir, et sachant qu'il n'y a point de diable plus insupportable qu'une femme fort aimée et qui ne veut point aimer, n'a jamais voulu me prendre.

— Si j'étais en votre place, et que je fusse dans les sentiments où vous êtes, je n'aimerais jamais femme, repartit Parlamente.

— Mon penchant a toujours été tel, répondit Saffredant, et mon erreur si grande, que quand je ne puis commander, je m'estime fort heureux de pouvoir servir; et la malice des femmes ne peut pas m'empêcher de les aimer.

— Mais dites-moi, je vous prie, en conscience, louez-vous cette princesse d'une si grande rigueur?

— Oui, dit Oysille, car je crois qu'elle ne voulait ni aimer ni être aimée.

— Cela étant, répliqua Simontault, pourquoi le faire espérer après sept ans passés?

— Vous avez raison, dit Longarine; et il me semble que celles qui ne veulent pas aimer, rompent d'abord, et ne font espérer aucun retour.

— Peut-être, dit Nomerfide, en aimait-elle un autre qui ne valait pas Élisor, et préféra-t-elle le moindre au meilleur.

— Je crois, reprit Saffredant, qu'elle était bien aise de l'entretenir pour pouvoir le prendre à point nommé, quand elle se déferait de celui qu'elle lui préférait alors.

— Je vois bien, dit alors Oysille, que tant que la conversation roulera sur cette matière, ceux qui n'aiment pas à être maltraités, diront de nous le pis qu'ils pourront: ainsi, Dagoucin, donnez, je vous prie, votre voix à quelqu'un.

— Je la donne à Longarine, répondit Dagoucin, persuadé qu'elle nous dira quelque chose de nouveau, et la vérité même, sans épargner ni les hommes ni les femmes.

— Puisque vous avez si bonne opinion de ma sincérité, dit Longarine, je conterai une aventure arrivée à un grand prince, qui surpassa en vertu tous les princes de son temps. Permettez-moi de vous dire aussi que le mensonge et la dissimulation est la chose dont on doit user le moins, si ce n'est dans une ex-

M. d'Avannes, se voyant seul avec la belle... (Page 194.)

trême nécessité. C'est un vice fort laid et fort infâme, et principalement quand il se trouve dans les princes et grands seigneurs, auxquels la vérité sied beaucoup mieux qu'aux autres hommes. Mais il n'y a point de prince au monde, quelque glorieux et quelque riche qu'il soit, qui ne reconnaisse l'empire de l'amour, et qui ne soit soumis à sa tyrannie. On peut dire même que plus un prince est illustre et a le cœur grand, plus l'amour fait d'efforts pour en faire un de ses sujets. En effet, ce Dieu superbe dédaigne tout ce qui est commun, et ne se plaît qu'à faire tous les jours des miracles, comme d'affaiblir les forts, de fortifier les faibles, de rendre savants les ignorants et les sages fous, de favoriser les passions, de ruiner la raison et de bouleverser, en un mot, toute la nature. Comme les princes n'en sont pas exempts, ils ne le sont pas non plus de la nécessité où les met le désir de l'amoureuse servitude. De là vient qu'ils sont forcés d'user de mensonge, d'hypocrisie et de feinte, qui, selon maître Jean de Meun, sont des moyens pour vaincre les ennemis. Puisqu'une action de cette nature est louable pour un prince, quoiqu'elle soit condamnable pour tous les autres hommes, je vais vous entretenir de l'invention dont se servit un jeune prince, qui trompa ceux qui ont accoutumé de tromper tout le monde.'

NOUVELLE XXV

Subtilité d'un grand prince pour jouir de la femme d'un avocat de Paris.

Il y avait à Paris un avocat plus estimé que neuf autres de sa profession. Comme son savoir le faisait rechercher de chacun, il devint le plus riche de tous les gens de robe. Mais voyant qu'il n'avait point d'enfants de sa première femme, il crut qu'il en aurait d'une seconde. Quoiqu'il fût vieux, il avait néanmoins le cœur et l'espérance d'un jeune homme. Il fit choix d'une Parisienne de dix-huit à dix-neuf ans, fort belle de visage et de teint, et plus belle encore pour la taille et l'embonpoint. Il l'aima et la traita du mieux qu'il put; mais il n'en eut point d'enfants non plus que de la première; de quoi la belle enfin se chagrina. Comme la jeunesse ne peut pas porter le chagrin fort loin, la belle, qui allait aux bals et aux festins, résolut de chercher ailleurs le plaisir qu'elle ne trouvait pas chez elle; ce qu'elle fit néanmoins si honnêtement et avec tant de précaution, que son mari ne pouvait en prendre ombrage, car elle était toujours avec celles en qui il avait de la confiance.

Étant un jour à une noce, il s'y trouva un grand prince qui m'en a fait le conte et m'a défendu de le nommer. Tout ce que je puis vous dire est, qu'il n'y a eu et n'y aura, je crois, jamais de prince en France mieux fait et de meilleur air. Les yeux et la contenance de l'avocate donnèrent de l'amour à ce prince. Il lui parla si bien et avec tant de grâce, qu'elle prit goût à la harangue. Elle lui avoua ingénument qu'elle avait depuis longtemps dans le cœur l'amour dont il la priait, et le pria de ne pas se donner la peine de vouloir lui persuader une chose à laquelle l'amour l'avait déjà fait consentir par la seule vue. La naïveté de l'amour ayant donné à ce prince ce qui méritait bien d'être acquis par le temps, il ne manqua pas de remercier le dieu qui le favorisait. Il poussa si bien sa pointe, qu'ils convinrent dès lors d'un moyen de se voir en moins grosse compagnie. Le lieu et le temps marqués, le prince n'eut garde de ne pas comparaître; mais pour ne pas exposer l'honneur de la belle, il comparut travesti. Comme il ne voulait pas être connu des filous et autres gens d'industrie qui couraient la nuit, il se fit accompagner par quelques gentilshommes de confiance. Il ne fut pas plus tôt dans la rue où l'avocate demeurait, qu'il les quitta et leur dit : « Si dans un quart d'heure vous n'entendez point de bruit, retirez-vous et revenez me quérir vers les trois à quatre heures. » Le quart passé et point de bruit entendu, les gentilshommes se retirèrent.

Le prince alla droit chez l'avocat, et trouva la porte ouverte comme on lui avait promis ; mais en montant le degré, il rencontra l'avocat avec une bougie à la main, qui le découvrit le premier. Cependant l'amour, qui donne de l'esprit et de la hardiesse à proportion des traverses qu'il fait naître, fit aller le prince droit à l'avocat, auquel il dit : « Vous savez, monsieur l'avocat, la confiance que moi et tous ceux de ma maison avons en vous, et je vous regarde comme un de mes meilleurs et plus fidèles serviteurs. Je viens vous voir familièrement, tant pour vous recommander mes affaires que pour vous prier de me faire donner à boire, car j'ai grand'soif, et de ne dire à personne que je sois venu ici. Sortant de chez vous, il me faut aller ailleurs, où je ne serais pas bien aise d'être connu. » Le bonhomme, ravi de l'honneur que le prince lui faisait de venir ainsi familièrement chez lui, le pria d'entrer dans sa chambre, et dit à sa femme d'apprêter une collation des meilleurs fruits et des confitures les plus exquises qu'elle pourrait trouver ; ce qu'elle fit très-volontiers avec toute la propreté qu'il lui fut possible. Quoiqu'elle fût en couvre-chef et en manteau, elle parut dans cette espèce de négligé plus belle qu'à l'ordinaire. Le prince ne fit pas semblant de la regarder, et ne cessa de parler de ses affaires au mari, qui en avait toujours eu la direction. Comme la femme tenait, à genoux, les confitures devant le prince, et que le mari allait au buffet pour lui donner à boire, elle trouva le temps de lui dire qu'il ne manquât pas, en sortant, d'entrer dans une garde-robe à main droite, où elle l'irait bientôt trouver. Aussitôt qu'il eut bu, il remercia l'avocat, qui voulait à toute force l'accompagner ; mais il ne le voulut pas, et l'assura qu'il allait en lieu où il n'avait pas besoin de compagnie. Là-dessus il se tourna du côté de la femme, et lui dit : « Je ne veux pas vous ôter de votre bon mari, qui est de mes anciens serviteurs. Vous êtes si heureuse de l'avoir, que vous avez sujet d'en louer Dieu. Vous devez le bien servir et lui bien obéir ; et si vous faisiez autrement, vous seriez bien ingrate. » En disant cela, il sortit et ferma la porte après lui, pour n'être pas suivi au degré. Il entra dans la garde-robe, où la belle vint le trouver dès que son mari fut endormi. Elle le mena dans un cabinet aussi propre qu'il pouvait être, quoiqu'au fond il n'y eut rien de plus beau que lui et elle. Je ne doute pas qu'elle ne lui tînt tout ce qu'elle lui avait promis. Il se retira à l'heure qu'il avait dit à ses gens, et les trouva au lieu où il leur avait commandé de l'attendre.

Comme l'intrigue fut de longue durée, le prince choisit un chemin plus court pour aller chez l'avocat ; ce fut de passer par un couvent de religieux. Il ménagea si bien le prieur, que toutes les nuits le portier lui ouvrait la porte vers le minuit, et faisait la même chose quand il s'en revenait. Comme la maison de l'avocat n'était pas éloignée du monastère, il ne menait personne avec lui. Quoique le prince fît la vie que je viens de dire, cela n'empêchait pas pourtant qu'il n'aimât et ne craignît Dieu ; tant il est vrai que l'homme est un mélange bizarre de bien et de mal, et une contradiction perpétuelle. En allant, il ne faisait que passer ; mais il ne manquait jamais, au retour, de demeurer longtemps en oraison dans l'église. Les religieux, qui le voyaient à genoux en allant à matines ou en revenant, le croyaient le plus saint homme.

Le prince avait une sœur qui fréquentait fort ce couvent. Comme elle aimait son frère plus qu'homme du monde, elle le recommandait aux prières de toutes les bonnes personnes de sa connaissance. Un jour qu'elle le recommandait avec beaucoup d'empressement au prieur de ce monastère, le bon père lui répondit : « Que me dites-vous là, madame ? vous me parlez de l'homme du monde aux prières duquel j'ai le plus d'envie d'être recommandé ; car s'il n'est saint et juste, je n'espère pas être trouvé tel. » Il allégua sur cela le passage qui dit : que *Bienheureux est celui qui peut faire le mal, et ne le fait pas.* La sœur, qui avait envie de savoir quelle preuve le père avait de la bonté de son frère, l'interrogea si bien, qu'il lui dit, comme un secret de confession : « N'est-ce pas une chose admirable de voir un prince jeune et bien fait, abandonner les plaisirs et le repos pour venir souvent à nos matines ? Il n'y vient pas comme un prince qui cherche l'honneur du monde, mais il y vient tout seul comme un simple religieux, et va se cacher dans une de nos chapelles. Cette dévotion rend mes frères et moi si confus, que nous ne méritons pas au prix de lui d'être appelés religieux. » La sœur ne sut que croire là-dessus ; car quoique son frère fût bien mondain, elle savait néanmoins qu'il avait la conscience bonne, qu'il croyait en Dieu et l'aimait beaucoup ; mais elle ne se serait jamais imaginé qu'il allât à l'église à une telle heure. D'abord qu'elle le vit, elle lui dit la bonne opinion que les religieux avaient de lui. Il ne put s'empêcher de rire, et de rire d'une manière, qu'elle qui le connaissait comme son propre cœur, sentit aisément qu'il y avait quelque chose de caché sous cette prétendue dévotion. Elle l'importuna tant, qu'il lui dit toute la vérité telle que je viens de vous la dire, et qu'elle-même m'a fait l'honneur de me conter.

— Vous voyez par là, mesdames, qu'il n'y a point d'avocats si malins, ni de moines si fins, qu'on ne puisse tromper en cas de besoin quand on aime bien. Puis donc que l'amour fait tromper les trompeurs, combien le devons-nous craindre, nous qui sommes de pauvres ignorantes ?

— Quoique je sache à peu près de qui il s'agit, dit Guebron, je ne saurais m'empêcher de dire qu'il est louable d'avoir gardé le secret ; car il y a peu de grands seigneurs qui s'embarrassent ni de l'honneur des femmes, ni du scandale du public, pourvu qu'ils aient leur plaisir. Ils font même souvent en sorte qu'on en croit plus qu'il n'y en a.

— Il serait bon, dit Oysille, que tous les jeunes seigneurs suivissent cet exemple, car souvent le scandale est pire que le péché.

— Vous pouvez croire, dit Nomerfide, que les prières qu'il faisait au monastère étaient bien fondées, et bien agréables à Dieu.

— C'est de quoi vous ne devez pas décider, dit Parlamente ; car peut-être sa repentance était telle au retour que le péché lui était pardonné.

— Il est bien difficile, dit Hircan, de se repentir d'une chose qui fait tant de plaisir. Pour moi, je m'en suis souvent confessé, mais guère repenti.

— Si l'on ne se repent point, répondit Oysille, il vaudrait mieux ne pas se confesser.

— Le péché me déplaît, madame, repartit Hircan, je suis fâché d'offenser Dieu ; mais le plaisir me plaît.

— Vous voudriez bien, vous et vos semblables, dit Parlamente, qu'il n'y eût ni Dieu, ni loi, que celle que votre penchant trouverait bonne.

— Je vous avoue, dit Hircan, que je voudrais que mes plaisirs plussent à Dieu autant qu'à moi. En ce cas je lui donnerais souvent matière de se réjouir.

— Vous ne ferez pourtant pas un Dieu nouveau, dit Guebron : ainsi le meilleur est d'obéir à celui que nous avons. Mais laissons ces disputes aux théologiens, et voyons à qui Longarine veut donner sa voix.

— A Saffredant, dit Longarine, à condition qu'il nous fera le plus beau conte dont il pourra se souvenir, et qu'il ne songera pas tant à dire du mal des femmes que cela l'empêche de leur rendre justice, quand il pourra dire quelque chose d'avantageux.

— Très-volontiers, répondit Saffredant. Je me souviens à point nommé de l'histoire d'une folle et d'une sage. Vous prendrez celle que vous aimerez le mieux. Vous verrez par là que si l'amour fait faire de mauvaises actions à ceux qui ont le cœur mauvais, il fait faire aussi aux honnêtes gens des choses qui méritent d'être louées. L'amour est bon en soi, et ne devient mauvais que par le mauvais usage qu'on en fait. Vous verrez néanmoins par l'histoire que je vais vous conter, que l'amour ne change point le cœur, mais le fait paraître tel qu'il est, fou aux fous, et sage aux sages.

NOUVELLE XXVI

Plaisante harangue d'un grand seigneur, pour débaucher une dame de Pampelune.

Du temps de Louis XII, il y avait un jeune seigneur nommé M. d'Avannes, fils de M. d'Albret, et frère de Jean, roi de Navarre, avec lequel d'Avannes demeurait ordinairement. Ce jeune seigneur était si beau et avait un si bon air dès l'âge de quinze ans, qu'il semblait qu'il n'était fait que pour être aimé et regardé; aussi l'était-il de tous ceux qui le voyaient, et surtout d'une femme qui demeurait à Pampelune, en Navarre, et était mariée à un homme puissamment riche, avec lequel elle vivait fort bien. Quoiqu'elle n'eût que vingt-trois ans, comme son mari en avait près de cinquante, elle s'habillait si modestement, qu'elle semblait plutôt veuve que mariée. On ne la voyait jamais ni à noces, ni à festins qu'avec son mari, de la vertu duquel elle faisait tant de cas, qu'elle le préférait à la bonne mine de tous les autres hommes. Le mari, de son côté, la connaissait si sage, et avait tant de confiance en elle, qu'il se reposait sur sa prudence de toutes les affaires de la maison.

Ce richard et sa femme furent un jour invités aux noces d'une de leurs parentes. D'Avannes s'y trouva pour faire honneur à la noce, et parce aussi qu'il aimait la danse, dont il s'acquittait mieux qu'homme de son temps. Le dîner fini, et le bal commencé, le richard pria d'Avannes de danser. D'Avannes lui demanda qui il voulait qu'il fît danser. Le riche prit sa femme par la main, et la présentant à d'Avannes, lui dit : « S'il y en avait, monsieur, une plus belle, et qui fût autant à ma disposition, je vous la présenterais comme je fais celle-ci, vous priant, monsieur, de me faire l'honneur de danser avec elle. » Le prince le fit volontiers, et était encore si jeune, qu'il prenait plus de plaisir à sauter et à danser, qu'à regarder la beauté des dames. Il n'en était pas de même de la danseuse, qui faisait plus d'attention à la bonne mine et aux agréments du danseur qu'à la danse même. Cependant elle n'en faisait pas semblant.

L'heure du souper venue, M. d'Avannes prit congé de la compagnie et se retira au château. Le riche l'y accompagna monté sur sa mule, et lui dit chemin faisant : « Vous avez fait aujourd'hui, monsieur, tant d'honneur à mes parents et à moi, que je serais ingrat si je ne vous offrais tout ce qui dépend de moi. Je sais, monsieur, que des seigneurs comme vous qui ont des pères durs et serrés, ont souvent plus besoin d'argent que nous, qui, par notre petit train et bon ménagement, ne pensons qu'à en amasser. Dieu m'ayant donné une femme à souhait, a jugé à propos de me laisser encore quelque chose à souhaiter en ce monde, puisque je me trouve privé de la joie que les pères ont des enfants. Je sais, monsieur, qu'il ne m'appartient pas de vous adopter ; mais s'il vous plaît de me regarder comme votre serviteur, et de me confier vos petites affaires, tant que cent mille écus de mon bien pourront s'étendre, je ne manquerai jamais de vous secourir dans vos besoins. M. d'Avannes fut fort aise de cette offre, car il avait un père tout tel que le riche l'avait dépeint ; et après l'avoir remercié, il l'appela son père par alliance. Le riche aima dès-lors M. d'Avannes avec tant d'attachement, qu'il ne manquait pas de lui demander, le matin et le soir, s'il avait besoin de quelque chose. Il n'en fit point un secret à sa femme, qui lui en sut très-bon gré. Depuis ce temps-là, M. d'Avannes ne manquait de rien qu'il pût souhaiter. Il allait souvent voir son père d'alliance, et manger avec lui. Quand il ne le trouvait pas, la femme lui donnait tout ce qu'il demandait, et lui parlait si sagement pour l'exhorter à la vertu, qu'il la craignait et l'aimait plus que toutes les femmes du monde. Elle, qui avait Dieu et l'honneur devant les yeux, se contentait de le voir et de lui parler ; ce qui suffit à l'amour honnête. Jamais elle ne lui fit aucun signe par lequel il pût conjecturer qu'elle eût pour lui d'autre amour qu'un amour fraternel et chrétien. Durant cette amitié cachée, M. d'Avannes fut fort propre et fort leste. Vers les dix-sept ans il commença de s'attacher plus aux dames qu'il n'avait de coutume. Quoiqu'il eût aimé plus volontiers sa bonne dame qu'aucune autre, la peur de perdre son amitié l'empêcha de parler, et lui fit prendre parti ailleurs.

Il s'adressa à une demoiselle près de Pampelune qui avait maison en ville et avait épousé un jeune homme dont la passion dominante était les chiens, les chevaux et les oiseaux. Il fit faire pour l'amour d'elle mille divertissements, comme tournois, jeux, courses, luttes, mascarades, festins et autres jeux, à tous lesquels se trouva la belle. Mais comme le mari était bourru, et que son père et sa mère qui la connaissaient belle et légère craignaient qu'elle ne donnât une croquignole à la vertu, ils la tenaient de si près que tout ce que pouvait faire M. d'Avannes était de lui dire deux mots à quelque bal, quoiqu'il sentît bien, pour surcroît de mortification, qu'il ne manquait à leur amitié que le temps et le lieu. Il s'en alla trouver son père, lui dit qu'il avait envie d'aller visiter Notre-Dame de Montferrat, et le pria de prendre tout son train chez lui, parce qu'il voulait y aller seul ; ce qui lui fut incontinent accordé. Mais comme l'amour est un grand prophète et que la femme était amoureuse, elle fut d'abord au fait et

CONTES DE LA REINE DE NAVARRE. 193

Il entendit Bernard du Ha.

ne put s'empêcher de dire à M. d'Avannes : « La Notre-Dame que vous adorez, monsieur, n'est pas hors des murailles de cette ville. Prenez garde surtout à votre santé, je vous en supplie. » Lui, qui, comme on a déjà dit, la craignait et l'aimait, rougit à ces paroles, lui avoua la vérité et s'en alla. Après avoir acheté deux beaux chevaux d'Espagne, il s'habilla en palefrenier et se déguisa si bien qu'il n'était pas connaissable. Le mari de cette femme, que j'appellerai désormais la folle, qui aimait les chevaux par dessus toutes choses, vit les deux de M. d'Avannes et les vint incontinent acheter. Le marché étant conclu, il considéra le palefrenier et trouva qu'il les menait si bien qu'il lui demanda s'il voulait le servir. M. d'Avannes lui dit d'abord qu'oui, et qu'il était un pauvre palefrenier qui ne savait faire autre chose que panser des chevaux ; ce qu'il ferait si bien qu'il en serait content. Le gentilhomme, bien aise, lui donna la charge de tous ses chevaux, et en entrant chez lui il dit à sa femme qu'il lui recommandait ses chevaux et son palefrenier, et qu'il s'en allait au château. La folle, tant pour plaire à son mari que pour n'avoir d'autre divertissement, alla voir les chevaux et regarda le nouveau palefrenier qui lui parut homme de bonne mine ; cependant elle ne le reconnut point. Lui, qui vit qu'elle ne le connaissait point, vint lui faire la révérence à l'espagnole, lui prit et donna la main, et en la baisant la serra si fort qu'elle le reconnut, car il lui avait souvent fait la même chose en dansant. Elle ne cessa dès ce moment de chercher les moyens de lui parler en particulier ; ce qu'elle fit dès le soir même. Elle était priée à un festin où son mari devait la mener ; mais elle fit semblant d'être malade et dit qu'elle ne pouvait y aller. Le mari, qui ne voulait pas faire ce chagrin à ses amis, lui dit que puisqu'elle ne voulait pas venir, il la priait d'avoir l'œil à ses chiens et à ses chevaux, et de prendre garde qu'il ne leur manquât rien, commission qui lui fut très-agréable ; mais pour mieux jouer son rôle, elle lui répondit que puisqu'il ne voulait pas l'employer à des choses plus relevées, elle lui ferait connaître par les plus abjectes combien elle désirait de lui plaire.

A peine son mari était-il sorti, qu'elle alla à l'écurie où elle trouva que quelque chose manquait. Pour y donner ordre, elle donna tant de commissions aux valets qu'elle demeura seule avec le maître palefrenier. Et de peur que quelqu'un ne survînt, elle lui dit de s'en aller au jardin et de l'attendre dans un cabinet au bout de l'allée ; ce qu'il fit avec tant de précipitation qu'il n'eut pas le temps de la remercier. Après avoir donné ses ordres à l'écurie, elle alla voir les chiens et témoigna tant d'empressement à les faire bien traiter qu'il semblait que de maîtresse elle fût devenue servante. Tout cela étant fait, elle s'en retourna dans sa chambre et se trouva si fatiguée qu'elle se mit au lit, disant qu'elle avait besoin de repos. Toutes ses femmes se retirèrent, à la réserve d'une en qui elle se fiait, et à laquelle elle commanda d'aller au jardin et de lui amener l'homme qu'elle trouverait au bout de l'allée. La femme de chambre trouva le maître palefrenier et l'amena incontinent à sa maîtresse qui la fit mettre en sentinelle dehors, pour être avertie du retour de son mari. M. d'Avannes, se voyant seul avec la belle, dépouilla ses habits de palefrenier, ôta son faux nez et sa fausse barbe, et non comme palefrenier craintif, mais comme M. d'Avannes qu'il était, se coucha hardiment auprès d'elle sans lui en demander la permission, et fut reçu comme l'homme de son temps le mieux fait de la dame du pays la plus folle. La séance dura jusqu'au retour du mari, qu'il reprit son masque et abandonna le plaisir qu'adroitement et malicieusement il usurpait. Le mari entra dans la cour, apprit que sa femme avait bien exécuté ses ordres et l'en remercia. « Je n'ai fait que mon devoir, mon ami, lui dit-elle. Il est vrai que si l'on n'avait l'œil sur les valets, vous n'auriez chien qui ne fût galeux, ni cheval qui ne fût maigre ; mais comme je sais leur paresse et vos intentions, vous serez mieux servi que vous ne l'avez jamais été. » Son mari, qui croyait avoir choisi le meilleur palefrenier du monde, lui demanda ce qu'elle en croyait. « Je vous assure, monsieur, dit-elle, qu'il sait aussi bien son métier qu'homme que vous pouviez choisir ; cependant il a besoin d'être sollicité, car c'est le valet le plus endormi que j'aie jamais vu. » Ils furent longtemps en meilleure intelligence qu'ils n'avaient été, et le mari se guérit entièrement de sa jalousie, parce qu'autant que la femme avait aimé les festins, les danses et les compagnies, autant était-elle attachée à son ménage. Auparavant elle était toujours quatre heures à la toilette à compasser son ajustesse ; mais alors elle était mise fort simplement. Son mari et ceux qui ne savaient pas que le pire diable chassait le moindre, la louaient d'un si heureux retour. Cette hypocrite, revêtue des apparences de la vertu, vécut avec tant de désordre et de déréglement que la raison, la conscience, l'ordre ni la mesure n'avaient plus de lieu en elle. M. d'Avannes, qui était jeune et d'un tempérament délicat, ne put pas longtemps soutenir la gageure, car il devint si pâle et si maigre qu'il n'avait pas besoin de masque pour n'être pas reconnu. L'extravagant amour qu'il avait pour cette femme l'avait tellement infatué, qu'il croyait avoir des forces de reste pour remplir des devoirs auxquels celles d'Hercule n'auraient pas été suffisantes. Étant enfin tombé malade et sollicité par la dame qui ne l'aimait pas tant malade que sain, il demanda son congé et se retira. Elle ne le lui donna qu'à regret et lui fit promettre de revenir quand il serait guéri. Il ne fallut point de cheval à M. d'Avannes pour s'en aller, car il n'avait qu'une rue à traverser. Il alla d'abord chez son bon père où il ne trouva que sa femme à laquelle l'absence n'avait rien fait perdre de l'amour plein de vertu qu'elle avait pour lui. Lorsqu'elle le vit si maigre et si pâle, elle ne put s'empêcher de lui dire : « Je ne sais, monsieur, quel est l'état présent de votre conscience ; mais je ne vois pas que votre pèlerinage ait augmenté votre embonpoint. Je suis trompée si le chemin que vous avez fait la nuit ne vous a plus fatigué que celui du jour. Si vous aviez fait à pied le voyage de Jérusalem, vous en seriez revenu plus hâlé, mais non si maigre et si faible. Souvenez-vous de cette cavalcade et ne servez plus de telles images qui, au lieu de ressusciter les morts, font mourir les vivants. Je vous en dirais davantage ; mais je vois que si vous avez péché, vous en êtes si bien puni qu'il y aurait de la cruauté de vous faire un nouveau chagrin. » A ces paroles, M. d'Avannes, moins repentant que honteux, répondit : « J'ai entendu dire autrefois, madame, que le repentir suit de près la faute. Je l'éprouve à mes dépens, et je vous prie, madame, d'excuser ma jeunesse qui est punie par l'expérience du mal qu'elle n'a pas voulu croire. » La dame, changeant de conversation, le fit coucher dans un beau lit où il fut quinze jours ne prenant que des restaurants. Le mari et la femme lui tinrent si bonne compagnie que l'un ou l'autre était toujours auprès de lui. Quoiqu'il eût fait la folie qu'on vient de dire, contre le sentiment et le conseil de la sage dame, elle ne laissa pas néanmoins de l'aimer comme auparavant, dans l'espérance que, ce grand feu de la jeunesse étant passé, il se réformerait et viendrait enfin à aimer honnêtement et qu'alors il serait entièrement à elle. Durant les quinze jours qu'il fut chez elle, elle lui dit tant de bonnes choses pour le porter à l'amour de la vertu qu'il commença à haïr le vice et à avoir du déplaisir de sa faute.

Considérant un jour la sage, qu'il trouvait bien plus belle que la folle, et connaissant, mieux qu'il n'avait jamais fait, les vertus qui étaient en elle, bannissant toute crainte, il ne put s'empêcher de lui dire : « Je ne vois point de meilleur moyen, madame, de devenir aussi sage que vous voulez que je le sois, que de tourner mon cœur tout entier à aimer la vertu. Pour cet effet, madame, je vous supplie de me dire si vous ne voudriez point avoir la bonté de me donner pour cela tout le secours qui dépend de vous. » La dame, bien joyeuse de le voir venu à son point, répondit : « Je vous promets, monsieur, que si vous aimez autant la vertu qu'il est du devoir d'un prince de votre rang, je n'épargnerai rien pour vous rendre tous les services dont je serai capable. — Souvenez-vous de votre promesse, madame, répliqua d'Avannes, et considérez que Dieu, que le chrétien ne connaît que par la foi, a daigné prendre la chair semblable à celle du pécheur, afin qu'attirant notre chair à l'amour de son humanité, il attirât aussi notre esprit à l'amour de sa divinité, se servant ainsi des choses visibles pour nous faire aimer les invisibles. Comme cette vertu que je veux aimer toute ma vie, n'a de visible que les effets extérieurs qu'elle produit, il est nécessaire qu'elle prenne quelque corps pour se faire connaître aux hommes. Elle l'a pris, ce corps, madame, en revêtant le vôtre, le plus parfait qu'elle aurait pu trouver. Je reconnais donc que vous êtes non-seulement vertueuse, mais aussi la seule et même vertu. Moi qui la vois briller, cette vertu, sous le voile du plus beau corps qui fut jamais, je veux la servir et l'honorer toute ma vie, et renoncer pour jamais à l'amour criminel et vain. » La dame, aussi contente que surprise d'un tel discours, sut bien cacher son contentement, et lui dit : « Je n'entreprends pas, monsieur, de répondre à votre théologie ; mais comme j'ai bien plus de penchant à craindre le mal qu'à croire le bien, je vous prie de ne me plus tenir un langage qui vous fait estimer si peu celles qui ont eu la faiblesse de le croire. Je sais fort bien que je suis femme comme une autre, et femme qui a tant de défauts, que la vertu ferait quelque chose de plus grand de me transformer en elle, que de se transformer en moi, à moins qu'elle ne voulût être inconnue dans le monde. On n'aurait garde de la reconnaître telle qu'elle est sous un habit comme le mien. Cependant, avec tous mes défauts, je ne laisse pas, monsieur, de vous aimer avec autant d'attachement que doit et peut faire une femme qui craint Dieu et chérit l'honneur ; mais cet amour ne vous sera déclaré que quand votre cœur sera susceptible de la patience qu'exige l'amour vertueux. Alors, monsieur, je sais ce qu'il faudra vous dire. En attendant, soyez persuadé que votre bien, votre personne, votre honneur me sont plus chers qu'à vous-même. »

M. d'Avannes, tremblant et la larme à l'œil, la supplia de lui laisser prendre un baiser pour gage de sa parole ; mais elle le refusa, disant qu'elle ne voulait pas violer pour lui la coutume du pays. Sur ces entrefaites arriva le mari. « Je me sens si redevable, mon père, à vous et à votre femme, lui dit M. d'Avannes, que je vous supplie de me regarder toujours comme votre fils : » ce que le bonhomme lui promit volontiers. « Que je vous baise donc, je vous prie, ajouta M. d'Avannes, pour sûreté de cette amitié. » Ce qui fut fait. « Si je ne craignais, lui dit-il ensuite, de contrevenir à la loi, je demanderais la même grâce à ma mère votre épouse. » Le mari commanda à sa femme de le baiser ; ce qu'elle fit sans témoigner ni répugnance, ni empressement. Le feu que la conversation avait déjà allumé dans le cœur de M. d'Avannes, commença de s'augmenter par ce baiser si souhaité, si demandé et si cruellement refusé. Après cela M. d'Avannes s'en alla chez le roi son frère, et fit mille contes de son voyage de Montferrat, et apprit que le roi son frère voulait aller à Oily et à Taffares. Ce voyage, qu'il crut devoir être long, lui donna tant de chagrin, qu'il lui fit prendre la résolution de tenter, avant le départ, si la dame n'était point mieux intentionnée pour lui qu'elle ne paraissait. Dans ce dessein il alla loger en ville, et prit, dans la rue où elle demeurait, une maison de bois, vieille et en désordre, à laquelle il mit le feu sur le minuit. L'alarme fut grande dans toute la ville. Le riche en eut sa part, et demandant par la fenêtre où était le feu, on lui dit que c'était chez M. d'Avannes. Il y courut incontinent avec tous ses domestiques, et trouva M. d'Avannes en chemise dans la rue. Il en eut tant de pitié, qu'il le prit entre ses bras, et le couvrant de sa robe, le mena chez lui au plus vite, et dit à sa femme qui était au lit : « Voici un prisonnier, ma mie, que je vous donne en garde : traitez-le comme moi-même. » Il ne fut pas plus tôt parti, que M. d'Avannes, qui aurait bien voulu être traité en mari, sauta légèrement dans le lit, espérant que l'occasion et le lieu inspireraient à cette sage dame des sentiments plus humains ; mais il trouva tout le contraire ; car à mesure qu'il entrait d'un côté, elle sortait de l'autre, emportant sa simarre qu'elle se mit sur le corps, et s'étant assise à son chevet, elle lui dit : « Quoi ! monsieur, avez-vous cru que l'occasion puisse changer un chaste cœur ? Comptez que comme l'or s'épure dans le creuset, de même un cœur chaste s'affermit au milieu des tentations. Il s'y trouve souvent plus vertueux qu'ailleurs, et il se refroidit à mesure qu'il est attaqué par son contraire. Soyez donc assuré que si j'avais eu d'autres sentiments que ceux que je vous ai dits, je n'aurais pas manqué de moyens, que je néglige, parce que je ne veux pas m'en servir. Si vous voulez que je continue à vous aimer, bannissez non-seulement le désir, mais même la pensée de me trouver autre que je suis, quelque chose que vous puissiez faire. » Là-dessus ses femmes étant survenues, elle leur commanda d'apporter une collation de toute sorte de confitures ; mais d'Avannes n'avait alors ni faim ni soif, tant était grand le désespoir d'avoir manqué son coup, craignant que la démonstration de son désir ne lui fît perdre la familiarité qu'il avait avec elle.

Le mari ayant donné ordre au feu, revint, et pria M. d'Avannes de passer la nuit chez lui : ce qu'il lui accorda ; mais il la passa de manière que ses yeux furent plus occupés à pleurer qu'à dormir. Il leur alla dire adieu au lit de fort bon matin, et connut bien, en baisant la dame, que sa faute lui faisait plus de pitié que de chagrin. Nouveau tison au feu de son amour. Il partit après dîner avec le roi pour Taffares ; mais avant que de partir il alla encore dire adieu à son bon père et à sa femme, qui, depuis le premier commandement de son mari, ne fit plus difficulté de le baiser comme son fils. On ne saurait se tromper de dire, que plus la vertu faisait violence à ses yeux et à sa contenance pour cacher le feu qu'elle avait dans le cœur, plus il augmentait et devenait insupportable. Ne pouvant donc plus soutenir le combat de l'honneur et de l'amour qui se faisait en son cœur, combat qu'elle avait pourtant résolu de ne jamais faire paraître ; n'ayant plus le plaisir et la consolation de voir et d'entretenir celui pour qui elle vivait, elle tomba dans une fièvre continue, causée par une humeur mélancolique qu'elle était contrainte de cacher, et qui rendait les extrémités de son corps tout à fait froides, quoique le dedans brûlât continuellement. Les médecins, de qui ne dépend pas la santé, commencèrent fort à désespérer de son mal, à cause d'une opilation de rate, qui la rendait mélancolique, et conseillèrent au mari d'avertir sa femme de penser à sa conscience, disant qu'elle était entre les mains de Dieu ; comme si ceux qui se portent bien n'y étaient pas aussi. Le mari, qui avait pour sa femme une extrême tendresse, fut si accablé de cette fâcheuse nouvelle, qu'il écrivit pour se consoler à M. d'Avannes, le suppliant de prendre la peine de les venir voir, dans l'espérance que sa présence soulagerait la malade. M. d'Avannes n'eut pas plus tôt reçu la lettre qu'il partit en poste. En entrant, il trouva les domestiques de l'un et de l'autre sexe affligés, comme le méritait leur maîtresse. M. d'Avannes en fut si étonné et si saisi, qu'il demeura à la porte, jusqu'à ce que son bon père vint l'embrasser en pleurant, sans pouvoir lui dire un seul mot. Il mena M. d'Avannes à la chambre de la malade, qui, tournant ses yeux languissants vers lui, le regarda, lui tendit la main, et le tira à proportion du peu de forces qui lui restaient. « Voici le moment, monsieur, lui dit-elle en l'embrassant, qu'il faut que toute dissimulation cesse, et que je vous déclare la vérité, que j'ai eu tant de peine à vous cacher : c'est que si vous avez eu beaucoup d'amour pour moi, je n'en ai pas eu moins pour vous. Mais ma douleur est plus grande que la vôtre, parce que j'ai été forcée de la cacher. La conscience et l'honneur ne m'ont jamais permis de vous déclarer les sentiments de mon cœur, de peur d'augmenter en vous une passion que je voulais diminuer. Mais sachez, monsieur, que le mot que je vous ai dit si souvent, et qui m'a tant coûté à prononcer, est la cause de ma mort. Je meurs avec satisfaction, puisque Dieu m'a fait la grâce, malgré l'excès de mon amour, de n'avoir rien à me reprocher du côté de la piété et de l'honneur. Je dis l'excès de mon amour ; car un feu moins grand que le mien a consumé de plus grands et de plus forts édifices. Je meurs contente, puisque avant de quitter le monde, je puis vous déclarer mon affection, qui répondit à la vôtre, à ceci près, que l'honneur des hommes et celui des femmes n'est pas la même chose. Je vous supplie, monsieur, de ne vous contraindre plus, et de ne pas faire difficulté désormais de vous adresser aux plus grandes et vertueuses dames que vous pourrez ; car ce sont des cœurs de ce caractère qui ont les plus fortes passions, et qui les ménagent avec le plus de sagesse. La grâce, la bonne mine et l'honnêteté qui sont en vous, vous feront toujours recueillir les fruits de votre amour. Souvenez-vous donc, je vous prie, de ma constance, et n'imputez point à la cruauté ce qui ne doit être rapporté qu'à l'honneur, à la conscience et à la vertu, vertus qui doivent nous être mille fois plus chères que notre propre vie. Adieu, monsieur, je vous recommande votre bon père, mon bon mari. Dites-lui, je vous prie, au vrai ce que vous savez de moi, afin qu'il connaisse combien j'aime Dieu et lui. Donnez-vous bien de garde aussi de revenir me voir ; car je ne veux désormais occuper mon esprit qu'à me mettre en état de recevoir les promesses que Dieu m'a faites avant la fondation du monde. » En disant cela, elle l'embrassa de toute la force de ses faibles bras. M. d'Avannes, en qui la compassion faisait le même effet que la douleur en la dame, se retira sans pouvoir lui dire un mot, et se jeta sur un lit, qui était dans la chambre, où il s'évanouit plusieurs fois. La dame alors appela son mari, et après lui avoir fait plusieurs sages remontrances, elle lui recommanda M. d'Avannes, et l'assura qu'après lui c'était la personne du monde qu'elle avait le plus aimé. Elle baisa son mari, et lui dit adieu. Elle se fit apporter le saint-sacrement de l'autel, et ensuite l'extrême-onction, qu'elle reçut avec joie, et avec une entière assurance de son salut. Sentant enfin que sa vue diminuait, et que les forces lui manquaient, elle se mit à dire tout haut son *In manus*. M. d'Avannes accourut à cette voix, et lui vit rendre rendre l'âme avec un doux soupir. Quand il s'aperçut qu'elle était morte, il courut au corps duquel il n'approchait qu'en tremblant durant sa vie, et l'embrassa de telle sorte, qu'on eut bien de la peine à l'en arracher. Le mari, qui n'avait jamais cru qu'il l'aimât si fort, en fut surpris, et lui dit : « C'en est trop, monsieur; » et sur cela ils se retirèrent. Après avoir longtemps pleuré, l'un sa femme, et l'autre sa maîtresse, M. d'Avannes fit au mari le récit de son amour, et lui dit que la défunte ne lui avait jamais fait jusqu'à la mort aucun signe qui lui marquât autre chose que rigueur. Le mari, plus content que jamais, eut encore plus de douleur d'avoir perdu sa femme, et rendit service toute sa vie à M. d'Avannes, qui n'avait alors que dix-huit ans. Il s'en retourna à la cour, et y fut longtemps sans vouloir parler à aucune femme, non pas même les voir, et sans pouvoir se résoudre, pendant plus de deux ans, à quitter le noir.

Vous voyez, mesdames, quelle différence il y a entre une femme sage et une folle. Leur amour produisit aussi des effets bien différents ; car l'une mourut d'une mort glorieuse et l'autre ne vécut que trop longtemps après la perte de son honneur et de sa réputation. Autant que la mort du saint est précieuse à Dieu, autant l'est peu celle du pécheur.

— A la vérité, Saffredant, dit Oysille, on ne peut rien souhaiter de plus beau que l'histoire que vous venez de conter ; et si l'on connaissait, comme moi, les personnes, on la trouverait encore plus belle, car je n'ai pas vu de gentilhomme ni mieux fait ni de meilleur air que M. d'Avannes.

— Convenez, reprit Saffredant, que voilà une sage et bonne dame, puisque pour paraître plus vertueuse qu'elle ne l'était dans le fond et pour cacher l'amour que la raison et la nature voulaient qu'elle eût pour un si honnête homme, elle se laissa mourir faute de se donner le plaisir qu'elle désirait sans le dire.

— Si elle avait eu ce désir, dit Parlamente, elle n'eût manqué ni de lieu, ni d'occasion pour s'en expliquer ; mais elle eut tant de vertu que la raison régla toujours son désir.

— Vous en ferez le portrait que vous voudrez, dit Hircan ; mais je sais bien qu'un grand diable en chasse toujours un petit et que chez les dames l'orgueil cherche plutôt la volupté que la crainte et l'amour de Dieu. Ce sont des énigmes perpétuelles, et elles savent si bien dissimuler qu'il n'est pas possible de connaître ce qu'elles ont dans le cœur. Si l'on n'avait pas joint l'infamie aux atteintes que reçoit leur honneur, on trouverait partout que la nature les a faites avec le même penchant et les mêmes affections que nous. N'osant prendre le plaisir qu'elle souhaitent, elles ont changé ce vice en un plus grand qu'elles trouvent plus honnête, je veux dire une cruauté tant feinte que véritable, par laquelle elles prétendent acquérir la gloire de l'immortalité, par la petite vanité de résister au vice de la loi de la nature. Si la nature est vicieuse, elles ressemblent non-seule-

CONTES DE LA REINE DE NAVARRE. 201

Et il partit le lendemain avec son élève. (Page 212.)

ment aux brutes pour la cruauté et l'inhumanité, mais même aux diables dont elles empruntent l'orgueil et la malice.

— Il est dommage, dit Nomerfide, que vous ayez une femme de bien, puisque non content de mépriser la vertu des autres, il ne tient pas à vous qu'on ne croie qu'elles sont toutes vicieuses.

— Je suis bien aise, répondit Hircan, d'avoir une femme qui ne donne point à parler, ce que je ne veux point faire aussi ; mais pour la chasteté de cœur, je crois qu'elle et moi sommes enfants d'Adam et d'Ève. Ainsi si nous nous examinons bien, nous n'avons que faire de couvrir notre nudité de feuilles, mais plutôt de confesser notre faiblesse.

— Je sais, dit Parlamente, que nous avons tous besoin de la grâce de Dieu, ayant comme nous avons un penchant naturel au péché; mais il faut néanmoins convenir que nos tentations ne sont pas pareilles aux vôtres ; et si nous péchons par orgueil, personne n'en souffre, et notre corps et nos mains n'en reçoivent aucune souillure. Mais votre plaisir consiste à déshonorer les femmes, et votre gloire à tuer les hommes en guerre, qui sont deux choses formellement contraires à la loi de Dieu.

— Je conviens de ce que vous dites, répliqua Guebron; mais Dieu qui dit que *quiconque regarde une femme pour la convoiter, est déjà adultère en son cœur*, et que *quiconque hait son prochain est homicide*, n'entend-il point à votre avis parler aussi des femmes ?

— Dieu qui sonde les cœurs, dit Longarine, en décidera. En attendant, c'est toujours beaucoup que les hommes ne puissent pas nous accuser; car la bonté de Dieu étant si grande, il ne nous jugera point sans accusateur. Que dis-je, il ne nous jugera point ? la fragilité de nos cœurs lui est si bien connue qu'il nous saura bon gré de n'en être point venues à l'action.

— Ne disputons plus, je vous prie, dit Saffredant. Nous sommes ici pour conter des nouvelles et non pour faire des prédications. Je donne donc ma voix à Émarsuite que je prie de se souvenir de nous faire rire.

— Je n'ai garde d'y manquer, répondit Émarsuite. En venant ici, on m'a fait un conte de deux amants d'une princesse que j'ai trouvé si plaisant qu'à force de rire j'ai oublié l'histoire lugubre que j'avais préparée pour aujourd'hui et que je remettrai à demain, mon visage étant trop joyeux pour vous la faire trouver bonne.

NOUVELLE XXVII

Témérité d'un secrétaire imprudent qui demanda la faveur à la femme de son maître, et n'eut que la honte de l'avoir fait.

Il y avait à Amboise un homme qui servait d'homme de chambre à une princesse, et qui avait de l'honnêteté et régalait volontiers les gens qui venaient chez lui et surtout ses compagnons. Il n'y a pas longtemps qu'un des secrétaires de sa maîtresse vint loger chez lui où il demeura dix à douze jours. Ce secrétaire était si laid qu'il ressemblait moins à un chrétien qu'à un roi des Cannibales. Quoique son hôte le traitât en frère et en ami et le plus honnêtement qu'il lui était possible, il ne laissa pas de lui faire un tour, je ne dirai pas d'un homme qui ne se souvient pas de l'honnêteté, mais qui ne l'eut jamais dans le cœur : qui fut de demander la dernière faveur à la femme de son compagnon, qui n'avait rien d'aimable, et qui était l'antipode du plaisir criminel, et autant vertueuse et femme de bien qu'il y en eût à Amboise. Cette femme, connaissant la mauvaise volonté de cet homme, et aimant mieux faire connaître sa turpitude en la dissimulant, que de la cacher par un refus prompt et absolu, fit semblant de l'écouter. Lui, qui croyait en avoir fait la conquête, la pressait incessamment, sans considérer qu'elle avait cinquante ans, qu'elle n'était pas belle et qu'elle passait pour honnête femme qui aimait beaucoup son mari. Un jour, entre autres, que le mari était au logis et eux dans une salle, elle feignit qu'il n'était question que de trouver un lieu sûr pour le tête-à-tête, où ils pussent s'entretenir comme il le souhaitait. Il lui proposa d'abord de monter au galetas. Elle se leva d'abord et le pria d'y aller le premier, avec promesse de le suivre. Lui, riant et faisant le doucereux comme un magot quand il caresse quelqu'un légèrement, grimpe les degrés et va se camper au grenier. Dans le temps qu'il attendait ce qu'il avait tant désiré et qu'il brûlait, par manière de dire, non d'un feu clair comme celui de genèvre, mais comme un gros charbon de forge, il écoutait de toutes ses oreilles s'il ne l'entendrait pas venir ; mais au lieu de l'entendre venir, il l'entendit parler, disant : « Attendez, monsieur le secrétaire, je m'en vais savoir de mon mari s'il veut bien que j'aille à vous. » Imaginez-vous quelle mine put faire en pleurant celui qui en avait fait une si vilaine en riant. Il descendit incontinent les larmes aux yeux, la priant, pour l'amour de Dieu, de ne rien dire et de ne le point brouiller avec son mari. « Je suis assurée, répondit-elle, que vous l'aimez tant que vous ne voudriez rien dire qui ne pût lui être redit; ainsi je m'en vais lui en parler; » ce qu'elle fit, quelque chose qu'il pût faire pour l'en empêcher. Il s'enfuit et fut aussi honteux que le mari content d'apprendre la pièce que sa femme lui avait faite. Il fut si satisfait de la vertu de sa femme qu'il ne s'émut aucunement du vice de son compagnon, le croyant assez puni d'avoir emporté la honte qu'il voulait lui faire.

Ce conte nous apprend, mesdames, que les gens de bien ne doivent jamais s'attacher à ceux qui n'ont ni assez de conscience, ni assez de cœur, ni assez d'esprit pour connaître Dieu, l'honneur et le véritable amour.

— Quoique votre conte soit court, dit Oysille, il est aussi plaisant qu'aucun que j'aie entendu.

— Il n'est pas fort glorieux à une honnête femme, dit Simontault, de refuser un homme aussi laid que vous dépeignez ce secrétaire. S'il avait été honnête et bien fait, elle aurait en cela fait paraître de la vertu. Comme je crois savoir qui est l'homme, si c'était à moi à conter, je vous dirais une histoire qui n'est pas moins plaisante que celle-ci.

— A cela ne tienne, répondit Émarsuite, je vous donne ma voix.

— Les courtisans, dit alors Simontault, ou les habitants des grandes villes ont si bonne opinion de leur capacité qu'ils regardent les autres comme de fort petites gens au prix d'eux. Quoique la finesse et la malice soient de tous les pays et de toutes les conditions, cependant, comme ceux qui se croient les plus fins, ne le croient que par un principe de vanité, ils n'en sont que mieux moqués quand il leur arrive de faire quelque faute, comme vous allez le voir par le conte arrivé depuis peu, que je vais vous faire.

NOUVELLE XXVIII

Un secrétaire, pensant duper quelqu'un, fut lui-même la dupe. Ce qui en arriva.

Le roi François Ier étant à Paris avec la reine de Navarre sa sœur, cette princesse avait un secrétaire, qui n'était pas de ceux qui laissent tomber le bien sans le ramasser. Il n'y avait ni président, ni conseiller, ni marchand, ni homme riche qu'il ne fréquentât et avec lequel il n'eût correspondance. Dans le même temps arriva aussi à Paris un marchand de Bayonne, nommé Bernard du Ha. Comme ce marchand avait des affaires, et qu'il avait besoin de conseils et de protection, il s'adressait au lieutenant civil, qui était de son pays. Ce secrétaire de la reine de Navarre allait aussi voir souvent le lieutenant civil, comme bon serviteur de son maître et de sa maîtresse. Étant allé un jour de fête chez le lieutenant, il n'y trouva ni le lieutenant, ni la lieutenante ; mais il entendit Bernard du Ha, qui, avec une vielle ou autre instrument, apprenait à danser aux servantes de la maison les branles de Gascogne. Quand le secrétaire le vit, il voulut lui faire accroire qu'il faisait mal, et que si la lieutenante et son mari le savaient, ils seraient très-mécontents de lui. Après lui avoir bien fait envisager la crainte, jusqu'à se faire prier de n'en point parler, il lui demanda : « Que me donnerez-vous, et je n'en dirai mot ? » Bernard du Ha, qui n'avait pas tant de peur qu'il en faisait semblant, sentant que le secrétaire voulait le duper, promit de lui donner un pâté du meilleur jambon de Basque qu'il eût jamais mangé. Le secrétaire, bien content, le pria de faire en sorte qu'il pût avoir le pâté le dimanche après dîné ; ce qu'il lui promit. Comptant sur cette promesse, il alla voir une dame de Paris, qu'il souhaitait passionnément d'épouser, et lui dit : « Dimanche, s'il vous plaît, madame, je viendrai souper avec vous ; mais ne vous mettez en peine que de bon pain et de bon vin ; car j'ai si bien dupé un sot de Bayonnais, qu'il fera la dépense du reste. Je vous ferai manger le meilleur jambon de Basque qui se soit jamais mangé à Paris. » La dame le crut, fit venir deux ou trois de ses voisines, et les assura de leur faire manger de quelque chose de nouveau, et dont elles n'avaient jamais tâté. Le dimanche étant venu, le secrétaire cherchant son marchand, le trouva sur le Pont-au-Change. Il le salua honnêtement, et lui dit : « A tous les diables soyez-vous, de m'avoir donné tant de peine à vous chercher. — Bien des gens ont pris plus de peine que vous, répondit Bernard du Ha, et n'ont pas été enfin si bien récompensés. » En disant cela, il lui fit voir le pâté qu'il avait sous le manteau, et d'une taille à donner à manger à une petite armée. Le secrétaire fut si aise, qu'encore qu'il eût la bouche extrêmement laide et grande, il la fit si petite, qu'on n'eût pas cru qu'il eût pu mordre dans le jambon. Il prit vite le pâté, et laissa là le marchand, sans l'inviter d'en manger sa part. Il le porta chez sa maîtresse, qui avait grande envie de savoir si les vivres de Guyenne étaient aussi bons que ceux de Paris. L'heure du soupé étant venue, et la compagnie commençant à donner sur la soupe avec beaucoup de vigueur : « Laissez là ces viandes fades, leur dit le secrétaire, et goûtons de cet aiguillon de vin. » En disant cela, il ouvre le pâté; et s'étant mis en devoir d'entamer le jambon; il le trouva si dur qu'il ne put y mettre le couteau. Il essaya plusieurs fois et connut enfin qu'il était la dupe, et qu'au lieu de jambon on lui avait donné un sabot de bois, espèce de soulier de Gascogne qu'on avait emmanché au bout d'un tison, et poudré par-dessus de suie et de poudre de fer, et d'épiceries qui rendaient une fort bonne odeur. Le secrétaire fut bien honteux, tant d'avoir été dupé de celui qu'il croyait duper, que d'avoir trompé celle qu'il n'avait pas dessein de tromper : sans compter qu'il lui fâchait fort de borner son soupé à une soupe. Les dames, aussi mécontentes que lui, l'eussent accusé d'avoir fait la pièce, si elles n'avaient pas connu à sa mine qu'il en était plus fâché qu'elles. Après avoir ainsi soupé à la légère, le secrétaire se retira fort en colère. Voyant donc que Bernard du Ha n'avait pas tenu sa parole, il crut n'être pas obligé de tenir la sienne. Pour cet effet, il s'en alla chez le lieutenant civil, résolu de dire de Bernard le pis qu'il pourrait; mais il avait été prévenu, et Bernard avait déjà conté l'aventure au lieutenant, qui dit au secrétaire, en riant, qu'il avait appris à ses dépens à tromper les Gascons; de sorte qu'il s'en revint avec la honte d'avoir été la dupe de sa finesse.

La même chose arrive à bien des gens qui veulent tromper et se trouvent trompés. C'est pourquoi le meilleur est de ne faire à autrui que ce que nous voudrions qu'on nous fît.

— Je vous assure, dit Guebron, que j'ai vu souvent de pareilles aventures; et ceux qui passent pour des sots de village, trompent souvent des gens qui croient être bien fins; car il n'est rien de plus sot qu'un homme qui se croit fin, ni rien de plus sage que celui qui connaît qu'il ne l'est pas.

— Celui qui connaît son incapacité, sait encore quelque chose, dit Parlamente.

— De peur que le temps ne nous manque, reprit Simontault, je donne ma voix à Nomerfide, persuadé qu'elle est trop éloquente pour nous tenir longtemps.

— Vous aurez, dit Nomerfide, la satisfaction que vous espérez de moi. Je ne suis point surprise, mesdames, si l'amour donne aux princes et aux personnes bien élevées, les moyens de savoir se tirer du danger. En effet, ils sont nourris avec tant de gens savants, qu'il serait fort surprenant qu'ils ignorassent quelque chose. Mais l'adresse de l'amour paraît avec bien plus d'éclat, quand les sujets ont moins d'esprit. Je vais donc vous conter un tour que fit un prêtre par les seules lumières de l'amour; car il était si ignorant pour toutes les autres choses, qu'à peine pouvait-il dire la messe.

NOUVELLE XXIX

Un villageois de qui la femme faisait l'amour avec son curé, se laissa tromper aisément.

Il y avait à Arcelles, village de la comté du Maine, un riche laboureur, lequel étant vieux épousa une belle et jeune femme, dont il n'eut point d'enfants; mais elle se consola de ce chagrin avec plusieurs amis. Quand les gentilshommes et gens d'apparence lui manquaient, elle revenait à son pain quotidien qui était l'Église. Elle choisit pour complice de son péché celui qui pouvait l'en absoudre, c'est-à-dire son curé, qui rendait de fréquentes visites à ses brebis. Le mari, vieux et pesant, ne se défiait de rien. Mais comme c'était un homme dur et assez robuste pour son âge, elle jouait son rôle le plus secrètement qu'elle pouvait, craignant que son mari ne la tuât, s'il venait à s'en apercevoir. Un jour que le mari était allé à la campagne, et que sa femme ne croyait pas qu'il revînt sitôt, elle envoya quérir M. le curé pour la confesser. Dans le temps qu'ils faisaient bonne chère ensemble, le mari arriva si brusquement, que le curé n'eut pas le temps de s'évader. Songeant donc à se cacher, il monta dans un grenier par le conseil de la femme, et couvrit d'un van à vanner la trappe par où il était monté. Le mari étant entré, et la femme craignant qu'il ne se doutât de quelque chose, lui fit si bonne chère à dîner, et le vin y fut si peu épargné, que le mari en ayant pris un peu plus que de raison, s'endormit près du feu dans une chaise, fort embarrassé des fumées du vin, et de la lassitude de sa promenade. Le curé, qui s'ennuyait dans son grenier, n'entendant point de bruit dans la chambre, s'avança sur la trappe, et allongeant le col tant qu'il put, il vit que le bonhomme dormait. Comme il regardait, il s'appuya par mégarde sur le van si pesamment, que le van et le curé tombèrent tous deux près du bonhomme, que le grand bruit réveilla. Le curé, qui fut plus tôt debout que l'autre n'eut ouvert les yeux, lui dit : « Voilà votre van, mon compère, et grand merci; » et cela dit, il gagna au pied. Le pauvre laboureur, tout étonné, demanda à sa femme ce que c'était. « C'est votre van, mon ami, répondit-elle, que le curé avait emprunté, et qu'il est venu rendre.

CONTES DE LA REINE DE NAVARRE.   209

Le gentilhomme tira un rideau.

— C'est rendre bien lourdement ce qu'on a emprunté, dit le bonhomme en grondant; car j'ai cru que la maison tombait. » Par ce moyen, le curé se sauva aux dépens du laboureur, qui ne trouva rien de mauvais que la brusquerie avec laquelle il avait rendu son van.

Le maître qu'il servait, mesdames, le sauva pour lors, afin de le posséder et de le tourmenter plus longtemps.

— Ne vous imaginez pas, dit Guebron, que les petites gens soient exempts de malice non plus que nous : bien loin de cela, ils en ont beaucoup davantage.

Voyez les larrons, les meurtriers, les sorciers, les faux monnayeurs et autres gens de ce caractère, dont l'esprit est toujours en action, ce sont tous de petites gens.

— Je ne suis point surprise, dit Parlamente, qu'ils aient plus de malice que les autres, mais je le suis qu'ayant l'esprit à tant d'autres choses, ils puissent avoir de l'amour. N'est-ce pas étrange qu'une si belle passion puisse entrer dans de si vilains cœurs ? Vous savez, madame, ce qu'a dit maître Jean de Meun :

> Qu'aussi bien sont amourettes
> Sous le bureau que sous brunettes.

Aussi l'amour de qui le conte parle, n'est pas celui qui fait porter le harnais. Comme les pauvres n'ont pas comme nous les biens et les honneurs, ils ont aussi en récompense plus que nous des commodités de la nature. Leurs viandes ne sont pas délicates, mais le bon appétit supplée à la délicatesse, et ils font meilleure chère avec de gros pain, que nous avec des restaurants. Leurs lits ne sont ni si beaux, ni si bien faits que les nôtres ; mais ils dorment de meilleur sommeil que nous. Leurs dames ne sont ni peintes, ni parées, comme les nôtres que nous idolâtrons : mais ils en reçoivent les plaisirs bien plus souvent que nous, sans craindre d'autres langues que celles des bêtes et des oiseaux qui les voient. En un mot, ils ont faute de ce que nous avons, et ont abondance de ce que nous n'avons pas. Laissons-là, je vous prie, ce paysan et son opulence, et achevons la journée avant vêpres. Ce sera Hircan qui la finira.

— Je la finirai donc par un conte bien lugubre, dit Hircan. Quoique je ne médise pas volontiers des dames, sachant comme je fais que les hommes sont assez malins pour tirer des conséquences de la faute d'une seule au préjudice de tout le reste ; cependant la singularité de l'aventure me fera oublier la crainte, et l'ignorance découverte rendra peut-être les autres plus sages.

NOUVELLE XXX

Exemple notable de la faiblesse humaine, qui, pour couvrir un mal, en fait encore un plus grand.

Du temps de Louis XIII, étant alors légat à Avignon un seigneur de la maison d'Amboise, neveu du légat de France, qui se nommait George, il y avait en Languedoc une dame, dont je ne veux pas dire le nom à cause de ses parents, qui avait plus de quatre mille écus de rente. Elle était encore fort jeune quand son mari mourut, et ne lui laissa qu'un fils. Elle résolut de ne jamais se remarier, soit qu'elle regrettât son mari, ou qu'elle aimât son fils. Pour en fuir donc l'occasion, elle ne fréquentait que des dévots, n'ignorant pas que le péché forge l'occasion. Elle se donna tout entière au service divin, fuyant toutes compagnies et tout ce qui s'appelle mondanité, en sorte qu'elle faisait conscience d'assister à une noce, ou d'entendre jouer des orgues à l'église. Son fils étant à l'âge de sept ans, elle lui donna pour précepteur un homme de sainte vie, pour l'élever dans la piété, et dans la sainteté. Lorsqu'il eut quatorze à quinze ans, la nature, qui est un maître d'école bien secret, le trouvant trop grand et trop oisif, lui apprit une tout autre leçon que son précepteur ; car elle commença à lui faire regarder et désirer les choses qui lui paraissaient belles, et entre autres une demoiselle qui couchait dans la chambre de sa mère. Personne n'eut garde d'en rien soupçonner, parce qu'on le regardait comme un enfant, et que dans toute la maison on n'entendait parler que de Dieu. Le jeune homme commença de presser vivement cette fille, qui le vint dire à sa maîtresse. La mère aimait tant son fils, qu'elle regarda cela comme un rapport qu'on lui faisait pour le lui rendre odieux. Mais la fille en parla si souvent à sa maîtresse, qu'elle lui dit qu'elle saurait ce qui en était, et qu'elle le châtierait, si ce qu'elle disait se trouvait vrai. « Mais aussi, ajouta-t-elle, s'il n'en est rien, vous en porterez la peine. » Pour en savoir donc la vérité, elle ordonna à la demoiselle de dire à son fils de venir à minuit coucher dans sa chambre, en un lit près de la porte où elle couchait toute seule. La demoiselle suivit les ordres de sa maîtresse, et le soir étant venu, la mère se mit au lit de la demoiselle, résolue, si son fils venait, de le châtier si bien, qu'il ne coucherait jamais avec femme qu'il ne s'en souvînt. Dans cette pensée et dans cette colère, son fils vint coucher avec elle ; mais ne pouvant croire encore qu'il voulût rien faire de déshonnête, elle attendit à lui parler jusques à ce qu'elle connût quelque signe de sa mauvaise volonté, ne pouvant se persuader que son désir fût criminel. Mais sa patience fut si longue, et la nature si fragile, que sa colère aboutit à un plaisir abominable, et ne se souvint plus de la qualité de mère. Comme l'eau qu'on retient par force, a plus d'impétuosité quand on la laisse aller, que celle qui court ordinairement, de même cette pauvre femme tourna sa gloire à la violence qu'elle faisait à son corps. Quand elle vint à descendre du premier degré de son honnêteté, elle se trouva tout à coup au dernier, et devint grosse de cette nuit-là de celui qu'elle voulait empêcher de faire un enfant à sa demoiselle. Le péché ne fut pas plutôt commis, que le remords lui causa un si cruel tourment, que sa repentance fut aussi longue que sa vie. Elle eut une si vive douleur quand elle se leva d'auprès de son fils qui l'avait toujours prise pour la demoiselle, qu'entrant dans un cabinet, et se rappelant la belle résolution qu'elle avait faite, et qu'elle avait si mal exécutée, elle passa toute la nuit seule à se tourmenter et à pleurer. Mais au lieu de s'humilier et de reconnaître que, de nous-mêmes et destitués du secours de Dieu, nous ne pouvons que pécher, voulant par elle-même et par ses larmes réparer le passé, et prévenir par sa prudence le mal à venir, imputant toujours son péché à l'occasion, et non à sa malice, à laquelle il n'y a que la grâce de Dieu qui puisse remédier, elle s'avisa de faire une chose pour ne plus tomber en pareil inconvénient. Comme s'il n'y avait qu'une espèce de péché qui pût damner, elle occupa tout son esprit à éviter ce péché-là. Mais la racine de l'orgueil que le péché extrême doit guérir, croissait dans son cœur de manière que, pour éviter un mal, elle en fit plusieurs autres.

Le lendemain dès qu'il fut jour, elle envoya quérir le gouverneur de son fils, et lui dit : « Mon fils commence à être grand, et il est temps de le mettre hors de la maison. J'ai un de mes parents qui est au-delà des monts avec M. le grand-maître de Chaumont, qui sera bien aise de l'avoir. Emmenez-le donc tout à l'heure ; et afin que je n'aie nul regret de lui, faites en sorte qu'il ne vienne point me dire adieu : et sans attendre davantage, elle lui donna l'argent qu'il lui fallait pour son voyage, et il partit dès le lendemain avec son élève qui en fut fort aise, et qui, après avoir eu de sa maîtresse ce qu'il désirait, ne demandait pas mieux que d'aller à la guerre. La dame fut longtemps dans une tristesse extrême, et sans la crainte de Dieu elle eût souvent souhaité la fin du malheureux fruit dont elle était enceinte. Pour couvrir la faute, elle feignit d'être malade. Quand elle fut sur le point d'accoucher, considérant qu'un frère bâtard qu'elle avait, était l'homme du monde en qui elle se confiait le plus, elle lui fit de grands biens à l'avance, l'envoya quérir, et lui communiqua l'accident qui lui était arrivé, sans lui dire la part qu'y avait son fils, le priant de lui sauver l'honneur par son secours ; ce qu'il fit. Quelques jours avant qu'elle dût accoucher, il lui conseilla de changer d'air, et d'aller chez lui où sa santé se rétablirait plus tôt que chez elle. Elle y alla peu accompagnée, et y trouva une sage-femme qu'on avait fait venir pour la femme de son frère, et qui, sans la connaître, l'accoucha de nuit d'une belle fille. Le gentilhomme la donna à nourrir, disant que c'était la sienne. Après un mois de séjour, la dame s'en retourna chez elle, où elle vécut avec plus d'austérité que jamais.

Son fils étant grand, et l'Italie tranquille, il envoya supplier sa mère de trouver bon qu'il retournât auprès d'elle. Mais comme elle craignait de retomber dans le même crime, elle temporisa le plus qu'elle put ; mais il la pressa si fort, qu'elle lui permit enfin de revenir, n'ayant aucune bonne raison pour appuyer un plus long refus. Cependant elle lui manda de ne se présenter jamais devant elle qu'il ne fût marié ; de choisir une femme qu'il aimât avec passion ; qu'il ne s'attachât point au bien, et que pourvu qu'il choisît une femme bien faite, c'était assez. Durant ce temps-là, le frère bâtard voyant que la fille qu'il avait en garde était grande et fort belle, songea à l'éloigner, et à la placer dans un lieu où elle ne fût point connue. Il consulta là-dessus la mère, qui voulut qu'on la donnât à la reine de Navarre. Cette fille, nommée Catherine, était si belle et si honnête à l'âge de treize ans, que la reine de Navarre, qui avait conçu beaucoup d'amitié pour elle, souhaitait fort de la marier ; mais comme elle était pauvre, il se présentait beaucoup d'amants et point de maris. Le père inconnu de cette fille revenant d'Italie, passa chez la reine de Navarre, et n'eut pas plus tôt vu sa fille, qu'il en fut amoureux. Comme il avait permission de sa mère d'épouser telle femme qu'il voudrait, il demanda seulement si elle était d'extraction noble, et ayant appris que oui, il la demanda pour femme à la reine de Navarre, qui la lui donna très-volontiers, sachant fort bien que le cavalier était aussi riche qu'honnête et bien fait. Le mariage étant consommé, le gentilhomme l'écrivit à sa mère, disant qu'elle ne pouvait désormais lui refuser la porte de sa maison, attendu qu'il lui amenait une femme aussi belle et aussi parfaite qu'elle pouvait souhaiter. Sa mère s'informant de la femme qu'il avait prise, trouva que c'était leur propre fille ; ce qui lui causa une affliction si excessive, qu'elle en pensa mourir subitement. Elle fit sur cela mille tristes réflexions ; mais rien ne la désespérait davantage que de voir que les moyens qu'elle employait pour arrêter son malheur, ne servaient qu'à le rendre plus grand. N'y trouvant point de remède, elle s'en alla au légat d'Avignon, lui confessa l'énormité de son crime, et lui demanda conseil. Le légat, pour satisfaire à sa conscience, fit venir plusieurs théologiens, auxquels il communiqua l'affaire, sans nommer les personnes. Le résultat de ce conseil de conscience fut que la dame n'en devait jamais parler à ses enfants, qui n'avaient point péché, d'autant qu'ils n'avaient rien su : mais que pour elle, elle en devait faire pénitence toute sa vie. Ainsi s'en retourna la pauvre dame chez elle, où bientôt après arrivèrent son fils et sa fille, qui s'entr'aimaient si fort, que jamais mari et femme ne se sont plus aimés. Car elle était sa fille, sa sœur et sa femme ; et lui son père, son frère et son mari. Ils s'aimèrent jusqu'à l'extrémité, pendant que la mère commune, dans son extrême pénitence, ne les voyait jamais se caresser, qu'elle ne se retirât pour pleurer.

— Voilà ce qui arrive, mesdames, à celles qui s'imaginent pouvoir vaincre par leurs propres forces l'amour et la nature avec toutes les facultés que Dieu leur a données. Le meilleur serait de reconnaître son faible, de ne s'exposer point, et de dire à Dieu comme David : *Seigneur, je te satisferai, réponds pour moi.*

— On ne peut pas, dit Oysille, rien voir de plus étrange. Il me semble qu'il n'y a ni homme, ni femme, qui ne doive s'humilier et craindre Dieu, voyant que l'espérance de faire un bien a produit tant de maux.

— Sachez, dit Parlamente, que le premier pas que l'homme fait en la confiance de soi-même, l'éloigne d'autant de la confiance qu'il doit avoir en Dieu.

— L'homme est sage, dit Guebron, quand il ne reconnaît pas un plus grand ennemi que soi-même, et qu'il se défie de sa volonté et de son propre conseil, quelque apparence de bonté et de sainteté qu'il y trouve.

— Quelque grande que soit, dit Longarine, l'apparence du bien, une femme ne doit jamais s'exposer à coucher avec un homme, quelque proche parent qu'il soit. Le feu auprès des étoupes n'est guère sûr.

— Apparemment, dit Émarsuite, c'était une folle orgueilleuse, qui se croyait si sainte, qu'elle ne pouvait pécher, comme quelques-uns veulent faire accroire aux simples : erreur grossière et pernicieuse.

— Est-il possible, repartit Oysille, qu'il y ait des gens assez fous pour croire quelque chose de pareil?

— Ils font bien encore autre chose, répliqua Longarine. Ils disent qu'il faut s'habituer à la chasteté ; et pour éprouver leurs forces, ils parlent aux plus belles, et à celles qu'ils aiment le plus : et en baisant et touchant, ils éprouvent s'ils sont dans une entière mortification. Quand ils sentent que ce plaisir les émeut, ils vivent dans la retraite, jeûnent et se disciplinent ; et quand ils ont matté leur chair, en sorte que ni la conversation, ni le baiser ne leur causent point d'émotion, ils essaient la sotte tentation de coucher ensemble, et de s'embrasser sans aucun désir de volupté. Mais pour un qui résiste, il y en a mille qui succombent. De là sont venus tant d'inconvénients, que l'archevêque de Milan, où cette religion s'était introduite, fut d'avis de les séparer, et de mettre les femmes au couvent des hommes, et les hommes dans celui des femmes.

— Y eut-il jamais folie plus outrée ? répondit Guebron : on veut se rendre impeccable, et l'on cherche avec empressement les occasions de pécher.

— Il y en a, répliqua Saffredant, qui font tout le contraire. Ils fuient tant qu'ils peuvent les occasions, et cependant la concupiscence les suit partout. Le bon saint Jérôme, après s'être bien discipliné et caché dans les déserts, avoua qu'il ne pouvait éteindre le feu de convoitise qui brûlait dans ses moelles. Le souverain remède est donc de se recommander à Dieu ; car à moins qu'il ne nous retienne par sa puissance, par sa vertu et par sa bonté, non-seulement nous tombons, mais nous nous faisons un plaisir de tomber.

— Vous ne voyez pas ce que je vois, répartit Hircan : c'est que pendant que nous avons conté nos histoires, les moines qui étaient derrière cette haie, n'ont point entendu sonner vêpres. Nous n'avons pas plus tôt parlé de Dieu, qu'ils s'en sont allés, et sonnent, de l'heure qu'il est, le second coup.

— Nous ferons bien de les suivre, dit Oysille, et de louer Dieu de la grâce qu'il nous a faite de passer cette journée avec toute la joie possible.

Sur cela, tout le monde se leva pour aller à l'église, où l'on entendit vêpres dévotement. Le souper se passa à parler de la conversation de la journée, et de plusieurs choses arrivées de leur temps, chacun choisissant ce qu'il croyait le plus digne d'être retenu. Après avoir gaiement passé la soirée, chacun alla chercher son lit, dans l'espoir de reprendre, le lendemain, un exercice qui leur était si agréable.

QUATRIÈME JOURNÉE

Madame Oysille, selon sa bonne coutume, se leva plus matin que les autres, et en attendant la compagnie qui se rassembla peu à peu, elle médita l'Écriture-Sainte, à son ordinaire. Les plus paresseux s'excusèrent sur la parole de Dieu, disant : *J'ai une femme, et ne puis y aller sitôt.* C'est pourquoi Hircan et sa femme trouvèrent la lecture commencée ; mais Oysille sut fort bien chercher les passages où sont censurés ceux qui négligent d'entendre cette sainte parole. Non-seulement elle lut le texte, mais elle leur fit aussi de si bonnes et de si saintes exhortations, qu'il n'y avait pas moyen de s'ennuyer. La dévotion étant finie, Parlamente lui dit :

— J'étais fâchée en arrivant d'avoir été paresseuse, mais je me félicite de ma paresse, puisqu'elle vous a fait si bien parler. J'en tire un double avantage, le repos du corps et la satisfaction de l'esprit.

— Pour pénitence, répondit Oysille, allons donc à la messe, pour prier Notre Seigneur de nous donner la volonté et la force de faire ses commandements, et puis, qu'il commande ce qu'il lui plaira.

En disant ces paroles, ils se trouvèrent à l'église, où après avoir entendu la messe avec beaucoup de dévotion, ils se mirent à table, où Hircan ne manqua pas de dauber la paresse de sa femme. Après dîner chacun alla étudier son rôle, et l'heure ne fut pas plus tôt venue, que chacun marcha au rendez-vous ordinaire. Oysille demanda à Hircan à qui il donnait sa voix pour commencer la journée.

— Si ma femme, répondit-il, n'avait pas commencé celle d'hier, je lui donnerais ma voix. Car quoique j'aie toujours cru qu'elle m'ait plus aimé que tous les hommes du monde, elle m'a fait voir ce matin qu'elle m'aimait beaucoup mieux que Dieu et sa parole, puisqu'elle a préféré ma compagnie à votre lecture. Ne pouvant donc la donner à la femme la plus sage de la compagnie, je la donnerai

Il ouvrit la petite porte, et cria fort haut en l'ouvrant... (Page 231.)

au plus sage des hommes, je veux dire à Guebron, que je prie de ne point épargner les moines.

— Il n'était pas nécessaire de m'en prier, répondit Guebron. Ils sont trop bien dans mon esprit pour les oublier. Il n'y a pas longtemps que j'entendis faire un conte à M. de Saint-Vincent, alors ambassadeur de l'empereur, qui est trop bon pour être oublié.

NOUVELLE XXXI

Horrible cruauté d'un cordelier pour parvenir à sa criminelle fin.
Punition de cet infâme.

Il y avait dans les états de l'empereur Maximilien d'Autriche un couvent de cordeliers fort estimé, et près duquel était la maison d'un gentilhomme. Il était si entêté de ces cordeliers, qu'il leur faisait tous les biens qu'il pouvait, pour avoir part à leurs jeûnes et à leurs prières. Il y avait entre autres dans ce couvent un cordelier grand, jeune et bien fait, que le gentilhomme avait pris pour son confesseur, et qui était aussi absolu dans la maison que le maître même. Le cordelier voyant la femme du gentilhomme belle et sage à souhait, en devint si amoureux, qu'il en perdit le boire et le manger, et toute raison naturelle. Résolu d'exécuter son dessein, il s'en alla un jour tout seul chez le gentilhomme. Le moine, ne le trouvant point au logis, demanda à la femme où il était allé. Elle répondit qu'il était allé à une de ses terres, où il devait demeurer deux ou trois jours; mais que s'il avait besoin de lui, elle envoyerait un homme exprès pour le faire revenir. Le cordelier lui dit que cela n'était pas nécessaire, et commença d'aller et venir dans la maison, comme s'il avait eu en tête quelque affaire de conséquence. Le moine ne fut pas plus tôt sorti de sa chambre, qu'elle dit à une de ses femmes, qui n'étaient que deux en tout : « Courez après le père, et sachez ce qu'il veut; car je connais à sa mine qu'il n'est pas content. » Cette fille le trouvant dans la cour, lui demanda s'il voulait quelque chose. Il lui répondit qu'oui; et la tirant dans un coin, il tira un poignard qu'il avait dans sa manche, et le lui enfonça dans le sein. A peine avait-il fait le coup, qu'un valet du gentilhomme, qui portait la rente d'une ferme, entra dans la cour, à cheval. Il n'eut pas plus tôt mis pied à terre, qu'il salua le cordelier, qui l'embrassa et lui enfonça en même temps par derrière le poignard dans le corps. Après cela il ferma la porte du château sur lui. La demoiselle voyant que sa servante ne revenait point, fut surprise qu'elle demeurât si longtemps avec le cordelier, et dit à l'autre : « Allez voir pourquoi votre compagne ne revient point. » La servante y va, et ne fut pas plutôt descendue et aperçue du cordelier, qu'il la tira dans un coin, et lui fit ce qu'il avait fait à l'autre. Se voyant alors seul dans la maison, il vint à la demoiselle, et lui dit qu'il y avait longtemps qu'il l'aimait, et qu'il était temps qu'elle lui obéît. Elle, qui ne s'en serait jamais défiée, lui dit : « Je crois, mon père, que si j'avais une si malheureuse volonté, vous seriez le premier à me condamner et à me jeter la pierre. — Allez dans la cour, lui dit le religieux, et vous verrez ce que j'ai fait. » La pauvre femme voyant ses deux servantes et son valet par terre, fut si effrayée qu'elle demeura immobile et ne parla non plus qu'une statue. Le scélérat, qui ne voulait pas l'avoir pour une heure, ne voulut point alors lui faire violence, et lui dit : « Ne craignez point, mademoiselle, vous êtes entre les mains de l'homme du monde qui vous aime le plus. » En disant cela, il dépouilla son habit sous lequel il en avait un plus petit qu'il présenta à la demoiselle, avec menaces que, si elle ne le prenait, il la traiterait comme les autres qu'elle voyait. La demoiselle, plus morte que vive, fit semblant de lui obéir, tant pour sauver sa vie, que pour temporiser, dans l'espérance que son mari reviendrait. Elle se décoiffa, par ordre du cordelier, le plus lentement qu'elle put. Quand elle fut décoiffée, le moine, sans se mettre en peine de la beauté de ses cheveux, les coupa avec précipitation, la fit mettre en chemise, lui fit prendre le petit habit qu'il avait dessous, reprit le sien de l'ordinaire, et partit le plus diligemment qu'il lui fut possible avec son petit cordelier qu'il souhaitait depuis si longtemps.

Dieu, qui a pitié de l'innocent opprimé, fut touché des larmes de cette pauvre demoiselle, et conduisit les choses de manière que le mari ayant expédié ses affaires plus tôt qu'il ne pensait, prit pour s'en retourner chez lui le même chemin par lequel le cordelier emmenait sa femme. Le cordelier apercevant le mari de loin, dit à la demoiselle : « Voici votre mari qui vient ; je sais que, si vous le regardez, il voudra vous tirer de mes mains : ainsi marchez devant moi, et ne tournez point la tête de son côté ; car si vous faites le moindre signe, je vous aurai plus tôt plongé le poignard dans le sein, qu'il ne vous aura délivrée. » Sur cela, le gentilhomme approcha, et lui demanda d'où il venait. « De chez vous, monsieur, répondit le cordelier. J'ai laissé mademoiselle en bonne santé, et elle vous attend. » Le gentilhomme passa outre sans apercevoir sa femme ; mais le valet qui l'accompagnait, et qui avait toujours de coutume d'entretenir le compagnon du cordelier, nommé frère Jean, appela sa maîtresse, croyant que ce fût frère Jean. La pauvre femme, qui n'osait tourner la tête du côté de son mari, ne répondit rien au valet. Le valet, pour voir au visage le prétendu frère Jean, traversa le chemin. La pauvre demoiselle, sans rien dire, lui fit signe de l'œil, qu'elle avait tout plein de larmes. Le valet rejoignit son maître, et lui dit : « En conscience, monsieur, frère Jean ressemble à mademoiselle votre femme. Je l'ai regardé à la traverse. Ce n'est assurément point frère Jean de l'ordinaire :

au moins puis-je vous dire que si c'est lui, il pleure abondamment, et m'a jeté une œillade bien triste. » Le gentilhomme lui dit qu'il rêvait, et méprisa ce qu'il lui disait. Le valet soutenant toujours qu'il y avait quelque chose, lui demanda permission de courre après pour s'en éclaircir, et le pria de l'attendre. Le gentilhomme le laissa aller, et attendit pour voir quel en serait le dénoûment. Mais le cordelier, entendant le valet qui le suivait en criant frère Jean, et ne doutant pas que la demoiselle n'eût été reconnue, s'avança avec un grand bâton ferré qu'il avait, et en donna un si grand coup par le côté au valet, qu'il le jeta de son cheval à terre, et sautant incontinent sur lui le poignard à la main, il l'eut bientôt expédié. Le gentilhomme, qui avait vu de loin tomber son valet, et qui crut que cela était arrivé par quelque accident, piqua d'abord à lui pour le relever. Aussitôt qu'il fut à portée, le cordelier le régala d'un coup du même bâton ferré dont il avait régalé son valet, et l'ayant désarçonné, il se jeta sur lui ; mais le gentilhomme, qui était fort et puissant, embrassa le cordelier, et le serra si rudement, qu'il le mit non-seulement hors d'état de lui faire du mal, mais lui fit tomber le poignard de la main. La femme s'en saisit d'abord, et le donna à son mari. Elle prit en même temps le cordelier par le capuchon, et le tint de toute sa force pendant que son mari lui donnait plusieurs coups de poignard. Le cordelier, ne pouvant faire autre chose, demanda quartier, et confessa le crime qu'il avait fait. Le gentilhomme lui donna la vie, et pria sa femme d'aller quérir ses gens, et un chariot pour l'emporter : ce qu'elle fit. Elle quitta son habit de cordelier, et courut, toute en chemise et les cheveux coupés, jusqu'à sa maison. Tous ses gens coururent d'abord à leur maître, pour lui aider à mener le loup qu'il avait pris. Il fut donc ramené chez le gentilhomme, qui le fit conduire en Flandres, pour y être jugé par les officiers de l'empereur. Non-seulement il confessa son crime, mais avoua aussi un fait qui se trouva vrai, après l'information faite sur le lieu par des commissaires à ce députés : qui est que plusieurs autres demoiselles et belles filles avaient été menées à ce couvent, de la même manière que le cordelier y avait voulu mener celle dont nous parlons ; et s'il ne réussit pas, c'est un pur effet de la bonté de Dieu, qui prend toujours la défense de ceux qui espèrent en lui. Les filles et autres rapines qui se trouvèrent dans le couvent furent enlevées, et les moines brûlés avec le monastère, en mémoire perpétuelle d'un crime si horrible. On voit par là qu'il n'est rien de plus cruel que l'amour, quand le vice en est le principe, comme il n'est rien de plus humain ni de plus louable, quand il est fondé sur la vertu.

— Je suis bien fâché, mesdames, que la vérité ne nous fournisse pas autant de contes à l'avantage des cordeliers, qu'elle nous en fournit contre eux. J'aime cet ordre, et je serais bien aise d'en savoir quelqu'un où je pusse les louer. Mais nous avons tant juré de dire la vérité, que je ne puis la cacher après le rapport de personnes si dignes de foi, vous assurant que si les religieux d'aujourd'hui faisaient quelque chose digne de mémoire qui leur fût glorieux, je le ferais valoir avec plus d'empressement, que je n'ai dit la vérité de l'histoire que je viens de vous conter.

— En bonne foi, Guebron, dit Oysille, voilà un amour qu'on devrait nommer cruauté.

— Je suis surpris, dit Simontault, qu'il ne fît pas violence à la demoiselle, lorsqu'il la vit en chemise, et au lieu où il était le maître.

— Il n'était pas friand, dit Saffredant, mais il était gourmand. Comme il avait envie de s'en soûler tous les jours, il ne voulait pas s'amuser à en tâter.

— Ce n'est point cela, dit Parlamente, un furieux est toujours craintif. La peur d'être surpris et de perdre sa proie, lui fit emporter son agneau, comme le loup emporte sa brebis pour la manger à son aise.

— Je ne saurais croire qu'il l'aimât, dit Dagoucin, et je ne conçois pas qu'une aussi belle passion que l'amour puisse entrer dans un cœur si lâche et si vilain.

— Quoi qu'il en soit, dit Oysille, il en fut bien puni. Je prie Dieu que ceux qui font de pareilles actions, souffrent aussi de pareilles peines. Mais à qui donnez-vous votre voix?

— A vous, madame, dit Guebron, car je sens que vous ne manquerez pas de nous faire un beau conte.

— Si les choses nouvelles sont bonnes, répondit Oysille, je vais vous entretenir d'un fait qui ne doit pas être mauvais, puisqu'il est arrivé de mon temps, et que je le tiens d'un homme qui en a été le témoin oculaire. Vous n'ignorez pas, sans doute, que la mort étant la fin de tous nos malheurs, on peut par conséquent la nommer le commencement de notre félicité et de notre repos. Ainsi le malheur de l'homme est de souhaiter la mort, et de ne pouvoir l'obtenir. Le plus grand mal qu'on puisse faire à un criminel n'est pas de le faire mourir; mais de le faire tant souffrir qu'il souhaite la mort, par des souffrances si légères quoique continuelles, qu'elles ne soient pas capables d'avancer sa mort; c'est ce que fit un gentilhomme à sa femme, comme vous allez voir.

NOUVELLE XXXII

Le mari surprend sa femme en flagrant délit, et la punit d'une peine plus rigoureuse que la mort même.

Le roi Charles VIII envoya en Allemagne un gentilhomme nommé Bernage, seigneur de Civré près d'Amboise. Ce gentilhomme, marchant nuit et jour pour avancer chemin, arriva un soir bien tard à la maison d'un gentilhomme où il demanda à loger, et ne l'obtint qu'avec peine. Le gentilhomme, néanmoins, apprenant à qui il appartenait, alla au devant de lui, et le pria d'excuser la malhonnêteté de ses gens, ajoutant que certains parents de sa femme qui lui voulaient mal, l'obligeaient de tenir ainsi sa porte fermée. Bernage lui dit, le soir, le sujet de son voyage, et en eut des offres de rendre au roi son maître tous les services possibles. Il le mena donc chez lui, où il fut logé et régalé splendidement. L'heure du souper étant venue, il le mena dans une salle richement tapissée. La table étant servie, il sortit de derrière la tapisserie la plus belle femme qu'il était possible de voir; mais elle avait la tête tondue, et des habits noirs à l'allemande. Après que le gentilhomme eut lavé avec Bernage, on apporta l'eau à cette femme qui se lava aussi, et fut se placer au bout de la table sans parler à personne, ni personne à elle. Bernage la regardait souvent, et la trouvait l'une des plus belles qu'il eût jamais vues, à cela près que son visage lui paraissait bien pâle et son air extrêmement triste. Après qu'elle eût un peu mangé, elle demanda à boire. Un domestique lui donna à boire dans un vaisseau bien singulier. C'était une tête de mort dont les trous étaient bouchés d'argent. Elle but ainsi deux ou trois fois dans le même vaisseau. Après qu'elle eut soupé et lavé ses mains, elle fit une révérence au seigneur de la maison, et s'en retourna derrière la tapisserie sans parler à personne. Bernage fut si surpris de voir une chose si extraordinaire, qu'il en devint tout triste et tout pensif. Son hôte s'en aperçut et lui dit : « Je vois bien que vous êtes surpris de ce que vous avez vu à table ; mais l'honnêteté que j'ai trouvée en vous ne me permet pas de vous en faire un secret, afin que vous ne croyiez pas que je sois capable de faire une telle cruauté sans en avoir grand sujet. Cette dame que vous avez vue est ma femme, que j'ai plus aimée que jamais homme n'aima la sienne. J'ai tout risqué pour l'épouser, et je l'amenai ici malgré tous ses parents. Elle me témoignait aussi tant d'amour, que j'eusse hasardé mille vies pour l'avoir. Nous avons vécu longtemps avec tant de douceur et de plaisir, que je m'estimais le gentilhomme de la chrétienté le plus heureux. Mais l'honneur m'ayant obligé de faire un voyage, elle oublia le sien, sa conscience et l'amour qu'elle avait pour moi, et se rendit amoureuse d'un jeune gentilhomme que j'avais nourri céans. Peu s'en fallut que je ne m'en aperçusse à mon retour. Cependant, je l'aimais avec tant de passion, que je ne pouvais me défier d'elle. Mais enfin l'expérience m'ouvrit les yeux, et je vis ce que je craignais plus que la mort. L'amour que j'avais pour elle se changea en fureur et en désespoir. Je l'observai si bien, que feignant un jour d'aller à la campagne, je me cachai dans la chambre où elle demeure à présent. Bientôt après mon prétendu départ elle se retira, et y fit venir ce jeune gentilhomme que je vis entrer, et prendre avec elle des privautés qui n'auraient dû être que pour moi. Quand je vis qu'il voulait monter sur le lit avec elle, je sortis de ma niche, l'allai prendre entre ses bras et le tuai. Mais comme le crime de ma femme me parut si grand, que je ne l'aurais pas assez punie en la tuant comme j'avais fait de son galant, je lui ordonnai une peine, qui lui est, je crois, plus insupportable que la mort; c'est de l'enfermer dans la chambre où elle se retirait pour dérober ses plus doux plaisirs. Je lui ai pendu dans une armoire tous les os de son galant, comme on pend quelque chose de précieux dans un cabinet. Et afin qu'elle n'en perde pas la mémoire en mangeant et en buvant, je lui fais servir à table au lieu de coupe, vis-à-vis de moi, la tête de cet ingrat, afin qu'elle voie vivant, celui qu'elle a rendu par sa faute son ennemi mortel, et mort pour l'amour d'elle celui dont elle a préféré l'amitié à la mienne. Par ce moyen, elle voit en dînant et en soupant les deux choses qui doivent l'affliger le plus, c'est-à-dire l'ennemi vivant et l'ami mort; et tout cela par son crime. Au surplus, je la traite comme moi, si ce n'est qu'elle est tondue; car les cheveux sont un ornement qui ne sied pas mieux à l'adultère, que le voile à une impudique. Ainsi sa tête tondue marque qu'elle a perdu l'honneur et la chasteté. S'il vous plaît prendre la peine de la voir, je vous y mènerai. » Bernage accepta volontiers, et étant descendu, il trouva qu'elle était dans une très-belle chambre, assise toute seule auprès d'un bon feu. Le gentilhomme tira un rideau qui couvrait une grande armoire, où il vit tous les os d'un homme pendu. Bernage avait grande envie de parler à cette femme; mais il n'osa, de peur du mari. Le gentilhomme s'en étant aperçu, lui dit : « Si vous voulez lui dire quelque chose, vous verrez comme elle s'exprime. »

« Si votre patience, madame, lui dit alors Bernage, est égale au tourment, je vous regarde comme la femme du monde la plus heureuse. » La dame, les yeux baignés de larmes, et avec une grâce et une humilité sans pareille, répondit :

« Je confesse, monsieur, que ma faute est si grande, que tous les maux que le seigneur de céans, que je ne suis pas digne de nommer mari, me saurait faire, ne me sont rien au prix du regret que j'ai de l'avoir offensé. » Et en disant cela, elle se mit à pleurer abondamment. Le gentilhomme tira Bernage par le bras et l'emmena. Il partit le lendemain au matin pour aller s'acquitter de la commission que le roi lui avait donnée. Cependant, en prenant congé du gentilhomme, il ne put s'empêcher de lui dire : « L'estime que j'ai pour vous, monsieur, et les honnêtetés que vous m'avez faites chez vous, m'obligent de vous dire qu'il me semble, attendu la grande repentance de votre pauvre femme, que vous devez lui faire grâce, d'autant plus que vous êtes jeune et que vous n'avez point d'enfants. Il serait dommage qu'une maison comme la vôtre tombât, et que ceux qui peut-être ne vous aiment pas, fussent héritiers de vos biens. » Le gentilhomme, qui avait résolu de ne pardonner jamais à sa femme, pensa longtemps à ce que lui avait dit Bernage, et connut enfin qu'il lui avait dit la vérité. Il lui promit que, si elle persévérait dans cette humilité, il lui pardonnerait dans quelque temps. Bernage, étant revenu à la cour, fit ce conte tout du long au roi, qui voulut s'en informer, et qu'il trouva tel que Bernage lui avait dit. Le portrait qu'il fit de la beauté de cette dame plut tant au roi, qu'il envoya son peintre, nommé Jean de Paris, pour la peindre au naturel; ce qu'il fit du consentement du mari. Après une longue pénitence, le gentilhomme, qui souhaitait beaucoup des enfants, eut pitié de sa femme, qui recevait cette pénitence avec la même humilité, la reprit et en eut plusieurs beaux enfants.

— Si toutes celles à qui pareille chose est arrivée buvaient à de semblables vaisseaux, je crains fort, mesdames, qu'il y aurait bien des coupes de vermeil qui deviendraient têtes de morts. Dieu veuille nous en garder, car si sa bonté ne nous retient, il n'y a aucune d'entre nous qui ne puisse faire pis ; mais si nous avons confiance en lui, il gardera celles qui reconnaissent qu'elles ne peuvent pas se garder elles-mêmes. Celles qui se fient à leurs propres forces, courent grand risque d'être tentées, et contraintes par l'expérience de reconnaître leur infirmité. Je puis bien vous assurer qu'il y en a eu plusieurs que l'orgueil a fait broncher en pareil cas, et que celles qui passaient pour moins sages, se sont sauvées à la faveur de leur humilité. Aussi le vieux proverbe dit : *Que ce que Dieu garde est bien gardé.*

— Je trouve, dit Parlamente, cette punition tout à fait raisonnable, car comme l'offense est pire que la mort, la peine doit être aussi pire que la mort.

— Je ne suis pas de votre avis, dit Émarsuite. J'aimerais mieux voir toute ma vie les os de tous mes amants pendus dans mon cabinet, que de mourir pour eux. Il n'y a point de crime qui ne se puisse réparer ; mais à la mort point de retour.

Un vieux domestique du président, qui était depuis trente ans à son service.

— Comment pouvoir réparer l'infamie? dit Longarine; quelque chose qu'une femme puisse faire après un crime de cette nature, vous savez qu'elle ne saurait réparer son honneur.

— Dites-moi, je vous prie, répartit Émarsuite, si la Madeleine n'a pas plus d'honneur maintenant parmi les hommes, que sa sœur qui était vierge.

— Je vous avoue, répliqua Longarine, que nous la louons de l'amour qu'elle a eu pour Jésus-Christ, et de sa grande pénitence; mais cependant le nom de pécheresse lui demeure toujours.

— Je me soucie bien, reprit Émarsuite, quel nom les hommes me donnent, pourvu que Dieu me pardonne et à mon mari aussi ; il n'y a rien pourquoi je voulusse mourir.

— Si cette demoiselle aimait son mari comme elle devait, dit alors Dagoucin, je suis surpris qu'elle ne mourût point de chagrin en regardant les os de celui que son crime avait fait mourir.

— Comment, Dagoucin, dit Simontault, êtes-vous encore à savoir que les femmes n'ont ni amour, ni regret?

— Oui, dit-il, car je n'ai jamais osé éprouver leur amour, de peur d'en trouver moins que je n'aurais souhaité.

— Vous vivez donc de foi et d'espérance, dit Nomerfide, comme le pluvier fait de vent : vous êtes bien aisé à nourrir.

— Je me contente, répliqua-t-il, de l'amour que je sens en moi, et de l'espérance qu'il y a au cœur des dames. Mais si j'étais bien sûr que cet amour répondit à mon espérance, j'aurais un plaisir si extrême, que je ne saurais le soutenir sans mourir.

— Gardez-vous de la peste, dit Guebron, car pour de l'autre maladie, je vous en garantis. Mais voyons à qui madame Oysille donnera sa voix.

— Je la donne, répondit-elle, à Simontault, qui, je sais, n'épargnera personne.

— Il vaudrait autant dire que je suis un peu médisant, répliqua Simontault. Je ne laisserai pas néanmoins de vous montrer que des gens qu'on regardait comme médisants ont dit la vérité. Je crois, mesdames, que vous n'êtes pas assez simples pour ajouter foi à tout ce qu'on vient vous dire, quelque air de sainteté qu'on lui donne, à moins que la preuve n'en soit si claire, qu'elle ne puisse être mise en doute. Aussi sous le nom de miracle il se glisse souvent bien des abus. C'est pourquoi j'ai fait dessein de vous conter une histoire qui ne sera pas moins glorieuse à un prince fidèle, que honteuse pour un méchant ministre de l'Église.

NOUVELLE XXXIII

Inceste d'un prêtre qui engrossa sa sœur sous prétexte de sainteté, et comment puni.

Charles d'Angoulême, père du roi François Ier et prince de grande piété, étant un jour à Coignac, quelqu'un lui conta qu'à un village nommé Cherves, il y avait une fille vierge vivant avec tant d'austérité que c'était une merveille. Cependant elle se trouva grosse et ne s'en cachait même pas, assurant à tout le monde qu'elle n'avait jamais connu d'homme et qu'elle ne savait comment cela lui était arrivé, à moins que ce ne fût l'ouvrage du Saint-Esprit. Le peuple donnait facilement dans cette vision et regardait cette fille comme une seconde vierge Marie, d'autant plus qu'on l'avait connue si sage dès son enfance, qu'elle n'avait jamais fait paraître le moindre signe de mondanité. Non-seulement elle jeûnait durant les temps ordonnés par l'Église, mais faisait encore toutes les semaines plusieurs jeûnes volontaires et ne bougeait de l'église tant qu'il s'y faisait quelque service. Le vulgaire faisait tant de cas de ce genre de vie que chacun la venait voir comme un miracle, bien heureux quand on pouvait toucher sa robe. Le curé de la paroisse était son frère, homme âgé, d'une vie austère et passant pour un saint. Il traita sa sœur si rigoureusement qu'il la fit enfermer dans une maison. Le peuple en fut fort mécontent, et cette affaire fit tant de bruit qu'elle vint, comme on a déjà dit, aux oreilles du comte Charles. Ce prince voyant l'abus où tout le monde tombait, résolut d'y remédier. Pour cet effet, il envoya un maître des requêtes et un aumônier, tous deux gens de bien, pour s'informer de la vérité. Ces deux hommes allèrent sur le lieu, s'informèrent du fait avec le plus de soin qu'il leur fut possible et s'adressèrent au curé qui était tant ennuyé de cette affaire qu'il les pria d'assister à la vérification qu'il espérait d'en faire. Le lendemain au matin, le curé dit la messe où sa sœur, extrêmement grosse, assista toujours à genoux. La messe étant dite, le curé prit le *Corpus Domini* et dit à sa sœur en présence de toute l'assemblée: « Voici, malheureuse, celui qui a souffert la mort pour toi, devant lequel je te demande si tu es vierge comme tu m'as toujours assuré. » Elle répondit hardiment et sans crainte qu'elle l'était. « Comment est-il donc possible que tu sois grosse et demeurée vierge? répliqua le curé. — Tout ce que j'en puis dire, repartit-elle, est que c'est la grâce du Saint-Esprit qui fait en moi tout ce qu'il lui plaît; mais je ne puis dissimuler la grâce que Dieu m'a faite de me conserver vierge. Jamais je n'ai eu même la pensée de me marier. » Alors son frère lui dit : « Je te donne ici le corps précieux de Jésus-Christ que tu prendras à ta damnation si tu ne dis pas la vérité; de quoi seront témoins ces messieurs qui sont ici présents de la part de M. le comte. » La fille, âgée de près de treize ans, fit ce serment : « Je prends le corps de Notre-Seigneur, ici présent, à ma condamnation, devant vous, messieurs, et vous, mon frère, si jamais homme m'a touchée, non plus que vous. » Et en disant cela elle reçut le corps de Notre-Seigneur. Le maître des requêtes et l'aumônier s'en retournèrent tout confus, ne pouvant croire qu'on pût mentir après un tel serment et firent leur rapport au comte auquel ils voulurent persuader ce qu'ils croyaient eux-mêmes. Mais lui qui était sage, après y avoir bien pensé, leur fit redire les paroles du serment. Après les avoir bien pesées, il leur dit : « Elle vous a dit que *jamais homme ne lui toucha non plus que son frère.* Je suis persuadé que son frère lui a fait cet enfant et veut cacher son inceste sous une telle dissimulation. Nous qui croyons que Jésus-Christ est venu n'en devons point attendre un autre. Retournez-y donc, et faites mettre le curé en prison : je suis sûr qu'il confessera la vérité. » Ils exécutèrent leurs ordres, mais ce ne fut pas sans représenter le scandale qu'on ferait à cet homme de bien. Le curé ne fut pas plus tôt en prison qu'il avoua son crime et confessa qu'il avait conseillé à sa sœur de parler comme elle avait fait pour cacher le commerce qu'ils avaient eu ensemble, non-seulement pour s'excuser par une si légère défaite, mais aussi pour s'attirer l'estime et la vénération de tout le monde par ce faux exposé. Interrogé comment il avait pu porter la méchanceté à un tel excès que de prendre le corps de Notre-Seigneur pour faire jurer sa sœur, il répondit qu'il n'avait pas porté la témérité jusque-là et qu'il s'était servi d'un pain ordinaire qui n'était ni consacré ni bénit. Le rapport en ayant été fait au comte d'Angoulême, il renvoya l'affaire à la justice. On attendit que la sœur eût accouché; ce qu'elle fit d'un beau garçon. Après ses couches, le frère et la sœur furent brûlés au grand étonnement de tout le peuple qui, sous un manteau si saint, avait vu un monstre si horrible et trouvait un crime si détestable sous les apparences d'une vie si louable et si régénérée.

La foi du bon comte d'Angoulême, mesdames, fut à l'épreuve des signes et des miracles extérieurs. Il savait que nous n'avons qu'un Sauveur qui, en disant *consummatum est,* a fait voir qu'il ne fallait point attendre un successeur pour notre salut.

— Je vous avoue, dit Oysille, que voilà une grande effronterie sous le voile d'une hypocrisie extrême. C'est le comble de l'impiété de couvrir un crime si énorme du manteau de Dieu et de la religion.

— J'ai entendu dire, dit Hircan, que ceux qui, sous prétexte d'avoir commission du roi, font des cruautés et des tyrannies sont doublement punis : et la raison est que le roi est la couverture de leur injustice. Aussi voit-on qu'encore que les hypocrites prospèrent durant quelque temps sous le manteau de Dieu et de la sainteté, Dieu ne les démasque pas plus tôt qu'ils paraissent tels qu'ils sont ; et lors leur nudité, leur ordure et leur infamie sont d'autant plus horribles que l'enveloppe qui leur servait de voile était auguste et sacrée.

— Il n'est rien de plus agréable, dit Nomerfide, que de parler naïvement et suivant les sentiments de son cœur.

— C'est pour engraisser, répondit Longarine, et je crois que vous opinez selon ce que vous trouvez en vous.

— Je vous dirai, répliqua Nomerfide, que je remarque que les fous vivent plus que les sages, à moins qu'on ne les tue. Je n'en sais qu'une raison, c'est que les fous ne dissimulent point leurs passions. S'ils sont en colère, ils frappent ; s'ils sont joyeux, ils rient ; mais ceux qui croient être sages cachent leurs défauts avec tant de soin que leur cœur en est tout empoisonné.

— Je crois que cela est vrai, dit Guebron, et que l'hypocrisie, soit envers Dieu, envers les hommes, ou envers la nature, est la cause de tout le mal qui nous arrive.

— Ce serait une belle chose, repartit Parlamente, si la foi de celui qui est toute vertu et toute joie occupait si fort notre cœur que nous pussions sans déguisement le faire voir à chacun.

— Ce sera, reprit Hircan, quand il n'y aura plus de chair sur nos os.

— Cependant, dit Oysille, l'esprit de Dieu, qui est bien plus puissant que la mort, peut changer notre cœur sans changer notre corps.

— Vous parlez, madame, d'un don que Dieu ne fait guère aux hommes, dit Saffredant.

— Il le fait, repartit Oysille, à ceux qui ont de la foi. Mais comme cette matière est au-dessus de la chair, voyons à qui Simontault donne sa voix.

— A Nomerfide, dit-il. Comme elle a le cœur gai, je ne crois pas que ses paroles soient tristes.

— Puisque vous avez envie de rire, répondit Nomerfide, il faut vous servir à votre mode et vous en donner sujet. Je veux vous montrer que la peur et l'ignorance sont également nuisibles et qu'on ne pèche souvent que pour ne pas savoir les choses. Pour cet effet, je vais vous conter ce qui arriva à deux pauvres cordeliers de Niort qui, pour n'entendre pas le langage d'un boucher, pensèrent mourir de peur.

NOUVELLE XXXIV

Deux cordeliers trop curieux eurent si grande peur, qu'il pensa leur en coûter la vie.

Il y avait un village entre Niort et Fors, nommé Grip, qui appartient au seigneur de Fors. Deux cordeliers de Niort arrivèrent un soir bien tard à ce village, et logèrent chez un boucher. Comme leur chambre n'était séparée de celle de l'hôte que par une cloison de planches mal jointes, ils eurent envie d'écouter ce que le mari et la femme se disaient au lit, et se mirent droit au chevet du mari. Comme il ne se défiait point de ses hôtes, il entretenait sa femme de son ménage, et lui disait : « Il faut, ma mie, que je me lève de bon matin pour aller voir nos cordeliers. Il y en a un bien gras ; nous le tuerons, le salerons incontinent, et en ferons nos petites affaires. » Quoique le boucher parlât de ses cochons qu'il appelait cordeliers, les deux pauvres frères entendant cela, le prirent néanmoins pour leur compte, et attendaient le jour avec beaucoup d'impatience et d'alarmes. Il y en avait un fort gras, et l'autre assez maigre. Le gras voulait se confesser à son compagnon, disant qu'un boucher ayant perdu l'amour et la crainte de Dieu, ne ferait non plus difficulté de l'assommer qu'un bœuf ou quelque autre bête. Comme ils étaient enfermés dans leur chambre, et qu'ils n'en pouvaient sortir sans passer par celle de l'hôte, ils se représentaient que la mort leur était assurée, et recommandaient leur âme à Dieu. Le jeune, qui n'était pas si épouvanté que le vieux, lui dit que : « Puisqu'ils ne pouvaient sortir par la porte, il fallait essayer de sortir par la fenêtre, et que mort pour mort, c'était toujours la même chose. » Le gras consentit à l'expédient. Le jeune ouvrit la fenêtre, et voyant qu'elle n'était pas trop haute, sauta légèrement, et s'enfuit le plus promptement et le plus loin qu'il put sans attendre son compagnon, qui n'eut pas le même bonheur ; car comme il était pesant, il tomba si lourdement, qu'il se fit très-grand mal à une jambe, et demeura sur la place. Se voyant abandonné de son compagnon, et hors d'état de le suivre, il regarda autour de lui s'il n'y aurait point quelque endroit où il pût se cacher, et ne vit qu'un toit à cochons, où il se traîna comme il put.

Comme il ouvrait la porte pour s'y fourrer, deux grands pourceaux qui y étaient s'échappèrent et laissèrent la place au cordelier. Il ferma la porte sur lui, espérant que quand il entendrait des passants, il appellerait et trouverait du secours.

Aussitôt que le jour parut, le boucher prépara ses grands couteaux, et dit à sa femme de venir lui aider à tuer ses deux cochons. Arrivé au toit où le cordelier s'était caché, il ouvrit la petite porte, et cria fort haut en l'ouvrant : « Sortez, mes cordeliers, sortez. C'est aujourd'hui que je mangerai de vos boudins. » Le cordelier, qui ne pouvait s'appuyer sur sa jambe, sortit du toit sur les genoux et sur les mains, criant de toute sa force miséricorde. Si le cordelier eut grande peur, le boucher et sa femme n'en eurent pas moins. La première pensée qui leur vint dans l'esprit, fut que saint François était irrité contre eux de ce qu'ils avaient appelé des pourceaux cordeliers. Dans cette idée, ils se mirent à genoux devant le pauvre frère, demandant pardon à saint François et à son ordre. D'un côté, le cordelier criait miséricorde au boucher, et de l'autre le boucher au cordelier; et cela avec tant de confusion et tant de frayeur, qu'ils furent un gros quart d'heure sans pouvoir se rassurer. Le cordelier, reconnaissant enfin que le boucher n'avait point intention de lui faire de mal, lui dit pourquoi il s'était caché dans ce toit. A la peur succéda le ris, si ce n'est de la part du pauvre cordelier, qui sentait une si grande douleur à sa jambe, qu'il n'avait aucune envie de rire. Le boucher, pour le consoler en quelque manière, le ramena chez lui, et le fit très-bien panser. Son compagnon, qui l'avait abandonné au besoin, courut toute la nuit, et arriva le matin chez le seigneur de Fors, où il fit de grandes plaintes du boucher, qu'il croyait avoir tué son compagnon, puisqu'il ne l'avait pas suivi. Le seigneur de Fors envoya incontinent à Grip pour savoir ce qui en était. Il y trouva matière à rire, et ne manqua pas d'en faire le conte à madame la duchesse d'Angoulême sa maîtresse et mère de François Ier.

Il n'est pas bon, mesdames, d'écouter les secrets où l'on n'est point appelé, et d'avoir envie d'entendre ce que les autres disent.

— Ne savais-je pas bien, dit Simontault, que Nomerfide ne nous ferait pas pleurer, mais beaucoup rire? chacun de nous s'en est aussi, ce me semble, fort bien acquitté.

— D'où vient, dit Oysille, qu'on a plus de penchant à rire d'une bagatelle que d'une bonne chose?

— C'est parce, répondit Hircan, que la bagatelle nous est agréable, comme étant plus conforme à notre nature, qui d'elle-même n'est jamais sage. Ainsi chacun aime son semblable : les fous aiment la folie, et les sages la prudence. Toutefois, je suis persuadé que ni les sages, ni les fous ne sauraient s'empêcher de rire de cette aventure.

— Il y en a, dit Guebron, qui sont si occupés de la sagesse, que quelque chose qu'on leur dise, on ne saurait les faire rire. Leur joie et leur satisfaction sont si modérées, qu'il n'y a point d'accident capable de les altérer.

— Qui sont ceux-là ? repartit Hircan.

— Les philosophes du temps passé, répondit Guebron, qui ne sentaient presque ni joie, ni tristesse ; au moins n'en faisaient-ils aucun semblant, tant ils croyaient qu'il y avait de vertu à se vaincre soi-même.

— Je trouve bon, aussi bien qu'eux, dit Saffredant, de vaincre une passion vicieuse ; mais de vaincre une passion naturelle qui ne tend à aucun mal, c'est, ce me semble, une victoire inutile.

— Cependant, répliqua Guebron, on regardait cela comme une grande vertu.

— Il n'est pas dit aussi, repartit Saffredant, que les anciens fussent tous sages ; et je ne voudrais pas jurer qu'il n'y eût en eux plus d'apparence de sens et de vertu que de réalité.

— Vous voyez cependant, dit Guebron, qu'ils condamnent tout ce qui est mauvais ; et même Diogène foula aux pieds le lit de Platon, parce qu'il le trouvait trop riche et trop curieux, et pour montrer qu'il méprisait et voulait fouler aux pieds la vaine gloire et l'avarice de Platon : « Je foule, dit-il, l'orgueil de Platon. »

— Vous ne dites pas tout, répliqua Saffredant, et vous oubliez que Platon lui répondit d'abord : « Tu le foules, il est vrai, mais avec plus d'orgueil encore. » En effet, Diogène ne méprisait la propreté que par je ne sais quelle arrogance.

— A la vérité, dit Parlamente, il est impossible de nous vaincre nous-mêmes par nous-mêmes ; et on ne le peut croire sans un orgueil prodigieux, le vice de tous le plus à craindre, puisqu'il s'élève sur les ruines de tous les autres.

— Ne vous ai-je pas lu, ce matin, dit Oysille, que ceux qui se sont crus plus sages que les autres, et qui sont venus par les lumières de la raison à connaître un Dieu créateur de toutes choses, pour en avoir fait vanité et n'avoir point attribué cette gloire à celui à qui elle appartenait, et pour s'être imaginé avoir acquis cette connaissance par leurs travaux, sont devenus plus ignorants et moins raisonnables, je ne dis pas que les autres hommes, mais que les brutes mêmes ? En effet, leur esprit s'étant égaré, ils se sont attribué ce qui n'appartient qu'à Dieu seul, et ont fait connaître leurs erreurs par le désordre de leur vie, oubliant leur sexe et en abusant, comme dit saint Paul dans l'épître qu'il adresse aux Romains.

— Il n'y a personne de nous qui ne reconnaisse en lisant cette épître, dit Parlamente, que les péchés extérieurs ne soient les fruits de l'infidélité intérieure, d'autant plus dangereuse à arracher, qu'elle est plus couverte de vertus et de miracles.

CONTES DE LA REINE DE NAVARRE.   233

Elle le tira par le bras. (Page 247.)

— Les hommes, dit Hircan, sont donc plus près du salut que les femmes; car comme ils ne cachent point leurs fruits, ils connaissent facilement leur racine. Mais les femmes qui n'osent les produire, et qui font tant de belles actions en apparence, connaissent à peine la racine de l'orgueil qui croît sous une si belle enveloppe.

— J'avoue, dit Longarine, que si la parole de Dieu ne nous montre pas par la foi la lèpre d'infidélité qui est cachée dans notre cœur, Dieu nous fait une grande grâce quand nous faisons une faute visible qui manifeste notre pensée cachée. Et bienheureux sont ceux que la foi a tellement humiliés, qu'ils n'ont pas besoin des actions extérieures pour sentir la faiblesse et la corruption de leur nature.

— Mais, dit Simontault, considérons, je vous prie, où nous avons porté la conversation. D'une folie extrême, nous sommes venus à la philosophie et à la théologie. Laissons ces matières à ceux qui savent mieux les discuter que nous, et demandons à Nomerfide à qui elle donne sa voix.

— Je la donne à Hircan, répondit Nomerfide, mais à condition qu'il ménagera l'honneur des dames.

— L'avis vient fort à propos, dit Hircan ; car l'histoire que j'ai à vous conter est telle qu'il faut pour vous obéir. Vous verrez néanmoins par-là que le penchant des hommes et des femmes est naturellement vicieux, à moins qu'il ne soit soutenu par la bonté de celui à qui nous devons donner l'honneur de toutes les victoires que nous remportons sur nous-mêmes. Et pour rabaisser les airs de fierté avec lesquels vous triomphez, quand on conte quelque histoire qui vous fait honneur, je vais vous en faire une qui est très-véritable.

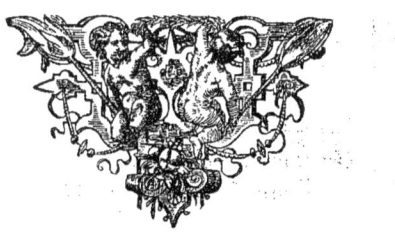

NOUVELLE XXXV

L'industrie d'un mari sage pour faire diversion à l'amour que sa femme avait pour un cordelier.

Il y avait à Pampelune une dame qui passait pour belle et vertueuse, et en même temps pour la plus dévote et la plus chaste du pays. Elle aimait beaucoup son mari et avait tant de complaisance pour lui qu'il avait en elle une confiance entière. Elle était tout occupée du service divin et ne perdait pas un seul sermon. Elle n'oubliait rien pour persuader à son mari et à ses enfants d'être aussi dévots qu'elle, qui n'avait que trente ans, âge où les femmes ont accoutumé de quitter la qualité de belles pour celle de nouvelles sages. Le premier jour de carême, elle alla à l'église prendre les cendres qui sont la mémoire de la mort. Un cordelier qui, par l'austérité de sa vie, passait pour un saint, et qui, malgré ses austérités et ses macérations, n'était ni si maigre, ni si pâle qu'il ne fût un des hommes du monde aussi bien fait, devait faire le sermon. La dame l'écouta avec beaucoup de dévotion et n'eut pas moins d'application à considérer le prédicateur. Ses oreilles et ses yeux mirent tout à profit et trouvèrent également de quoi se contenter; les paroles pénétrèrent jusqu'au cœur par les oreilles, et les agréments du visage passant par les yeux s'insinuèrent si avant dans son esprit qu'elle se trouva comme en extase. Le sermon fini, le cordelier célébra la messe à laquelle la dame assista et prit les cendres de sa main, qui était aussi belle et aussi blanche que dame la saurait avoir. La dévote fit bien plus d'attention à la beauté de la main du religieux qu'aux cendres qu'il lui donnait, persuadée que cet amour spirituel ne pouvait blesser la conscience, quelque plaisir qu'elle en reçut. Elle ne manquait point d'aller tous les jours au sermon et d'y mener son mari. L'un et l'autre louèrent si fort le prédicateur qu'à table et ailleurs ils ne parlaient que de lui. Ce feu avec toute sa spiritualité devint enfin si charnel que le cœur de cette pauvre dame, qui en fut le premier embrasé, consumait tout le reste; autant qu'elle avait été lente à sentir cette flamme, autant fut-elle prompte à s'enflammer, et elle sentit plus tôt le plaisir de sa passion qu'elle n'aperçut d'être passionnée. L'amour qui s'était rendu maître de cette dame ne trouvait plus en elle aucune résistance; le plus fâcheux était que le médecin de sa douleur ne savait pas son mal. Bannissant donc toute crainte et la honte qu'elle devait se faire d'étaler son extravagance à un homme si sage, de faire connaître son vice et son mauvais cœur à un homme si saint et si vertueux, elle prit le parti de lui écrire l'amour qu'elle avait pour lui; ce qu'elle fit, au commencement, le plus modestement qu'il lui fut possible. Elle donna sa lettre à un petit page, avec des instructions sur ce qu'il avait à faire et ordre surtout de prendre garde que son mari ne le vît point aller aux Cordeliers. Le page, prenant le chemin le plus droit, passa de pur hasard dans une rue où son maître était assis dans une boutique. Le gentilhomme le voyant passer s'avança pour voir où il allait. Le page, l'apercevant, se cacha tout étonné dans une maison. Le maître, voyant cette contenance, le suivit, et le prenant par le bras, lui demanda où il allait; ses excuses embarrassées et qui ne signifiaient rien et son effroi, firent soupçonner quelque chose au gentilhomme qui le menaça de le battre s'il ne lui disait où il allait. « Hélas! monsieur, lui dit le pauvre page, si je vous le dis, madame me tuera. » Le gentilhomme ne doutant plus alors que sa femme ne fît un marché sans lui rassura le page et lui promit qu'il n'aurait point de mal, pourvu qu'il lui dît la vérité; qu'il lui ferait au contraire beaucoup de bien; mais que s'il mentait, il le mettrait en prison pour toute sa vie. Le page, pour avoir du bien et éviter le mal, lui conta le fait et lui montra la lettre que sa maîtresse écrivait au prédicateur. De quoi le mari fut aussi surpris et aussi fâché qu'il avait été assuré toute sa vie de la fidélité de sa femme, en qui il n'avait jamais connu faute.

Le mari, qui était sage, dissimula sa colère; et pour connaître l'intention de sa femme, il répondit pour le prédicateur et lui fit dire qu'il la remerciait de sa bonne volonté, l'assurant qu'il y répondrait de son côté. Le page, ayant juré à son maître de mener sagement l'affaire, alla porter cette lettre à sa maîtresse qui en eut tant de joie que son mari s'aperçut que son visage avait changé; car au lieu que les jeûnes du carême l'eussent amaigrie, elle était plus belle et plus fraîche qu'auparavant. Le carême était à demi passé que la dame, sans se mettre en peine ni de passion, ni de la semaine sainte, écrivait comme à l'ordinaire au prédicateur, l'entretenant toujours de sa fureur. Quand il tournait les yeux de son côté ou qu'il parlait de l'amour de Dieu, elle s'imaginait que c'était pour son compte; et tant que ses yeux pouvaient expliquer les sentiments de son cœur, elle ne les épargnait pas. Le mari ne manquait pas de lui répondre régulièrement au nom du cordelier. Il lui écrivit après Pâques pour la prier de lui donner le moyen de pouvoir l'entretenir tête-à-tête. Elle, qui attendait ce moment avec impatience, conseilla à son mari d'aller voir quelques terres qu'ils avaient autour de Pampelune. Il le lui promit et alla se cacher chez un de ses amis. La dame ne manqua pas d'écrire au cordelier que son mari était à la campagne et qu'il pouvait la venir voir. Le gentilhomme, voulant éprouver jusqu'au bout le cœur de sa femme, alla prier le prédicateur de lui prêter son habit. Le cordelier, qui était homme de bien, lui dit que la règle le défendait et que pour rien au monde il ne le lui prêterait pas pour aller en masque. Le gentilhomme l'assura que ce n'était point pour s'en divertir qu'il le lui demandait, mais pour une chose avantageuse et nécessaire à son salut. Le cordelier, qui le connaissait homme de bien et dévot, lui prêta son habit. Avec cet habit qui lui couvrait la plus grande partie du visage, en sorte qu'à peine lui voyait-on les yeux, il prit une fausse barbe et un faux nez, mit du liège à ses souliers pour se faire aussi grand que le moine, et, en un mot, s'ajusta de manière qu'il lui ressemblait assez. Le soir, il s'en vint, ainsi fait, dans la chambre de sa femme qui l'attendait en grande dévotion. La pauvre créature n'attendit pas qu'il vînt à elle, mais courut l'embrasser comme une femme hors du sens. Lui, qui baissait la vue pour n'être pas reconnu, commença à faire le signe de la croix, faisant semblant de fuir, et criant : « Tentation ! tentation ! — Vous avez raison, mon père, lui dit-elle ; car il n'est point de plus violente tentation que celle qui vient de l'amour. Vous m'avez promis d'y remédier, et je vous prie d'avoir pitié de moi à présent que nous avons le temps et le loisir. » En disant cela, elle faisait des efforts pour l'embrasser, pendant qu'il fuyait de tous les côtés, faisant de grands signes de croix, et criant toujours : « Tentation ! tentation ! » Mais quand il vit qu'elle le cherchait de trop près, il prit un gros bâton qu'il avait sous sa robe dont il la rossa si bien qu'il fit passer la tentation. Cela étant fait, il sortit sans être connu et rapporta d'abord les habits du cordelier, l'assurant qu'il s'en était servi utilement. Le lendemain, faisant semblant de venir de loin, il revint chez lui et trouva sa femme au lit. Ne faisant pas semblant de savoir son mal, il lui demanda ce qu'elle avait. Elle lui répondit qu'elle était incommodée d'une espèce de catarrhe et qu'elle ne pouvait s'aider ni des bras, ni des jambes. Le mari, qui avait bonne envie de rire, feignit d'en être fâché, et, pour la réjouir, lui dit qu'il avait invité le saint prédicateur à souper. « Donnez-vous bien de garde, mon ami, de convier de telles gens, répondit-elle d'abord, car ils portent malheur partout où ils vont. — Comment, ma mie ! répliqua le mari, vous m'avez tant loué ce bon père. Je crois, pour moi, que s'il y a au monde un saint homme, c'est lui. — Ils sont bons à l'église et en chaire, repartit-elle ; mais dans les maisons, ce sont des antechrists. Que je ne le voie point, mon ami, je vous en supplie ; car avec le mal que j'ai, il n'en faudrait pas davantage pour me faire mourir. — Puisque vous ne voulez pas le voir, répondit le mari, vous ne le verrez point ; mais je ne puis pas m'empêcher de lui donner à souper céans. — Faites ce qu'il vous plaira, dit-elle ; mais, de grâce, que je ne le voie point ; car je hais ces sortes de gens. »

Le mari, après avoir donné à souper au père, lui dit : « Je vous crois tant aimé de Dieu, mon père, que je suis persuadé qu'il vous exaucera en tout ce que vous lui demanderez. C'est pourquoi je vous prie d'avoir pitié de ma pauvre femme. Elle est possédée depuis dix-huit jours d'un malin esprit, de manière qu'elle veut mordre et égratigner tout le monde. Il n'y a ni croix ni eau bénite dont elle fasse cas. Je crois fermement que si vous mettez la main sur elle, le diable s'en ira. C'est de quoi je vous prie de tout mon cœur. — *Toute chose est possible au croyant,* mon fils, répondit le bon père. N'êtes-vous pas bien persuadé que Dieu est si bon qu'il ne refuse jamais sa grâce à ceux qui la lui demandent avec foi ? — J'en suis persuadé, mon père, dit le gentilhomme. — Assurez-vous aussi, mon fils, ajouta le cordelier, qu'il peut ce qu'il veut et qu'il n'est pas moins puissant que bon. Fortifions-nous en la foi pour résister à ce lion rugissant et lui arracher sa proie que Dieu s'est acquise par le sang de son fils Jésus-Christ. » Le gentilhomme mena donc cet homme de bien où était sa femme couchée sur un lit de repos. Comme elle croyait que c'était lui qui l'avait battue, elle fut si surprise de le voir qu'elle entra dans une fureur prodigieuse. Mais la présence de son mari lui fit baisser la vue et la rendit muette. « Tant que j'y suis, dit le mari au bon père, le diable ne la tourmente guère ; mais sitôt que je m'en serai allé, vous lui jetterez de l'eau bénite et vous verrez alors avec quelle violence le malin esprit l'agite. » Le mari le laissa donc seul avec sa femme et demeura à la porte pour voir ce qui se passerait. Quand elle se vit seule avec le père, elle commença à crier comme une femme enragée et hors du sens : « Méchant, infâme, meurtrier, trompeur. » Le cordelier, croyant de bonne foi qu'elle fût possédée, voulut lui prendre la tête pour dire ses oraisons dessus ; mais elle l'égratigna et le mordit si serré qu'il fut contraint de parler de plus loin, et, jetant force eau bénite, il dit plusieurs bonnes oraisons. Le mari, voyant qu'il était temps de finir la comédie, rentra et remercia le cordelier de la peine qu'il s'était donnée. Aussitôt qu'il parut, plus d'injures et de malédictions de la part de la femme qui baisa la croix doucement, par la crainte qu'elle avait de son mari. Le saint cordelier, qui l'avait vue dans une si grande fureur, crut fermement que Notre-Seigneur avait chassé le diable à sa prière et s'en alla louant Dieu de ce miracle. Le mari, voyant sa femme si bien châtiée de sa folie, ne voulut point lui dire ce qu'il avait fait, se contentant de l'avoir ramenée par sa prudence et de l'avoir mise en tel état qu'elle haïssait mortellement ce qu'elle avait aimé avec tant d'indiscrétion, et détestait son extravagance. Elle se guérit désormais de toute superstition, et se donna entièrement à son mari et au ménage, tout autrement qu'elle n'avait jamais fait.

— Vous pouvez, mesdames, connaître par là le bon sens du mari et le faible d'une femme qui passait pour femme de bien. Si vous faites bien attention à cet exemple, je suis persuadé qu'au lieu de vous fier à vos propres forces, vous apprendrez à vous tourner vers celui duquel dépend votre honneur.

— Je suis bien aise, dit Parlamente, que vous soyez devenu le prédicateur des dames; vous le seriez à meilleur titre si vous vouliez faire les mêmes sermons à toutes celles que vous entretiendrez.

— Toutes les fois, répondit Hircan, que vous voudrez m'écouter, je vous assure que je ne vous en dirai pas moins.

— C'est-à-dire, dit Simontault, que, quand vous n'y serez pas, il parlera autrement.

— Il en fera ce qu'il voudra, répliqua Parlamente, mais je veux, pour ma satisfaction, qu'il parle toujours ainsi. L'exemple qu'il a produit servira au moins à celles qui s'imaginent que l'amour spirituel ne soit pas dangereux; mais il me semble qu'il l'est plus que tout autre.

— Cependant, dit Oysille, il me semble qu'on ne doit point dédaigner d'aimer un homme qui a de la vertu et qui craint Dieu; car on n'en peut, à mon avis, que mieux valoir.

— Je vous prie de croire, madame, répondit Parlamente, qu'il n'y a rien de plus sot et de plus aisé à tromper qu'une femme qui n'a jamais aimé; car l'amour est une passion qui s'est plus tôt emparée du cœur qu'on ne s'en est avisé; d'ailleurs cette passion est si agréable que, pourvu qu'on puisse s'affubler de la vertu comme un manteau, à peine sera-t-elle connue qu'il en résultera quelque inconvénient.

— Quel inconvénient peut-il résulter, repartit Oysille, d'aimer un homme de bien?

— Il y a assez d'hommes, madame, répliqua Parlamente, qui passent pour gens de bien à l'égard des dames; mais qu'il y en ait qui soient tellement gens de bien par rapport à Dieu qu'on puisse ne courre aucun risque ni pour l'honneur, ni pour la conscience, je ne crois pas qu'il y en ait aujourd'hui un seul de ce caractère; et celles qui sont d'une autre opinion et qui s'y fient sont prises pour dupes. On entre par Dieu dans ce commerce d'amitié et souvent on en sort par le diable. J'en ai assez vu qui, sous couleur de parler de Dieu, commençaient une amitié qu'elles voulaient enfin rompre et ne pouvaient, retenues qu'elles étaient par le beau manteau dont cette amitié était couverte. Un amour vicieux se détruit et n'est pas de durée dans un bon cœur; mais l'amour honnête a des liens de soie si fins et si déliés qu'on est plus tôt pris qu'on ne les ait aperçus.

— Selon vous donc, dit Émarsuite, jamais femme ne devrait aimer homme. Votre loi est trop violente: elle ne durera pas.

— Je le sais bien, dit Parlamente; mais cela n'empêche pas qu'il ne fût à souhaiter que chacune se contentât de son mari comme je fais du mien.

Émarsuite, se sentant touchée par ce mot, changea de couleur et répondit:
— Vous devez croire que chacune a le cœur comme vous, à moins que vous ne vous croyiez plus parfaite que toutes les autres.
— De peur d'entrer en dispute, dit alors Parlamente, voyons à qui Hircan donnera sa voix.
— Je la donne à Émarsuite, dit-il, pour la raccommoder avec ma femme.
— Puisque c'est mon tour de parler, répondit Émarsuite, je n'épargnerai homme ni femme pour faire tout le monde égal. Vous avez de la peine à vous vaincre et à demeurer d'accord de la probité et de la vertu des hommes: cela m'oblige à conter une histoire de la nature de la précédente.

Il se mit à la fenêtre et cria tout haut.

NOUVELLE XXXVI

Un président de Grenoble, averti des irrégularités de sa femme, y pourvut si sagement, qu'il s'en vengea sans que son honneur en reçût aucune atteinte dans le public.

Il y avait à Grenoble un président dont je ne dirai pas le nom. Il suffit de dire qu'il n'était pas Français, qu'il avait une belle femme, et qu'ils faisaient fort bon ménage. Cette femme, sentant son mari vieux, s'avisa d'aimer un jeune clerc bien fait et de bonne conversation. Quand le mari allait le matin au palais, le clerc entrait dans la chambre et tenait sa place. Un vieux domestique du président, qui était depuis trente ans à son service, s'en aperçut, et ne put, comme fidèle serviteur, s'empêcher de le dire à son maître. Le président, qui avait de la sagesse, ne voulut pas le croire sans examen, et lui dit qu'il avait envie de mettre la division entre lui et sa femme. Il ajouta que si ce qu'il lui disait était vrai, il pouvait bien l'en convaincre par ses propres yeux; et que s'il ne le faisait pas, il croirait qu'il avait inventé ce mensonge pour le brouiller avec sa femme. Le valet l'assura qu'il lui ferait voir ce qu'il lui disait. Un matin, sitôt que le président fut allé au palais et le clerc entré dans la chambre, le valet envoya un de ses camarades avertir son maître, et se tint à la porte pour voir s'il en verrait sortir le clerc. Le président n'aperçut pas plus tôt le signe de celui qui le venait quérir, que, feignant de se trouver mal, il quitta l'audience et s'en fut promptement chez lui, où il trouva son vieux domestique en sentinelle à la porte de sa chambre, qui l'assura que la bête était dans les toiles, et qu'il n'y avait pas longtemps qu' elle y était entrée. «Demeure à la porte, lui dit le président. Il n'y a, comme tu sais, ni autre entrée, ni autre sortie, si ce n'est un petit cabinet dont j'ai toujours la clef.» Le président entre dans sa chambre et trouve sa femme et le clerc couchés ensemble. Le galant, qui ne s'attendait pas à une telle visite, se jette en chemise aux pieds de son maître, et lui demande pardon. Sa femme, de l'autre côté, se mit à pleurer. «Quoique ce que vous avez fait, dit alors le président, soit tel que vous pouvez croire, je ne veux pourtant pas que ma maison soit flétrie pour vous, et que les filles que j'ai eues de vous en souffrent. Ainsi je vous défends de pleurer, et vous verrez ce que je m'en vais faire. Pour vous, Nicolas, dit-il au clerc, cachez-vous dans mon cabinet et ne faites point de bruit.» Nicolas étant entré dans le cabinet, il ouvrit la porte, et appelant son vieux domestique, il lui dit: «Ne m'as-tu pas assuré que tu me montrerais mon clerc couché avec ma femme? Je suis venu ici sur ta parole, et ai pensé tuer ma femme. Je n'ai rien trouvé, quoique j'aie cherché partout. Cherche toi-même sous les lits et de tous les côtés.» Le valet ayant cherché et n'ayant rien trouvé, dit à son maître, tout étonné: «Il faut que le diable l'ait emporté, car je l'ai vu entrer, et il n'est point sorti par la porte; cependant je vois qu'il n'y est pas. — Tu es bien malheureux, lui dit alors son maître, de vouloir mettre une telle division entre ma femme et moi. Va-t'en, je te donne ton congé; et pour les services que tu m'as rendus, je te paierai ce que je te dois et davantage; mais va-t'en bientôt, et donne-toi bien de garde d'être en ville après vingt-quatre heures passées.» Le président lui paya cinq ou six années plus qu'il n'avait servi, et comme il avait sujet de se louer de sa fidélité, il se promettait de lui faire encore plus de bien. Quand le valet s'en fut allé les larmes aux yeux, le président fit sortir le clerc du cabinet; et après avoir dit à sa femme et à lui ce qu'il devait et pouvait dire, il leur défendit à l'un et à l'autre d'en témoigner la moindre chose à personne. Il commanda à sa femme de se mettre plus proprement qu'elle n'avait de coutume, et de se trouver à toutes les compagnies et à tous les festins. Pour le clerc, il lui ordonna de faire meilleure chère qu'auparavant; mais qu'aussitôt qu'il lui dirait à l'oreille de s'en aller, il se donnât bien garde de demeurer en ville trois heures après l'ordre reçu. Cela fait, il s'en retourna au palais sans faire semblant de rien. Durant quinze jours il se mit à régaler, contre sa coutume, ses amis et ses voisins, et après le régal, il donnait le bal aux dames. Voyant un jour que sa femme ne dansait point, il commanda au clerc de la faire danser. Le clerc, pensant qu'il eût oublié le passé, fit gaiement danser la présidente. Mais le bal étant fini, le président, feignant de lui commander quelque chose pour la maison, lui dit à l'oreille : « Va-t'en et ne reviens jamais. » Le clerc fut bien chagrin de quitter la présidente, mais bien joyeux de s'en tirer vie et bagues sauves. Après que le président eut bien persuadé à tous ses parents et amis, et à tous les habitants de Grenoble, qu'il aimait sa femme avec passion, il s'en alla, un beau jour du mois de mai, cueillir une salade dans son jardin. Je ne sais de quelles herbes elle était composée; mais je sais bien que sa femme ne vécut pas vingt-quatre heures après en avoir mangé. Il sut si bien faire l'affligé, que personne ne put jamais le soupçonner de l'avoir fait mourir. Par ce moyen, il se vengea et sauva l'honneur de sa maison.

— Je ne prétends pas, mesdames, louer la conscience du président; mais mon dessein est de faire voir la légèreté d'une femme et la grande patience et prudence d'un homme. Ne vous fâchez point, mesdames, je vous en prie, contre la vérité, qui parle quelquefois contre vous aussi bien que contre les hommes; car les femmes ont des vices aussi bien que des vertus.

— Si toutes celles qui ont aimé leurs valets, dit Parlamente, étaient contraintes de manger de pareilles salades, j'en connais qui n'aimeraient pas tant leurs jardins qu'elles font, mais en arracheraient toutes les herbes, pour éviter celles qui rendent l'honneur aux enfants aux dépens de la vie d'une mère folle.

Hircan, qui sentit à qui elle en voulait, répondit tout échauffé :

— Une femme de bien ne doit jamais soupçonner d'une autre des choses qu'elle ne voudrait pas faire.

— Savoir n'est pas soupçonner, répliqua Parlamente. Cependant cette pauvre femme porta la peine que plusieurs méritent. Je crois, au reste, que le président, voulant se venger, ne pouvait pas s'y prendre avec plus de prudence et de sagesse.

Ni avec une plus profonde malice, dit Longarine. Longue et cruelle vengeance, qui fait bien voir qu'il ne respectait ni Dieu, ni sa conscience.

— Qu'eussiez-vous donc voulu qu'il eût fait, dit Hircan, pour se venger du plus sensible outrage qu'une femme puisse jamais faire à son mari ?

— J'eusse voulu, dit-elle, qu'il l'eût tuée dans les premiers mouvements de sa colère. Les docteurs disent qu'un tel péché est plus pardonnable, parce que l'homme n'est pas le maître de ces mouvements ; et partant les péchés qu'il commet dans cet état-là, peuvent lui être pardonnés.

— Oui, dit Guebron ; mais ses filles et ses descendants eussent été flétris pour jamais.

— Il ne devait point l'empoisonner, dit Longarine ; car puisque la grande colère était passée, elle eût vécu avec lui en femme de bien, et jamais il n'en aurait été parlé.

— Croyez-vous, dit Saffredant, qu'il fût apaisé, quoiqu'il fît semblant de l'être ? Je suis persuadé, pour moi, que le jour qu'il fit sa salade, il était aussi en colère que le premier jour. Il y a des gens qui ne sortent jamais des premiers mouvements que quand ils ont exécuté leur passion. Vous me faites grand plaisir de dire que les théologiens croient ces péchés fort pardonnables, car je suis aussi de ce sentiment.

— Il est bon de méditer ses paroles, dit Parlamente, quand on a affaire à des gens aussi dangereux que vous. Ce que j'ai dit doit s'entendre d'une colère si violente, qu'elle occupe tout à coup les sens, et empêche la raison d'agir.

— Je me tiens à cela même, répliqua Saffredant, et j'en conclus que de deux hommes qui font une faute, celui qui est amoureux est plus pardonnable que l'autre, qui ne l'est pas ; car quand on aime bien, la raison n'est pas aisément la maîtresse. Si nous voulons dire la vérité, nous conviendrons qu'il n'y a pas un de nous qui n'ait quelquefois expérimenté cette furieuse folie, et qui n'espère pourtant avoir grâce. Disons donc que le véritable amour est un degré pour monter à l'amour parfait que nous devons à Dieu. Personne n'y peut monter que par l'échelle des afflictions et des calamités de ce monde, et qu'il n'ait passé par l'amour du prochain, auquel il doit souhaiter autant de bien qu'à soi-même : et voilà ce qui est le lien de perfection. Car, comme dit saint Jean, *Comment aimerez-vous Dieu que vous ne voyez point, si vous n'aimez pas votre prochain que vous voyez ?*

— Il n'y a point, dit Oysille, de beau passage de l'Écriture que vous n'accommodiez à vos intérêts. Prenez garde de ne pas faire comme l'araignée, qui fait un poison de toutes les bonnes viandes ; car je vous avertis qu'il est dangereux de tirer l'Écriture de son lieu et de la citer sans nécessité.

— Voulez-vous donc dire, répliqua Saffredant, que quand nous parlons à vous autres incrédules, et que nous appelons Dieu à notre secours, nous prenons son nom en vain ? S'il y a du péché à cela, c'est tout pour votre compte, puisque votre incrédulité nous force à mettre en usage tous les serments dont nous pouvons nous aviser; encore ne pouvons-nous faire prendre feu à vos cœurs de glace.

— Preuve, dit Longarine, que vous mentez tous; car si vous disiez la vérité, elle est si forte, qu'elle nous persuaderait. Tout ce qu'il y a à craindre, est que les filles d'Ève ne croient trop aisément ce serpent.

— Je vois bien ce que c'est, répliqua Saffredant. Les femmes sont invincibles. C'est pourquoi je quitte le dé pour voir à qui Émarsuite donnera sa voix.

— A Dagoucin, dit-elle, qui ne voudra pas, je crois, parler contre les dames.

— Plût à Dieu, dit-il, qu'elles me fussent aussi favorables que je suis bien intentionné à parler en leur faveur. Pour vous faire voir que j'ai tâché de faire honneur à celles qui ont de la vertu, par la recherche que j'ai faite de leurs bonnes actions, je vais vous en conter une. Je ne veux pas dire, mesdames, que la patience du gentilhomme de Pampelune et du président de Grenoble ait été grande; mais je soutiens que la vengeance ne l'a pas été moins. Quand il est question de louer un homme vertueux, il ne faut pas exalter si fort une seule vertu, qu'on la fasse servir de manteau et de couverture à un si grand vice. Une femme qui a fait une action vertueuse pour l'amour de la vertu même, est véritablement louable. C'est ce que vous allez voir par le conte que je vais vous faire d'une jeune dame, dont la bonne action n'avait pour principe que l'honneur de Dieu et le salut de son mari.

NOUVELLE XXXVII

Prudence d'une femme pour retirer son mari d'une amourette dont il était fou.

Il y avait une dame d'une grande maison de France dont je ne dirai pas le nom, si sage et si vertueuse, qu'elle était aimée et estimée de tous ses voisins. Son mari lui confiait avec raison toutes ses affaires, qu'elle conduisait si sagement, qu'en peu de temps elle fit une des plus riches maisons des mieux meublées qui fût dans l'Anjou et dans la Touraine. Elle vécut longtemps avec son mari, et en eut plusieurs beaux enfants; mais comme il n'y a point ici-bas de bonheur durable, sa félicité commença d'être traversée. Son mari, trouvant qu'un si grand repos ne l'accommodait pas, voulut essayer si le trouble l'accommoderait mieux. Sa femme n'était pas plus tôt endormie, qu'il se levait d'auprès d'elle, et ne revenait que vers le jour. La dame trouva cette manière d'agir si mauvaise, que, tombant dans une profonde tristesse qu'elle voulait pourtant dissimuler, elle oublia les affaires de sa maison, sa personne et sa famille, croyant avoir perdu le fruit de ses travaux en perdant l'amour de son mari, pour lequel conserver il n'y avait point de peines qu'elle n'eût voulu volontiers soutenir; mais comme elle vit qu'il était perdu pour elle, elle devint si négligente pour le reste de sa maison, qu'on s'aperçut bientôt du dommage que cette négligence causait. D'un côté, son mari dépensait sans ordre et sans mesure; et la femme ne tenant plus la main au ménage, la maison se brouilla si fort en peu de temps, qu'on commença de couper les bois de haute futaie, et d'engager les terres. Quelqu'un de ses parents, qui connaissait sa maladie, lui remontra la faute qu'elle faisait, et lui dit que, si l'amour de son mari ne lui faisait pas aimer les intérêts de la maison, elle eût égard au moins à ses pauvres enfants. Cette raison la frappa : elle reprit ses esprits, et mit tout en œuvre pour regagner l'amour de son mari. Le lendemain, le sentant lever d'auprès d'elle, elle se leva aussi avec son manteau de nuit. Elle fit faire son lit, et attendit, en disant ses heures, le retour de son mari. Quand il entrait dans la chambre, elle allait le baiser, et lui portait un bassin et de l'eau pour se laver les mains. Le mari, étonné d'une manière d'agir si extraordinaire, lui dit qu'il ne venait que des lieux, et qu'il n'avait pas besoin de se laver. Elle répondit, qu'encore que ce ne fût pas grand'-chose, il était de l'honnêteté de se laver les mains quand on venait d'un lieu si sale ; voulant par là lui faire connaître et haïr sa méchante vie. Comme il ne se corrigeait point pour cela, sa femme fit le même manége pendant un an. Mais voyant que cela ne lui réussissait pas, un jour qu'elle attendait son mari, qui demeura plus qu'il n'avait de coutume, l'envie la prit de l'aller chercher. Elle le chercha tant de chambre en chambre, qu'enfin elle le trouva dans une arrière garde-robe, couché et endormi avec la plus laide et la plus sale servante de la maison. Pour lui apprendre à quitter une femme si belle et si propre pour une servante si laide et si crasseuse, elle prit de la paille et l'alluma au milieu de la chambre. Mais voyant que la fumée tuerait aussitôt son mari que de l'éveiller, elle le tira par le bras en criant : « Au feu ! au feu ! » Si le mari fut honteux et marri d'être trouvé par une si honnête femme, avec une telle pécore, ce n'était pas sans grand sujet. « Il y a plus d'un an, monsieur, lui dit alors sa femme, que je tâche par douceur et par patience de vous retirer d'une si méchante vie, et de vous faire comprendre que, lavant le dehors, vous devriez aussi nettoyer le dedans. Mais quand j'ai vu que tous mes efforts étaient inutiles, je me suis avisée de me servir de l'élément qui doit mettre fin à toutes choses. Si ceci ne vous corrige pas, monsieur, je ne sais si je pourrai une autre fois vous retirer du danger, comme j'ai fait. Je vous prie de considérer qu'il n'y a point de plus grand désespoir que l'amour, et que si je n'eusse pas eu Dieu devant les yeux, je n'aurais pas eu tant de patience. » Le mari, bien aise d'en être quitte à si bon marché, lui promit de ne lui donner jamais sujet de se chagriner. La femme le crut très-volontiers, et, du consentement de son époux, chassa la servante qui lui déplaisait. Ils vécurent si bien depuis, que même les fautes passées étaient pour eux un surcroît de satisfaction, à cause du bon effet qu'elles avaient produit.

— Si Dieu vous donne de tels maris, mesdames, ne vous désespérez point, je vous prie, avant que d'avoir employé toutes sortes de moyens pour les ramener. Il y a vingt-quatre heures au jour, et il n'y a pas un moment où l'homme ne puisse changer d'esprit. Une femme doit se croire plus heureuse d'avoir regagné son mari par sa patience, que si la fortune et ses parents lui en avaient donné un plus parfait.

— Voilà, dit Oysille, un exemple qui doit servir à toutes les femmes mariées.

— Prendra cet exemple qui voudra, dit Parlamente; mais pour moi, il me serait impossible d'avoir tant de patience. Quoique, en quelque état où l'on se trouve, la patience soit une belle vertu, il me semble néanmoins qu'en matière de mariage elle produit enfin l'inimitié. La raison est, que souffrant de son semblable, on est contraint de s'en éloigner le plus qu'on peut. De cet éloignement vient le mépris pour l'infidélité, et ce mépris diminue peu à peu l'amour; car on n'aime une chose qu'à proportion de ce qu'on l'estime.

— Mais il est à craindre, dit Émarsuite, que la femme impatiente ne trouve un mari furieux, qui au lieu de patience, lui causerait de la douleur.

— Et que peut faire un mari, répliqua Parlamente, que ce qui a été conté ?

— Ce qu'il peut faire, repartit Émarsuite, battre très-bien sa femme, la faire coucher à la couchette, et celle qu'il aime au grand lit.

— Je crois, reprit Parlamente, qu'il serait moins sensible à une honnête femme d'être battue par emportement, que méprisée par un homme qui ne la vaut pas. Après avoir porté la peine de la rupture d'une pareille amitié, le mari ne saurait rien faire qui fût plus sensible à la femme. Aussi le conte dit, qu'elle ne prit la peine de le ramener qu'à cause de l'amour qu'elle avait pour ses enfants; ce que je crois volontiers.

— Trouvez-vous une grande patience, dit Nomerfide, à une femme qui va mettre le feu dans une chambre où son mari était couché ?

— Oui, dit Longarine, car quand elle vit la fumée, elle l'éveilla, et ce fut peut-être la plus grande faute qu'elle fit; car les cendres de pareils maris seraient bonnes à faire la lessive.

— Vous êtes cruelle, Longarine, dit Oysille. Ce n'est pourtant pas ainsi que vous avez vécu avec le vôtre.

— Non, répondit Longarine, car, grâces à Dieu, il ne m'en a pas donné le sujet. Au contraire, je dois le regretter toute ma vie au lieu de m'en plaindre.

— Et s'il vous eût traitée autrement, dit Nomerfide, qu'auriez-vous fait ?

— Je l'aimais tant, répondit Longarine, que je crois que je l'aurais tué, et me fusse tuée ensuite. Après m'être ainsi vengée, j'aurais trouvé plus de plaisir à mourir, qu'à vivre avec un infidèle.

— A ce que je vois, dit Hircan, vous n'aimez vos maris que pour vous. S'ils font la moindre faute le samedi, ils perdent tout le travail de la semaine. Voulez-vous donc être maîtresses ? Je le veux pour moi, si les autres maris y consentent.

— Il est raisonnable, répondit Parlamente, que l'homme nous gouverne, mais il ne l'est pas qu'il nous abandonne et nous maltraite.

— Dieu a mis si bon ordre, dit Oysille, tant à l'homme qu'à la femme, que je crois, pourvu qu'on en n'abuse point, que le mariage est un des plus beaux et des plus sûrs états de la vie. Je suis persuadée que tous ceux qui sont ici, en pensent autant ou plus que moi, quelque mine qu'ils fassent. Comme l'homme s'estime plus sage que la femme, il sera plus rigoureusement puni si la faute vient de son côté. Mais c'est assez parler de cette matière. Sachons à qui Dagoucin donnera sa voix.

CONTES DE LA REINE DE NAVARRE. 249

Il s'avisa d'aller monter ses grands chevaux.

— A Longarine, dit Dagoucin.

— Vous me faites grand plaisir, dit-elle; car j'ai un conte qui mérite de suivre le vôtre. Puisqu'il s'agit de louer la vertueuse patience des dames, je vais vous parler d'une qui est bien plus louable que celle dont on a parlé; d'autant plus recommandable, qu'elle était femme de ville, qui d'ordinaire sont moins élevées à la vertu que les autres.

NOUVELLE XXXVIII

Mémorable charité d'une femme de Tours, à l'égard de son époux infidèle.

Il y avait à Tours une bourgeoise belle et sage, qui pour ses vertus était non-seulement aimée, mais crainte de son mari. Cependant comme les hommes sont fragiles, et qu'ils s'ennuient souvent de manger toujours de bon pain, le sien se rendit amoureux d'une de ses métayères. Il allait souvent de Tours visiter sa métairie, et y demeurait toujours deux ou trois jours. Quand il revenait, il était toujours si morfondu, que sa pauvre femme avait assez de peine à le guérir. Il n'était pas plus tôt guéri, qu'il retournait à la métairie, où le plaisir lui faisait oublier tous ses maux. Sa femme, qui sur toutes choses aimait sa vie et sa santé, le voyant toujours revenir en si mauvais état, s'en alla à la métairie, où elle trouva la jeune femme que son mari aimait. Elle lui dit, non avec emportement, mais le plus doucement du monde, qu'elle savait que son mari la venait voir souvent; mais qu'elle était fâchée de ce qu'elle le traitait si mal, qu'elle le lui renvoyait toujours malade. La pauvre femme, tant par respect pour sa maîtresse, que par la force de la vérité, n'eut pas le courage de nier le fait, et lui en demanda pardon. La Tourangeaude voulut voir la chambre et le lit où couchait son mari. Elle trouva la chambre si froide et si sale, qu'elle en eut grande compassion. Incontinent elle envoya quérir un bon lit, beaux draps, mante et courte-pointe, suivant le goût de son mari; elle fit approprier et tapisser la chambre, lui donna un joli service de vaisselle, une pipe (*mot du pays qui signifie deux barriques*) de bon vin, des dragées et des confitures, et pria la métayère de ne lui renvoyer plus son mari si morfondu.

Le mari ne fut pas longtemps sans aller voir la métayère à son ordinaire, et fut bien surpris de trouver un si méchant logis si propre; mais bien plus surpris encore, quand elle lui donna à boire dans une coupe d'argent. Il lui demanda d'où tout cela était venu. La pauvre femme lui dit en pleurant que c'était sa femme, qui avait tant de pitié de le savoir si mal traité, qu'elle avait ainsi meublé sa maison en lui recommandant sa santé. Lui, voyant la grande bonté de sa femme qui lui rendait tant de bien pour tant de mal, se reprocha autant d'ingratitude, qu'il trouvait en sa femme de générosité. Il donna de l'argent à sa métayère, la pria pour la suite de vivre en femme de bien, et retourna à sa femme. Il lui confessa toute la vérité, et lui dit que sa douceur et sa grande bonté l'avaient tiré d'un déréglement d'où il était impossible qu'il sortît jamais par un autre moyen ; et, oubliant le passé, ils vécurent depuis avec beaucoup de repos et de tranquillité.

— Il y a bien peu de maris, mesdames, que la femme ne gagne à la longue, par la patience et par l'amour, à moins qu'ils ne soient plus durs que des rochers, que l'eau faible et molle perce cependant avec le temps.

— Voilà, dit Parlamente, une femme sans cœur, sans fiel et sans foie.

— Que voulez-vous ? dit Longarine, elle faisait ce que Dieu commande, du bien à celui qui lui faisait du mal.

— Je crois, dit Hircan, qu'elle était amoureuse de quelque cordelier, qui lui avait ordonné pour pénitence de faire si bien traiter son mari à la campagne, afin que pendant qu'il y serait, elle eût loisir de le bien traiter en ville.

— Vous faites bien voir par-là, dit Oysille, la malice de votre cœur, de juger ainsi mal des bonnes actions. Je crois, au contraire, qu'elle était si pénétrée de l'amour de Dieu, qu'elle ne se mettait en peine que du salut de son mari.

— Il me semble, dit Simontault, qu'il avait plus de sujet de retourner à sa femme dans le temps qu'il se morfondait à la métairie, que lorsqu'il y était si bien traité.

— Je vois bien, dit Saffredant, que vous n'êtes pas du sentiment d'un riche homme de Paris, qui, couché avec sa femme, ne pouvait, sans s'enrhumer, quitter la moindre de ses nippes. Mais quand il allait voir la servante à la cave, au plus fort de l'hiver, sans bonnet et sans souliers, il ne s'en trouvait jamais incommodé : cependant sa femme était fort belle, et sa servante fort laide.

— N'avez-vous pas entendu dire, dit Guebron, que Dieu aide toujours aux fous, aux amoureux et aux ivrognes ? Peut-être le Tourangeau était-il tout cela.

— Voulez-vous conclure par-là, dit Parlamente, que Dieu ne fait rien pour les chastes, pour les sages et pour les sobres ?

— Ceux qui peuvent s'aider eux-mêmes, répondit Guebron, n'ont pas besoin d'aide. Celui qui a dit qu'il est venu pour les malades, et non pas pour les sains, est venu par la loi de sa miséricorde au secours de nos infirmités, et a cassé les arrêts de sa rigoureuse justice ; et qui se croit sage, est un fou devant Dieu. Mais pour finir le sermon, à qui donnez-vous votre voix, Longarine ?

— A Saffredant, dit-elle.

— Je vais donc vous prouver par un exemple, dit Saffredant, que Dieu ne favorise pas les amoureux. Quoiqu'on ait déjà dit, mesdames, que le vice est commun aux femmes et aux bons hommes, une femme inventera une finesse plus promptement et plus adroitement qu'un homme. En voici un exemple.

NOUVELLE XXXIX

Secret pour chasser le lutin.

Un seigneur de Grignaux, gentilhomme d'honneur d'Anne, duchesse de Bretagne et reine de France, retournant chez lui après une absence de plus de deux ans, trouva sa femme à une autre terre qui n'était pas éloignée de celle où il avait accoutumé de faire sa résidence. Il en demanda la raison, et on répondit qu'il y revenait un esprit qui les tourmentait tellement, que personne ne pouvait y demeurer. M. de Grignaux, qui n'était pas homme à donner dans ces visions, repartit que quand ce serait le diable, il ne le craindrait pas, et remena sa femme chez lui. Il fit allumer la nuit force flambeaux, pour voir plus clairement cet esprit ; et après avoir longtemps veillé sans rien entendre, il s'endormit enfin. A peine était-il endormi, qu'il fut réveillé par un soufflet bien appliqué qu'on lui donna, après lequel il entendit une voix qui criait : « Revigne, Revigne ; » c'était le nom de sa grand'mère défunte. Il appela une femme qui couchait dans leur chambre, pour allumer de la chandelle, parce qu'il avait fait éteindre tous les flambeaux ; mais elle n'osa se lever. Dans le même temps M. de Grignaux sentit enlever sa couverture, et entendit un fort grand bruit de tables, de tréteaux et d'escabelles qui tombaient dans la chambre, et faisaient un tracas qui dura jusqu'au jour. Comme il ne crut jamais que ce fût un esprit, il eut moins de peur que de chagrin de ne pas dormir. Résolu d'attraper monsieur l'esprit la nuit suivante, il ne fut pas plus tôt couché, qu'il fit semblant de ronfler de toute sa force, et mit sa main ouverte sur son visage. En attendant l'esprit à venir, il sentit que quelque chose s'approchait de lui, et se mit à ronfler plus fort qu'auparavant. L'esprit, qui s'était rendu familier, lui appliqua un bon gros soufflet. M. de Grignaux, qui était en sentinelle, se saisit de la main de l'esprit, et cria : « Ma femme, je tiens l'esprit. » Sa femme se lève incontinent, allume de la chandelle, et il trouva que c'était la fille qui couchait dans leur chambre. Elle se jeta à leurs pieds, leur demanda pardon, et leur promit de confesser la vérité, qui était, que l'amour qu'elle avait depuis longtemps pour un domestique, lui avait fait faire ce manége, en vue de chasser de la maison maître et maîtresse, afin qu'eux deux qui en avaient la direction, pussent faire grande chère, à quoi ils ne manquaient pas quand ils étaient seuls. M. de Grignaux, qui était un homme assez rude, les fit bâtonner de manière qu'il se souvinrent toujours de l'esprit, et ensuite les chassa. Par ce moyen il se débarrassa des esprits, qui avaient joué ce rôle deux ans durant.

— L'amour, mesdames, fait faire des choses merveilleuses. Il fait perdre toute crainte aux femmes, leur apprend à tourmenter les hommes pour parvenir à leurs fins. Autant qu'est condamnable la mauvaise intention de la servante, autant est louable le bon sens du maître, qui savait fort bien que l'esprit s'en va et ne revient plus.

— Constamment, dit Guebron, le valet et la servante ne furent pas alors favorisés de l'amour : et je demeure d'accord que le maître eut besoin de beaucoup de bon sens.

— Cependant, dit Émarsuite, la servante vécut longtemps fort à son aise par le moyen de sa finesse.

— C'est un aise bien malheureux, dit Oysille, que celui qui commence par le péché, et finit par la honte et par le châtiment.

— Il est vrai, repartit Émarsuite, mais il y a bien des gens qui souffrent en vivant justement, et qui n'ont pas l'esprit de se donner durant leur vie autant de plaisir que ceux dont il s'agit ici.

— Je crois fortement, répondit Oysille, qu'il n'y a point de plaisir parfait, à moins que la conscience ne soit en repos.

— Comment? dit Simontault : l'Italien soutient, que plus le péché est grand, plus il est agréable.

— Il faut être un diable parfait, repartit Oysille, pour être capable d'une telle pensée. Brisons là-dessus, et sachons à qui Saffredant donnera sa voix.

— Il ne reste à parler que Parlamente, dit-il; mais quand il y en aurait cent autres, je ne laisserais pas de lui donner ma voix, comme étant une personne de qui nous devons apprendre.

— Puisque je dois finir la journée, dit Parlamente, et que je vous promis hier de vous dire pourquoi le père de Rolandine fit bâtir le château où il la tint si longtemps prisonnière, je vais vous tenir parole.

NOUVELLE XL

Un seigneur fit mourir son beau-frère, ignorant la parenté.

Le père de Rolandine avait plusieurs sœurs. Les unes furent mariées richement, les autres se firent religieuses, et une plus belle sans comparaison que toutes les autres, demeura chez lui sans être mariée. Ce frère aima tellement cette sœur, qu'il n'avait ni femme ni enfants qu'il lui préférât : aussi se présenta-t-il plusieurs bons partis qui la demandèrent en mariage ; mais de peur de la perdre et d'être obligé de donner de l'argent, ils furent tous renvoyés, et elle passa une grande partie de sa vie sans être mariée, vivant très-honnêtement chez son frère. Il y avait un gentilhomme jeune et bien fait qui avait été nourri dès son enfance dans la maison, lequel à mesure qu'il crut en âge, crut aussi tellement en agréments et en vertus, qu'il gouvernait entièrement son maître. Quand il mandait quelque chose à sa sœur, c'était toujours par son canal. Comme il le lui envoyait soir et matin, il prit avec elle tant d'autorité et de privauté, qu'à force de se pratiquer ils vinrent à s'aimer. Le jeune gentilhomme craignant pour sa vie s'il offensait son maître, et la demoiselle n'étant pas sans scrupule du côté de l'honneur, ils n'eurent de leur amitié que la satisfaction de se parler, jusqu'à ce que le frère eût dit et répété souvent à l'amant qu'il voudrait qu'il lui en eût beaucoup coûté, et qu'il fût d'aussi bonne maison que sa sœur, n'ayant jamais vu homme qu'il aimât mieux pour beau-frère. Il lui dit la même chose tant de fois, qu'après avoir examiné la chose avec sa maîtresse, ils crurent tous deux que s'ils se mariaient, on leur pardonnerait aisément. L'amour, qui fait croire volontiers ce qu'on désire, leur fit entendre qu'il ne pouvait jamais leur en arriver de mal. Dans cette espérance, ils se marièrent sans que personne en sût rien, qu'un prêtre et quelques femmes. Après avoir goûté pendant quelques années le plaisir que deux belles personnes qui s'aiment avec passion peuvent se donner réciproquement, la fortune, jalouse de leur bonheur, leur suscita un ennemi qui, observant la demoiselle, s'aperçut de sa félicité, ignorant cependant le mariage. Elle alla dire au frère que le gentilhomme, en qui il avait tant de confiance, allait trop souvent voir sa sœur, et à des heures que des hommes ne doivent pas entrer dans sa chambre. Il avait tant de confiance en sa sœur et au gentilhomme, qu'il ne le put croire pour la première fois. Mais comme il aimait l'honneur de sa maison, il le fit observer de si près, et mit tant de gens au guet, que les pauvres mariés, qui ne pensaient point en mal, furent enfin surpris.

Un soir, le frère ayant été averti que le gentilhomme était avec sa sœur, y alla tout incontinent, et les trouva couchés ensemble. Le dépit l'empêcha de parler. Il mit brusquement l'épée à la main, et courut après le gentilhomme pour le tuer; mais comme il était fort dispos de sa personne, il se sauva tout en chemise, et ne pouvant s'échapper par la porte, il sauta par la fenêtre qui regardait sur le jardin. La pauvre demoiselle en chemise se jetta aux genoux de son frère et lui dit : « Sauvez, monsieur, la vie à mon mari, car je l'ai épousé; et s'il vous a offensé, j'en dois seule porter la peine, parce qu'il n'a rien fait qu'à ma sollicitation. — Quand il serait votre mari cent mille fois, répondit le frère outré de colère, je le châtierai comme un domestique qui m'a trompé. » En disant cela il se mit à la fenêtre, et cria tout haut qu'on le tuât; ce qui fut incontinent exécuté à ses yeux et aux yeux de sa sœur. La pauvre femme, voyant un si triste spectacle, que les prières et les supplications n'avaient pas été capables de prévenir, parla à son frère comme une femme hors du sens. « Je n'ai ni père ni mère, mon frère, et je suis en âge de me marier à ma volonté. J'ai choisi un homme que vous m'avez dit, plusieurs fois, que vous voudriez que j'eusse épousé. Je l'ai fait, et selon la loi je l'ai pu faire sans vous ; cependant vous faites mourir l'homme du monde que vous avez le plus aimé. Puisque mes prières n'ont pu le garantir de la mort, je vous conjure par toute l'amitié que vous avez jamais eue pour moi, de me faire compagne de sa mort, comme je l'ai été de sa fortune. Par là, vous assouvirez votre cruelle et injuste colère, et vous mettrez en repos le corps et l'âme d'une femme qui ne veut et ne peut vivre sans son mari. » Quoique le frère fût dans une émotion à perdre la raison, il eut tant de pitié de sa sœur, que, sans lui dire ni oui ni non, il la laissa et se retira. Après avoir bien examiné ce qu'il avait fait, et appris qu'il avait épousé sa sœur, il eût bien voulu ne l'avoir pas fait. Cependant, ayant peur que sa sœur, pour se venger, n'en demandât justice, il fit bâtir un château au milieu d'une forêt, où il la confina, avec défense que personne ne lui parlât.

Quelque temps après, pour satisfaire à sa conscience, il essaya de la gagner, et lui fit parler de mariage : mais elle lui manda qu'il lui avait donné un si mauvais dîné, qu'elle ne voulait plus souper de même viande, et qu'elle espérait vivre de manière qu'il n'aurait jamais le plaisir de lui tuer un second mari ; et qu'après avoir fait un si vilain tour à l'homme du monde qu'il aimait le plus, elle ne pouvait pas s'imaginer qu'il pardonnât à un autre. Elle ajouta que, malgré sa faiblesse et son impuissance, elle espérait néanmoins que celui qui était juste Juge, et qui ne laissait point le mal impuni, lui ferait la grâce de s'en venger, et de finir le reste de ses jours dans son ermitage à méditer l'amour et la charité de son Dieu : ce qu'elle fit aussi ; et elle y vécut avec tant de patience et d'austérité qu'après sa mort chacun y courait comme à une sainte. Dès qu'elle fut morte, la maison de son frère commença de tomber dans une telle décadence, que de six fils qu'il avait, il ne lui en demeura pas un seul. Ils moururent tous misérablement ; et enfin Rolandine, sa fille, demeura seule héritière de tout, comme on vous l'a dit dans l'autre conte, et succéda à la prison de sa tante.

— Je souhaite, mesdames, que vous profitiez de cet exemple ; qu'aucune de vous n'ait envie de se marier pour son plaisir, sans le consentement de ceux à qui l'on doit obéissance. Le mariage est une chose de si longue durée, qu'on ne saurait si engager avec trop de conseil. Quelque bien qu'on consulte, on ne peut néanmoins si bien faire, qu'il ne s'y trouve pour le moins autant de peine que de plaisir.

— Quand il n'y aurait ni Dieu ni loi, dit Oysille, pour apprendre aux folles à devenir sages, cet exemple suffit pour les obliger à avoir plus de respect pour leurs parents, que de se marier sans leurs avis.

Cependant, madame, dit Nomerfide, quand on a un bon jour dans l'année, on n'est pas tout à fait malheureuse. Elle eut le plaisir de voir et d'entendre longtemps celui qu'elle aimait plus qu'elle-même. D'ailleurs elle en jouit par mariage sans scrupule de conscience. Je trouve ce contentement si grand, qu'il la dédommagea bien, ce me semble, du chagrin qu'elle eut dans la suite.

— Vous voulez donc dire, dit Saffredant, que les femmes ont plus de plaisir de coucher avec un mari, que de déplaisir de le voir tuer devant ses yeux ?

— Rien moins que cela, répondit Nomerfide, car si je le disais, je parlerais contre l'expérience que j'ai des femmes ; mais je veux dire qu'un plaisir non accoutumé, comme d'épouser l'homme du monde que l'on aime le plus, doit être plus grand que le déplaisir de le perdre par la mort, qui est une chose ordinaire.

— Cela peut être vrai, dit Guebron, de la mort naturelle ; mais celle dont il s'agit, était trop cruelle. Je trouve bien étrange que ce seigneur, qui n'était ni son père ni son mari, mais seulement son frère, ait osé faire une pareille cruauté, attendu même que sa sœur avait l'âge où les lois permettent aux filles de se marier comme bon leur semble.

— Pour moi, je ne trouve rien là d'étrange, dit Hircan. Il ne tua point sa sœur qu'il aimait si tendrement, et sur laquelle il n'avait aucune juridiction ; mais il s'en prit au jeune gentilhomme, qu'il avait nourri comme son fils, et

Elle appela un petit page qu'elle avait.

aimé comme son frère. Il l'avait avancé et enrichi à son service, et puis par reconnaissance le jeune homme se maria avec sa sœur; ce qu'il ne devait point faire.

— Aussi, repartit Nomerfide, ce n'est pas un plaisir commun et ordinaire qu'une femme de si grande maison épouse un gentilhomme domestique : ainsi si la mort est surprenante, le plaisir aussi est nouveau, et d'autant plus grand, qu'il est contre l'opinion de tous les sages, et a pour fondement la satisfaction d'un cœur plein d'amour, et un repos de l'âme où Dieu n'est point offensé. Quant à la mort que vous appelez cruelle, il me semble que la mort étant nécessaire, la plus courte est la meilleure : car ne sait-on pas que la mort est un passage que l'on ne peut s'empêcher de franchir ? Je regarde comme heureux ceux qui ne languissent pas longtemps dans les faubourgs de la mort, et qui, d'un bonheur qui est le seul qu'on puisse nommer bonheur, volent tout d'un coup à une félicité éternelle.

— Qu'appelez-vous les faubourgs de la mort ? dit Simontault.

— Les chagrins, les afflictions, les longues maladies, répliqua Nomerfide. Ceux qui ont à soutenir des douleurs si extrêmes ou de corps ou d'esprit, qu'ils viennent à mépriser la mort, et à se plaindre qu'elle vient trop tard, sont dans les faubourgs de la mort, et ils vous diront comment se nomment les auberges où ils ont plus soupiré que reposé. La dame dont il s'agit, ne pouvait s'empêcher de perdre son mari par la mort; mais la colère de son frère lui a épargné le déplaisir de voir longtemps ce même mari malade ou chagrin, et elle pouvait se dire heureuse en convertissant au service de Dieu la satisfaction et la joie qu'elle avait avec son époux.

— Ne comptez-vous pour rien, dit Longarine, la honte qu'elle en eut et l'ennui de sa prison ?

— Je suis persuadée, répondit Nomerfide, que quand on aime bien et d'un amour fondé sur le commandement de son Dieu, on ne fait cas de la honte qu'autant qu'elle diminue l'amour; car la gloire de bien aimer ne connaît point la honte. Quant à sa prison, comme son cœur était tout à Dieu et à son mari, je crois qu'elle ne sentait guère la perte de sa liberté, et qu'elle regardait au contraire sa servitude comme une très-grande liberté ; car quand on ne peut voir ce qu'on aime, le plus grand bien qu'on puisse avoir est d'y penser incessamment. La prison n'est jamais étroite quand l'imagination peut s'y promener à l'aise.

— Il n'y a rien de plus vrai, repartit Simontault, que ce que dit Nomerfide; mais le furieux qui fit cette cruelle séparation, devait se croire bien malheureux d'offenser, comme il faisait, Dieu, l'amour et l'honneur.

— Je m'étonne, dit Guebron, que les femmes aiment si diversement, et je vois bien que celles qui ont le plus d'amour, ont le plus de vertu; mais celles qui ont le moins de vertu, font les vertueuses en dissimulant.

— Il est vrai, dit Parlamente, qu'un cœur vertueux par rapport à Dieu, et par rapport aux hommes, aime avec plus de passion qu'un cœur vicieux, parce que le premier ne craint point qu'on voie le fond de ses intentions.

— J'ai toujours entendu dire, reprit Simontault, que les hommes ne sont point blâmables de rechercher les femmes; car Dieu a mis au cœur de l'homme l'amour et la hardiesse pour demander, et a donné à celui de la femme la crainte et la chasteté pour refuser. Si l'homme a été puni pour s'être servi du pouvoir qui lui avait été donné, on lui a fait injustice.

— Mais n'est-ce pas une bizarrerie extrême, dit Longarine, d'avoir si longtemps loué ce jeune homme à sa sœur? Il me semble que ce serait une grande folie, pour ne pas dire cruauté, à un homme qui garde une fontaine, de louer la beauté de son eau à une personne qui languirait de soif en la regardant, et de la tuer ensuite quand elle voudrait en boire.

— Le feu de l'éloge qu'il fit du jeune homme, repartit Parlamente, alluma sans contredit le feu de l'amour dans le cœur de la belle; et il eut tort d'éteindre à coups d'épée un feu qu'il avait lui-même allumé par la douceur de ses paroles.

— Je suis surpris, dit Saffredant, qu'on trouve mauvais qu'un simple gentilhomme, par ses seuls services et non par aucune supposition, vienne à épouser une femme d'une si illustre maison, puisque les philosophes soutiennent que le moindre des hommes vaut mieux que la plus grande et la plus vertueuse des femmes.

— C'est parce, dit Dagoucin, que, pour entretenir la tranquillité publique, on ne regarde que le degré des maisons, l'âge des personnes et les lois, comptant pour rien l'amour et la vertu des hommes, pour ne pas confondre la monarchie. De là vient que dans les mariages qui se font entre égaux, et suivant le jugement des hommes et des parents, les personnes sont souvent si différentes pour le cœur, pour le tempérament et pour la condition, qu'au lieu d'entrer dans un engagement qui mène au salut, ils se jettent dans les faubourgs de l'enfer.

— On en a vu aussi, répliqua Guebron, qui se sont mariés par amour, avec des cœurs, des conditions et des tempéraments semblables, sans s'embarrasser de la différence des maisons, et qui n'ont pas laissé de s'en repentir. En effet, une grande amitié indiscrète se change souvent en jalousie et en fureur.

— Il me semble, dit Parlamente, que ni l'un ni l'autre n'est louable, et que les personnes qui se soumettent à la volonté de Dieu, ne regardent ni à la gloire, ni à l'avarice, ni à la volupté. Ceux-là seulement sont louables, qui, par un amour vertueux, soutenu du consentement de leurs parents, désirent de vivre dans l'état du mariage, comme Dieu et la nature l'ordonnent. Quoiqu'il n'y ait point de condition qui n'ait ses peines, j'ai vu cependant ces derniers fournir leur carrière sans se repentir de s'y être engagés. Cette compagnie n'est pas si malheureuse qu'il n'y ait des mariés de ce caractère.

Hircan, Guebron, Simontault et Saffredant jurèrent tous alors qu'ils s'étaient mariés dans les mêmes intentions, et qu'aussi ils ne s'en étaient jamais repentis. Que cela fût, ou non, celles qui y avaient intérêt furent néanmoins si contentes de cette protestation, que, ne pouvant à leur avis rien entendre de meilleur, elles se levèrent pour en aller rendre grâces à Dieu, et trouvèrent que les religieux étaient prêts à dire vêpres. La dévotion finie, on soupa; mais ce ne fut pas sans parler encore du mariage, chacun racontant les aventures qu'il avait eues pendant qu'il faisait l'amour. Mais comme ils s'interrompaient les uns les autres, on n'a pas pu retenir les contes tout du long, qui ne seraient pas moins agréables que ceux qu'on avait dits dans le pré. Cette conversation fut si bien de leur goût, que l'heure d'aller se coucher fut plus tôt venue qu'ils ne s'en fussent aperçus. Madame Oysille sentant donc qu'il était temps de se retirer, donna occasion à la compagnie d'en faire autant. Chacun prit part à la joie; et les mariés qui ne dormirent pas, employèrent une partie de la nuit à parler de leur amitié passée, et se donnèrent des témoignages de la présente. Ainsi la nuit se passa agréablement.

CINQUIÈME JOURNÉE

Dès que le jour fut venu, madame Oysille leur prépara un déjeuner de si bon goût, qu'il fortifia également le corps et l'esprit. Aussi la compagnie y fut-elle si attentive, qu'il semblait qu'elle n'eût jamais entendu sermon dont elle eût plus profité. Le second coup de la messe étant sonné, ils s'en allèrent méditer les bonnes choses qu'ils avaient entendues. Après la messe on fit une petite promenade en attendant le dîné, se promettant que la journée serait aussi belle que la précédente. Saffredant leur dit alors qu'il trouvait tant de plaisir à la bonne chère qu'ils faisaient et à la récréation qu'ils se donnaient, qu'il voudrait qu'on fût encore un mois à faire le pont; mais comme l'abbé ne trouvait pas son compte à vivre avec tant d'honnêtes gens, qui étaient cause que les pèlerins ordinaires ne venaient pas visiter les saints lieux si familièrement, il y faisait travailler en toute diligence. Quand ils se furent reposés quelque temps après le dîné, ils retournèrent à leur passe-temps accoutumé, et chacun ayant pris son siège, on demanda à Parlamente à qui elle donnait sa voix.

— Il me semble, dit-elle, que Saffredant commencerait bien cette journée, car son visage ne me paraît pas propre à nous faire pleurer.

— Vous serez donc bien cruelles, mesdames, répondit Saffredant, si vous n'avez pitié d'un cordelier dont je vais vous conter l'histoire. Comme on en a déjà fait à d'autres sur le même sujet, vous direz peut-être que ce sont choses arrivées à des dames, et que la facilité de l'exécution a fait sans crainte tenter l'entreprise; mais ce n'est point cela: et pour vous en convaincre, vous connaîtrez, par cet exemple, que les cordeliers sont si aveugles dans leur convoitise, qu'ils n'ont ni crainte ni prudence.

NOUVELLE XLI

Étrange et nouvelle pénitence donnée par un cordelier-confesseur à une jeune demoiselle.

Quand Marguerite d'Autriche vint à Cambrai de la part de l'Empereur son neveu, pour négocier la paix entre lui et le roi très-chrétien, qui envoya de sa part Louise de Savoie sa mère, il y avait à la suite de Marguerite d'Autriche la comtesse d'Aiguemont, qui passa dans cette assemblée pour la plus belle des Flamandes. Au retour, la comtesse d'Aiguemont s'en retourna chez elle. Le temps des Avents étant venu, elle envoya demander à un couvent de cordeliers un prédicateur homme de bien, bon pour prêcher et pour confesser la comtesse et sa compagnie. Le gardien, qui recevait beaucoup de bien de la maison d'Aiguemont et de celle de Piennes dont était la comtesse, envoya le meilleur prédicateur de la société, et celui qui passait pour le plus honnête homme. Il fit fort bien son devoir à prêcher l'Avent, et la comtesse en fut tout à fait contente.

La nuit de Noël que la comtesse voulait recevoir son Créateur, elle fit venir son confesseur; et après s'être bien confessée dans une chapelle bien close, afin que la confession fût plus secrète, elle laissa la place à sa dame d'honneur, qui ne se fut pas plus tôt confessée, qu'elle y envoya sa fille. Après que la jeune pénitente eut dit tout ce qu'elle savait, le bon confesseur, pénétrant quelque chose de son secret, eut envie de lui donner une pénitence extraordinaire, et eut la hardiesse de lui dire : « Vos péchés sont si grands, ma fille, que, pour y satisfaire, je vous ordonne pour pénitence de porter ma corde sur votre chair nue. » La demoiselle, qui ne voulait pas lui désobéir, répondit : « Donnez-la-moi, mon père, et je ne manquerai pas de la porter. — Non, ma fille, répliqua le père, il ne serait pas bon que vous l'attachassiez. Il faut qu'elle soit attachée premièrement par les mêmes mains dont vous devez recevoir l'absolution, et vous serez ensuite absoute de tous vos péchés. » La demoiselle se mit à pleurer, et répondit qu'elle n'en ferait rien. « Comment! dit le confesseur, êtes-vous une hérétique pour refuser les pénitences que Dieu et notre mère la sainte Église ont ordonnées?

— Je fais, répliqua la demoiselle, de la confession l'usage que l'Église a commandé. Je veux bien recevoir l'absolution, et faire la pénitence; mais je ne veux point que vous y mettiez les mains; car en ce cas je refuse absolument votre pénitence. — Cela étant, dit le confesseur, je ne puis pas vous donner l'absolution. » La demoiselle se retira avec un grand trouble de conscience; car elle était si jeune, qu'elle avait peur d'avoir manqué par le refus qu'elle avait fait au révérend père. Après que la messe fut dite, et que la comtesse d'Aiguemont eut communié, sa dame d'honneur voulant en faire autant, demanda à sa fille si elle était prête. La fille répondit en pleurant qu'elle ne s'était point confessée. « Qu'avez-vous donc fait si longtemps avec le prédicateur? lui dit sa mère. — Rien, répliqua la fille, car comme je n'ai pas voulu faire la pénitence qu'il m'a donnée, il m'a refusé aussi l'absolution. La mère la questionna si sagement, qu'elle sut la pénitence extraordinaire que le moine voulait donner à sa fille. Elle la fit confesser à un autre, et elles communièrent ensuite toutes deux.

La comtesse ne fut pas plus tôt de retour de l'église, que sa dame d'honneur lui fit des plaintes du prédicateur et la surprit beaucoup, parce qu'elle avait fort bonne opinion de lui. Toute sa colère cependant ne l'empêcha pas de rire de la singularité de la pénitence; mais le rire ne l'empêcha pas non plus de châtier le bon père. On le rossa à la cuisine en moine de bonne maison, et à force de coups on lui fit avouer la vérité, après quoi il fut renvoyé pieds et poings liés à son gardien qu'on pria de commettre une autre fois de plus honnêtes gens pour prêcher la parole de Dieu.

— Si les moines n'ont point fait de difficulté de déclarer leur méchanceté dans une maison si illustre, que ne sont-ils point capables de faire dans les lieux où ils vont d'ordinaire faire la quête, et où ils ont les occasions si belles que c'est un miracle s'ils en sortent sans scandale? Cela m'oblige de vous prier, mesdames, de changer votre mépris en compassion, et de considérer que celui qui peut aveugler les cordeliers n'épargne pas les dames quand il les trouve en beau début.

— Sans contredit, dit Oysille, voilà un méchant cordelier. Un religieux, un prêtre, un prédicateur, faire un jour de Noël une telle infamie, et la faire dans la maison de Dieu et sous le sacré voile de la confession, c'est porter l'impiété et la scélératerie au comble.

— Comment! dit Hircan, croyez-vous que les cordeliers ne soient pas hommes comme les autres, et pour le moins aussi excusables, et surtout celui dont il s'agit, qui se voyait seul de nuit avec une belle fille?

— S'il eût bien pensé, dit Parlamente, à la naissance de Jésus-Christ, que ce jour-là représente, il n'eût jamais eu une si mauvaise intention.

— Oui, mais vous ne dites pas, interrompit Saffredant, qu'il voulait aller à l'incarnation avant que de venir à la naissance. Cependant c'était un homme plein de mauvaise volonté de faire une si criminelle entreprise et d'en avoir si peu de sujet.

— Il me semble, repartit Oysille, que la comtesse le fit punir de manière que ce pouvait être un exemple pour les autres du même caractère.

— Je ne sais, dit alors Nomerfide, si elle fit bien de scandaliser ainsi son prochain, et si elle n'aurait pas mieux fait de lui représenter sa faute en particulier et doucement que de la divulguer de cette manière.

— Je crois, dit Guebron, qu'elle aurait bien fait; car il nous est commandé de reprendre le prochain tête-à-tête avant que de le dire non-seulement à l'Église, mais même à personne. Quand un homme n'a plus rien à ménager du côté de l'honneur, il est bien difficile qu'il se réforme : et la raison est que la honte retire autant de gens du péché que la conscience.

— Je crois, répondit Parlamente, que chacun doit pratiquer le conseil de l'Évangile, et il est bien scandaleux que ceux qui le prêchent fassent le contraire ; ainsi il ne faut point avoir peur de scandaliser ceux qui scandalisent les autres. Il me semble, au contraire, qu'il y a du mérite à les faire connaître tels qu'ils sont, afin que nous soyons en garde contre leurs séductions à l'égard du beau sexe, qui n'est pas toujours prudent et précautionné. Mais à qui Hircan donnera-t-il sa voix ?

— Puisque vous me le demandez, ce sera à vous-même, dit Hircan, à qui nul homme sensé ne la doit refuser.

— Puisque vous me la donnez, dit Parlamente, je vais vous conter une histoire dont je puis servir de témoin. J'ai toujours entendu dire que plus est faible le sujet où réside la vertu, plus elle est violemment attaquée par un puissant et redoutable contraire ; c'est alors qu'elle est plus louable et qu'elle paraît mieux telle qu'elle est. En effet, si le fort se défend du fort, ce n'est pas une merveille ; mais si le faible bat le fort, il en doit être loué de tout le monde. De nommer les personnes, ce serait, ce me semble, faire tort à la vérité, après l'avoir vue cachée sous un si misérable habit que personne n'en faisait cas ; mais rien n'empêche de nommer celle par le moyen de laquelle se sont faites les grandes actions dont je vais vous entretenir.

Durant cette promenade. (Page 282.)

NOUVELLE XLII

La chaste persévérance d'une jeune fille qui résista aux opiniâtres poursuites d'un des plus grands seigneurs de France. Agréable dénoûment pour la demoiselle.

Dans une des meilleures villes de la Touraine demeurait un seigneur de grande et illustre maison, qui, dès sa jeunesse, avait été élevé en province. Tout ce que je puis vous dire des perfections et des grandes vertus de ce jeune prince, est qu'il ne trouva jamais son pareil. A l'âge de quinze ans, il prenait plus de plaisir à courre et à chasser, qu'à regarder les dames. Étant un jour dans une église, il jeta les yeux sur une jeune fille qui, durant son enfance, avait été nourrie au château où il demeurait. Après la mort de sa mère, son père se retira, et s'en alla demeurer en Poitou avec son frère. Cette fille, qui se nommait Françoise, avait une sœur bâtarde que son père aimait fort, et qu'il maria à un sommelier de ce jeune prince, qui lui fit porter aussi grand état que personne de sa famille. Le père mourut et laissa pour la part de Françoise tout ce qu'il avait auprès de cette bonne ville. Après sa mort, elle se retira dans son bien. Comme elle était à marier et qu'elle n'avait que seize ans, elle ne voulut point tenir sa maison, et se mit en pension chez sa sœur. Le jeune prince, voyant cette fille assez belle pour une claire brune et d'une grâce au delà d'une fille de son rang, car elle avait plus l'air d'une fille de qualité ou d'une princesse que d'une bourgeoise, fut longtemps à la considérer. Comme il n'avait jamais aimé, il sentit dans son cœur un plaisir qui ne lui était pas ordinaire. De retour dans sa chambre, il s'informa de celle qu'il avait vue à l'église, et se ressouvint qu'autrefois, étant toute jeune, elle avait souvent joué au château avec sa sœur à laquelle il la fit reconnaître. Sa sœur l'envoya quérir, lui fit fort bon accueil et la pria de la venir voir souvent. Elle y allait quand il y avait noce ou assemblée. Le jeune prince la voyait volontiers, et si volontiers qu'il songea à l'aimer. Comme il savait qu'elle était de basse naissance, il crut qu'il aurait aisément ce qu'il demandait. N'ayant pas occasion de lui parler, il lui envoya un gentilhomme de sa chambre, avec ordre de l'informer de ses intentions et de conclure avec elle. Elle, qui était sage et pieuse, répondit qu'elle ne croyait pas que son maître, qui était si bien fait, s'amusât à regarder une fille aussi mal faite qu'elle, d'autant moins qu'au château il y en avait de si belles qu'il n'en fallait point chercher d'autres en ville, et qu'elle ne doutait point qu'il ne lui dît cela d'office, et sans ordre de son maître. Comme la difficulté rend le désir plus violent, le prince, sur cette réponse, poussa son dessein avec plus de chaleur que jamais, et lui écrivit, la priant d'ajouter foi à tout ce que le gentilhomme lui dirait de sa part. Elle, qui savait fort bien lire et écrire, lut sa lettre tout du long. Quelques prières que le gentilhomme lui fit, elle ne voulut jamais y répondre, disant qu'une personne d'aussi petite naissance ne devait pas se donner la liberté d'écrire à un si grand prince ; mais qu'elle le suppliait de ne la croire pas assez sotte pour s'imaginer qu'il l'estimât assez pour l'aimer autant qu'il disait. Qu'au reste il se trompait, s'il s'imaginait que parce qu'elle était d'une naissance obscure, il ferait d'elle tout ce qu'il voudrait ; et que pour lui faire voir le contraire, elle se croyait obligée de lui déclarer que, toute bourgeoise qu'elle était, il n'y avait point de princesse qui eût le cœur mieux placé qu'elle ; qu'il n'y avait point de trésors au monde qu'elle estimât comme l'honneur et la conscience, et lui demandant pour toute grâce de ne la point empêcher de garder ce trésor toute sa vie, et de compter qu'elle ne changerait jamais de sentiment, dût-il lui en coûter la vie. Le jeune prince ne trouva pas cette réponse à son gré ; cependant il l'en aimait encore davantage, et ne manquait pas de faire mettre son siége où elle allait à la messe, et où, durant tout le service, il n'avait des yeux que pour regarder cette image. Mais quand la belle l'aperçut, elle changea de lieu et alla à une autre chapelle, non qu'elle fût fâchée de le voir, car elle n'eût pas été créature raisonnable si elle n'avait pris plaisir à le regarder, mais elle craignait d'en être vue, ne s'estimant pas assez pour mériter d'être aimée en vue du mariage et s'estimant trop pour pouvoir s'accommoder d'un amour déshonnête. Quand elle vit qu'en quelque endroit de l'église qu'elle pût se mettre, le prince faisait dire la messe tout auprès, elle n'alla plus à cette église, mais à la plus éloignée qu'elle pouvait trouver. D'ailleurs la sœur du prince l'envoyait quérir souvent, mais elle s'excusait sur quelque indisposition.

Le prince voyant qu'il ne pouvait lui parler, eut recours à son sommelier, et lui promit de grands biens s'il le servait dans cette affaire. Le sommelier, tant pour plaire à son maître que pour le profit qu'il en espérait, promit de le faire volontiers. Il contait tous les jours au prince tout ce qu'elle disait et faisait, et l'assurait, entre autres choses, qu'elle évitait, tant qu'elle pouvait, les occasions de le voir. Le violent désir qu'il avait de l'entretenir à son aise, lui fit chercher un autre expédient. Comme il commençait déjà d'être fort bon homme de cheval, il s'avisa d'aller monter ses grands chevaux dans une grande place de la ville, tout devant la maison du sommelier où Françoise demeurait. Après avoir fait un jour bien des courses et des sauts qu'elle pouvait voir de sa chambre, il se laissa tomber de cheval dans un grand bourbier. Quoiqu'il ne se fît aucun mal, il ne laissait pas de se plaindre beaucoup, et de demander s'il n'y avait point de maison où il pût aller changer d'habit. Chacun lui offrit la sienne ; mais quelqu'un ayant dit que celle du sommelier était la plus proche et la plus honnête, elle fut choisie préférablement à toutes les autres. On lui donna une chambre bien meublée ; et comme tous ses habits étaient boueux, il quitta tout jusqu'à la chemise, et se mit au lit. Chacun s'étant retiré pour aller chercher d'autres habits au prince, à la réserve de son gentilhomme, il fit appeler son hôte et son hôtesse, et leur demanda où était Françoise. Il y eut bien de la peine à la trouver ; car aussitôt qu'elle avait vu entrer le prince, elle s'était cachée dans le lieu le plus reculé de la maison. Sa sœur la trouva enfin, et la pria de ne faire point difficulté de venir parler à un prince si honnête et si vertueux. « Comment, ma sœur, dit Françoise, vous que je regarde comme ma mère, voudriez-vous me conseiller d'aller parler à un prince, duquel, comme vous savez, je ne puis ignorer les intentions ? » Mais sa sœur lui représenta tant de choses, et lui promit tant de ne la pas laisser seule, qu'elle la suivit avec un visage si pâle et si défait, qu'elle était plus propre à faire pitié qu'à donner de l'amour. Quand le jeune prince la vit à son lit, il la prit par la main qu'il trouva froide et tremblante. « Me croyez-vous, Françoise, lui dit-il, un homme si dangereux et si cruel, que je mange les femmes en les regardant ? Pourquoi craignez-vous si fort un homme qui ne cherche que votre honneur et votre avantage ? Vous savez que j'ai cherché partout inutilement les occasions de vous voir et de vous parler. Pour me faire plus de chagrin, vous avez fui les lieux où j'avais accoutumé de vous voir à la messe, et par-là vous m'avez privé de la satisfaction des yeux et de la langue; mais tout cela ne vous a de rien servi. J'ai fait ce que vous avez vu pour venir ici. J'ai couru risque de me rompre le col en me laissant tomber, pour avoir le plaisir de vous parler à mon aise. Je vous prie donc, Françoise, puisqu'il m'en coûte tant, que ma peine ne soit pas inutile, et qu'ayant pour vous tant d'amour, je puisse vous obliger d'en avoir un peu pour moi. » Après avoir longtemps attendu sa réponse, et voyant qu'elle avait les larmes aux yeux et n'osait hausser la vue, il la tira à lui si près, qu'il pensa la baiser. « Non, monsieur, lui dit-elle alors, non, ce que vous demandez ne se peut pas. Quoique je ne sois qu'un ver de terre au prix de vous, l'honneur m'est si cher, que j'aimerais mieux mourir que d'y donner la moindre atteinte, quelque plaisir qu'il pût m'en revenir; et la crainte que j'ai que ceux qui vous ont vu venir ici ne fassent un mauvais jugement de moi, me cause la peur et le tremblement que j'ai. Puisque vous voulez me faire l'honneur de me parler, vous me pardonnerez aussi la liberté que je prends de vous répondre comme l'honneur m'ordonne de faire. Je ne suis, monseigneur, ni assez sotte, ni assez aveugle, pour ne voir et ne connaître pas les agréments que Dieu a mis en vous, et pour ne pas croire que celle qui possédera le cœur et le corps d'un tel prince, sera la femme du monde la plus heureuse. Mais de quoi me sert cela ? ce bonheur n'est point pour moi, ni pour une femme de mon rang; et je serais une folle achevée si j'en avais seulement le désir. Pour quelle raison puis-je croire que vous vous adressez à moi, si ce n'est parce que les dames de votre maison, que vous aimez, et qui ont tant de grâce et de beauté, sont si vertueuses que vous n'osez leur demander ce que la bassesse de ma condition vous fait aisément espérer de moi ? Je suis assurée que quand vous auriez de moi ce que vous souhaitez, ce vous serait un endroit pour entretenir, aux dépens de ma faiblesse, votre maîtresse, à qui vous feriez valoir vos conquêtes durant deux bonnes heures. Mais je vous prie de croire, monseigneur, que je ne suis pas d'humeur de vous donner ce plaisir. J'ai été nourrie dans une maison où j'ai appris ce que c'est que d'aimer. Mon père et ma mère ont été de vos bons serviteurs. Puis donc qu'il n'a pas plu à Dieu de me faire naître princesse pour vous épouser, ni d'une condition assez relevée pour pouvoir être votre amie, je vous supplie de ne point songer à me mettre du rang des malheureuses, puisqu'il n'y a personne qui vous estime plus que moi, ni qui souhaite avec plus de passion que vous soyez l'un des plus heureux princes de la chrétienté. Si pour vous divertir vous voulez des femmes de mon état, vous en trouverez assez en ville de plus belles que moi sans comparaison, et qui vous épargneront la peine de les tant prier. Attachez-vous donc, s'il vous plaît, à celles à qui vous ferez plaisir d'acheter leur honneur, et ne fatiguez plus une pauvre fille qui vous aime plus qu'elle-même. Si Dieu demandait aujourd'hui votre vie ou la mienne, je m'estimerais heureuse d'offrir la mienne pour sauver la vôtre. Si je fuis votre personne, ce n'est pas faute d'amour, mais plutôt parce que j'aime trop votre conscience et la mienne, et que mon honneur m'est plus précieux que ma propre vie. Je vous demande, s'il vous plaît, monseigneur, la continuation de l'honneur de votre bienveillance, et je prierai Dieu toute ma vie pour votre santé et prospérité. Il est vrai que l'honneur que vous me faites, me donnera meilleure opinion de moi-même parmi les gens de ma sorte; car après vous avoir vu, qui est l'homme de ma condition que je daignasse regarder? Ainsi mon cœur en liberté ne sera dans aucune obligation, sinon dans celle où je veux toujours être de prier Dieu pour vous; qui est tout ce que je puis faire pour vous en ma vie.

Quoique cette réponse ne fût pas selon le désir du prince, il ne put s'empêcher néanmoins de l'estimer autant qu'elle valait. Il fit tout ce qu'il put pour lui faire croire qu'il n'aimerait jamais qu'elle; mais elle était si sage, qu'il ne put jamais faire entrer dans son esprit une chose si peu raisonnable. Quoiqu'on dît souvent au prince, durant cette conversation, qu'on lui avait apporté d'autres habits, il était si aise et si content, qu'il fit dire qu'il dormait. Mais enfin l'heure du souper étant venue, et n'osant manquer de s'y trouver par respect pour sa mère, il se retira, prévenu plus que jamais de l'honnêteté de cette fille. Il en parlait souvent au gentilhomme qui couchait dans sa chambre: cet homme, s'imaginant que l'argent ferait plus que l'amour, lui conseilla de faire offrir à la belle une somme considérable en récompense de la faveur qu'il lui demandait. Comme la mère du jeune prince était sa trésorière, et qu'il n'avait que peu d'argent pour ses menus plaisirs, il emprunta, et fit de son fonds et de la bourse de ses amis une somme de cinq cents écus, qu'il envoya à Françoise par son gentilhomme, avec ordre de la prier de traiter son maître avec plus d'humanité. Mais quand elle vit le présent, elle dit au gentilhomme: « Dites à monsieur, je vous prie, que mon cœur est si noble et si généreux, que si j'étais d'humeur de faire ce qu'il désire de moi, la bonne mine et les agréments qui sont en lui m'auraient déjà vaincue; mais tout cela n'étant pas capable de me faire faire la moindre démarche au préjudice de l'honneur, tout l'argent du monde ne saurait rien faire. Vous lui reporterez le sien, s'il vous plaît, car j'aime mieux une honnête pauvreté que tous les biens qu'on pourrait me donner. » Cette rudesse fit croire au gentilhomme qu'un peu de violence en viendrait à bout, et il s'avisa de la menacer de l'autorité et de la puissance de son maître. « Faites peur du prince, lui dit-elle en riant, à celles qui ne le connaissent pas. Pour moi, je sais qu'il est si sage et si vertueux, que je ne saurais croire que vous disiez cela par son ordre ; et je suis persuadée qu'il vous en désavouera si vous le lui dites. Mais quand vous parleriez par son ordre, je vous déclare qu'il n'y a ni tourments ni mort qui puissent me faire changer de sentiment ; car, comme je vous ai dit, puisque l'amour n'a point changé mon cœur, tous les maux et les biens qu'on pourrait me faire, ne seraient pas capables d'en venir à bout.

Le gentilhomme, qui avait promis à son maître de l'humaniser, lui porta cette réponse avec un dépit qu'on ne peut décrire, et lui conseilla de pousser sa pointe par tous les moyens possibles, en lui représentant qu'il lui serait honteux d'avoir entrepris une telle conquête, et de n'y avoir pas réussi. Le jeune prince, qui ne voulait employer que des moyens honnêtes, craignant d'ailleurs que le bruit s'en répandant, sa mère ne vînt à le savoir, et ne se mît en colère contre lui, n'osa rien entreprendre, jusqu'à ce que le gentilhomme lui eût donné un moyen qui lui paraissait si bon, qu'il croyait déjà la tenir. Pour cet effet il parla au sommelier. Comme il était résolu de servir son maître à quelque prix que ce fût, il consentit à tout ce qu'on voulut. Il fut donc dit que le sommelier prierait sa femme et sa belle-sœur d'aller voir faire vendanges à une maison qu'il avait près de la forêt. Il n'en eut pas plus tôt fait la proposition, qu'elles y consentirent volontiers. Le jour du départ étant venu, il en avertit le prince, qui résolut d'y aller, accompagné de son seul gentilhomme. Mais Dieu voulut que sa mère ornait ce jour-là le plus beau cabinet du monde, et avait tous ses enfants pour lui aider ; de sorte que l'heure de partir passa avant que le prince pût s'échapper. Le sommelier s'était surpassé pour rendre service à son maître. Il fit faire la malade à sa femme, et étant à cheval avec sa belle-sœur en croupe, elle lui vint dire qu'elle ne pouvait y aller. Quand il vit que l'heure passait, et que le prince ne venait point : « Je crois, dit-il à sa belle-sœur, que nous pouvons bien nous en retourner en ville. — Qui nous en empêche ? dit Françoise. — J'attendais monsieur, répondit le sommelier, qui m'avait promis de venir ici. » Sa sœur comprenant fort bien sa méchanceté, lui dit : « Ne l'attendez plus, mon frère ; car je sais qu'il ne viendra point aujourd'hui. » Le frère la crut, et la ramena. Quand ils furent arrivés, elle fit connaître à son frère qu'elle n'était pas satisfaite de lui, et lui dit franchement qu'il était le valet du diable, et qu'il faisait plus qu'on ne lui commandait : elle lui dit qu'elle était bien assurée que c'était son ouvrage et celui du gentilhomme, et non du prince ; et qu'on aimait mieux l'applaudir dans ses faiblesses, et gagner de l'argent, que de faire le devoir de bons serviteurs ; mais que puisqu'elle le connaissait, elle ne demeurerait plus chez lui. Sur cela elle envoya quérir son frère pour l'emmener en son pays, et sortit incontinent de chez sa sœur.

Le sommelier ayant manqué son coup, alla au château pour savoir pourquoi le prince n'était pas venu. Il n'y fut guère, qu'il ne le vît sur sa mule sans autre suite que le gentilhomme son confident. « Eh bien, dit le prince en le voyant, est-elle encore là ? » Le sommelier lui dit ce qui s'était passé, et le prince fut bien fâché d'avoir manqué au rendez-vous, qu'il regardait comme un coup de partie, et comme le dernier moyen qu'il croyait pouvoir tenter. Voyant donc qu'il n'y avait point de remède, il la chercha tant, qu'il la trouva en une compagnie d'où elle ne pouvait pas fuir. Il s'emporta fort contre elle au sujet des rigueurs qu'elle avait pour lui, et de ce qu'elle voulait quitter son frère. Françoise lui dit qu'elle n'avait jamais trouvé un homme plus dangereux, et qu'il lui était bien obligé, puisqu'il employait pour son service, non-seulement son corps et son bien, mais aussi son âme et sa conscience. Le prince, ne pouvant pas s'empêcher de sentir qu'il n'y avait plus rien à espérer, fit résolution de ne la presser pas davantage, et eut toute sa vie beaucoup d'estime pour elle. Un domestique du prince, charmé de la vertu de cette fille, la voulut épouser ; mais elle ne put jamais se résoudre à donner parole sans l'approbation et le commandement du jeune prince, en qui elle avait mis toute son affection. Elle lui en fit parler ; il y consentit, et le mariage fut fait. Elle a vécu toute sa vie en bonne réputation, et le prince lui fit beaucoup de bien.

— Que dirons-nous ici, mesdames ? Avons-nous le cœur si bas que de faire de nos serviteurs nos maîtres ? Ni l'amour ni les tourments n'ont pu vaincre celle dont je viens de vous faire l'histoire. Remportons, à son exemple, des victoires sur nous-mêmes. Rien n'est plus louable que de vaincre ses passions.

— Je ne trouve qu'un mal à cela, dit Oysille, c'est que des actions si vertueuses n'aient été faites du temps des historiographes. Ceux qui ont tant loué Lucrèce, l'auraient laissée au bout de la plume pour décrire bien au long les vertus de celle-ci. Je les trouve si grandes, que je ne saurais le croire, si nous n'avions juré de dire la vérité.

— Je ne trouve pas sa vertu si grande que vous la faites, dit Hircan. Vous avez vu assez de malades dégoûtés, qui laissaient des viandes bonnes et saines, pour en manger de mauvaises et de malsaines. Peut-être que cette fille en aimait quelqu'autre qui lui faisait mépriser des personnes du premier rang.

Parlamente répondit à cela que la vie et la fin de cette fille avaient fait voir qu'elle n'avait jamais aimé que celui qu'elle aimait plus que sa vie, mais non pas plus que son honneur.

— Otez-vous cela de l'esprit, dit Saffredant, et apprenez d'où est venu ce terme d'honneur que les prudes font tant valoir. Peut-être que celles qui en parlent tant, ne savent ce que ce mot signifie. Du temps que les hommes n'étaient pas trop malins, au siècle d'or si vous voulez, l'amour était si naïf et si fort, qu'on ne savait ce que c'était que dissimulation, et que celui qui aimait le plus était le plus estimé. Mais la malignité, l'avarice et le péché s'étant emparés du cœur des hommes, ils en chassèrent Dieu et l'amour, et mirent en leur place l'amour-propre, l'hypocrisie et la feinte. Les dames, voyant qu'elles n'avaient pas la vertu du véritable amour, et que l'hypocrisie était fort odieuse parmi les hommes, lui donnèrent le nom d'honneur. Celles donc qui ne pouvaient avoir ce véritable amour, disaient que l'honneur le leur défendait. Elles en ont fait une si cruelle loi, que celles mêmes qui aiment parfaitement, dissimulent, et croient que cette vertu est un vice ; mais celles qui ont un bon entendement et un jugement sain, ne tombent jamais dans cette erreur. Elles connaissent la différence qu'il y a entre les ténèbres et la lumière, et savent que le véritable amour consiste à faire voir la chasteté du cœur, qui ne doit vivre que d'amour, et non se faire honneur de la dissimulation, qui est un vice.

— Cependant, dit Dagoucin, on dit que l'amour le plus secret est le plus louable.

— Secret, dit Simontault, pour ceux qui pourraient en mal juger ; mais clair et pour le moins connu aux deux personnes qui s'aiment.

— Je l'entends ainsi, répondit Dagoucin. Néanmoins il vaudrait mieux qu'il fût ignoré d'un côté, et connu d'un tiers. Je crois que cette femme aimait d'autant plus fortement, qu'elle ne se déclarait point.

— Quoi qu'il en soit, dit Longarine, il faut estimer la vertu, dont la plus grande est de vaincre son cœur. Quand je considère les moyens et occasions qu'elle avait, je soutiens qu'elle se pouvait nommer femme forte.

— Puisque vous jugez de la grandeur de la vertu, repartit Saffredant, par la mortification de soi-même, le prince était plus louable qu'elle : et pour en convenir, il n'y a qu'à considérer l'amour qu'il avait pour elle, la puissance, l'occasion et les moyens dont il pouvait se servir ; cependant il ne le fit pas, pour ne pas violer la règle de la véritable amitié, qui rend le pauvre égal au prince, et se contenta d'employer les moyens que l'honnêteté permet.

— Il y en a beaucoup, reprit Hircan, qui n'auraient pas fait cela.

— Il est d'autant plus à estimer, répliqua Longarine, qu'il a vaincu la malice commune aux hommes. Qui peut faire du mal et ne le fait point, est sans contredit bienheureux.

— Vous me faites souvenir, dit Guebron, d'une femme qui craignait plus d'offenser les hommes que Dieu, son honneur et l'amour.

— Contez-nous cette histoire, je vous prie, dit Parlamente, et pour cet effet je vous donne ma voix.

— Il y a, dit Guebron, des gens qui ne reconnaissent point de Dieu ; ou s'ils en croient un, ils le regardent comme si éloigné d'eux, qu'il ne peut ni voir ni

Le jour des Innocents étant venu.

apprendre les mauvaises actions qu'ils font : ou s'il les voit, ils le croient si nonchalant et si peu soigneux de ce qui se passe ici-bas, qu'il ne les punit pas. De ce sentiment était une demoiselle dont je déguiserai le nom pour l'honneur de sa race, et que j'appellerai Camille. Elle disait souvent que celui qui n'avait besoin que de Dieu était bien heureux, pourvu qu'elle pût conserver son honneur devant les hommes. Mais vous verrez, mesdames, que sa prudence et son hypocrisie ne l'ont pas garantie. Son secret a été révélé, comme vous verrez par son histoire, où je ne dirai rien qui ne soit vrai, hormis les noms des personnes et des lieux, que je changerai.

NOUVELLE XLIII

Hypocrisie d'une dame de cour découverte par le dénoûment de ses amours, qu'elle croyait cacher.

Une grande princesse et de grande autorité demeurait dans un très-beau château, et avait avec elle une demoiselle nommée Camille, fille fière et audacieuse, et de laquelle néanmoins sa maîtresse était si abusée qu'elle ne faisait rien que par son conseil, la croyant la plus sage et la plus vertueuse demoiselle de son temps. Cette fille déclamait si fort contre l'amour que quand elle voyait quelqu'un amoureux d'une de ses compagnes, elle les censurait tous deux fort aigrement et en faisait à sa maîtresse un rapport fort désavantageux, de sorte qu'on la craignait beaucoup plus qu'on ne l'aimait. Pour elle, jamais elle ne parlait à homme que tout haut, et avec tant de fierté qu'elle passait pour être tout à fait ennemie de l'amour; mais dans le cœur elle était tout autre chose. En effet, il y avait un gentilhomme au service de sa maîtresse dont elle était si amoureuse qu'elle n'en pouvait plus. Cependant elle aimait tant sa gloire, et la réputation qu'elle s'était acquise lui était si chère qu'elle dissimulait entièrement sa passion. Après un an de souffrances sans vouloir se soulager, comme les autres, par les yeux et par la langue, son cœur se trouva si enflammé qu'elle vint chercher le dernier remède, et pour conclusion, elle crut qu'il valait mieux satisfaire son désir, pourvu qu'il n'y eût que Dieu qui connût son cœur que d'en faire confidence à un qui pût révéler son secret. Cette résolution prise, un jour qu'elle était dans la chambre de sa maîtresse et qu'elle regardait sur une terrasse, elle vit celui qu'elle aimait si fort qui s'y promenait. Après l'avoir regardé jusqu'à ce que l'obscurité le dérobât à sa vue, elle appela un petit page qu'elle avait, et lui montrant le gentilhomme: « Voyez-vous bien, lui dit-elle, ce gentilhomme en pourpoint de satin cramoisi et qui a une robe fourrée de loup-cervier? Allez lui dire qu'il y a quelqu'un de ses amis qui veut lui parler et qui l'attend dans la galerie du jardin. » Pendant que le page y alla, elle passa par la garde-robe de la chambre de sa maîtresse et se rendit à la galerie après avoir baissé sa cornette et pris son masque. Quand le gentilhomme fut à la galerie, elle alla d'abord fermer les deux portes par lesquelles on pouvait venir sur eux, et l'embrassant de toute sa force sans ôter son masque, elle lui dit le plus bas qu'elle put : « Il y a longtemps, mon ami, que l'amour que j'ai pour vous m'a fait souhaiter de trouver le lieu et l'occasion de pouvoir vous entretenir ; mais la crainte de mon honneur a été pendant quelque temps si forte que j'ai été contrainte malgré moi de dissimuler ma passion. Mais enfin l'amour l'a emporté sur la crainte ; et comme votre honnêteté m'est connue, je vous déclare que si vous voulez me promettre de m'aimer et de n'en jamais parler à personne, ni vous informer qui je suis, je serai toute ma vie votre fidèle et bonne amie, et je vous assure que je n'aimerai jamais que vous ; mais j'aimerais mieux mourir que de vous dire qui je suis. »

Le gentilhomme lui promit tout et l'encouragea par ce moyen à lui rendre la pareille, c'est-à-dire à ne lui rien refuser. C'était en hiver, vers les cinq à six heures du soir, où par conséquent les yeux ne servaient pas de grand'chose. Mais si les yeux étaient inutiles, les mains ne l'étaient pas. En touchant ses habits, il trouva qu'ils étaient de velours, étoffe riche en ce temps-là et qui n'était que pour les personnes du premier rang. Autant que la main en put juger, il trouva tout ce qui était dessous propre et en bon état. S'il tâcha de la régaler du mieux qu'il lui fut possible, elle fit si bien de son côté que le cavalier s'aperçut aisément qu'elle était mariée.

Étant sur le point de s'en retourner d'où elle venait, le cavalier lui dit : « Je fais beaucoup de cas de l'avantage que vous m'avez accordé sans le mériter ; mais j'en ferai encore plus de celui que vous m'accorderez à ma prière. Je suis si satisfait d'une pareille grâce, que je vous supplie de me dire si je dois en espérer la continuation, et de quelle manière il vous plaira que j'en use, car, ne pouvant pas vous connaître, le moyen de pouvoir ailleurs vous demander la même faveur. — Ne vous mettez point en peine, répondit la belle, et comptez que tous les soirs, après que ma maîtresse aura soupé, je ne manquerai pas de vous envoyer quérir, pourvu que vous soyez à cette heure-là sur la terrasse où vous étiez tantôt. Je vous manderai seul, et vous vous souviendrez surtout de ce que vous avez promis. Cela voudra dire que je vous attends dans cette galerie ; mais si vous entendez parler d'aller à la viande, vous pourrez ou vous retirer ou venir à la chambre de ma maîtresse. Je vous prie surtout de n'avoir jamais envie de me connaître, si vous ne voulez pas rompre avec moi. »

La belle et le cavalier s'en allèrent chacun de son côté. Leur intrigue dura longtemps sans qu'il pût jamais savoir qui elle était. Il avait une envie merveilleuse d'en être éclairci. Il ne pouvait pas s'imaginer qui ce pouvait être et ne concevait pas qu'il y eût de femme au monde qui ne voulût pas être vue et aimée. Comme il avait entendu dire à certains prédicateurs ignorants que qui aurait vu le diable au visage n'aimerait jamais, il s'imagina que ce pouvait être quelque malin esprit. Pour s'en éclaircir, il résolut de savoir qui était celle qui le recevait si bien. Une autre fois donc qu'elle lui manda de le venir trouver, il prit de la craie, et en l'embrassant lui fit une marque sur l'épaule sans qu'elle s'en aperçût. Aussitôt qu'elle s'en fut allée, le gentilhomme fut à la chambre de la princesse et se tint à la porte pour regarder les épaules de celles qui entreraient. Il n'y fut pas longtemps sans voir entrer mademoiselle Camille, marchant avec tant de fierté qu'il n'osait la regarder comme les autres, persuadé que ce ne pouvait pas être elle. Mais comme elle eut le dos tourné, il vit la marque de craie blanche et fut si étonné qu'il eut de la peine à en croire ses yeux. Cependant, après avoir considéré sa taille qui était toute semblable à celle qu'il touchait, et les traits de son visage qui pouvaient se connaître en touchant, il demeura convaincu que c'était elle, et fut fort aise de voir qu'une femme qui n'avait jamais eu le bruit d'avoir de galant et qui était en réputation d'avoir refusé tant d'honnêtes gens se fût enfin fixée à lui seul.

L'amour, qui s'ennuie de toutes les conditions, ne put souffrir qu'il jouît longtemps du plaisir qu'il goûtait avec Camille. Le cavalier conçut si bonne opinion de ses charmes et se flatta de si belles espérances, qu'il résolut de lui faire connaître son amour, s'imaginant que dès qu'il serait connu, il aurait sujet d'aimer avec encore plus de passion. Un jour que la princesse se promenait dans le jardin, Camille alla se promener dans une autre allée. Le gentilhomme, la voyant seule, s'avança pour l'entretenir, et feignant de ne l'avoir point vue ailleurs, lui dit : « Il y a longtemps, mademoiselle, que je vous aime et que je n'ose vous le dire de peur de vous déplaire. Cette contrainte m'est si fâcheuse qu'il faut ou parler ou mourir ; car je ne crois pas que personne puisse vous aimer comme je vous aime. » Camille l'interrompant, et le regardant d'un œil menaçant : « Avez-vous appris, lui dit-elle en grosse colère, que j'aie jamais eu d'amant ? Je suis assurée que non et je suis surprise que vous soyez assez hardi pour tenir un tel langage à une si honnête femme que moi. Vous m'avez assez pratiquée ici pour connaître que je n'ai jamais aimé que mon mari. Ainsi donnez-vous bien de garde de me parler à l'avenir sur le même ton. » Le gentilhomme, surpris d'une si profonde hypocrisie, ne put s'empêcher de rire. « Vous n'êtes pas toujours si sévère, mademoiselle, lui dit-il. Que vous sert-il de dissimuler avec moi ? Ne vaut-il pas mieux s'aimer parfaitement qu'imparfaitement ? — Je ne vous aime ni parfaitement ni imparfaitement, répliqua Camille, et je vous regarde comme les autres serviteurs de ma maîtresse. Mais si vous continuez à me parler de cette manière, je pourrai bien vous haïr de sorte que vous vous repentirez de m'en avoir donné sujet. » Le gentilhomme, poussant sa pointe, lui dit : « Et où sont, mademoiselle, les caresses que vous me faites quand je ne puis vous voir ? Pourquoi m'en priver maintenant que le jour me découvre votre beauté accompagnée de tant d'agréments ? — Vous êtes hors de sens, lui dit Camille en faisant un grand signe de croix, ou vous êtes le plus scélérat menteur de tous les hommes. Je ne crois pas vous avoir jamais fait plus ou moins de caresses que je fais à présent. Comment l'entendez-vous, je vous prie ? » Le pauvre gentilhomme, croyant mieux la mettre à la raison, lui nomma le lieu où il l'avait vue et lui dit la marque de craie qu'il lui avait faite pour la reconnaître. Son emportement fut si outré qu'au lieu de revenir à elle-même, elle lui dit qu'il était le plus méchant de tous les hommes et qu'il avait inventé contre elle un si infâme mensonge, mais qu'elle tâcherait de l'en faire repentir. Lui, qui savait le crédit qu'elle avait auprès de sa maîtresse, fit ce qu'il put pour l'apaiser ; mais tout cela fut inutile. Elle le quitta avec fureur et s'en alla où était sa maîtresse, qui quitta sa compagnie pour entretenir Camille qu'elle aimait comme elle-même. La princesse, la voyant si émue, lui demanda ce qu'elle avait. Camille ne lui cacha rien et lui conta tout ce que le gentilhomme lui avait dit, avec un tour si malin et si désavantageux au pauvre gentilhomme que dès le soir même sa maîtresse lui fit dire de se retirer chez lui incessamment et sans parler à personne, et qu'il y demeurât jusqu'à nouvel ordre. Il obéit, de peur de pis. Tant que Camille fut chez la princesse, le cavalier en demeura exilé, sans recevoir aucunes nouvelles de Camille qui lui avait promis qu'il la perdrait dès qu'il tâcherait de la connaître.

— Vous voyez, mesdames, que Camille, qui avait préféré la gloire du monde à sa conscience, a perdu l'une et l'autre ; car tout le monde sait aujourd'hui ce qu'elle voulait cacher et à son mari et à son amant ; et pour avoir voulu éviter d'être moquée d'un seul, elle s'est rendue l'objet de la raillerie de tout le monde. On ne peut pas dire, pour l'excuser, que son amour était un amour naïf, de la simplicité duquel chacun a pitié ; car on voit, et c'est ce qui la rend doublement condamnable, que son dessein était de couvrir la malice de son cœur du manteau de la gloire et de l'honneur, et de passer devant Dieu et devant les hommes pour autre qu'elle n'était. Mais celui qui ne donne point sa gloire à un autre voulut la démasquer et la faire paraître doublement infâme.

— Voilà, dit Oysille, une femme bien inexcusable ; car, qui peut parler pour elle, puisque Dieu, l'honneur et l'amour sont ses accusateurs ?

— Qui ? dit Hircan ; le plaisir et la folie, qui sont deux grands avocats pour les dames.

— Si nous n'avions pas d'autres avocats, répondit Parlamente, notre cause serait mal défendue. Celles qui se laissent vaincre au plaisir ne doivent plus se nommer femmes, mais hommes, dont la fureur et la débauche des femmes relèvent l'honneur au lieu de lui donner atteinte. Un homme qui se venge de son ennemi et qui le tue pour un démenti, passe pour un brave, et l'est en effet. C'est la même chose quand il aime une douzaine de femmes avec la sienne. Mais l'honneur des femmes a un autre fondement, c'est-à-dire la douceur, la patience et la chasteté.

— Vous parlez des sages, repartit Hircan.

— Je n'en veux point connaître d'autres, répliqua Parlamente.

— S'il n'y en avait point de folles, dit Nomerfide, ceux qui veulent être crus de tout ce qu'ils disent et font, pour corrompre la simplicité des femmes, se trouveraient bien loin de leur compte.

— Je vous prie, Nomerfide, dit Guebron, que je vous donne ma voix, afin que vous nous fassiez un conte sur ce sujet.

— Je vous en dirai un, répondit Nomerfide, autant avantageux à un amant que le vôtre est désavantageux aux femmes qui ne sont pas sages.

NOUVELLE XLIV

Deux amants qui jouirent habilement de leurs amours, dont le dénoûment fut heureux.

Il y avait à Paris deux bourgeois, l'un politique et l'autre marchand de draps de soie, qui s'étaient toujours fort aimés, et se fréquentaient fort familièrement. Le politique avait un jeune fils nommé Jacques, jeune homme assez mettable en bonne compagnie, qui, à la faveur de son père, allait souvent chez le marchand, qui avait une belle fille nomméé Françoise. Jacques fit si bien auprès de Françoise, qu'il sentit qu'elle n'aimait pas moins qu'elle était aimée. Sur ces entrefaites, on envoya une armée en Provence pour s'opposer à la descente que Charles d'Autriche avait dessein d'y faire. Jacques fut obligé de suivre l'armée parce que sa charge l'y appelait. A peine fut-il au camp qu'il reçut nouvelles de la mort de son père. Cette nouvelle fut un double chagrin pour lui; l'un la perte d'un père qui lui était nécessaire, et l'autre l'incommodité qu'il prévoyait bien qu'il aurait de voir sa maîtresse à son retour aussi souvent qu'il l'avait espéré. Le temps lui fit oublier le premier, et rendit l'autre plus sensible. Comme la mort est naturelle, et qu'il est ordinaire que les pères meurent plutôt que les enfants, aussi la douleur qu'on a de leur mort se dissipe peu à peu. C'est tout autre chose de l'amour; car au lieu de nous apporter la mort il nous apporte la vie en nous donnant des enfants qui nous rendent immortels par manière de dire; et c'est principalement cela qui rend nos désirs plus ardents. Jacques étant donc de retour à Paris, ne songea qu'à renouer avec le marchand en vue de faire commerce de la machandise la plus précieuse qu'il eût, sous prétexte de pure amitié. Comme Françoise avait de la beauté et de l'esprit, et qu'il y avait long-temps qu'elle était mariable, elle avait eu plusieurs soupirants pendant l'absence de son Jacques; mais soit que le père fût avare, ou que n'ayant que cette enfant il voulût la bien placer, il n'avait pas fait grand cas de tous ces soupirants. Comme on n'attend pas aujourd'hui à se scandaliser qu'on en ait juste sujet, et surtout quand il s'agit d'une chose qui regarde l'honneur du sexe, cela fit mal parler de Françoise. Le père, ne voulant pas faire comme beaucoup d'autres, qui, au lieu de censurer les vices de leurs femmes et de leurs enfants semblent au contraire les y porter, ne fit ni le sourd ni l'aveugle au bruit populaire, et observa sa fille de si près, que ceux mêmes qui ne la fréquentaient que sous prétexte de mariage ne la voyaient que rarement et toujours avec sa mère. Il ne faut pas demander si une pareille vigilance fut fâcheuse à Jacques, qui ne pouvait s'imaginer qu'on la traitât si durement sans quelque raison importante qui lui était inconnue. Cette conjecture le chagrinait et partageait son esprit entre l'amour et la jalousie. Résolu d'en savoir la raison à quelque prix que ce fût, il voulut s'éclaircir, avant toutes choses, si elle avait toujours les mêmes bons sentiments pour lui. Il fit tant d'allées et de venues, qu'il trouva moyen, un matin à la messe, de se placer assez près d'elle, et connut à son air qu'elle avait de la joie de le revoir. Comme il savait que la mère n'était pas si sauvage que le père, il prenait quelquefois la liberté, les voyant sortir pour aller à l'église, de les aborder avec la familiarité et l'honnêteté ordinaire avec laquelle on a accoutumé d'en user avec les gens pour qui on a de la déférence; et cela, comme si le pur hasard les avait fait rencontrer, le tout en vue de préparer les choses pour le dessein qu'il se proposait. En un mot, l'an du deuil de son père étant expiré, il résolut, en changeant d'habit, de se mettre sur le bon pied et de faire honneur à ses ancêtres. Il en parla à sa mère, qui le trouva bon, et qui souhaitait de le voir bien marié avec d'autant plus de passion, qu'elle n'avait pour tous enfants que lui et une fille qui était déjà avantageusement mariée. La mère, qui avait de l'honneur et de la grandeur d'âme, encourageait son fils à la vertu, en lui représentant l'exemple d'une infinité de jeunes gens de son âge qui s'avançaient d'eux-mêmes, ou faisaient voir au moins qu'ils étaient dignes des parents qui leur avaient donné le jour. N'étant donc plus question que de savoir où ils jetteraient leur plomb, la bonne femme dit à son fils : « Je suis d'avis, Jacques, d'aller chez le compère Pierre (c'était le père de Françoise); il est de nos amis, et ne voudrait pas nous tromper. » C'était justement ce qu'il demandait; cependant il tint bon, et dit : « Nous en prendrons où nous trouverons notre avantage et le meilleur marché. Toutefois compère Pierre était intime ami de feu mon père, je serai bien aise que nous nous adressions à lui avant d'aller ailleurs. » La mère et le fils allèrent voir un matin le compère Pierre, qui les reçut fort bien, comme vous savez que les marchands savent faire lorsqu'ils sentent du profit. Ils firent déplier quantité de draps de soie, et mirent à part ce qu'il leur fallait; mais ils ne purent convenir de prix; ce que Jacques fit exprès, parce que la mère de sa maîtresse ne paraissait pas. Ils sortirent enfin sans rien acheter, et allèrent voir ailleurs. Mais Jacques ne trouvant rien de beau que chez sa maîtresse, ils y retournèrent quelque temps après. La mère de Françoise s'y trouva, et les reçut le mieux du monde. Après les petites façons qui se font dans ces sortes de boutiques, la marchande estimait ses

Et entre autres, un nommé Astillon. (Page 299.)

marchandises plus que n'avait fait son mari. « Vous êtes bien rigoureuse, madame, lui dit Jacques. Voilà ce que c'est : nous avons perdu notre père, et l'on ne nous connaît plus. » En disant cela, il fit semblant de s'essuyer les yeux, comme si l'idée paternelle lui eût fait répandre des larmes ; mais ce n'était que pour mieux acheminer les choses. La mère de Jacques, qui y allait à la bonne foi, dit là-dessus d'un ton dolent : « Depuis la mort du pauvre homme, nous ne nous sommes non plus fréquentés que si nous ne nous étions jamais connus. Voilà le cas qu'on fait des pauvres veuves. » On se fit alors de nouvelles caresses, et on se promit mutuellement de se visiter plus souvent qu'on n'avait jamais fait. Sur cela il vint d'autres marchands que le mari conduisit dans l'arrière-boutique. Le jeune homme, profitant du moment favorable, dit à sa mère : « Madame visitait souvent, autrefois, les jours de fêtes, les saints lieux qui sont dans notre quartier, et principalement les couvents. Si en passant elle se donnait la peine de venir quelquefois prendre son vin, elle nous ferait beaucoup d'honneur et de plaisir. » La marchande, qui ne se défiait de rien, répondit qu'il y avait plus de quinze jours qu'elle avait résolu d'y faire un voyage, et que, s'il faisait beau, elle pourrait bien y aller le dimanche suivant, et ne manquerait pas de se donner l'honneur d'aller voir la demoiselle. Cette conclusion fut suivie de celle du marché ; car, pour peu de chose, il ne fallait pas laisser perdre une si belle occasion.

Les choses étant en cet état, Jacques considérant qu'il ne pouvait lui seul venir à bout de son dessein, résolut de le confier à un fidèle ami. Ils prirent de si bonnes mesures ensemble, qu'il ne s'agissait plus que de l'exécution. Le dimanche étant venu, la marchande et sa fille ne manquèrent pas, au retour de leur dévotion, de passer chez la veuve, qu'elles trouvèrent avec une de ses voisines, causant dans une galerie du jardin, et sa fille qui se promenait alors dans les allées avec son frère et son ami, qui avait nom Olivier. Jacques voyant sa maîtresse, composa son visage de manière qu'il ne changea aucunement de contenance. Il alla donc recevoir la mère et la fille avec un air gai. Comme les vieux cherchent d'ordinaire les vieux, les trois s'assirent sur un banc, le dos tourné du côté du jardin, dans lequel peu à peu les deux amants entrèrent, et allèrent en se promenant au lieu où étaient les deux autres. Ils se firent quelques caresses de compagnie, et se promenèrent tout de nouveau. Durant cette promenade, Jacques conta si bien à Françoise son glorieux martyre, qu'elle ne pouvait accorder et n'osait refuser ce que son amant lui demandait. Il n'en fallut pas davantage pour lui faire connaître qu'elle en tenait. Je dois vous dire que, pendant cette conversation ambulante, ils passaient et repassaient souvent le long du banc où les bonnes femmes étaient assises, pour prévenir les soupçons, parlant toujours de choses vulgaires et familières, et folâtrant de temps en temps dans le jardin. Les bonnes femmes s'accoutumèrent si bien au bruit durant une demi-heure, que Jacques fit enfin signe à Olivier, qui joua si bien son personnage avec l'autre fille qu'il entretenait, qu'elle ne s'aperçut point que les amants entrassent dans un préau couvert de cerisiers, et bien clos de haies de rosiers et de groseillers fort hauts, faisant semblant d'aller abattre des amandes à un coin du préau, mais en effet pour abattre des prunes. Aussi Jacques, au lieu de donner la cotte verte à sa maîtresse, lui donna la cotte rouge, et la lui donna si bien, que la couleur lui en vint au visage, se trouvant surprise un peu plus tôt qu'elle ne pensait. Comme les prunes étaient mûres, ils les eurent cueillies en si peu de temps, qu'Olivier même ne put le croire, que quand il vit que Françoise baissait la vue et paraissait toute honteuse. Cela le fit défier de la vérité, parce qu'auparavant elle allait la tête levée, sans craindre qu'on vît dans ses yeux la veine qui doit être rouge, devenue de couleur d'azur. Jacques s'en aperçut, et le mit à la raison en lui faisant les remontrances nécessaires. Les amants firent encore deux ou trois tours de jardin; mais ce ne fut pas sans que la belle dît en pleurant et soupirant : « Hélas! est-ce pour cela que vous m'aimiez? Si je l'eusse pensé, mon Dieu! Que ferai-je? Me voilà perdue pour toute ma vie. Quel cas ferez-vous désormais de moi, au moins si vous êtes du nombre de ceux qui n'aiment que le plaisir? Que ne suis-je plutôt morte, hélas! que de faire une telle faute? » Toutes ces réflexions ne se faisaient point sans répandre beaucoup de larmes. Mais Jacques la consola si bien, et lui fit tant de promesses et tant de serments, qu'avant que d'avoir fait trois autres tours de jardin, et après avoir fait un second signe à son ami, ils rentrèrent dans le préau par un autre chemin; et quelque chose qu'elle pût faire, il n'y eut pas moyen de s'empêcher de recevoir plus de plaisir à la seconde cotte verte qu'elle n'avait fait à la première; en un mot, elle s'en trouva si bien, qu'ils résolurent dès lors de chercher les moyens de se revoir plus souvent et plus commodément, en attendant le moment favorable du père. Une jeune femme, voisine du marchand, un peu parente de Jacques et bonne amie de Françoise, leur aida beaucoup à mettre le bonhomme à la raison. J'apprends qu'ils ont continué leur intrigue sans scandale jusqu'à la consommation de leur mariage. Françoise, qui était fille unique, s'est trouvée bien riche pour la fille d'un marchand. Il est vrai que Jacques a attendu la meilleure partie du bien de sa femme jusqu'à la mort du père, qui était si serré et si défiant, qu'il s'imaginait que ce qu'il tenait d'une main, l'autre le lui dérobait.

Voilà, mesdames, une amitié bien commencée, bien continuée et encore mieux finie; car encore qu'il soit ordinaire aux hommes de mépriser une femme ou une fille dès qu'elle vous a donné ce que vous cherchez en elle avec le plus d'empressement; cependant ce jeune homme aimant bien, et de bonne foi, et ayant connu à sa maîtresse ce que tout mari souhaite à une fille dont il veut faire sa femme; sachant d'un autre côté que la belle était de bonne famille, et sage à la faute près que lui-même lui avait faire, ne voulut point commettre adultère ailleurs, ni brouiller un autre ménage : et c'est en quoi je le trouve fort louable.

— Cependant, dit Oysille, ils sont tous deux condamnables; et l'ami même n'est pas excusable d'avoir été le ministre du crime, ou du moins l'adhérent à un tel violement.

— Appelez-vous violement, dit Saffredant, quand les deux parties le veulent bien? Y a-t-il de meilleurs mariages que ceux qui se font ainsi par amourettes? Aussi dit-on en proverbes que les mariages se font au ciel; mais cela ne s'entend ni des mariages forcés, ni de ceux qui se font à prix d'argent et qui passent pour bien et dûment approuvés dès que le père et la mère y ont donné leur consentement.

— Vous en direz ce qu'il vous plaira, repartit Oysille; mais il faut reconnaître l'obéissance paternelle; et, au défaut de père et de mère, il faut avoir recours aux autres parents. Autrement s'il était permis à chacun de se marier à sa fantaisie, combien de mariages cornus ne se ferait-il point? Peut-on se mettre dans l'esprit qu'un jeune homme et une fille de douze à quinze ans sachent ce qui leur est propre? Qui examinerait bien les mariages, il se trouverait qu'il y en a pour le moins autant de mauvais de ceux qui se font par amourettes que de ceux qui se sont faits par contrainte. Les jeunes gens, qui ne savent ce qu'il leur faut, se prennent sans examen au premier qu'ils rencontrent; puis, s'apercevant peu à peu de la faute qu'ils ont faite, cette connaissance leur en fait faire encore de plus grandes. Ceux, au contraire, qui ne se sont pas mariés volontairement, sont entrés dans cet engagement par le conseil et à la sollicitation de gens qui ont plus vu et ont plus de jugement que les mariés : de sorte que quand ils viennent à sentir le bien qu'ils ne connaissent pas, ils le goûtent bien mieux, et l'embrassent avec beaucoup plus d'affection.

— Oui, mais vous ne dites pas, madame, reprit Hircan, que la fille avait de l'âge, qu'elle était mariable, et qu'elle connaissait l'iniquité de son père, qui laissait moisir son pucelage de peur de démoisir ses écus. Ne savez-vous pas que la nature est coquine? Elle aimait, elle était aimée, elle trouvait son bien prêt, et pouvait se souvenir du vieux proverbe qui dit : *Qui refuse, muse*. Toutes ces considérations, jointes à la prompte exécution de l'attaquant, ne lui donnèrent pas le temps de se défendre. Aussi a-t-on remarqué qu'on reconnut incontinent après sur son visage un considérable changement en elle. Ce changement venait peut-être de déplaisir d'avoir eu si peu de temps pour juger si la chose était bonne ou mauvaise; aussi ne se fit-elle pas tirer l'oreille pour en faire une seconde épreuve.

— Pour moi, dit Longarine, je ne la trouverais pas excusable sans la bonne foi du jeune homme, qui, faisant le personnage d'un honnête homme, ne l'a point abandonnée et l'a prise telle qu'il l'avait faite. Il me semble d'autant plus louable en cela, que la jeunesse d'aujourd'hui est bien corrompue. Je ne prétends pas pour cela excuser la première faute du cavalier qui l'accuse tacitement de rapt à l'égard de la fille et de subornation à l'égard de la mère.

— Point, point, dit Dagoucin, il n'y a ni rapt, ni subornation, et tout s'est fait volontairement, tant du côté des mères qui ne l'ont pas empêché, quoiqu'elles aient été dupées, que du côté de la fille qui s'en est bien trouvée, et qui ne s'en est aussi jamais plainte.

— Tout cela ne vient, répliqua Parlamente, que de la bonté et simplicité de la marchande, qui mena de bonne foi sa fille à la boucherie sans y penser.

— Pourquoi ne pas dire à la noce? dit Simontault, puisque cette simplicité ne fut pas moins avantageuse à la fille que préjudiciable à une femme qui fut trop aisément la dupe de son mari.

— Puisque vous en savez le conte, dit Nomerfide, faites-nous-le. Je vous donne ma voix.

— Très-volontiers, répondit Simontault, à condition que vous me promettrez de ne point pleurer. Ceux qui disent, mesdames, que vous avez plus de malice que les hommes, auraient bien de la peine à produire un exemple comme celui dont je vais vous parler. Je prétends vous faire voir non-seulement la grande malice d'un mari, mais aussi l'extrême simplicité et bonté de sa femme.

NOUVELLE XLV

Un mari donnant les innocents à sa servante, trompe la simplicité de sa femme.

A Tours, il y avait un homme d'esprit et rusé, qui était tapissier de feu M. le duc d'Orléans, fils du roi François Ier. Quoique ce tapissier fût demeuré sourd après une grande maladie, il ne laissait pas pour cela d'avoir tout son esprit et d'en être si bien partagé qu'il n'y avait point d'homme de son métier plus rusé que lui. Quant aux autres affaires du monde, vous verrez, par ce que je vais vous conter, de quelle manière il savait s'en tirer. Il avait épousé une femme de bien et d'honneur, avec laquelle il vivait fort paisiblement. Comme il craignait fort de lui déplaire, elle s'étudiait aussi à lui obéir en tout. Outre la grande amitié que le mari avait pour sa femme, il était si charitable qu'il donnait souvent à ses voisines ce qui appartenait à sa femme ; ce qu'il faisait toutefois le plus secrètement qu'il pouvait. Ils avaient une bonne grosse servante dont le tapissier devint fort amoureux. Cependant, craignant que sa femme ne s'en aperçût, il affectait souvent de la gronder, disant que c'était la créature la plus paresseuse qu'il eût jamais vue ; mais qu'il ne s'en étonnait pas, puisque sa maîtresse ne la battait jamais.

Un jour qu'on parlait de donner les innocents, le tapissier dit à sa femme que ce serait une grande charité de les donner à sa servante ; « mais, ajouta-t-il, il ne faudrait pas qu'elle les reçût de votre main, car elle est trop faible et votre cœur trop tendre. Si je voulais y employer la mienne, nous en serions bien mieux servis que nous ne le sommes. » La pauvre femme, qui ne se défiait de rien, le pria de vouloir faire l'opération, avouant qu'elle n'avait ni le cœur ni la force de battre. Le mari accepta volontiers la commission, et, comme s'il eût voulu la bien fesser, il fit acheter des verges les plus fines qu'il put trouver. Pour faire accroire qu'il n'avait pas dessein de l'épargner, il fit tremper les verges dans de la saumure, de manière que la pauvre femme avait plus de compassion de sa servante que de défiance de son mari. Le jour des Innocents étant venu, le tapissier se leva de bon matin et monta à la chambre haute où la servante était toute seule, et lui donna les innocents bien autrement qu'il n'avait dit à sa femme. La servante se mit à pleurer ; mais ses larmes ne servirent de rien. Cependant, de peur que sa femme ne vînt, il commença à donner des verges sur le châlit avec tant de force qu'il les écorcha et rompit et les apporta ainsi rompues à sa femme. « Je crois, ma mie, dit-il en arrivant, que votre servante se souviendra des Innocents. » Le tapissier étant sorti, la servante vint se jeter aux pieds de sa maîtresse, et lui dit que son mari lui avait fait le plus grand tort qu'on eût jamais fait à servante. La bonne femme s'imaginant qu'elle parlait des coups de verges, qu'elle croyait qu'elle eût reçus, l'interrompit et lui dit : « Mon mari a bien fait, et il y a plus d'un mois que je le prie de le faire. Si vous avez du mal, j'en suis bien aise. Ne vous en prenez qu'à moi. Il ne vous en a pas tant fait qu'il devait. » La servante, voyant que sa maîtresse approuvait une telle action, crut que ce n'était pas un aussi grand péché qu'elle s'était imaginé, puisqu'une femme qui passait pour si vertueuse en était la cause ; aussi n'en osa-t-elle plus parler depuis.

Le tapissier voyant que sa femme était aussi aise d'être trompée, que lui de la tromper, résolut de lui donner souvent la même satisfaction, et gagna si bien la servante, qu'elle ne pleurait plus pour avoir les innocents. Il fit longtemps la même vie sans que sa femme s'en aperçût, tant qu'enfin l'hiver vint, et amena quantité de neiges. Comme le tapissier avait donné, dans son jardin, les innocents à sa servante sur l'herbe verte, il voulut aussi les lui donner sur la neige. Un matin, avant que personne fût éveillé, il la mena tout en chemise sur la neige. En badinant tous deux et se jetant de la neige, ils n'oublièrent pas le jeu des innocents. Une voisine, qui s'était mise à la fenêtre qui regardait droit sur le jardin pour voir quel temps il faisait, vit l'exercice des innocents et trouva l'action si mauvaise qu'elle résolut d'en avertir sa bonne commère, afin qu'elle ne fût plus la dupe d'un si méchant mari et ne se servît pas davantage d'une servante si vicieuse. Après que le tapissier eut fait tous ses beaux jeux, il regarda autour de lui s'il n'avait été vu de personne et vit sa voisine à la fenêtre ; ce qui le chagrina fort. Mais comme il savait donner toutes sortes de couleurs à sa tapisserie, il crut si bien colorer ce fait que la voisine y serait aussi bien trompée que sa femme. Il ne se fut pas plus tôt recouché qu'il fit lever sa femme en chemise et la mena au même endroit qu'il avait mené la servante. Il badina quelque temps avec elle à lui jeter de la neige, comme il avait fait avec la servante ; ensuite il lui donna les innocents comme il avait fait à l'autre, et puis furent se recoucher. Dès la première fois que la bonne tapissière alla à la messe, sa voisine et bonne amie ne manqua pas de s'y trouver, et avec un fort grand empressement la pria, sans lui dire davantage, de chasser sa servante qui était une méchante et dangereuse créature. La tapissière répondit qu'elle n'en ferait rien, à moins qu'elle ne lui dît à l'avance pourquoi elle la croyait si méchante et si dangereuse. La voisine, se voyant ainsi poussée, lui dit enfin qu'un matin elle l'avait vue dans son jardin avec son mari. « C'était moi, ma commère ma mie, répondit la bonne femme en riant. — Comment! dit l'autre; tout en chemise au jardin à cinq heures du matin! — Oui, ma commère, dit la tapissière, c'était en conscience moi-même. — Ils se jetaient de la neige, continua la voisine, puis aux tétons, puis ailleurs aussi privément qu'il était possible. — Oui, ma commère, répliqua la tapissière, c'était moi-même. — Mais, ma commère, reprit la voisine, je les ai vus faire sur la neige une chose qui ne me semble ni belle, ni honnête. — Soit, commère ma mie, repartit la tapissière; mais, comme je vous ai dit et vous le redis encore, c'était moi-même, et non ma servante, qui ai fait tout cela; car mon mari et moi badinons ainsi privément. Ne vous en scandalisez point, je vous prie. Vous savez que nous devons de la complaisance à nos maris. » Ainsi s'en retourna la voisine, souhaitant bien plus d'avoir un tel mari que de venir demander celui de la bonne commère. Le mari de retour, sa femme lui conta tout du long ce que sa commère lui avait dit. « Bien vous en prend, ma mie, lui dit le tapissier, que vous êtes une femme de bien et d'esprit; car sans cela il y a longtemps que nous serions séparés. Mais j'espère que Dieu nous fera la grâce de nous aimer autant à l'avenir que nous nous sommes aimés par le passé; et cela pour sa gloire et pour notre satisfaction. — Amen, mon ami, dit la bonne femme. J'espère aussi que vous serez content de ce que je contribuerai de ma part à la bonne intelligence. »

— Il faudrait être bien incrédule, mesdames, si, après avoir vu une histoire si véritable, on jugeait qu'il y a en vous autant de malignité qu'aux hommes, quoique à dire la vérité sans faire tort à personne, on ne saurait manquer de conclure au sujet de l'homme et de la femme dont il s'agit que ni l'un ni l'autre ne vaut rien.

— Cet homme-là, dit Parlamente, était prodigieusement méchant; car d'un côté il trompait sa femme et de l'autre sa servante.

— Vous n'avez donc pas bien entendu le conte, dit Hircan; car il est dit qu'il les contenta toutes deux en une matinée; grand ouvrage, attendu la contrariété de leurs intérêts.

— En cela, répliqua Parlamente, il est doublement fourbe, de satisfaire à la simplicité de l'une par un mensonge, et à la malice de l'autre par un vice. Mais je conçois fort bien que ces péchés seront toujours pardonnés tant qu'on aura des juges comme vous.

— Je vous assure pourtant, repartit Hircan, que je n'entreprendrai jamais rien de si grand ni de si difficile. Pourvu que je vous rende compte, ma journée ne sera pas mal employée.

— Si l'amour réciproque ne contente le cœur, répliqua Parlamente, tout le reste ne saurait le contenter.

Elle se perça de cette épée.

— Il est vrai, dit Simontault. Je suis persuadé qu'il n'y a pas une plus grande peine que d'aimer et de n'être pas aimé.

— J'en suis persuadée aussi, dit Oysille; et cela me rappelle un conte que je n'avais pas résolu de mettre au rang des bons. Cependant puisqu'il se présente, il faut qu'il passe.

NOUVELLE XLVI

D'un cordelier qui disait qu'un mari faisait un grand crime de battre sa femme.

Angoulême, où le comte Charles, père du roi François Ier, faisait souvent sa résidence, il y avait un cordelier nommé de Valles, savant et si estimé pour la prédication qu'il fut choisi pour prêcher l'Avent devant le comte, ce qui lui acquit encore plus de réputation. Il arriva, durant les Avents, qu'un jeune étourdi de la ville, qui avait épousé une jeune femme et assez belle, ne laissait pas de courir à droite et à gauche avec autant de dissolution que s'il eût été à marier. La jeune femme en étant avertie, ne pouvait dissimuler son ressentiment, et souvent elle en recevait en passant ses gages plutôt et d'une autre manière qu'elle n'eût voulu. Tout cela ne lui faisait point discontinuer ses lamentations, et quelquefois même elle en venait jusqu'aux injures. Elle irrita par ce moyen son mari, de manière qu'il la battit à sang et à marques. Elle fit plus de bruit qu'auparavant. Les voisines qui savaient le sujet de leur querelle, ne pouvaient se taire, mais criaient publiquement par les rues : « Hé ! fi, fi, au diable, au diable, de tels maris. » Par bonheur, le cordelier de Valles passait alors par là. Ayant entendu du bruit et appris quel en était le sujet, il se résolut d'en toucher un mot le lendemain dans son sermon ; aussi n'y manqua-t-il pas. Il fit venir à son sujet le mariage et l'amitié dont il doit être accompagné. Il fit l'éloge du mariage et blâma fort ceux qui en violaient les devoirs, et compara l'amour conjugal à l'amour paternel. Il dit, entre autres choses, qu'un mari était plus condamnable de battre sa femme que de battre son père ou sa mère ; « car, dit-il, si vous battez votre père ou votre mère, on vous enverra pour pénitence à Rome ; mais si vous battez votre femme, elle et ses voisines vous enverront à tous les diables, c'est-à-dire en enfer. Voyez, dit-il, quelle différence il y a entre ces deux pénitences. On revient d'ordinaire de Rome ; mais de l'enfer on n'en revient point. *Nulla est redemptio.* » Il fut averti depuis que les femmes faisaient leur Achille de ce qu'il avait dit et que les maris n'en pouvaient plus être les maîtres, à quoi il voulut remédier comme il avait fait à l'inconvénient des femmes.

Pour cet effet, il compara dans un autre sermon les femmes aux diables et dit que c'était les deux plus grands ennemis de l'homme et ses tentateurs perpétuels dont il ne pouvait se défaire, et surtout la femme. « En effet, dit-il, les diables s'enfuient en leur montrant la croix et les femmes font tout le contraire; car c'est ce qui les apprivoise qui les fait aller et venir, et qui est cause qu'elles donnent à leurs maris une infinité de passions. Savez-vous, mes bonnes gens, dit-il parlant aux maris, le moyen d'y remédier? Le voici. Quand vous verrez que vos femmes vous tourmenteront sans cesse, comme elles ont de coutume, démanchez la croix et les rossez bien avec le manche. Vous n'aurez pas fait cela vivement trois ou quatre fois que vous vous en trouverez bien, et verrez que comme on chasse le diable par la vertu de la croix, vous chasserez aussi et ferez taire vos femmes par la vertu du manche de la même croix, pourvu qu'elle n'y soit pas attachée. »

— Voilà, mesdames, un échantillon des sermons du vénérable cordelier de Valles, de la vie duquel je ne vous dirai pas autre chose, et pour raison. Je vous dirai seulement que, quelque bonne mine qu'il fît, car j'ai connu le personnage, il était beaucoup plus pour les femmes que pour les hommes.

— C'est ce qu'il témoigna bien mal à ce dernier sermon, dit Parlamente, puisqu'il apprenait aux hommes à les maltraiter.

— Vous ne comprenez pas sa ruse, dit Hircan. Comme vous n'avez pas beaucoup d'expérience de la guerre, aussi ne savez-vous pas les stratagèmes qui y sont nécessaires, entre lesquels celui-ci est un des plus grands, savoir, de mettre la division dans le camp de son ennemi, parce qu'alors il est plus aisé à battre. De même maître moine savait fort bien que l'aversion et l'emportement entre mari et femme font souvent lâcher la bride à l'honneur des femmes. Comme la vertu est la garde de cet honneur, elle est entre les mains des loups avant qu'elle se croie égarée.

— Quoi qu'il en soit, répliqua Parlamente, je ne pourrais jamais aimer un homme qui aurait mis la discorde entre mon mari et moi, jusques à en venir aux mains. Car quand on en vient aux coups, adieu l'amour. Cependant ils font si bien les chattemites, à ce que j'ai entendu dire, quand ils en veulent gober quelqu'une, et parlent d'une manière si engageante, que je suis bien persuadée qu'il y aurait plus de danger à les écouter tête à tête, que de recevoir publiquement des coups d'un mari, qui à cela près ne laisserait pas d'être bon mari.

A la vérité, dit Dagoucin, ils se sont si bien fait connaître partout, qu'on a sujet de les craindre, quoique à mon avis on soit digne de louange de n'être point soupçonneux.

— Cependant, dit Oysille, on doit soupçonner le mal qu'on peut éviter; et il vaut mieux craindre un mal chimérique que de tomber dans un mal réel par un excès de crédulité. Pour moi, je n'ai jamais su qu'aucune femme ait été trompée pour ne s'être pas pressée à croire les hommes ; mais j'en ai connu beaucoup qui l'ont été pour avoir cru trop facilement leurs mensonges. Partant, je soutiens que ceux qui ont charge d'hommes, de femmes, de villes et d'états, ne sauraient jamais trop craindre et soupçonner le mal qui peut arriver. La méchanceté et la trahison sont si fort en vogue, qu'on ne saurait être trop en garde ; et le pasteur qui n'est pas vigilant, sera toujours la dupe du loup artificieux et rusé.

— Il est pourtant vrai, répliqua Dagoucin, qu'une personne défiante et soupçonneuse ne peut jamais entretenir un parfait ami ; et assez d'amis ont rompu pour un simple soupçon.

— Si vous en savez quelque exemple, reprit Oysille, dites-le, je vous donne ma voix.

— J'en sais un, répondit Dagoucin, si véritable, que vous aurez du plaisir à l'entendre. Je vais vous entretenir, mesdames, de ce qui rompt le plus aisément une bonne amitié, c'est quand la sûreté de l'amitié commence à faire naître le soupçon. Comme on ne peut pas faire un plus grand honneur à son ami que de se fier en lui, on ne peut aussi lui faire un plus sensible outrage que de s'en défier. La raison est, qu'on le croit par là tout autre que l'on ne veut pas qu'il soit ; ce qui cause la rupture de plusieurs bons amis et les rend ennemis, comme vous verrez par le conte que je vais vous faire.

NOUVELLE XLVII

Un gentilhomme du Perche, se défiant de son ami, l'oblige à lui faire le mal dont il le soupçonnait.

Non loin du Perche, il y avait deux gentilshommes, qui avaient été dès leur enfance si parfaitement bons amis, que ce n'était qu'un cœur, une maison, un lit, une table et une bourse. Leur parfaite amitié dura longtemps sans qu'il y eût jamais entre eux le moindre démêlé, la moindre parole même qui sentît la contestation; vivant non-seulement comme deux frères, mais comme un homme seul. L'un des deux se maria et ne laissa pas pour cela d'aimer son compagnon, avec lequel il vivait aussi bien qu'à l'ordinaire. Quand ils se trouvaient en quelque lieu où les lits n'étaient pas en grand nombre, il le faisait coucher avec sa femme et lui; il est vrai qu'il était au milieu. Tous leurs biens étaient communs, de sorte que le mariage, quelque chose qui pût arriver, n'altéra jamais cette parfaite amitié. Mais comme il n'y a rien de solide et de permanent en ce monde, le temps apporta du changement à la félicité d'une maison trop heureuse. Le mari, oubliant la confiance qu'il avait en son ami, devint jaloux sans aucun sujet de lui et de sa femme, à laquelle il ne put s'empêcher de dire des duretés. Elle en fut d'autant plus surprise qu'il lui avait ordonné d'avoir pour son ami, à une chose près, les mêmes égards et les mêmes bontés que pour lui. Cependant tout cela n'empêcha pas qu'il ne lui défendît de lui parler, à moins que ce ne fût en grosse compagnie. Elle fit savoir cette défense à l'ami de son mari, qui n'en crut rien, sachant fort bien qu'il n'avait rien pensé ni fait dont son ami pût être fâché. Comme il avait accoutumé de ne lui rien cacher, il lui dit ce qu'il avait appris, le priant de ne lui déguiser rien, étant bien aise de ne lui donner, ni en cela ni en autre chose, le moindre sujet de rompre une amitié qui s'était si longtems soutenue.

Le mari l'assura qu'il n'y avait jamais pensé, et que ceux qui avaient répandu ce bruit, en avait faussement menti. Je sais bien, dit l'ami, que la jalousie est une passion aussi insupportable que l'amour; et quand vous seriez jaloux, et même de moi, je ne vous en saurais pas mauvais gré, car vous n'en seriez pas le maître. Mais j'aurais sujet de me plaindre d'une chose qui est en votre pouvoir, c'est de me cacher la chose, attendu que vous ne m'avez rien caché, quelque opinion et passion que vous ayez eue. De mon côté, si j'étais amoureux de votre femme, vous ne devriez point m'en faire un crime, car l'amour est un feu dont on n'est pas le maître; mais si je vous cachais la chose, et que je cherchasse les moyens de le faire connaître à votre épouse, je serais le plus méchant homme qui fut jamais. D'ailleurs, quoique vous ayez une honnête femme et une femme de bien, je puis vous assurer que quand elle ne serait pas votre femme, c'est la personne que j'aie jamais vue dont je me préoccuperais le moins. Je vous prie donc, si vous avez le moindre soupçon, de me le dire, afin d'y mettre si bon ordre, que notre amitié, qui a tant duré, ne se rompe point pour une femme; car quand j'aimerais la vôtre plus que toutes les femmes du monde, je ne lui parlerais jamais cela étant, parce que je préfère votre amitié à toute autre. » Le mari lui fit de grands serments qu'il n'avait jamais eu cette pensée, et le pria de faire chez lui comme à l'ordinaire. « Je le ferai, puisque vous le voulez, répondit l'ami; mais je vous prie de trouver bon que je ne demeure jamais avec vous, si après cela vous avez ce sentiment de moi et que vous me fassiez un secret, ou que vous le trouviez mauvais. » Vivant donc comme à l'ordinaire, il arriva qu'au bout de quelque temps le marié tomba plus que jamais dans ses soupçons jaloux, et commanda à sa femme de ne lui faire plus si bonne mine que de coutume. Elle en avertit incontinent l'ami, et le pria de ne plus parler à elle, ayant ordre aussi de ne plus parler à lui. L'ami voyant par cet avis, et par certaines grimaces qu'il voyait faire à son compagnon, qu'il ne lui avait pas tenu parole, lui dit en grosse colère : « Si vous êtes jaloux, mon ami, c'est chose naturelle; mais après les serments que vous avez faits, je ne puis m'empêcher de vous dire que je me plains de vous de me l'avoir si longtemps caché. J'ai toujours tâché d'éloigner tout ce qui pouvait traverser notre amitié; mais je vois avec regret, et sans qu'il y ait de ma faute, que je n'y ai pas aussi bien réussi que je l'avais espéré, puisque vous êtes non-seulement jaloux de votre femme et de moi, mais que vous voulez encore en faire mystère, afin que votre maladie dure si longtemps qu'elle se convertisse en haine, et qu'à l'amitié la plus étroite qu'on ait vue de notre temps, succède l'inimitié la plus mortelle. J'ai fait ce que j'ai pu pour prévenir cet inconvénient; mais puisque vous me croyez si méchant, et le contraire de ce que j'ai toujours été, je vous jure et vous assure que je suis tel que vous me croyez, et que je n'aurai point de repos que je n'aie eu de votre femme ce que vous vous imaginez que je recherche; et je vous avertis de vous donner garde de moi. Puisque le soupçon vous a fait renoncer à mon amitié, le dépit me fera renoncer à la vôtre. » Le mari se mit en devoir de lui faire accroire que tout cela était faux; mais il n'en voulait jamais rien croire. Les meubles et les biens qu'ils avaient en commun furent partagés, et ce partage fut suivi de celui de leurs cœurs, qui avaient toujours été si unis. L'ami fit ce qu'il avait promis, et n'eut point de repos qu'il n'eût fait son ami cocu.

— Autant puisse-t-il en arriver, mesdames, à ceux qui sans sujet se défient de leurs femmes. Une femme d'honneur se laisse plutôt vaincre par le désespoir que par tous les plaisirs du monde; et plusieurs maris injustement jaloux font en sorte qu'ils le sont enfin à juste titre, et font faire à leurs femmes ce qu'ils soupçonnent qu'elles fassent. On dit que la jalousie est amour, je le nie; car quoique l'amour en sorte comme la cendre fait du feu, il est certain néanmoins que la jalousie éteint l'amour comme les cendres éteignent le feu.

— Je suis persuadé, dit Hircan, qu'il n'y a rien de plus chagrinant pour un homme ou pour une femme que d'être injustement soupçonnés. Pour moi, il n'y a rien qui me fît plus tôt rompre avec mes amis.

— Si ce n'est pas, dit Oysille, une excuse raisonnable pour une femme qui se venge des soupçons de son mari à sa propre honte, c'est faire comme celui qui, ne pouvant tuer son ennemi, se donne un coup d'épée au travers du corps, ou qui se mord les doigts lorsqu'il ne peut égratigner son antagoniste. Elle eût plus sagement fait de faire connaître à son mari qu'il avait tort en ne parlant jamais à son ami; car le temps les aurait raccommodés.

— Elle agit en femme de cœur, dit Émarsuite; et s'il y avait beaucoup de femmes qui fissent de même, les maris iraient plus bride en main.

— Quoi qu'il en soit, dit Longarine, la patience fait enfin triompher une femme chaste, et il faut qu'elle s'en tienne là.

— Toutefois, dit Émarsuite, une femme peut bien n'être pas chaste sans pécher.

— Comment l'entendez-vous? répondit Oysille.

— Quand elle en prend un autre pour son mari, repartit Émarsuite.

— Et qui est la sotte, répliqua Parlamente, qui ne connaisse pas la différence qu'il y a entre son mari et un autre, de quelque manière qu'il puisse se travestir?

— Il y en a eu, et il y en aura, répondit Émarsuite, qui ont été trompées à la bonne foi, et qui, partant, ne sont point coupables.

— Si vous en savez quelqu'une, dit Dagoucin, faites-nous-en le conte, je vous donne ma voix. Je trouve que l'innocence et le péché sont deux choses bien incompatibles. Si les histoires qui vous ont ci-devant été faites, ne vous ont pas suffisamment fait voir, mesdames, qu'il est dangereux de loger ceux qui nous appellent mondains, qui se regardent comme des saints, qui se croient bien plus régénérés que nous, voici un exemple qui nous convaincra qu'ils sont hommes comme les autres, et même un peu plus que les autres.

NOUVELLE XLVIII

Deux cordeliers prirent successivement la place de l'époux la première nuit de ses noces, et en furent châtiés.

Le cabaretier d'un village de Périgord maria une de ses filles. Il invita à la noce tous ses parents et amis et les traita du mieux qu'il put. Deux cordeliers arrivèrent le jour des noces; et comme il n'était pas de la bienséance qu'ils fussent à la noce, on leur donna à souper dans leur chambre. Celui des deux qui avait le plus d'autorité et de malice s'imagina que, puisqu'on ne lui voulait pas donner part à la table, il devait avoir part au lit, et résolut de leur faire un tour de son métier. Le soir étant venu et la danse commencée, le cordelier regarda longtemps la mariée à la fenêtre et la trouva belle et fort à son gré. Il apprit des servantes en quelle chambre elle devait coucher, et trouva que c'était près de la sienne dont il fut fort aise. Pour parvenir à ses fins, il fit si bonne garde qu'il vit dérober la mariée que les vieilles emmenèrent, comme elles font d'ordinaire. Comme il était encore de bonne heure, le marié ne voulait pas quitter la danse, à laquelle il était si échauffé qu'il semblait qu'il eût oublié sa femme; ce que n'avait pas fait le cordelier. Aussitôt qu'il entendit que la mariée était couchée, il quitta son habit gris et s'en alla prendre la place du marié. La peur d'être surpris ne lui permit pas de faire longue séance. Il se leva donc et alla au bout d'une allée où il avait mis son camarade en sentinelle, qui lui fit signe que le marié dansait encore. Le cordelier, qui n'en avait pas pris sa suffisance, s'en retourna avec la mariée jusqu'à ce que son compagnon lui fît signe qu'il était temps de dénicher. Le cordelier avait à peine décampé que le mari vint se coucher. Empressé comme un homme qui croyait rompre la glace, il se mit en devoir de faire l'époux. La femme, que le cordelier avait rudement exercée, et qui ne demandait que du repos, ne put s'empêcher de dire à son mari: « Avez-vous résolu de ne jamais dormir et de me tourmenter sans cesse ? » Le pauvre mari, qui ne venait que de se coucher, lui demanda, fort étonné, quel tourment il lui avait fait, vu qu'il avait dansé tout le soir. « C'est bien dansé, dit la pauvre

CONTES DE LA REINE DE NAVARRE. 297

Par saint Pierre, mon maître, la maison est si propre et si nette...

femme; voici la troisième fois que vous êtes venu vous coucher. Il me semble que vous feriez mieux de dormir. »

A ces mots, le mari fort étonné ne songea qu'à savoir la vérité du fait. Après qu'elle lui eut conté comme la chose s'était passée, ne doutant pas que ce ne fût les cordeliers, il se leva incontinent et s'en alla à leur chambre, qui, comme il a été dit, n'était pas éloignée de la sienne. Ne les trouvant point, il cria au secours et si haut que tous ses amis accoururent. Après qu'ils eurent entendu le fait, chacun lui aida avec chandelles, lanternes et avec tous les chiens du village à chercher les cordeliers. Ne les trouvant point dans les maisons, ils firent tant de diligence qu'ils les attrapèrent dans les vignes où ils les traitèrent comme ils méritaient; car, après les avoir bien battus, ils leur coupèrent les bras et les jambes et les laissèrent dans les vignes à la garde de Bacchus et de Vénus dont ils étaient meilleurs disciples que de saint François.

— Ne vous étonnez pas, mesdames, si ces gens-là qui se distinguent par une manière de vivre différente de la nôtre font des choses que des aventuriers auraient honte de faire. Étonnez-vous plutôt qu'ils ne fassent encore pis, quand Dieu retire sa grâce d'eux. L'habit ne fait pas, comme on dit, toujours le moine. Il le défait souvent, et l'orgueil en est la cause.

— Mon Dieu! dit Oysille, ne sortirons-nous jamais des contes de ces moines?

— Si les dames, les princes et les gentilshommes ne sont point épargnés, dit Émarsuite, il me semble qu'ils ne doivent pas trouver mauvais qu'on ne les épargne point aussi. Ils sont pour la plupart si inutiles qu'on n'en parlerait jamais s'ils ne faisaient quelque scélératerie digne de mémoire. On dit, communément, qu'il vaut mieux faire du mal que de ne rien faire du tout. Plus notre bouquet sera diversifié, plus il sera beau.

— Si vous voulez me promettre, dit Hircan, de ne vous point fâcher, je vous ferai un conte de deux personnes si confites en amour que vous excuserez les pauvres cordeliers d'avoir pris ce qui leur était nécessaire où ils l'ont trouvé, d'autant mieux que celle qui avait assez à manger cherchait la friandise avec trop d'indiscrétion.

— Puisque nous avons juré de dire la vérité, dit Oysille, nous avons aussi juré de l'écouter. Vous pouvez donc parler librement; car les maux que nous disons des hommes ou des femmes ne retombent que sur ceux qui sont les héros du conte, et ne servent qu'à guérir les gens de l'estime qu'on a pour les créatures, et de la confiance qu'on pourrait avoir en elles, en faisant voir les fautes auxquelles elles sont sujettes, afin que nous ne fondions nos espérances que sur celui qui est le seul parfait, et sans lequel tout homme n'est qu'imperfection.

— Je vais donc, dit Hircan, conter hardiment mon histoire.

NOUVELLE XLIX

D'une comtesse qui se divertissait adroitement au jeu d'amour, et comment son manége fut découvert.

A la cour d'un roi de France, nommé Charles (je ne dirai point le quantième pour l'honneur de celle dont je veux parler, et que je ne nommerai pas non plus par son nom propre), il y avait une comtesse étrangère, de fort bonne maison. Comme les choses nouvelles plaisent, cette dame, soit par la nouveauté de son habit, soit à cause de la richesse et de la magnificence dont il était accompagné, s'attira d'abord les yeux de tout le monde. Quoiqu'elle ne fût pas des plus belles, elle avait néanmoins tant d'agréments, tant de fierté, une gravité et une manière de parler qui imprimaient tant de respect que personne n'osait l'aborder que le roi, qui en était passionnément amoureux. Pour l'entretenir avec plus de liberté, il donna au comte, son époux, une commission qui le tint longtemps éloigné de la cour ; et pendant ce temps-là, le roi se divertissait avec la comtesse pour la dédommager de l'absence de son mari. Plusieurs gentilshommes du roi s'étant aperçus que leur maître était bien traité de la comtesse prirent la liberté de lui en parler, et entre autres un nommé Astillon, homme hardi et de bonne mine. Elle lui parla d'abord avec tant de gravité, le menaçant de s'en plaindre au roi son maître, qu'elle pensa lui faire peur ; mais lui, qui n'était pas homme à s'étonner des menaces d'un capitaine intrépide, ne fit pas grand cas de celles de cette femme, et la serra de si près qu'il la fit consentir à un tête-à-tête et lui dit même comme il fallait qu'il vînt à sa chambre ; ce qu'il ne manqua ni de bien retenir, ni de bien exécuter. Afin que le roi ne se défiât de rien, il prétexta un voyage et demanda congé pour quelques jours. Il partit en effet de la cour ; mais dès la première journée il quitta son train et s'en vint de nuit recevoir les faveurs que la comtesse lui avait fait espérer, et qu'elle lui donna de fort bonne foi. Il fut si satisfait d'elle et fit tant d'efforts pour la satisfaire qu'il fallut demeurer sept à huit jours enfermé dans une garde-robe, ne vivant que de restaurants.

Pendant qu'il était enfermé, un de ses camarades nommé Duracier vint faire l'amour à la comtesse. Elle fit à ce second les mêmes cérémonies qu'elle avait faites au premier, lui parla d'abord rudement et fièrement et ne s'humanisa que peu à peu. Elle ne lâchait un prisonnier que quand elle en avait un autre pour mettre à sa place. Pendant que le second y était, il en vint un troisième nommé Valbenon. Il eut la même destinée que les deux premiers. Après ceux-là il en vint deux ou trois autres qui eurent tous part au gâteau. Cette vie dura assez longtemps, et l'intrigue fut conduite si finement que les uns ne savaient rien de l'aventure des autres. Ils entendaient assez parler de l'amour que chacun avait pour la comtesse; mais il n'y en avait pas un qui ne crût en être le seul favorisé. Chacun riait de son concurrent qu'il croyait avoir échoué. Les gentilshommes qu'on a nommés, étant un jour à un régal où ils faisaient fort bonne chère, se mirent à parler de leurs bonnes fortunes et des prisons où ils avaient été durant les guerres. Valbenon, qui n'était pas homme à garder longtemps un secret qu'il croyait lui être glorieux, ne put s'empêcher de le dire aux autres. « Je sais dans quelles prisons vous avez été ; mais pour moi, j'ai été dans une qui me fera dire toute ma vie du bien des autres. Je ne crois pas qu'il y ait de prison au monde où l'on soit plus agréablement. » Astillon, qui avait été le premier prisonnier, se douta d'abord de quelle prison il voulait parler. « Sous quel geôlier ou geôlière, lui dit Astillon, avez-vous été si bien traité, que vous aimiez tant votre prison ? — Quel que soit le geôlier, répondit Valbenon, la prison m'a été si agréable que j'eusse bien voulu n'en pas sortir sitôt ; car je n'ai été ni mieux, ni plus content. » Duracier, qui parlait peu, sentant fort bien qu'il s'agissait de la prison où il avait été aussi bien que les autres, dit à Valnenon : « De quoi vous nourrissait-on dans cette prison dont vous vous louez si fort ? — Le roi ne mange rien de meilleur ni de plus nourrissant, répliqua Valbenon. — Mais encore faut-il que je sache, repartit Duracier, si celui qui vous tenait prisonnier vous faisait bien gagner votre pain ? — Ah, ventrebleu ! s'écria Valbenon, qui ne douta pas qu'on ne fût au fait, je pensais être seul ; mais, à ce que je vois, j'ai bien des camarades. » Astillon, voyant ce démêlé où il avait part comme les autres, dit en riant : « Nous sommes tous à un même maître, compagnons et amis de notre jeunesse. Si nous avons tous la même part à la même mauvaise fortune, nous aurons sujet d'en rire tous de compagnie. Mais pour savoir si ce que je pense est vrai, que je vous interroge, je vous prie, et dites-moi tous la vérité. Si ce que je crois nous est arrivé, c'est l'aventure la plus singulière et la plus plaisante qu'on saurait jamais s'imaginer. » Tout le monde jura de dire la vérité, au moins si les choses étaient de manière qu'ils ne pussent s'en empêcher. « Je vous conterai mon aventure, dit Astillon, et vous me répondrez oui ou non, si la vôtre est semblable ou ne l'est pas. » Chacun y ayant consenti, « Premièrement, dit

Astillon, je demandai congé au roi pour faire un petit voyage. — Et nous aussi, répondirent-ils. — Quand je fus à deux lieues de la cour, je laissai mon train et m'allai rendre prisonnier. — Nous fîmes la même chose, dirent les autres. — Je demeurai sept à huit jours, poursuivit Astillon, caché dans une garde-robe, où je ne fus nourri que de restaurants, et des meilleures viandes que j'aie jamais mangées. Au bout de huit jours, ceux qui me tenaient me laissèrent aller beaucoup plus faible que je n'étais arrivé. » Tout le monde jura que la chose lui était arrivée. « Ma prison, continua Astillon, finit tel jour. — La mienne, répondit Duracier, commença le propre jour que la vôtre finit, et dura jusqu'à un tel jour. » Valbenon, qui perdait patience, commença à jurer. « Je vois par la sambleu, dit-il, que je suis le troisième, moi qui croyais être le premier et le seul; car j'entrai et sortis tel jour. » Les autres trois qui étaient à table jurèrent qu'ils avaient succédé dans le même ordre. « Puisque ainsi est, poursuivit Astillon, je désignerai notre geôlière. Elle est mariée, et son mari est éloigné. — C'est la même, dirent-ils tous. — Pour nous tirer tous de peine, reprit Astillon, comme je suis le premier enrôlé, je la nommerai aussi le premier. C'est madame la comtesse, qui était si fière, que, gagnant son amitié, je m'imaginais avoir vaincu César. A tous les diables soit la créature qui nous a fait tant travailler, et nous estimer si heureux de l'avoir gagnée. Il n'y eut jamais de plus méchante femme. Pendant qu'elle en avait un en cage, elle pratiquait l'autre pour ne laisser jamais la place vacante. J'aimerais mieux être mort que de ne m'en venger pas. » Ils demandèrent à Duracier ce qu'il en pensait et de quelle manière elle devait être punie, ajoutant qu'ils étaient prêts de mettre la main à l'œuvre. « Il me semble, dit-il, que nous devons le dire au roi notre maître, qui l'estime comme une déesse. Nous ne ferons point cela, dit Astillon, nous avons assez de moyen de nous en venger sans le secours de notre maître. Attendons-la demain quand elle ira à la messe; que chacun ait une chaîne de fer au col, et quand elle entrera à l'église, nous la saluerons comme il appartient. » Tout le monde approuva ce conseil, et chacun se pourvut d'une chaîne de fer.

Le matin étant venu, ils se mirent tous en noir, avec leurs chaînes au col en forme de collier, et se présentèrent à la comtesse comme elle allait à l'église. Sitôt qu'elle les vit en cet équipage, elle se mit à rire et leur dit : « Où vont ces gens si consternés ? — Comme vos esclaves prisonniers, madame, dit Astillon, nous venons pour vous rendre service. » La comtesse faisant semblant de ne pas entendre : « Vous n'êtes point mes prisonniers, répondit-elle, et je ne sache pas que vous ayez plus de sujet que d'autres de me rendre service. » Valbenon s'avança, et lui dit : « Nous avons si longtemps mangé votre pain, que nous serions bien ingrats, madame, de ne pas vous rendre service. » Elle feignit de ne rien entendre, et fit toujours bonne mine, croyant les étonner par là; mais ils jouèrent si bien leur rôle, qu'elle ne put s'empêcher de connaître que la chose était découverte. Elle trouva d'abord moyen de les tromper ; car comme elle avait perdu l'honneur et la conscience, elle ne prit point pour son compte la honte qu'ils voulaient lui faire. Elle préférait son plaisir à tout l'honneur du monde : aussi ne les reçut-elle pas plus mal pour cela, et ne marcha pas moins tête levée. Ils en furent si surpris, qu'ils publièrent enfin la honte qu'ils avaient voulu lui faire.

— Si vous ne trouvez pas, mesdames, que cette histoire soit propre à faire connaître que les femmes sont aussi méchantes que les hommes, je vous en conterai d'autres. Il me semble néanmoins que celle-ci suffit pour vous montrer qu'une femme qui a perdu la honte, fait le mal cent fois plus hardiment qu'un homme.

Il n'y eut point de femme à qui cette histoire ne fît faire tant de signes de croix, qu'il semblait qu'elles voyaient tous les diables de l'enfer.

— Humilions-nous, mesdames, leur dit Oysille, à la considération d'une action si horrible. La personne abandonnée de Dieu, et celle avec laquelle elle se joint, deviennent également méchantes. Comme ceux qui s'attachent à Dieu sont animés de son esprit, aussi ceux qui suivent le Diable sont poussés par l'esprit du Diable ; et rien n'est plus brute que ceux que Dieu abandonne.

— Quelque chose que cette pauvre dame ait faite, dit Émarsuite, je ne saurais louer ceux qui se vantent de leur prison.

— Je crois, dit Longarine, qu'un homme n'a pas moins de peine à tenir sa bonne fortune secrète qu'à la poursuivre. Il n'y a point de veneur qui ne prenne plaisir à corner sa prise, ni d'amant qui ne soit bien aise de publier la gloire de sa victoire.

— Voilà une opinion, dit Simontault, que je soutiens hérétique devant tous les inquisiteurs du monde ; car je pose en fait qu'il y a plus d'hommes secrets que de femmes. Je sais bien qu'il s'en trouverait qui aimeraient mieux en être moins bien traités, que de n'avoir pas la liberté de le dire. De là vient que l'Église, comme bonne mère, a établi des prêtres pour confesseurs, et non pas des femmes, parce qu'elles ne peuvent rien cacher.

— Ce n'est pas pour cette raison, répondit Oysille ; mais c'est parce que les femmes haïssent si fort le vice, qu'elles ne donneraient pas si facilement l'absolution que les hommes, et imposeraient des pénitences trop austères.

— Si elles étaient aussi austères, dit Dagoucin, à imposer des pénitences qu'elles le sont à répondre, elles désespéreraient plus de pécheurs qu'elles n'en sauveraient. Ainsi l'Église a bien ordonné à tous les égards. Je ne prétends pas pour cela excuser les gentilshommes qui se vantent de leur prison, car jamais homme n'eut d'honneur à médire des femmes.

— Puisque le fait était commun, répliqua Hircan, il me semble qu'ils faisaient bien de se consoler les uns les autres.

— Mais, repartit Guebron, ils ne le devaient jamais avouer pour leur honneur même. Les livres de la Table ronde nous apprennent qu'il n'est point glorieux à un chevalier de vaincre un autre chevalier qui n'a pas de valeur.

— Je suis surprise, reprit Longarine, que cette pauvre femme ne mourût de honte devant ses prisonniers.

— Celles qui l'ont perdue, répondit Oysille, ont bien de la peine à la retrouver, à moins qu'un fort amour ne la leur ait fait perdre. Pour celles-là j'en ai vu beaucoup revenir.

— Je crois, dit Hircan, que vous en avez vu revenir celles qui y sont allées : car l'amour fort est bien rare chez les femmes.

— Je ne suis pas de votre avis, dit Longarine, car je sais qu'il y en a qui ont aimé jusqu'à la mort.

— J'ai tant d'envie d'en entendre une histoire, répondit Hircan, que je vous donne ma voix, et je serai bien aise de voir chez les femmes un amour dont je les ai toujours crues incapables.

— Vous le croirez, repartit Longarine, quand vous aurez entendu le conte, et vous demeurerez convaincu qu'il n'y a point de plus forte passion que l'amour. Comme elle fait entreprendre des choses presque impossibles pour avoir quelque plaisir en cette vie, aussi mine-t-elle plus que toutes les autres passions celui qui perd l'espérance de réussir, comme vous allez voir par ce que je vais dire.

NOUVELLE L

Un amant, après une saignée, reçoit des faveurs de sa maîtresse, et meurt, et est suivi de la belle, qui succombe à sa douleur.

Il n'y a pas encore un an qu'il y avait à Crémone un gentilhomme nommé messire Jean-Pierre, qui avait longtemps aimé une dame de ses voisines : mais quelque chose qu'il eût pu faire, il n'avait jamais pu en avoir la réponse qu'il souhaitait, quoiqu'elle l'aimât de tout son cœur. Le pauvre gentilhomme en fut si affligé, qu'il se retira chez lui, résolu d'abandonner la vaine poursuite d'un bien, à laquelle il consumait sa vie. Croyant se détacher de son inhumaine, il fut quelques jours sans la voir, et tomba dans une si profonde tristesse qu'il n'était plus connaissable. Ses parents firent venir les médecins qui, lui voyant le visage jaune, crurent que c'était une opilation de foie, et le firent saigner. La dame qui avait tant fait la cruelle, sachant fort bien qu'il n'était malade que du chagrin qu'il avait qu'elle n'eût pas répondu à son amour, lui envoya une vieille confidente, avec ordre de lui dire que, ne pouvant plus douter que son amour ne fût sincère et véritable, elle avait résolu de lui accorder ce qu'elle lui avait refusé pendant tant de temps ; et que pour cet effet elle avait trouvé moyen de sortir de chez elle, et d'aller en un lieu où il pouvait la voir en toute liberté. Le gentilhomme, qui ce matin-là avait été saigné au bras, se trouvant plus soulagé par cette ambassade, qu'il ne l'avait été par tous les remèdes des médecins, lui manda qu'il ne manquerait point de s'y trouver à l'heure qu'elle lui indiquait, et qu'elle avait fait un miracle évident, en ce qu'avec une seule parole elle avait guéri un homme d'une maladie à laquelle toute la Faculté ne pouvait trouver de remède. Le soir tant souhaité étant venu, il alla au lieu qui lui avait été indiqué avec une joie si extrême, que ne pouvant augmenter, il fallait nécessairement qu'elle diminuât et prît fin. Il n'eut pas longtemps à attendre celle qu'il aimait plus que son âme. Il ne s'amusa pas à lui faire un long discours. Le feu qui le consumait, le fit promptement courir au plaisir qu'il se promettait, et qu'il pouvait croire à peine être en sa puissance. Plus ivre d'amour

Il fit grand bruit de son épée, en criant : tue, tue!

et de volupté qu'il n'était nécessaire, pensant trouver d'un côté un remède qui le fît vivre, il trouva de l'autre de quoi avancer sa mort; car s'étant oublié soi-même pour l'amour de sa maîtresse, il ne s'aperçut pas que son bras se débanda. La plaie s'ouvrit, et le pauvre gentilhomme perdit tant de sang, qu'il en était tout baigné. Croyant que l'excès qu'il avait fait était la cause de sa lassitude, il se mit en devoir de retourner chez lui. Alors l'amour qui les avait trop unis, fit en sorte qu'en quittant sa maîtresse, son âme en même temps le quitta. Il avait perdu tant de sang, qu'il tomba mort aux pieds de la belle. La surprise, et la considération de la perte qu'elle faisait d'un si parfait amant, de la mort duquel elle était la seule cause, la mirent hors d'elle-même. D'ailleurs faisant réflexion à la honte qui lui en reviendrait, si l'on trouvait chez elle un corps mort, elle se fit aider par une servante de confiance, et porta le corps dans la rue. Et ne voulant le laisser seul, elle prit l'épée du mort, résolue de suivre sa destinée et de punir son cœur qui était cause de tout le mal. Elle se perça de cette épée et tomba morte sur le corps de son amant. Le père et la mère de cette fille sortant au matin de leur maison, trouvèrent ce triste spectacle. Après avoir fait les doléances qu'un accident si tragique méritait, ils les enterrèrent tous deux ensemble.

— Voilà, mesdames, un malheur extrême, qu'on ne peut rapporter qu'à un amour de la même nature.

— Voilà qui me plaît, dit Simontault, quand l'amour est si réciproque, que l'un mourant, l'autre ne veut pas survivre. Si Dieu m'avait fait la grâce de trouver une telle maîtresse, je crois que jamais homme n'eût aimé plus parfaitement que moi.

— Je suis persuadée, dit Parlamente, que l'amour ne vous aurait pas si fort aveuglé, que vous n'eussiez songé à mieux lier votre bras. Les hommes n'oublient plus leur vie pour les dames. Le temps en est passé.

— Mais il n'est pas passé, répondit Simontault, que les dames oublient la vie de leurs amants pour leur plaisir.

— Je crois, dit Émarsuite, qu'il n'y a point de femme au monde qui se fasse un plaisir de la mort d'un homme, quand même il serait son ennemi. Mais si les hommes veulent se tuer eux-mêmes, les dames ne peuvent pas les en empêcher.

— Cependant, dit Saffredant, celle qui refusa du pain au pauvre affamé, doit être regardée comme sa meurtrière.

— Si vos prières, dit Oysille, étaient aussi raisonnables que celles du pauvre qui demande l'aumône, les dames seraient trop cruelles de ne pas vous accorder ce que vous demandez. Mais, grâces à Dieu, cette maladie ne tue que ceux qui doivent mourir dans l'année.

— Je ne trouve point, madame, répliqua Saffredant, qu'il y ait de plus grande nécessité que celle qui fait oublier toutes les autres. Quand on aime bien, on ne connaît d'autre pain que les œillades et la parole de celle qu'on aime.

— Qui vous laisserait jeûner, dit Oysille, vous ferait bien parler autrement.

— Je vous avoue, répliqua-t-il, que le corps pourrait s'en affaiblir ; mais non le cœur et la volonté.

— Cela étant, dit Parlamente, Dieu vous a fait bien de la grâce de vous avoir fait tomber entre les mains de femmes qui vous ont donné si peu de satisfaction, qu'il faut vous en consoler à boire et à manger. Vous vous en acquittez si bien, qu'il me semble que vous devez louer Dieu de cette douce cruauté.

— Je suis si fait à la souffrance, ajouta-t-il, que je commence à me trouver bien des maux dont les autres se plaignent.

— C'est peut-être, dit Longarine, que vos plaintes vous reculent de la compagnie où vous seriez agréablement reçu sans cela; car il n'y a rien de si incommode qu'un amant importun.

— Ajoutez-y, dit Simontault, une dame cruelle.

— Je vois bien, dit Oysille, que si nous voulions attendre que Simontault eût dit toutes ses raisons, nous trouverions complies au lieu de vêpres. C'est pourquoi allons louer Dieu de ce que cette journée s'est passée sans aucune dispute de conséquence.

Elle se leva la première et fut suivie de tout le reste. Mais Simontault et Longarine ne cessèrent de disputer, et avec tant de douceur, que, sans tirer l'épée, Simontault eut la victoire, et fit voir qu'il n'y a point de plus grande nécessité qu'une grande passion. Sur cela ils entrèrent à l'église, où les moines les attendaient. Après vêpres on alla se mettre à table, où l'on parla autant qu'on mangea. La conversation ne finit pas avec le soupé; et on l'aurait poussée bien avant dans la nuit, si Oysille ne leur avait dit qu'ils pouvaient aller se délasser l'esprit par le sommeil. Elle ajouta qu'elle craignait fort que la sixième journée ne se passât pas aussi agréablement que les cinq autres s'étaient passées, disant que quand on voudrait inventer, il n'était pas possible de faire de meilleurs contes que ceux qui avaient été faits.

— Tant que le monde durera, dit Guebron, il se fera tous les jours des choses dignes de mémoire. Les méchants sont toujours méchants, et les bons toujours bons; et tant que la méchanceté et la bonté régneront sur la terre, il se fera toujours quelque chose de nouveau, quoique Salomon ait écrit qu'il *ne se fait rien de nouveau sous le soleil*. Comme nous n'avons pas été appelés au conseil privé de Dieu, et que par conséquent nous ignorons les premières causes, nous trouverons toutes choses nouvelles, et d'autant plus admirables, que moins nous voudrions ou pourrions les faire. Ainsi ne craignez pas que les journées suivantes ne vaillent autant que les passées, et songez seulement à bien faire votre devoir de votre côté.

Oysille dit qu'elle se recommandait à Dieu, au nom duquel elle leur donnait le bonsoir. Ainsi se retira toute la compagnie.

SIXIÈME JOURNÉE

Le lendemain, plus matin que de coutume, madame Oysille alla préparer son exhortation dans la salle; mais le reste de la compagnie en étant avertis, le désir d'entendre ses bonnes instructions les fit habiller avec tant de diligence, qu'elle n'attendit pas longtemps. Comme elle connaissait leur cœur, elle lut l'épître de saint Jean qui ne parle que d'amour. La compagnie trouva cette viande si douce, qu'encore que cette dévotion fût plus longue que celle des autres jours, il semblait à chacun qu'elle n'avait pas duré un quart d'heure. Sortant de là, ils allèrent à la messe, où chacun se recommanda au Saint-Esprit. Après qu'ils eurent dîné et pris un peu de repos, ils se rendirent au pré pour continuer à conter des nouvelles. Madame Oysille demanda qui commencerait la journée.

— Je vous donne ma voix, madame, dit Longarine; car vous nous avez aujourd'hui fait une si belle leçon, qu'il serait impossible que vous contassiez une histoire qui ne répondît pas à la gloire que vous avez acquise ce matin.

— Je suis fâchée, repartit Oysille, de ne pouvoir vous dire quelque chose d'aussi profitable que ce matin. Cependant, ce que je vous dirai sera conforme aux préceptes de l'Écriture, qui nous avertit de ne nous point fier aux princes ni aux fils des hommes, qui ne peuvent nous sauver. De peur que vous n'oubliiez cette vérité faute d'exemple, je vais vous en donner un fort véritable et si nouveau, qu'à peine ceux qui ont vu ce triste spectacle, ont-ils essuyé leurs larmes.

NOUVELLE LI

Perfidie et cruauté d'un Italien.

Un duc d'Italie, que je ne nommerai pas, avait un fils de l'âge de dix-huit à vingt ans, qui fut fort amoureux d'une fille de bonne maison. N'ayant pas la liberté de lui parler comme il voulait, à cause de la bizarrerie de la coutume du pays, il eut recours à un gentilhomme qui était à son service, et amoureux d'une belle et jeune demoiselle qui servait la duchesse. Le cavalier se servait de cette demoiselle pour faire dire à sa maîtresse la grande passion qu'il avait pour elle. Cette pauvre fille se faisait un plaisir de lui rendre service, persuadée que, n'ayant que de bonnes intentions, elle pouvait avec honneur se charger de l'ambassade. Mais le duc, qui regardait plus à l'intérêt de sa maison qu'à l'honnête amitié de son fils, craignit que cette intrigue ne le menât jusqu'au mariage. Il fit veiller tant de gens, qu'on lui vint dire que cette pauvre demoiselle s'était mêlée de rendre des lettres de la part de son fils à celle dont il était si passionnément amoureux. Il en fut en si grande colère, qu'il résolut d'y mettre ordre. Mais il ne sut si bien dissimuler son ressentiment, que la demoiselle n'en fût avertie. Elle connaissait ce prince pour méchant et sans conscience, et fut si épouvantée, qu'elle vint à la duchesse, et la supplia de lui permettre de se retirer jusqu'à ce que sa colère fût passée. La duchesse lui dit qu'elle tâcherait de savoir, avant que de lui donner son congé, de quelle manière son mari prenait la chose. Elle apprit bientôt que le duc en parlait fort mal : et comme elle le connaissait, non-seulement elle donna congé à la demoiselle, mais lui conseilla même de se retirer dans un couvent, jusqu'à ce que l'orage fût calmé. Elle le fit le plus secrètement qu'il lui fut possible; mais non si secrètement que le duc n'en eût avis. Il demanda à sa femme, avec un visage feint et joyeux, où était cette demoiselle. La duchesse, qui crut que son époux en savait la vérité, lui dit ingénument ce qui en était. Il feignit d'en être fâché, et dit qu'il n'était pas besoin de cela, qu'il ne lui voulait point de mal, et qu'elle n'avait qu'à la faire revenir, parce que le bruit de ces sortes de choses n'était pas avantageux. La duchesse lui dit que si cette pauvre fille avait le malheur d'être hors de sa bienveillance, il valait mieux qu'elle fût quelque temps sans paraître devant lui; mais il ne voulut point prendre en payement ses raisons, et lui commanda de la faire revenir. La duchesse fit savoir à la demoiselle la volonté du duc son époux; mais ne s'y fiant point, elle la pria de trouver bon qu'elle ne hasardât rien, puisque elle-même savait bien que le duc ne pardonnait pas si aisément. Cependant la duchesse l'assura sur sa vie et sur son honneur qu'elle n'aurait point de mal. La demoiselle qui était bien persuadée que sa maîtresse l'aimait, et que pour rien du monde elle ne voudrait la tromper, se confia en sa promesse, croyant que le duc ne voudrait jamais violer une parole dont l'honneur et la vie de sa femme était le garant, et s'en retourna bonnement. Aussitôt que le duc eut avis de son retour, il vint dans la chambre de sa femme, et n'eut pas plus tôt aperçu cette pauvre demoiselle, qu'il commanda à ses gentilshommes de la prendre et de la mettre en prison. La duchesse, qui sur sa parole l'avait tirée de son asile, en fut si outrée, qu'elle se jeta aux pieds de son mari, le suppliant que, pour son honneur, et pour l'honneur de sa maison, il eût la bonté de ne faire point une telle action, puisque pour lui obéir elle l'avait tirée d'un lieu où elle était en sûreté. Mais quelque prière qu'elle pût faire, et quelque raison qu'elle pût alléguer, elle ne put amollir la dureté de son cœur, ni vaincre la forte résolution qu'il avait faite de se venger. Sans répondre un seul mot à sa femme, il se retira le plus promptement qu'il lui fut possible, et sans forme de justice, oubliant Dieu et l'honneur de sa maison, il fit cruellement pendre cette pauvre demoiselle. Je n'entreprends pas de vous conter quel fut le déplaisir de la duchesse; il suffira de vous dire qu'elle en eut toute la douleur que devait avoir une femme, une dame d'honneur et de cœur, qui, contre la foi qu'elle avait promise, voyait mourir une personne quelle aurait voulu sauver. Beaucoup moins entreprendrai-je de vous dire qu'elle fut l'affliction du pauvre gentilhomme son amant. Il fit tout ce qu'il put pour sauver la vie à sa maîtresse, et offrit même de mourir pour elle; mais rien ne fut capable de toucher le duc, qui ne connaissait point d'autre félicité que de se venger de ceux qu'il haïssait. Ainsi fut mise à mort cette innocente, contre les lois de l'honnêteté, et au grand regret de tous ceux qui la connaissaient.

—Voilà, mesdames, de quoi est capable la méchanceté quand elle est jointe avec la puissance.

— J'avais entendu dire, dit Longarine, que la plupart des Italiens (je dis la plupart, car il y a en Italie autant de gens de bien qu'en autre lieu du monde) étaient sujets à trois vices par excellence; mais je n'aurais pas cru qu'ils eussent porté si loin la vengeance et la cruauté, que de faire mourir une personne pour si peu de chose.

— Vous avez bien dit un des trois vices, lui dit Saffredant en riant; mais il faut savoir, Longarine, quels sont les deux autres.

— Si vous ne le savez pas, répondit Longarine, je vous l'apprendrai volontiers; mais je suis assurée que vous le savez tous.

— Vous me croyez bien vicieux en disant cela, répliqua Saffredant.

— Nullement, repartit Longarine; mais je crois que vous connaissez si bien la laideur du vice, que vous pouvez l'éviter mieux qu'un autre.

— Ne vous étonnez pas de cette cruauté, dit Simontault, car ceux qui ont été en Italie en disent des choses si incroyables, que celle qu'on vient de conter, n'est au prix qu'une petite peccadille.

— Quand les Français prirent Rivoli, dit Guebron, il y avait un capitaine italien qui passait pour un brave homme, et qui voyant mort un homme qui n'était pas autrement son ennemi, si ce n'est pour avoir pris parti de Guelfe à Gibelin, lui arracha le cœur, le rôtit sur les charbons, le mangea avec avidité, et répondit à ceux qui lui demandaient s'il était bon, qu'il n'avait jamais mangé rien de plus friand et de plus délicieux. Non content de cette belle action, il tua la femme du mort qui était grosse, lui ouvrit le ventre pour en arracher le fruit, qu'il mit en pièces contre les murailles. Il remplit d'avoine les corps du mari et de la femme, et y fit manger ses chevaux. Jugez si cet homme-là n'eût pas fait mourir une fille dont il aurait cru avoir été désobligé.

— Ce duc, dit Émarsuite, avait plus de peur que son fils ne se mariât pas richement, que de désir de lui donner une femme à son gré. Il n'y a point de doute, reprit Simontault, que le penchant des Italiens ne soit d'aimer plus que la nature, ce qui n'est créé que pour son service.

— Voilà, dit Longarine, les péchés dont je voulais parler; car on sait bien qu'aimer l'argent au delà de ce qui est nécessaire pour ses besoins, c'est en être idolâtre.

Parlemente dit que saint Paul n'avait point oublié leurs vices, non plus que les vices de ceux qui s'imaginent surpasser les autres en prudence et en raison humaine, sur lesquelles ils comptent si fort, qu'ils ne rendent point à Dieu l'honneur qu'il lui appartient.

— C'est pourquoi le Tout-Puissant, jaloux de sa gloire, rend plus insensés que les bêtes brutes ceux qui se croient plus sensés que tous les autres hommes, et permet qu'ils fassent des actions contre nature, qui font connaître évidemment que leur sens est réprouvé.

— C'est le troisième péché, dit Longarine en l'interrompant, auquel sont sujets la plupart des Italiens.

— De bonne foi, dit Nomerfide, cette conversation me plaît; et puisque ceux qu'on regarde comme les esprits les plus déliés et comme les gens qui parlent le mieux, sont punis de cette manière, et demeurent plus brutes que les brutes mêmes, il faut conclure que les humbles et les personnes d'un médiocre génie comme moi, seront doués d'une sagesse angélique.

— Je vous assure, répondit Oysille, que je ne suis pas éloignée de votre sentiment; et je suis persuadée qu'il n'y en a point de plus ignorants que ceux qui se croient savants.

— Je n'ai jamais vu de moqueur, dit Guebron, qui n'ait été moqué, de trompeur qui n'ait été trompé, ni d'orgueilleux qui n'ait été humilié.

— Vous me faites souvenir, reprit Simontault, d'une tromperie que je voudrais bien vous conter si elle était honnête.

— Puisque nous sommes ici, dit Oysille, pour dire la vérité, dites-la quelle qu'elle soit. Je vous donne ma voix.

— Puisque vous le souhaitez, madame, répondit Simontault, je m'en vais donc vous la dire.

CONTES DE LA REINE DE NAVARRE.   313

Alors je lui serrai la main sur mon estomac.

NOUVELLE LII

D'un sale déjeuner donné à un avocat et à un gentilhomme, par le valet d'un apothicaire.

Du temps du dernier duc Charles, il y avait à Alençon un avocat nommé Antoine Bacheré, bon compagnon, et aimant à déjeuner du matin. Étant un jour assis devant sa porte, il vit passer un gentilhomme qui s'appelait M. de la Tirelière. Comme il faisait froid, il était venu à pied pour une affaire qu'il avait en ville, et n'avait pas oublié chez lui sa grosse robe fourrée de renard. Voyant l'avocat qui était à peu près fait comme lui, il lui demanda l'état de ses affaires, et ajouta qu'il ne s'agissait plus que de trouver quelque bon déjeuné. L'avocat répondit que ce déjeuné se trouverait assez, pourvu qu'il se trouvât quelqu'un qui le payât. Sur cela, il le prit sous le bras, et lui dit : « Allons, mon compère, peut-être trouverons-nous quelque sot qui paiera pour tous deux. » Le hasard fit rencontrer derrière eux le garçon d'un apothicaire, jeune homme rusé et inventif, que l'avocat raillait perpétuellement. Le garçon songea dès lors à s'en venger, et sans reculer que de dix pas, il trouva derrière une maison un étron de belle taille, bien et dûment gelé. Il le mit dans un papier, et l'enveloppa si proprement, qu'il semblait un petit pain de sucre. Il regarda où étaient ses gens, et passant devant eux en homme fort pressé, il entra dans une maison et laissa tomber de sa manche le pain de sucre comme par mégarde. L'avocat le ramassa avec beaucoup de joie, et dit à la Tirelière : « Ce fin valet payera notre écot ; mais allons-nous-en vite, de peur qu'il ne revienne sur ses pas. » Étant entrés dans un cabaret, l'avocat dit à la servante : « Faites-nous bon feu, et nous donnez de bon pain et de bon vin, et un morceau de quelque chose de friand. Nous avons de quoi payer. » La servante les servit à leur gré ; mais en s'échauffant à boire et à manger, le pain de sucre que l'avocat avait dans son sein commença à dégeler, et rendait une si grande puanteur, que croyant qu'elle venait d'ailleurs, il dit à la servante : « Vous avez la maison la plus puante et la plus infecte que j'aie vue de ma vie. » La Tirelière, qui avait sa part de ce bon parfum, dit la même chose. La servante, fâchée de ce qu'ils l'appelaient ainsi salope, leur dit tout en colère : « Par saint Pierre, mon maître, la maison est si propre et si nette, qu'il n'y a de merde que celle que vous y avez apportée. » Les deux compères se levèrent de table en crachant et se tenant le nez, et se mirent auprès du feu. En se chauffant, l'avocat tira son mouchoir de son sein, tout dégouttant du sirop du pain de sucre fondu qu'il mit en lumière. Vous pouvez croire que la servante se moqua d'eux de la belle manière, après les injures qu'ils lui avaient dites, et que l'avocat fut fort confus de se voir la dupe d'un garçon apothicaire qu'il avait raillé. La servante, au lieu d'en avoir pitié, leur fit aussi bien payer leur écot qu'ils s'étaient fait servir, et leur dit qu'ils devaient être bien ivres, puisqu'ils avaient bu par la bouche et par le nez. Les pauvres gens s'en allèrent avec leur honte et leur dépense. Ils ne furent pas plus tôt dans la rue, qu'ils virent le garçon apothicaire qui demandait à tout le monde si l'on n'avait point vu un pain de sucre enveloppé dans du papier. Ils voulurent se détourner de lui ; mais il cria à l'avocat: « Monsieur, si vous avez mon pain de sucre, je vous prie de me le rendre, car c'est double péché de dérober à un pauvre domestique. » A ce cri sortirent plusieurs personnes, par la seule curiosité d'entendre ce démêlé ; et la chose fut si bien vérifiée, que le garçon apothicaire fut aussi aise d'avoir été dérobé, que les autres furent fâchés d'avoir fait un si vilain larcin; cependant ils s'en consolèrent, dans l'espérance de lui rendre une autre fois la pareille.

— Cela arrive assez souvent, mesdames, à ceux qui se font un plaisir de pareilles finesses. Si le gentilhomme n'avait pas voulu manger aux dépens d'autrui, il n'aurait pas bu si vilainement auprès du feu. Il est vrai que mon conte n'est pas trop propre; mais vous m'avez donné permission de dire la vérité. Je l'ai fait; et vous voyez par là que quand un trompeur est trompé, il n'y a personne qui en soit fâché.

— On dit d'ordinaire, dit Hircan, que les paroles ne sont point puantes; mais ceux qui les disent, ne laissent pas de les sentir.

— Il est vrai, dit Oysille, que ces sortes de paroles ne puent point; mais il y en a d'autres qu'on appelle sales, qui sont de si mauvaise odeur, que l'âme en souffre plus que ne ferait le corps de sentir un pain de sucre comme celui dont vous avez parlé.

— Je vous prie, repartit Hircan, dites-moi quelles paroles vous savez qui sont si sales, qu'elles font souffrir et le corps et l'esprit d'une honnête femme.

— Il serait beau, répondit Oysille, que je vous disse ce que je n'ai conseillé à aucune de dire.

— Je comprends bien maintenant quelles sont ces paroles, dit Saffredant. Les femmes veulent faire les sages et ne se servent point ordinairement de ces façons de parler. Mais je demanderais volontiers à celles qui sont ici, pourquoi elles rient si volontiers, quand on en parle devant elles, puisqu'elles ne veulent point en parler. Je ne comprends pas qu'une chose qui déplaît si fort, puisse faire rire.

— Ce n'est pas de ces beaux mots, dit Parlamente, que nous rions; mais c'est à cause du penchant naturel que chacun a à rire, ou quand on voit tomber quelqu'un, ou qu'on entend dire quelque mot hors de propos, comme il arrive souvent aux plus sages et aux plus beaux parleurs de dire une chose pour l'autre. Mais quand les hommes disent des ordures de dessein prémédité, je ne sache point d'honnête femme qui n'ait pour ces sortes de gens une si grande aversion, que, bien loin de les écouter, on fuit leur compagnie.

— Il est vrai, dit Guebron, que j'ai vu des femmes faire le signe de la croix après avoir entendu dire de ces sortes de paroles, qu'on trouvait plus sales à mesure qu'elles étaient redites.

— Mais, dit Simontault, combien de fois ont-elles mis leur masque, pour rire en liberté autant qu'elles s'étaient fâchées en apparence!

— Encore était-il mieux de faire ainsi, dit Parlamente, que de faire connaître qu'on y prît plaisir.

— Vous louez donc, dit Dagoucin, l'hypocrisie des dames autant que la vertu.

—La vertu vaudrait bien mieux, répliqua Longarine; mais quand elle manque, il faut se servir de l'hypocrisie pour faire oublier notre petitesse, comme nous nous servons de mules de chambre. C'est encore beaucoup que nous puissions cacher nos défauts.

—Il vaudrait mieux, reprit Hircan, laisser paraître quelquefois un défaut, que de le cacher avec tant de soin, du manteau de la vertu.

— Il est vrai, dit Émarsuite, qu'un habit emprunté déshonore autant celui qui est contraint de le rendre, qu'il lui a fait d'honneur à le porter. Il y a aussi une dame dans le monde qui, pour avoir trop caché une petite faute, en a fait une plus grande.

— Je crois savoir, dit Hircan, de qui vous voulez parler; mais au moins ne la nommez pas.

— Je vous donne ma voix, dit Guebron, à condition que quand vous aurez fait le conte, vous nous direz les noms, dont nous jurons de ne jamais parler.

— Je vous le promets, dit Émarsuite, persuadée que je suis, qu'il n'y a rien qu'on ne puisse dire honnêtement.

NOUVELLE LIII

Diligence personnelle d'un prince pour éloigner un amant importun.

Le roi François Ier étant allé avec peu de suite passer quelques jours à un fort beau château, tant pour y chasser que pour se délasser, fut accompagné d'un seigneur aussi honnête, aussi vertueux, aussi sage et aussi bien fait que prince qu'il y eût à la cour. Ce seigneur avait épousé une femme d'une beauté médiocre, mais qu'il aimait autant qu'un mari peut aimer sa femme. Il avait tant de confiance en elle, que quand il aimait ailleurs il ne lui en faisait point un secret; bien persuadé qu'elle n'avait d'autre volonté que la sienne. Ce seigneur conçut une fort grande amitié pour une veuve de qualité qui passait pour la plus belle femme de son temps. Si le prince aimait fort cette veuve, la princesse sa femme ne l'aimait pas moins. Elle l'envoyait souvent quérir pour boire et manger avec elle, et la trouvait si sage et si honnête, que, bien loin d'être fâchée que son mari l'aimât, elle avait de la joie de voir qu'il s'adressât à un sujet si digne et si vertueux. Cette amitié fut si longue et si parfaite, que le prince s'employait aux affaires de la veuve comme aux siennes propres, et la princesse sa femme n'en faisait pas moins.

La beauté de la veuve lui acquit plusieurs grands seigneurs et gentilshommes pour soupirants. Les uns recherchaient sa bienveillance par amour seulement, et les autres en voulaient à son bien, car outre la beauté elle avait de grands biens. Un gentilhomme entre autres la poursuivait de si près, qu'il ne manquait jamais de se trouver à son lever et à son coucher, et passait auprès d'elle le plus de temps qu'il était possible. Le prince, qui croyait qu'un homme d'une naissance et d'une mine si médiocre ne devait pas être traité si favorablement, ne goûtait point du tout ses assiduités. Il faisait souvent sur cela des remontrances à la veuve; mais, comme elle était fille de duc, elle s'excusait en disant qu'elle parlait généralement à tout le monde, et que leur amitié n'en serait que mieux cachée quand on verrait qu'elle ne parlait pas plus aux uns qu'aux autres. Au bout de quelque temps, ce gentilhomme, qui lui parlait de mariage, fit tant de diligence, qu'elle lui promit de l'épouser, plus par importunité que par amour, à condition qu'il ne la presserait point de déclarer le mariage jusqu'à ce que ses filles fussent mariées. Après cette promesse, le gentilhomme allait à sa chambre sans scrupule de conscience à toutes les heures qu'il voulait; et il n'y avait qu'une femme de chambre et un homme qui sussent leur affaire. Le prince, voyant que le gentilhomme s'apprivoisait de plus en plus chez la veuve, le trouva si mauvais, qu'il ne put s'empêcher de lui dire :

« J'ai toujours aimé votre honneur comme celui de ma propre sœur. Vous savez avec combien d'honnêteté je vous ai parlé, et avec combien de plaisir j'aime une dame aussi sage et aussi vertueuse que vous; mais si je croyais qu'un autre qui ne le mérite pas, eût par importunité ce que je ne veux pas demander malgré vous, je ne pourrais le souffrir, et cela ne vous ferait pas d'honneur. Je vous le dis parce que vous êtes belle et jeune, et qu'ayant été jusqu'ici en bonne réputation, on commence à faire courir un bruit qui vous est très-désavantageux. Quoiqu'il n'ait ni naissance, ni bien, ni crédit, ni savoir, ni bonne mine, en comparaison de vous, il vaudrait mieux néanmoins que vous l'eussiez épousé, que de donner lieu aux soupçons comme vous faites. Dites-moi donc, je vous prie, si vous êtes résolue de l'aimer, car je ne veux point partager votre cœur avec lui. Je le lui laisserai tout entier, et n'aurai plus pour vous les sentiments que j'ai eus jusqu'ici. »

La veuve, craignant de perdre son amitié, se mit à pleurer et lui jura qu'elle aimerait mieux mourir que d'épouser le gentilhomme dont il parlait; mais qu'il était si importun, qu'elle ne pouvait l'empêcher d'entrer dans sa chambre aux heures que tous les autres y entraient. « Ce n'est point de cette heure-là que je parle, dit le prince, car j'y puis entrer aussi bien que lui, et chacun voit ce que vous faites; mais on m'a dit qu'il y va après que vous êtes couchée; ce que je trouve si mauvais, que si vous continuez sans déclarer qu'il est votre mari, vous êtes la femme la plus perdue d'honneur qui fût jamais. » Elle lui fit tous les serments qu'elle put s'imaginer qu'elle ne le tenait ni pour époux, ni pour amant : mais pour l'homme du monde le plus importun. « Puisque ainsi est, dit le prince, je vous assure que je vous en déferai. —Comment! répondit la veuve, voudriez-vous le faire mourir?—Non, non, dit le prince, mais je lui ferai connaître que ce n'est point ainsi qu'il faut faire mal parler des dames chez le roi. Je vous jure, par tout l'amour que j'ai pour vous, que s'il ne se châtie après que je lui aurai parlé, je le châtierai si bien, qu'il servira d'exemple aux autres. »

Il ne manqua pas, en sortant, de trouver le gentilhomme en question qui venait voir la veuve, et de lui dire tout ce qu'on vient de rapporter, l'assurant que la première fois qu'il l'y trouverait à une autre heure que celle où les gentilshommes doivent aller voir les dames, il lui ferait si belle peur, qu'il lui en souviendrait toute sa vie, ajoutant qu'il ne fallait pas se jouer à une femme qui avait des parents si considérables. Le gentilhomme protesta qu'il n'y avait jamais été que comme les autres; et que s'il l'y trouvait, il se soumettait à tout ce qu'il voudrait lui faire. Quelques jours après, le gentilhomme croyant que le prince eût oublié ce qu'il lui avait dit, alla voir un soir la veuve et y demeura assez tard. Le prince dit à sa femme que la veuve était incommodée d'un gros rhume, et la duchesse le pria de l'aller voir pour tous deux, et de lui faire des excuses de ce qu'elle n'y pouvait aller, retenue pour une affaire indispensable. Le prince attendit que le roi fût couché, et ensuite il s'en alla à dessein de donner le bonsoir à la veuve. Comme il était prêt à mettre le pied sur le degré pour monter, il trouva un valet de chambre qui descendait. Questionné que faisait sa maîtresse, il répondit et jura qu'elle était couchée et endormie. Le prince retourna sur ses pas, et soupçonnant, chemin faisant, qu'il y eût du mensonge, il regarda derrière lui, et voyant le valet qui s'en retournait avec hâte, il se promena dans la cour devant cette porte, pour voir si le valet ne reviendrait point; mais un quart d'heure après il le vit encore descendre et regarder de tous côtés pour voir qui était dans la cour. Le prince ne doutant pas alors que le gentilhomme ne fût chez la veuve, et n'osait sortir de peur de lui, se promena longtemps. S'avisant enfin qu'une des fenêtres de la chambre de la veuve regardait sur un petit jardin, et n'était guère haute, il se souvint du proverbe qui dit: « Que qui ne peut passer par la porte, saute par la fenêtre; » il appela un de ses valets de chambre, et lui dit: « Allez-vous-en à ce jardin là-derrière; et si vous voyez quelqu'un descendre par la fenêtre, mettez l'épée à la main incontinent qu'il sera descendu, et ferraillant contre la muraille, vous crierez: « Tue! tue! » et tout cela sans le toucher. Le valet de chambre fit comme son maître lui avait commandé, et le prince se promena jusqu'à environ minuit.

Le gentilhomme apprenant que le prince était toujours dans la cour, résolut de descendre par la fenêtre. Après avoir jeté sa cape dans le jardin avec le secours de ses bons amis, il y sauta lui-même. Le valet de chambre ne l'aperçut pas plus tôt, qu'il fit grand bruit de son épée, criant: « Tue! tue! » Le pauvre gentilhomme, prenant le valet pour le maître, eut tant de peur, que sans songer à prendre sa cape il s'enfuit le plus promptement qu'il lui fut possible. Il trouva les archers du guet, qui furent étonnés de le voir ainsi courant. Il n'osa leur dire autre chose que de les prier avec empressement de lui ouvrir la porte, ou de le loger avec eux jusqu'au lendemain; ce qu'ils firent, n'ayant pas les clefs.

Ce fut alors que le prince alla se coucher. Il trouva sa femme endormie. Il la réveilla, et lui dit: « Dormez-vous, ma mie? Quelle heure est-il? — Depuis hier au soir que je me couchai, répondit-elle, je n'ai point entendu l'horloge. — Il est trois heures passées, lui dit-il. — Jésus! monsieur, repartit la femme, où avez-vous tant demeuré? J'ai bien peur que vous ne vous en trouviez incommodé. —

Je ne serai jamais malade de veiller, ma mie, répondit le prince, tant que je ferai veiller ceux qui s'imaginent me tromper. » En disant cela, il fit un si grand éclat de rire, qu'elle le pria instamment de lui dire ce que c'était. Il lui conta la chose tout du long, et lui montra la peau du loup que son valet de chambre avait apportée. Après qu'ils se furent divertis aux dépens de la veuve et de son galant, ils dormirent avec autant de repos et de tranquillité, que les amants eurent de peur et d'inquiétude que leur intrigue ne fût découverte. Cependant le gentilhomme considérant qu'il ne pouvait dissimuler devant le prince, vint le matin à son lever, et le supplia de ne le point découvrir, et de lui faire rendre sa cape. Le prince fit semblant de ne rien savoir, et joua si bien son rôle, que le pauvre gentilhomme ne savait où il en était; mais enfin il eut une mercuriale à laquelle il ne s'attendait pas; car le prince l'assura que si jamais il y revenait, il en parlerait au roi, et le ferait bannir de la cour.

— Jugez, mesdames, je vous prie, si cette pauvre veuve n'eût pas mieux fait de parler franchement à celui qui lui faisait l'honneur de l'aimer, que de le réduire, en dissimulant, à la nécessité de chercher une preuve si honteuse pour elle.

— Elle savait, dit Guebron, que si elle lui disait la vérité, elle perdrait entièrement son estime, qu'elle voulait se conserver à quelque prix que ce fût.

— Il me semble, dit Longarine, que puisqu'elle avait choisi un mari à son gré, elle ne devait pas craindre de perdre l'amitié de tous les autres.

— Je crois, dit Parlamente, que si elle avait osé déclarer son mariage, elle se fût contentée de son mari; mais le voulant cacher jusqu'à ce que ses filles seraient mariées, elle ne pouvait se résoudre d'abandonner une si bonne couverture.

— Ce n'est point cela, dit Saffredant; mais c'est que l'ambition des femmes est si grande, qu'elles ne se contentent jamais d'un seul amant. J'ai entendu dire que les plus sages en ont volontiers trois : un pour l'honneur, l'autre pour l'intérêt, et le troisième pour le plaisir; et chacun des trois se croit le plus aimé; mais les deux servent au dernier.

— Vous parlez, dit Oysille, de celles qui n'ont ni amour ni honneur.

— Il y en a, madame, répliqua Saffredant, du caractère que je dépeins ici, que vous regardez comme les Lucrèces du pays.

— Comptez, reprit Hircan, qu'une femme habile saura toujours vivre où les autres mourront de faim.

— Le pis est aussi, répliqua Longarine, quand leur finesse est connue.

— C'est tant mieux, répondit Simontault, car ce n'est pas, à leur avis, peu de gloire pour elles, que de passer pour plus fines que leurs compagnes. Cette réputation de finesse qu'elles ont acquise à leurs dépens, soumet à leur obéissance plus d'amants que ne fait la beauté. En effet, un des plus grands plaisirs des amants, est de conduire leurs amours finement.

Je vous laisse à penser avec quel dépit le chevalier s'enfuit.

— Vous parlez donc, dit Émarsuite, de l'amour criminel, car l'amour légitime n'a point besoin de couverture.

— Otez cela de votre esprit, je vous en supplie, dit Dagoucin, car plus la drogue est précieuse, et moins doit-elle s'éventer, à cause de la malice ou du peu de pénétration de ceux qui ne sont prenables que par les apparences extérieures; qui sont toujours les mêmes à l'un et à l'autre égard. C'est pourquoi le secret est nécessaire, soit qu'on aime par un principe de vertu, ou par un principe tout opposé; et cela, de peur de faire mal juger ceux qui ne peuvent pas croire qu'un homme puisse aimer une femme par un principe d'honneur. Ils jugent d'autrui par eux-mêmes; et comme ils aiment le plaisir, ils s'imaginent que chacun l'aime autant qu'eux. Si nous étions tous de bonne foi, la dissimulation serait inutile pour les yeux et pour la langue, au moins à l'égard de ceux qui aimeraient mieux mourir que d'avoir une mauvaise pensée.

— Je vous assure, Dacoucin, repartit Hircan, que votre philosophie est si sublime, qu'il n'y a personne de la compagnie qui la conçoive ni qui la croie. A vous entendre parler, on dirait que vous auriez dessein de faire accroire que les hommes sont ou des anges, ou des démons, ou des pierres.

— Je sais bien, répliqua Dagoucin, que les hommes sont hommes et sujets à toutes les passions; mais je sais aussi qu'il y en a qui aimeraient mieux mourir, que de sacrifier en amour leur conscience et leur plaisir.

— C'est beaucoup de mourir, dit Guebron. Je ne saurais croire cela, quand même le plus austère religieux du monde me le dirait.

— Je crois aisément, répondit Hircan, qu'il n'y a personne qui ne désire le contraire. Cependant on fait semblant de ne point aimer les raisins, quand ils sont si haut qu'on n'y peut atteindre.

— Mais, reprit Nomerfide, je crois que l'épouse de ce prince fut bien aise que son mari apprît à connaître les femmes.

— Je vous réponds du contraire, répondit Émarsuite. Elle en fut très-fâchée, parce qu'elle l'aimait.

— J'aimerais autant, dit Saffredant, celle qui riait quand son mari baisait sa servante.

— Vraiment, dit Émarsuite, vous nous en ferez le conte.

— Il est court, dit Saffredant, mais vous ne laisserez pas d'en rire : ce qui vaut mieux que la longueur.

NOUVELLE LIV

D'une demoiselle qui riait de voir son mari baisant sa servante, et qui dit, quand on lui en demanda la cause, qu'elle riait de son ombre.

Il y avait entre les monts Pyrénées et les Alpes un gentilhomme nommé Thogas, qui avait femme et enfants, une fort belle maison, et tant de biens et de plaisir, qu'il avait tout sujet d'être content. Tant d'agréments étaient seulement traversés par une si violente douleur de tête, que les médecins lui conseillèrent de ne plus coucher avec sa femme; à quoi elle consentit très-volontiers, parce qu'elle aimait, préférablement à toutes choses, la santé et la vie de son mari. Elle fit mettre son lit à l'autre coin de la chambre, vis-à-vis de celui de son mari, et en ligne si droite, que l'un ni l'autre n'aurait su mettre la tête dehors sans se voir. Cette demoiselle avait deux servantes. Le mari et la femme étant couchés, lisaient souvent des livres de récréation. Les servantes tenaient la chandelle, la jeune au mari, et l'autre à la femme. Le gentilhomme trouvant sa servante plus jeune et plus belle que sa femme, prenait tant de plaisir à la considérer, qu'il discontinuait sa lecture pour l'entretenir. Sa femme entendait tout cela, et n'était pas fâchée que ses valets et ses servantes divertissent son mari, persuadée qu'il n'aimait qu'elle seule. Un soir, après avoir lu plus longtemps qu'à l'ordinaire, la demoiselle regarda le long du lit de son mari, où était la jeune servante qui lui tenait la chandelle, et ne la voyait que par derrière; mais elle ne pouvait voir son mari que du côté de la cheminée qui retournait devant son lit, et contre une muraille blanche où donnait la réverbération de la chandelle. Elle reconnut fort bien le visage de son mari, et celui de sa servante; et à la faveur de cette réverbération elle voyait aussi clairement que si elle les eût vus effectivement, s'ils s'éloignaient, s'ils s'approchaient ou s'ils riaient. Le gentilhomme, qui ne s'en apercevait pas, et qui comptait que sa femme ne pouvait les voir, baisa sa servante. Pour cette fois la femme ne dit mot; mais voyant que ces ombres faisaient souvent le même mouvement, elle eut peur que la réalité ne fût sous ces ombres, et fit un si grand éclat de rire, que les ombres en étant alarmées, se séparèrent. Le gentilhomme lui demanda pourquoi elle riait si fort, et la pria de lui faire part de sa joie. « Je suis si sotte, mon mari, lui répondit-elle, que je ris de mon ombre. » Quelques questions qu'il pût lui faire, il n'y eut pas moyen de lui faire dire autre chose. Cependant il avait baisé cette ombre.

— Je me suis souvenu de cette aventure sur ce que vous avez dit de la dame qui aimait la maîtresse de son mari. — De bonne foi, dit Émarsuite, si ma servante m'en eût fait autant, je me fusse levée, et lui eusse tué la chandelle sur le nez. — Vous êtes bien terrible, dit Hircan ; mais c'eût été pour vous, si votre mari et la servante se fussent mis contre vous, et vous eussent bien battue. Faut-il faire tant de mal pour un baiser ? La femme aurait encore mieux fait de ne dire mot, et de laisser divertir son mari. Cela l'aurait peut-être guéri. — Mais, dit Parlamente, elle craignait que la fin du divertissement ne le rendît encore plus malade. — Elle n'est pas, dit Oysille, du nombre de ceux dont parle Notre Seigneur, quand il dit : « Nous avons lamenté, et vous n'avez point pleuré ; nous avons chanté, et vous n'avez point dansé : » car quand son mari était malade, elle pleurait ; et quand il était joyeux, elle riait. Toutes les femmes de bien devraient ainsi partager avec leurs maris le bien et le mal, la joie et la tristesse, les aimer, les servir et leur obéir comme l'Église à Jésus-Christ. — Il faudrait donc, madame, dit Parlamente, que nos maris agissent envers nous comme Jésus-Christ fait envers l'Église ? — Aussi faisons-nous, dit Saffredant, et nous ferions quelque chose de plus s'il était possible ; car Jésus-Christ n'est mort qu'une fois pour son Église, et nous mourons tous les jours pour nos femmes. — Mourir ! dit Longarine : il me semble que vous et les autres qui sont ici, valez mieux écus que vous ne valiez sous avant que d'être mariés. — Je sais bien pourquoi, dit Saffredant, c'est parce qu'on éprouve souvent notre valeur. Cependant nos épaules se sentent d'avoir si longtemps porté le harnais. — Si vous aviez été contraints, reprit Émarsuite, de porter le harnais un mois durant, et de coucher sur la dure, vous auriez grande envie de regagner le lit de votre bonne femme, et de porter le harnais dont vous vous plaignez à présent. Mais on dit qu'on souffre tout si ce n'est l'aise. On ne connaît ce que vaut le repos qu'après l'avoir perdu. — Cette bonne femme, dit Oysille, qui riait quand son mari était joyeux, avait beaucoup à faire à trouver son repos partout. — Je crois, dit Longarine, qu'elle aimait mieux son repos que son mari, puisque rien ne lui était sensible, quelque chose qu'il pût faire. — Elle prenait de bon cœur, dit Parlamente, ce qui pouvait nuire à sa conscience et à sa santé ; mais aussi elle n'était pas femme à se chagriner pour peu de chose. — Quand vous parlez de la conscience, vous me faites rire, dit Simontault. C'est une chose dont je ne voudrais jamais qu'une femme s'inquiétât qu'à juste titre. — Vous mériteriez bien, dit Nomerfide, avoir une femme comme celle qui fit bien voir, après la mort de son mari, qu'elle aimait mieux son argent que sa conscience. — Je vous prie, dit Saffredant, contez-nous cette nouvelle. Je vous donne ma voix. — Je n'avais pas résolu, répliqua Nomerfide, de conter une histoire si courte ; mais puisqu'elle vient à propos, je la dirai.

NOUVELLE LV

Finesse d'une Espagnole pour frauder les cordeliers du legs testamentaire de son mari.

Il y avait à Saragosse un marchand, qui, sentant approcher l'heure de sa mort, et voyant qu'il fallait quitter ses biens, qu'il avait peut-être acquis avec mauvaise foi, crut expier son péché s'il donnait tout aux mendiants, sans considérer que sa femme et ses enfants mourraient de faim après sa mort. Après avoir donné ses ordres au sujet de sa maison, il dit qu'il voulait qu'un beau cheval d'Espagne, qui faisait presque tout son bien, fût vendu, et l'argent distribué aux pauvres mendiants. Il pria sa femme de ne pas manquer incontinent après sa mort de vendre le cheval, et de disposer suivant ses intentions de l'argent qui en proviendrait. L'enterrement étant fait et les premières larmes jetées, la femme, qui n'était pas plus bête que les Espagnoles ont accoutumé de l'être, s'en vint au valet qui avait entendu comme elle la dernière volonté de son mari, et lui dit : « Il me semble que je perds assez en perdant mon mari que j'aimais avec tant de tendresse, sans perdre encore le reste de mes biens. Cependant je ne voudrais point contrevenir à ce qu'il m'a ordonné ; mais mon dessein serait d'améliorer son intention. Le pauvre homme a cru faire un sacrifice à Dieu, de donner après sa mort une somme, dont de son vivant il n'eût pas voulu donner un écu, quelque pressante qu'eût été la nécessité, comme vous le savez fort bien. Ainsi j'ai songé que nous ferons ce qu'il nous a ordonné de faire après sa mort bien mieux qu'il ne l'aurait fait lui-même, s'il avait vécu quelques jours de plus ; car je pourvoirai à la nécessité de mes enfants : mais il faut que personne du monde n'en sache rien. » Le valet ayant promis de garder le secret, elle lui dit : « Vous irez vendre son cheval ; et à ceux qui vous demanderont combien, vous répondrez un ducat. Mais j'ai un fort bon chat que je veux aussi vendre, et que vous vendrez, en même temps que le cheval, quatre-vingt-dix-neuf ducats, et ferez de l'un et de l'autre cent ducats, qui est le prix que mon mari voulait vendre son cheval seul. » Le valet fit promptement ce que sa maîtresse souhaitait. Comme il promenait le cheval dans la place, tenant le chat entre ses bras, un gentilhomme qui connaissait le cheval et qui en avait eu autrefois envie, lui demanda combien il en voulait en un mot. Il lui répondit : un ducat. « Je te prie de ne point te moquer de moi, dit le gentilhomme. — Je vous assure, monsieur, répondit le valet, qu'il ne vous en coûtera pas davantage. Il est vrai qu'il faut acheter le chat en même temps, et j'en veux quatre-vingt-dix-neuf ducats. » Le gentilhomme, qui crut avoir assez bon marché, lui donna d'abord un ducat pour le cheval, et le reste pour le chat, et fit emmener ses deux bêtes. Le valet, de son côté, emporta son argent. Sa maîtresse en fut fort joyeuse, et ne manqua pas de donner aux pauvres mendiants, suivant les intentions de son mari, le ducat que le cheval avait été vendu, et garda le reste pour fournir à ses besoins et à ceux de sa famille.

— N'était-elle pas, à votre avis, plus sage que son mari ? et n'avait-elle pas plus de soin du bien de sa famille que de sa conscience ?

— Je crois, dit Parlamente, qu'elle aimait son mari : mais voyant qu'à la mort il avait mal envisagé l'état de ses affaires ; connaissant ses intentions, elle les expliqua au profit de ses enfants : et en cela je loue sa sagesse.

— Ne croyez-vous pas, dit Guebron, que ce soit une grande faute de contrevenir à la dernière volonté de nos amis morts ?

— Très-grande, répondit Parlamente, lorsque nos amis ont fait leur testament, étant de bon sens.

— Appelez-vous n'être pas de bon sens, répliqua Guebron, de donner son bien à l'Église et aux pauvres mendiants ?

— Ce n'est point une faute, repartit Parlamente, de donner aux pauvres ce que Dieu nous a donné ; mais de donner tout, et laisser sa famille dans une extrême misère, c'est une conduite que je ne saurais approuver. Il me semble que ce serait une action aussi agréable à Dieu, d'avoir soin des pauvres orphelins qu'on laisse, qui, se voyant sans pain, accablés de misère et pressés par la faim, maudissent quelquefois leurs parents au lieu de les bénir. On ne peut tromper celui qui connaît les cœurs, et il jugera non-seulement selon les œuvres, mais aussi selon la foi et la charité qu'on aura eue.

— D'où vient donc, ajouta Guebron, que l'avarice est aujourd'hui si profondément enracinée, que la plupart des gens ne font du bien que quand ils sentent approcher la mort, et qu'ils voient que Dieu va leur demander compte ? Je crois qu'ils aiment tant leurs richesses, que s'ils pouvaient les emporter, ils le feraient volontiers. Mais c'est alors où le Seigneur leur fait sentir le plus vivement la sévérité de son jugement, parce que tout ce qu'ils ont fait durant leur vie de bien ou de mal, se présente à leurs yeux à l'heure de la mort. C'est alors que le livre de la conscience est ouvert, et que chacun y voit le bien et le mal qu'il a fait : en effet, le malin expose toutes choses aux yeux du pécheur, ou pour lui faire accroire qu'il a bien vécu, ou pour le porter à la défiance de la miséricorde de Dieu; et tout cela pour le dévoyer du droit chemin.

— Il me semble, Hircan, dit Nomerfide, que vous savez quelque histoire sur ce sujet. Je vous prie de la dire, si vous la jugez digne de la compagnie.

— Très-volontiers, répondit Hircan. Quelque répugnance que j'aie de dire quelque chose au désavantage des moines; cependant comme nous n'avons épargné ni rois, ni ducs, ni comtes, ni barons, ils ne doivent pas trouver mauvais qu'on les mette au rang de tant de personnes illustres, attendu même que nous ne parlons ici que des vicieux. Nous savons que dans toutes sortes d'états il y a des gens de bien, et que les bons ne doivent pas souffrir pour les mauvais. Après ce préambule, venons à notre histoire.

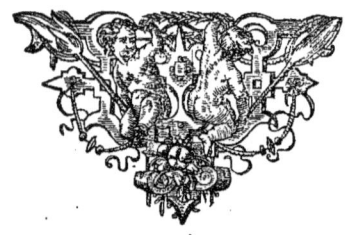

NOUVELLE LVI

Un cordelier marie un autre cordelier à une belle et jeune demoiselle, et sont ensuite tous deux punis.

Il passa à Padoue une dame française, à laquelle on rapporta qu'il y avait un cordelier dans les prisons de l'évêché. Voyant que chacun en parlait et en plaisantait, elle en demanda le sujet, et apprit que le cordelier, qui était un vieillard, était confesseur d'une fort honnête et dévote dame, veuve depuis quelques années, et qui n'avait qu'une fille unique, qu'elle aimait avec tant de passion, qu'il n'y avait peine qu'elle ne se donnât pour lui amasser du bien, et lui trouver un bon parti. Comme elle voyait que sa fille grandissait, elle était dans un continuel souci pour lui trouver un mari qui pût vivre paisiblement avec elles deux, c'est-à-dire qui eût de la piété et de la conscience, comme elle croyait en avoir. Comme elle avait entendu dire à quelque ridicule prédicateur qu'il valait mieux faire le mal par le conseil des docteurs, que de faire le bien contre l'inspiration du Saint-Esprit, elle s'adressa à son confesseur, docteur en théologie, moine âgé, et en réputation de bonnes mœurs par toute la ville; persuadée qu'elle ne pouvait manquer de trouver son repos et celui de sa fille par le conseil et les bonnes prières du bon père. Elle le pria instamment de choisir un mari à sa fille, tel qu'il connaissait qu'une fille qui aimait Dieu et son honneur devait le souhaiter. Il répondit qu'il fallait, avant toutes choses, implorer la grâce du Saint-Esprit par jeûnes et par prières; et qu'ensuite, Dieu lui prêtant ses lumières, il espérait de trouver ce qu'elle demandait. Là-dessus, il s'en alla penser à son affaire. Comme la mère lui avait dit qu'elle avait cinq cents ducats prêts à donner au mari de sa fille, et qu'elle nourrirait et entretiendrait le mari et la femme, les logerait et leur fournirait des meubles, il jeta les yeux sur un jeune compagnon de belle taille et de bonne mine, qu'il avait en main, se promettant de lui donner la belle fille, la maison, les meubles, la nourriture et les habits, et de garder pour lui les cinq cents ducats pour soulager un peu son ardeur avare. Après qu'il eut parlé à l'homme et arrêté toutes choses, il alla trouver la mère et lui dit : « Je crois, madame, que Dieu m'a envoyé son ange pour trouver un époux à votre fille, comme il fit autrefois au fils de Tobie. J'ai en main le plus honnête jeune gentilhomme qui soit en Italie. Il a même vu votre fille, et en est amoureux. Étant aujourd'hui en oraison, Dieu me l'a envoyé, et m'a déclaré avec combien de passion il souhaite ce mariage. Comme je connais sa maison et ses parents, qu'il a d'ailleurs de la vertu, je lui ai promis de vous en parler. Je

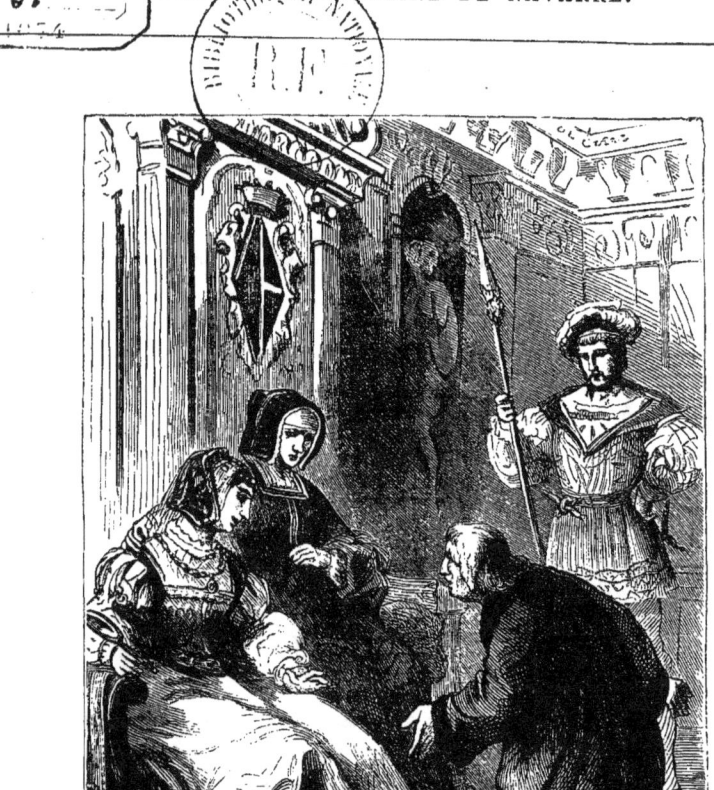

Il y trouva la reine Claude et madame la régente.

n'y sais qu'un inconvénient, c'est que voulant secourir un de ses amis qu'un autre voulait tuer, il mit l'épée à la main pour les séparer; mais il arriva que celui qui voulait tuer fut tué. Quoiqu'il n'ait point frappé, il est néanmoins en fuite pour s'être trouvé au meurtre. Ses parents lui ont conseillé de se retirer en cette ville, où il est en habit d'écolier, et où il demeurera inconnu jusqu'à ce que son affaire soit accommodée; ce qui ne tardera pas, à ce qu'on espère. Vous voyez bien, par là, qu'il faudrait que le mariage se fît secrètement, et que vous trouvassiez bon que le jour il allât aux leçons publiques, et vînt tous les soirs souper et coucher chez vous. — Je trouve un grand avantage en ce que vous me dites, mon révérend père, répondit la mère; car au moins j'aurai près de moi ce que je désire le plus au monde.

Le cordelier produisit le galant en fort bon équipage, et avec un beau pourpoint de satin cramoisi. Il fut si bien reçu, que sans autre retardement les fiançailles furent faites; et minuit ne fut pas plus tôt passé, qu'ils firent dire une messe et épousèrent, et puis allèrent coucher ensemble jusqu'au point du jour, que le marié dit à sa femme, que pour n'être pas connu il était contraint de s'en aller au collége. Après avoir pris son pourpoint de satin cramoisi et sa robe longue, sans oublier sa coiffe noire, il vint dire adieu à sa femme, qui était encore au lit, et l'assura que tous les soirs il viendrait souper avec elle; mais que pour le dîné elle ne devait pas l'attendre. Là-dessus il s'en alla, et laissa sa femme qui s'estimait la plus heureuse du monde d'avoir rencontré un si bon parti. Le jeune cordelier s'en retourna trouver le vieux, et lui porta les cinq cents ducats dont ils étaient convenus en concluant le mariage, et ne manqua pas le soir d'aller retrouver celle qui le prenait pour son mari. Il sut si bien se faire aimer de sa femme et de sa belle-mère, qu'elles ne l'auraient pas changé pour le plus grand prince du monde. Ce manége dura quelque temps: mais comme Dieu a pitié de ceux qui sont dans l'erreur de bonne foi, il arriva que la mère et la fille eurent envie d'aller à la messe aux Cordeliers, et de rendre visite en même temps au bon père confesseur par le moyen duquel elles se croyaient si bien pourvues, l'une de beau-fils, et l'autre de mari. Le hasard voulut que, ne trouvant point leur confesseur, ni autre moine de leur connaissance, elles furent contraintes d'entendre la grande messe qui se commençait, en attendant que le confesseur vînt. La nouvelle mariée, fort attentive au service divin et au mystère, fut fort surprise quand le prêtre se tourna pour dire *Dominus vobiscum*, car elle crut voir son mari, ou quelque autre qui lui ressemblait fort. Cependant elle ne dit mot, et attendit qu'il revînt encore une fois. Elle le vit beaucoup mieux qu'elle n'avait fait, et ne doutant point que ce ne fût lui, elle dit à sa mère qu'elle était en grande contemplation. « Hélas! ma mère, qu'est-ce que je vois? » s'écria-t-elle. « Qu'est-ce que vous voyez? » dit la mère. « Mon mari qui dit la messe, répondit la fille, ou la personne du monde qui lui ressemble le mieux. » La mère, qui ne l'avait pas bien envisagé, lui dit: « Je vous prie, ma fille, de ne point vous mettre cela dans l'esprit. Il est absolument impossible que des hommes si saints fissent une pareille fourbe. Vous feriez un grand péché en croyant cela. » Cependant la mère ne laissa pas d'y regarder. Quand ce vint à dire *Ite Missa est*, elle connut véritablement que deux frères jumeaux ne furent jamais si semblables. Elle était néanmoins si simple, qu'elle eût dit volontiers: « Mon Dieu, gardez-moi de croire ce que je vois. » Cependant, comme sa fille y avait un très-grand intérêt, elle voulut approfondir la chose, et savoir au vrai ce qui en était. Le mari, qui ne les avait point aperçues, étant revenu, la mère vint dire à sa fille : « Nous saurons, si vous voulez maintenant, la vérité de votre mari. Quand il sera au lit, j'irai le trouver, et vous lui ôterez son bonnet par derrière, sans qu'il y pense. Nous verrons alors s'il a une telle couronne que celui qui a dit la messe. » Ainsi résolu, ainsi fut fait. Le mari ne fut pas plutôt couché, que la belle-mère arriva. Elle lui prit les deux mains comme par caresse, pendant que la fille lui ôtait le bonnet par derrière, et découvrait sa belle couronne. La mère et la fille, aussi surprises qu'on le peut être, appelèrent sur-le-champ les domestiques, qui le prirent, et le lièrent jusqu'au matin, sans que ses excuses et ses belles paroles pussent toucher personne. Le jour étant venu, la mère envoya quérir son confesseur, feignant d'avoir quelque grand secret à lui communiquer. Il vint en diligence, et ne fut pas plus tôt entré, qu'elle le fit prendre comme l'autre, en lui reprochant la tromperie qu'elle lui avait faite. Après cela elle envoya quérir la justice, entre les mains de laquelle elle les mit tous deux. Si les juges étaient gens de bien, il y a apparence que ce crime ne demeura pas impuni.

— Vous voyez par-là, mesdames, que tous ceux qui font vœu de pauvreté, ne laissent pas d'être tentés d'avarice ; et c'est ce qui leur fait faire tant de maux.

— Ou, pour mieux dire, tant de biens, dit Saffredant ; car combien de bonnes chères ne fit point le moine des cinq cents ducats que la bonne femme voulait encoffrer ? D'ailleurs la pauvre fille qui avait attendu un mari avec tant d'impatience, était par ce moyen en état d'en avoir deux, et de pouvoir mieux juger de toutes les hiérarchies.

— Vous êtes l'homme du monde, dit Oysille, qui jugez le plus faux. Cela vient de la prévention où vous êtes que toutes les femmes ont le cœur fait comme vous.

— Avec votre permission, madame, ce n'est point cela, répondit Saffredant ; et je souhaiterais de bon cœur qu'il fût aussi aisé de contenter les femmes que les hommes.

— On ne saurait rien dire de moins raisonnable, répliqua Oysille. Il n'y a personne ici qui ne sache tout le contraire. Et qu'ainsi ne soit, le conte qu'on vient de faire est une preuve convaincante de l'ignorance des pauvres femmes, et de la méchanceté de ceux que nous regardons comme meilleurs que le commun des hommes. En effet, ni la mère ni la fille ne voulaient rien faire d'elles-mêmes, mais se soumettaient aux conseils de ceux qu'elles croyaient sages et gens de bien.

— Il y a des femmes si difficiles, dit Longarine, qu'il semble qu'elles doivent avoir des anges.

— De là vient, dit Simontault, qu'elles trouvent souvent des diables ; et surtout celles qui ne se fiant pas à la Providence, s'imaginent par leur bon sens ou par celui d'autrui, qu'elles trouveront en ce monde la félicité qui n'est donnée et ne peut venir que de Dieu.

— Comment, Simontault ! dit Oysille, je ne croyais pas que vous sussiez tant de belles choses.

— Madame, répondit Simontault, il est dommage que je n'aie beaucoup d'expérience. Comme je n'ai pas l'honneur d'être connu de vous, je vois bien que vous faites un mauvais jugement de moi. Je puis pourtant bien faire le métier d'un cordelier, puisqu'un cordelier s'est mêlé de faire le mien.

— Si vous appelez tromper les femmes un métier, dit Parlamente, vous vous condamnez vous-même.

— Quand j'en aurais trompé cent, répliqua Simontault, je ne serais pas encore vengé des peines qu'une seule m'a fait souffrir.

— Je sais, reprit Parlamente, que vous vous plaignez perpétuellement des femmes ; cependant nous vous voyons si joyeux et en si bon point, qu'il n'y a pas d'apparence que vous ayez autant souffert que vous le dites. La belle inhumaine répond sans doute, qu'il sied bien de le dédier pour en tirer quelque consolation.

— Vous citez là, reprit Simontault, un notable docteur, qui non-seulement est fâcheux, mais aussi rend fâcheuses celles qui le lisent et qui suivent ses préceptes.

— Cependant, répliqua Parlamente, je ne sais point de doctrine qui soit plus nécessaire aux jeunes dames.

— S'il est vrai, répondit Simontault, que les dames soient sans compassion, nous pourrions bien laisser reposer nos chevaux, et rouiller nos harnais jusqu'à la première guerre, et borner toutes nos pensées aux affaires du ménage. Dites-moi, je vous prie, s'il est honnête à une dame de passer pour être sans pitié, sans charité et sans amour ?

— Sans charité et sans amour, repartit Parlamente, il ne faut pas cela ; mais ce mot de compassion sonne si mal parmi les femmes, qu'elles ne peuvent s'en servir sans offenser leurs maris. Car qu'est-ce que cette pitié ou compassion ? c'est proprement accorder ce qu'on demande. Or, on sait bien ce que les hommes demandent ordinairement.

— Ne vous en déplaise, madame, dit Simontault, il y en a de si raisonnables, qu'ils ne demandent pour toute grâce que la liberté de parler.

— Vous me faites souvenir, répondit Parlamente, de celui qui se contentait d'un gant.

— Sachons un peu, dit Hircan, qui est un amant de si bonne affaire ; et pour cet effet je vous donne ma voix.

— J'en ferai le conte avec plaisir, répliqua Parlamente ; car il est plein d'honnêteté.

NOUVELLE LVII

D'un mylord ridicule qui portait un gant de femme sur son habit, par parade.

Le roi Louis XI envoya en Angleterre M. de Montmorency avec la qualité d'ambassadeur. Il se conduisit si bien, que le roi et tous les autres princes eurent de l'amitié pour lui et l'estimèrent si fort, qu'ils lui communiquèrent même plusieurs affaires secrètes, sur lesquelles ils voulurent avoir son conseil. Étant un jour à un régal que le roi donnait, il se trouva assis auprès d'un mylord de grande maison, qui portait attaché sur son pourpoint un petit gant comme pour femme. Ce gant était attaché avec des crochets d'or. A l'endroit des jointures des doigts il y avait quantité de diamants, de rubis, d'émeraudes et de perles, le tout en si grand nombre, que ce gant était estimé de grand prix. M. de Montmorency le regardait si souvent, que le mylord s'aperçut qu'il avait envie de lui demander la raison de sa magnificence. Le mylord croyant que le détail lui en était fort glorieux, dit : « Je vois bien, monsieur, que vous êtes surpris de ce que j'ai si fort enrichi ce pauvre gant ; mais je vais vous en apprendre le sujet. Je vous regarde comme un galant homme, et je suis persuadé que vous savez ce que c'est que l'amour. Si j'ai bien fait, vous me louerez ; sinon, vous excuserez l'amour qui domine dans les cœurs qui ont de la vertu. Vous saurez que j'ai aimé toute ma vie une dame, que je l'aime encore, et que je l'aimerai même après ma mort. Comme mon cœur eut plus de hardiesse à faire un digne choix, que ma langue n'en eut à parler, je demeurai sept ans dans un respectueux silence, sans oser seulement faire semblant de l'aimer, craignant, si elle s'en apercevait, de perdre le moyen que j'avais d'être souvent avec elle ; ce qui me faisait plus de peur que la mort. Mais étant un jour dans un pré, et la regardant, il me prit une si grande palpitation de cœur, que je perdis toute couleur et toute contenance. Elle, s'en étant aperçue, et m'ayant demandé ce que j'avais, je lui répondis que je sentais un mal de cœur insupportable. Elle, qui croyait que ce fût une maladie où l'amour n'avait point de part, me fit connaître qu'elle me plaignait. Ce mouvement de compassion m'obligea de la supplier de mettre la main sur mon cœur pour juger de l'agitation où il était ; ce qu'elle fit plus par charité que par amitié. Comme je lui tenais sa main gantée sur mon cœur, il se mit en si grand mouvement, qu'elle sentit que j'avais dit la vérité. Alors je lui serrai la main sur mon estomac, et lui dit : Recevez ce cœur, madame, qui veut sortir de mon estomac pour s'aller mettre entre les mains de celle dont j'espère grâce, vie et miséricorde. C'est ce cœur, madame, qui me contraint maintenant de vous déclarer l'amour que j'ai pour vous, et que je vous cache depuis si longtemps. Ni mon cœur, ni moi, madame, ne pouvons plus tenir contre un dieu si puissant. » Surprise d'une déclaration si peu attendue, elle voulut retirer sa main ; mais je la retins si bien, que son gant me demeura au lieu de la cruelle main. Comme je n'avais jamais eu, ni n'ai eu depuis d'autre privauté avec elle, je mis ce gant comme l'emplâtre le plus propre que je puisse donner à mon cœur. Je l'ai enrichi de tous les plus beaux bijoux que j'avais ; mais ce qui m'est le plus précieux, c'est le gant, que je ne donnerais pas pour le royaume d'Angleterre. Je n'ai rien au monde que j'estime au prix de ce gant, et rien de plus doux pour moi que de le sentir sur mon estomac. » M. de Montmorency, qui eût mieux aimé la main que le gant d'une dame, loua fort son honnêteté, et lui dit qu'il était le plus véritable amant qu'il eût jamais vu, puisqu'il faisait tant de cas de si peu de chose. « Mais, ajouta-t-il, à quelque chose malheur est bon, comme dit le proverbe. Vous étiez si amoureux, que si vous aviez eu quelque chose de meilleur que le gant, vous seriez peut-être mort de joie : » ce qu'il accorda à M. de Montmorency, sans s'apercevoir qu'il se moquait de lui.

— Si tous les hommes du monde étaient de ce caractère, les dames pourraient s'y fier, puisqu'il ne leur en coûterait que le gant.

— J'ai si bien connu M. de Montmorency, dont vous parlez, dit Guebron, que je suis sûr qu'un tel tourment ne l'aurait pas accommodé ; et s'il avait été homme à se contenter de si peu de chose, il n'aurait pas eu en amour les bonnes fortunes qu'il a eues ; car, comme dit la vieille chanson, jamais on n'entend dire de bien d'un amant poltron.

— Vous pouvez croire, dit Saffredant, que cette pauvre dame retira sa main en grande hâte, quand elle sentit la grande agitation de ce cœur. Elle crut sans doute qu'il allait expirer, et l'on dit qu'il n'y a rien que les femmes haïssent plus que de toucher les morts.

— Si vous aviez autant fréquenté les hôpitaux que les auberges, dit Émarsuite, vous ne diriez pas cela ; car vous les verriez ensevelir des morts, dont les hommes, quelque hardis qu'ils soient, craignent souvent d'approcher.

— Il est vrai, dit Simontault, qu'il n'y a personne à qui on ait donné pénitence, qui n'ait fait le rebours de ce qui lui a fait plaisir. Témoin une demoiselle que je vis dans une maison de considération, qui pour satisfaire au plaisir qu'elle avait eu de baiser un homme qu'elle aimait, fut trouvée à quatre heures du matin baisant le corps mort d'un gentilhomme qui avait été tué le jour précédent, et qu'elle n'avait pas moins aimé que l'autre. Chacun connut alors qu'elle faisait pénitence des plaisirs passés.

— Voilà, dit Oysille, comme les hommes empoisonnent toutes les bonnes actions que les femmes font. Mon sentiment est qu'on ne doit baiser ni les vivants ni les morts, si ce n'est de la manière que Dieu le commande.

— Pour moi, dit Hircan, je me soucie si peu de baiser d'autres femmes que la mienne, que je donne volontiers les mains à toutes les lois qu'on voudra faire; mais j'ai pitié des jeunes gens à qui vous voulez ôter un si petit contentement, et annuler le précepte de saint Paul, qui ordonne qu'on baise *in osculo sancto*.

— Si saint Paul eût été un homme comme vous, dit Nomerfide, nous eussions demandé l'expérience de l'Esprit de Dieu qui parlait en lui.

— A la fin, dit Guebron, vous aimerez mieux douter de la Sainte Écriture que de démordre d'une de vos petites cérémonies.

— A Dieu ne plaise, repartit Oysille, que nous doutions de la Sainte Écriture, quoique nous ajoutions peu de foi à vos mensonges. Il n'y a point de femme qui ne sache ce qu'elle doit croire, c'est de ne révoquer jamais en doute la parole de Dieu, et de se défier toujours de celle des hommes qui s'écartent de la vérité.

— Je crois, répliqua Simontault, qu'il y a plus d'hommes trompés par les femmes, que de femmes trompées par les hommes. Le peu d'amour qu'elles ont pour nous les empêche de croire la vérité; et au contraire nous les aimons avec tant d'excès, que nous donnons aisément dans leurs mensonges, et que nous nous trouvons leurs dupes avant que de nous être défiés de pouvoir être dupés.

— Il me semble, dit Parlamente, que vous avez entendu plaindre quelque sot dupé par quelque femme peu sage : en effet, ce que vous dites a si peu d'autorité, que vous avez besoin d'amener quelque exemple au secours. Ainsi si vous en savez quelqu'un, je vous donne ma voix. Je ne prétends pas que pour un mot nous soyons obligées de vous en croire; mais de vous entendre médire de nous, nos Nouvelles n'en souffriront point. Nous savons ce qui en est.

— Puisqu'ainsi est, dit Simontault, je vais vous satisfaire.

NOUVELLE XLVIII

D'une dame de la cour qui se vengea plaisamment de son amant.

Il y avait à la cour de François Ier une dame de fort bon esprit, qui, par sa beauté, par son honnêteté et son beau parler avait gagné le cœur de plusieurs cavaliers, avec lesquels elle savait fort bien passer le temps sans exposer son honneur, les entretenant si plaisamment, qu'ils ne savaient sur quoi compter; car les plus assurés étaient au désespoir, et les plus désespérés n'étaient pas sans espérance. Cependant, en se moquant de la plupart d'eux, elle ne put s'empêcher d'en aimer fort un qu'elle nommait son cousin ; nom qui servait de prétexte à une plus longue liaison. Mais comme il n'y a rien de solide dans le monde, leur amitié dégénérait souvent en colère ; ensuite ils se raccommodaient de manière que toute la cour en était informée. Pour montrer que cette dame n'aimait rien qu'à donner beaucoup de peine à celui qui lui en avait beaucoup donné, elle lui fit un jour meilleure mine qu'elle n'avait jamais fait. Lui, qui ne manquait de hardiesse ni pour les armes, ni pour l'amour, commença à poursuivre vivement celle qu'il avait priée diverses fois. Elle, faisant semblant de ne pouvoir plus tenir, lui accorda ce qu'il demandait, et lui dit que pour cet effet elle s'en allait à sa chambre qui était à un galetas, où elle savait bien qu'il n'y avait personne, et qu'aussitôt qu'il la verrait partir, il ne manquât point de la suivre, ajoutant qu'elle avait tant de bonne volonté pour lui, qu'il la trouverait seule. Le gentilhomme la crut, et fut si content, qu'il se mit à jouer avec les autres dames en attendant qu'il la vît partir, pour aller après elle. La belle, qui ne manquait d'aucune finesse des femmes, aborda deux grandes princesses avec lesquelles elle était fort familière, et leur dit : « Je vous ferai voir, si vous voulez, le plus agréable divertissement que vous ayez jamais vu. » Elles, qui ne voulaient point de mélancolie, la prièrent de leur dire ce que c'était. « C'est, dit-elle, un tel que vous connaissez, honnête homme s'il en fut jamais, mais le plus entreprenant qu'il y ait au monde. Vous savez combien il m'a fait de pièces, et vous n'ignorez pas que dans le temps que je l'aimais le plus, il m'a

Elle entendit son mari qui disait à son valet.

quittée pour d'autres; ce qui m'a plus chagrinée que je n'en ai fait semblant. J'ai maintenant occasion de m'en venger. Je m'en vais à ma chambre qui est au-dessus de celle-ci; et s'il vous plaît d'y prendre garde, vous le verrez incontinent monter après moi. Quand il aura passé les galeries, et qu'il voudra monter le degré, mettez-vous, je vous prie, toutes deux à la fenêtre pour m'aider à crier au voleur, et vous verrez quel sera son emportement. Je crois qu'il n'aura pas mauvaise grâce dans sa colère; et s'il ne me dit pas des injures tout haut, je suis persuadée que je n'y perdrai rien dans son cœur. » Cette résolution ne se prit pas sans rire à l'avance; car il n'y avait point de courtisan qui fît plus la guerre aux dames; et chacune l'aimait et l'estimait si fort, qu'on n'eût voulu pour rien au monde s'exposer à s'en faire railler, de manière que toutes croyaient avoir bonne part à la gloire qu'une seule espérait de remporter sur le cavalier. Aussitôt donc que les princesses virent partir celle qui avait concerté l'entreprise, elles commencèrent à observer le gentilhomme, qui ne demeura guère à changer de place. Il ne fut pas plus tôt sorti, qu'elles entrèrent dans la galerie pour ne le pas perdre de vue. Lui, qui ne se doutait de rien, mit sa cape autour de son col pour se cacher le visage, et descendit jusque dans la cour et remonta ensuite. Mais trouvant quelqu'un qu'il était bien aise de n'avoir pas pour témoin, il descendit encore dans la cour, et revint par un autre chemin; le tout sans apercevoir les princesses, qui virent tout ses mouvements. Quand il fut au degré par lequel il pouvait monter sûrement à la chambre de la belle, les princesses allèrent se poster à la fenêtre, et virent incontinent la dame en haut, qui se mit à crier au voleur tant que sa tête put tenir. Les deux princesses criaient du bas au voleur avec tant de force, qu'on les entendit dans tout le château. Je vous laisse à penser avec quel dépit le cavalier s'enfuit, non si bien enveloppé qu'il ne fût reconnu de celles qui savaient le mystère. Elles l'en ont souvent raillé depuis. Celle qui lui avait joué le tour ne l'a pas même épargné, et lui a dit en face qu'elle s'était bien vengée. Mais il avait la réponse si à la main et se défendait si spirituellement, qu'il leur fit accroire qu'il s'était défié de leur dessein, et qu'il n'avait promis à la belle de l'aller voir que pour lui donner quelque divertissement, disant qu'il ne se serait pas donné cette peine pour l'amour d'elle, qu'il y avait longtemps qu'il n'aimait plus. Mais les dames ne voulaient pas recevoir cette défaite, et la chose est enorce indécise.

— S'il est vrai qu'il ait cru cette dame, ce qui n'est pas vraisemblable, puisqu'il était si sage et si hardi, que de son âge et de son temps il y a eu peu ou point d'hommes qui l'aient surpassé, comme sa glorieuse mort nous en est une bonne preuve, il me semble qu'on ne peut s'empêcher de convenir que les honnêtes gens qui aiment, sont souvent la dupe des dames par un excès de crédulité.

— En bonne foi, dit Émarsuite, je loue cette dame d'avoir fait un pareil tour; car quand un homme est aimé d'une dame, et qu'il la quitte pour une autre, elle ne peut jamais trop se venger.

— Bon, si elle est aimée, dit Parlamente, mais il y en a qui aiment sans être assurées d'être aimées; et quand elles s'aperçoivent que leurs amants aiment ailleurs, elles les accusent d'inconstance. Ainsi celles qui sont sages, ne s'y laissent jamais tromper. Elles ne s'arrêtent et n'ajoutent jamais foi qu'à la vérité, pour ne pas s'exposer aux fâcheuses conséquences du mensonge, parce que le vrai et le faux parlent le même langage.

— Si toutes étaient de votre sentiment, dit Simontault, les hommes pourraient bien mettre leurs supplications dans leurs coffres. Mais, quoi que vous et vos semblables en puissiez dire, nous ne croirons jamais que les femmes ne soient aussi incrédules qu'elles sont belles. A la faveur de cette persuasion, nous vivrons aussi contents que vous voudriez nous rendre inquiets par vos oraisons.

— Comme je sais fort bien, dit Longarine, la dame qui a fait ce bon tour, je ne trouve aucune impossibilité à croire toutes les finesses qu'on pourrait lui attribuer; puisqu'elle n'a pas épargné son propre mari, elle ne devait pas épargner son amant.

— Vous en savez donc plus que moi, répondit Simontault; ainsi je vous donne ma voix, pour dire ce que vous en savez.

— Puisque vous le voulez, et moi aussi, répliqua Longarine.

NOUVELLE LIX

Un gentilhomme est surpris par sa femme dans le temps qu'il croyait baiser une de ses demoiselles.

La dame dont vous venez de faire le conte, avait épousé un mari de bonne et ancienne maison, et qui n'avait pas moins de bien que de naissance. L'amitié réciproque qu'ils eurent l'un pour l'autre fit seule ce mariage. Elle, qui était la femme du monde la plus naïve, ne dissimulait point à son mari qu'elle n'eût des amants, dont elle se moquait, et ne se servait qu'à passer le temps. Son mari avait sa part du plaisir; mais à la longue ce manége le chagrina. D'un côté, il trouvait mauvais qu'elle entretînt longtemps des gens qu'il ne tenait ni pour parents ni pour amis; et de l'autre, il ne s'accommodait pas de la dépense qu'il était contraint de faire à la suite de la cour. C'est pourquoi il se retirait chez lui le plus souvent qu'il pouvait; mais il y recevait tant de visites, que sa dépense n'en était guère moins grande. En quelque lieu que sa femme fût, elle trouvait toujours moyen de se divertir, soit au jeu, ou à la danse, ou à quelque autre exercice auquel les jeunes dames peuvent honnêtement s'occuper. Quand son mari lui disait quelquefois qu'ils faisaient trop de dépense, elle répondait qu'il devait être assuré qu'elle ne le ferait jamais cocu, mais bien coquin. En effet, elle aimait si fort la magnificence des habits, qu'il fallait qu'elle en eût des plus beaux et des plus riches qui parussent à la cour, où son mari ne la menait que le moins qu'il pouvait quelque envie qu'elle eût d'y aller. C'est pourquoi elle se rendit si complaisante à son mari, que c'était avec peine qu'il lui refusait des choses plus difficiles. Voyant un jour que toutes ses inventions ne pouvaient le porter à aller à la cour, elle s'aperçut qu'il faisait fort bonne mine à une femme de chambre qu'elle avait, et crut qu'elle en pourrait tirer quelque avantage. Elle tira un soir cette fille en particulier, et la questionna si finement, tant par promesses que par menaces, qu'elle lui fit confesser, que depuis qu'elle était à son service, il ne s'était point passé de jour, que son mari ne l'eût sollicitée à l'aimer; mais qu'elle aimait mieux mourir que de rien faire contre Dieu et son honneur, attendu même qu'elle lui avait fait l'honneur de la recevoir à son service ; ce qui serait un double crime.

Cette dame apprenant l'infidélité de son époux, eut d'abord du dépit et de la joie : du dépit, de voir que dans le temps qu'il lui témoignait tant d'amitié, il cherchait sous main les moyens de lui faire un affront à ses yeux, et de la quitter pour une fille qu'elle regardait comme beaucoup inférieure à elle pour la beauté et pour les agréments ; de la joie, parce qu'elle espérait de le surprendre en flagrant délit, et le pousser de manière qu'il ne lui reprocherait plus ni ses amants, ni le séjour de la cour. Pour cet effet, elle pria cette fille de consentir peu à peu à ce que son mari demandait, aux conditions qu'elle lui prescrivit. La fille pensa faire des difficultés : mais sa maîtresse s'étant rendue garante de sa vie et de son honneur, elle promit de faire tout ce qu'il lui plairait. Le mari, poussant sa pointe, trouva cette fille toute changée, et la pressa plus vivement que de coutume. Mais comme elle savait son rôle par cœur, elle lui représenta qu'elle était pauvre, et qu'elle le serait encore davantage en lui obéissant, parce qu'elle serait chassée du service de sa maîtresse, avec laquelle elle espérait gagner de quoi trouver un bon mari. Le gentilhomme répondit à cela qu'elle ne devait s'embarrasser de rien ; qu'il la marierait mieux et plus richement que sa maîtresse ne saurait faire, et ménagerait son intrigue avec tant de secret que personne ne pourrait en mal parler. Sur cela le marché fut conclu. Comme on délibérait du lieu où les conditions devaient être scellées, la fille dit qu'elle n'en savait point de plus commode et de moins sujet aux soupçons qu'une petite maison qui était dans le parc, où il y avait fort à propos une chambre et un lit. Le gentilhomme, qui n'eût jamais fait de difficulté sur le lieu, trouva celui-là fort à son gré, et attendit avec une extrême impatience le jour et l'heure dont on était convenu.

Cette fille tint parole à sa maîtresse, lui conta fort au long tout ce qui s'était passé entre elle et son maître, et lui dit que le rendez-vous était le lendemain après-dîné ; qu'elle ne manquerait pas de lui faire signe lorsqu'il serait temps de partir, à quoi elle la suppliait de bien prendre garde, et de ne manquer pas de son côté de s'y trouver à l'heure, pour la délivrer du péril où elle se mettait pour lui obéir. La dame lui jura qu'elle n'y manquerait point, la pria de n'avoir point de peur, et l'assura qu'elle ne l'abandonnerait jamais, et qu'elle la mettrait à couvert de la fureur de son mari. Le lendemain après dîné, le gentilhomme fit à sa femme meilleur visage qu'il n'avait encore fait ; ce qui ne lui était pas fort agréable : mais elle sut si bien dissimuler qu'il ne s'aperçut de rien. Après le dîné, elle lui demanda à quoi il passerait le temps. Il lui dit qu'il ne savait rien de meilleur que le jeu. On se mit donc en devoir de jouer ; mais elle ne voulut point être de la partie, et dit qu'elle aurait le même plaisir à voir jouer. Avant de se mettre au jeu, il n'oublia pas de dire à cette fille de songer à sa promesse.

On n'eut pas plus tôt commencé de jouer, qu'elle passa dans la salle et fit signe à sa maîtresse qu'elle partait pour le pèlerinage qu'elle avait à faire. La femme vit fort bien le signe, mais le mari ne remarqua rien. Cependant au bout d'une heure un de ses valets lui ayant fait signe de loin, il dit à sa femme que la tête lui faisait un peu mal, et qu'il était contraint d'aller prendre l'air et de reposer un peu. Elle, qui savait son mal aussi bien que lui-même, lui demanda s'il voulait qu'elle prît son jeu. Il lui dit que oui, et qu'il reviendrait bientôt. Elle répondit qu'il ne devait point se presser et qu'elle jouerait bien deux heures sans s'ennuyer. Le mari se retira donc à sa chambre, et de là au parc. Sa femme, qui savait un chemin plus court, attendit un peu, et puis faisant tout à coup semblant d'avoir la colique, elle donna son jeu à un autre. Elle ne fut pas plus tôt sortie de la salle, qu'elle laissa ses hauts patins, et courut le plus promptement qu'il lui fut possible au lieu où elle n'était pas bien aise que le marché se fît sans elle, et arriva à la bonne heure presque aussitôt que son mari. Elle demeura derrière la porte pour écouter les beaux et honnêtes discours que son mari tenait à sa servante. Quand elle vit qu'il s'approchait du criminel, elle le prit par derrière, et lui dit : « Je suis trop près de vous pour en prendre une autre. » Il ne faut pas demander si le mari fut alors dans une colère extrême, tant d'être frustré du plaisir qu'il s'était promis, que de voir que sa femme, dont il craignait de perdre pour jamais l'amitié, le connaissait plus qu'il n'aurait voulu. Mais pensant que c'était un jeu que la fille avait fait jouer, sans parler à sa femme, il courut après la servante avec tant de fureur, qu'il l'aurait tuée si sa femme ne la lui eût ôtée d'entre les mains. Il disait avec un transport extrême que c'était la plus méchante coquine qu'il eût jamais vue, et que si sa femme avait attendu, elle aurait bien vu que ce n'était que pour l'éprouver et pour se moquer d'elle ; et qu'au lieu de lui faire ce qu'elle croyait, il lui aurait donné des verges pour la châtier. Mais elle, qui se connaissait à pareil métal, ne prit pas cela pour argent comptant, et lui fit de si bonnes remontrances qu'il eut grande peur qu'elle ne voulût le quitter. Il lui fit toutes les promesses qu'elle voulut, et, touché des sages remontrances de sa femme, il confessa qu'il avait tort de trouver mauvais qu'elle eût des amants. Il convint qu'une femme belle et honnête n'en est pas moins vertueuse pour être aimée, pourvu qu'elle ne fasse et ne dise rien contre son honneur ; mais qu'un homme est fort condamnable de se donner la peine de poursuivre une fille qui ne l'aime point, et de faire tort à sa femme et à sa conscience. Il finit en lui promettant de ne plus l'empêcher d'aller à la cour, et de ne jamais trouver mauvais qu'elle eût des amants, persuadé qu'il était qu'elle les gardait plus pour s'en divertir, que pour l'amitié qu'elle avait pour eux. Ce discours ne déplut point à la dame, qui crut avoir gagné un grand point. Cependant elle témoigna tout le contraire, disant qu'elle ne se souciait point d'aller à la cour, et qu'il n'y avait rien qui lui fût plus cher que son amitié, sans laquelle toutes les compagnies lui étaient fâcheuses. Elle ajouta qu'une femme aimée de son mari, et l'aimant de son côté comme elle faisait, portait avec elle un sauf-conduit pour parler à tout le monde, et n'être blâmée de personne. Le pauvre gentilhomme se donna tant de peine pour l'assurer de l'amour qu'il avait pour elle, qu'ils s'en retournèrent enfin bons amis. Pour ne retomber plus en pareil inconvénient, il la pria de chasser la fille qui avait été cause de tout le grabuge. Elle le fit; mais ce fut en la mariant bien et honorablement aux dépens de son mari, qui, pour faire oublier à sa femme la fredaine qu'il avait faite, la mena bientôt à la cour avec tant de pompe et de magnificence, qu'elle avait sujet d'en être contente.

— Voilà ce qui m'a fait dire, mesdames, que je n'étais point surprise de la pièce qu'elle avait faite à un de ses amants, après celle que je savais qu'elle avait faite à son mari.

— Vous nous avez dépeint, dit Hircan, une femme bien fine, et un mari bien sot. Puisqu'il en était venu jusque-là, il ne devait pas s'arrêter en si beau chemin.

— Et qu'eût-il fait? dit Longarine.

— Ce qu'il voulait faire, répondit Hircan. Aussi sa femme n'était-elle pas moins fâchée de savoir le mal qu'il voulait faire, que s'il l'avait fait effectivement. Peut-être sa femme l'aurait-elle plus estimé si elle l'avait connu plus hardi et meilleur compagnon?

— C'est bien dit, reprit Émarsuite; mais où trouverez-vous des hommes qui forcent deux femmes à la fois? car la femme eût défendu ses droits, et la fille son pucelage.

— Il est vrai, répartit Hircan, mais un homme vigoureux et hardi ne craint point d'en attaquer deux faibles, et ne manque pas d'en venir à bout.

— Je vous avoue, reprit Émarsuite, que s'il avait tiré l'épée, il aurait pu les tuer toutes deux; mais je ne vois pas qu'il eût pu leur échapper autrement. Dites-nous, je vous prie, ce que vous auriez fait, si vous eussiez été à sa place.

— J'eusse embrassé ma femme, dit Hircan, et l'aurais emportée dehors; j'aurais fait ensuite de la servante ce qu'il m'aurait plu, ou par amour, ou par force.

— Il suffit, Hircan, dit Parlamente, que vous sachiez faire le mal.

— Je suis sûr, Parlamente, répondit Hircan, que je ne scandalise point l'innocent devant qui je parle, ni ne veux point soutenir un mauvais parti. Je ne loue ni l'entreprise, qui ne vaut rien d'elle-même, ni l'entrepreneur, qui est demeuré à moitié chemin plus par crainte que par amour. Je loue un homme qui aime sa femme comme Dieu l'ordonne; mais quand il ne l'aime point, je ne l'estime guère de la craindre.

— A la vérité, répondit Parlamente, si l'amour ne vous rendait bon mari, ce que vous feriez par la crainte serait bien peu de chose, et je l'estimerais bien peu.

—L'amour que j'ai pour vous, Parlamente, repartit Hircan, me soumet autant à vos volontés que la crainte de la mort et de l'enfer.

— Vous en direz ce qu'il vous plaira, reprit Parlamente, mais j'ai sujet d'être contente de ce que j'ai vu et connu de vous. Quant à ce que je n'ai point su, je n'en veux point douter, et beaucoup moins m'en enquérir.

— C'est, à mon avis, une grande folie à des femmes, dit Nomerfide, de s'enquérir si scrupuleusement de ce que font leurs maris; mais ce n'en est pas une moins grande aux maris de vouloir être informés de toutes les démarches de leurs femmes. A chaque jour suffit sa malice, sans avoir tant de souci du lendemain.

—Il est pourtant quelquefois nécessaire, dit Oysille, de s'enquérir des choses où l'honneur d'une maison est intéressé, et cela pour y mettre ordre, et non pour juger mal des personnes, car tout le monde manque.

— Plusieurs, dit Guebron, sont tombés dans des inconvénients, faute de s'informer soigneusement des fredaines de leurs femmes.

— Si vous en savez quelque chose, dit Longarine, je vous prie de nous le conter.

— Puisque vous le voulez, répondit Guebron, je vous dirai volontiers ce que j'en sais.

Il avait en même temps les yeux fixés sur sa maîtresse. (Page 359.)

NOUVELLE LX

Une Parisienne abandonne son mari pour suivre un chantre, puis contrefait la morte et se fait enterrer.

Il y avait à Paris un homme de si bon naturel, qu'il eût fait conscience de croire qu'un homme eût couché avec sa femme, quand même il l'aurait vu. Ce pauvre homme épousa la femme du monde de la plus mauvaise vie. Il ne s'aperçut jamais de ses déréglements, et la traitait comme la plus honnête femme du monde. Le roi Louis XII étant un jour à Paris, cette femme alla s'abandonner à un des chantres de ce prince. Quand elle vit que le roi quittait Paris, et qu'elle allait perdre son chantre, elle résolut d'abandonner son mari pour suivre son amant. Le chantre ne s'y opposa point, et la mena à une maison qu'il avait près de Blois, où ils demeurèrent longtemps. Le pauvre mari ne trouvant point sa femme, la chercha de tous côtés, et apprit enfin qu'elle s'en était allée avec le chantre. Lui, qui voulait recouvrer sa brebis perdue qu'il avait mal gardée, lui écrivit plusieurs lettres, la priant de revenir, et qu'il la recevrait pourvu qu'elle voulût bien vivre à l'avenir. Mais elle, qui prenait tant de plaisir à entendre chanter le chantre, qu'elle avait oublié la voix de son mari, ne fit aucun compte de ses belles paroles, et s'en moqua. Le mari en colère lui fit savoir qu'il la demanderait en justice à l'Eglise, puisqu'elle ne voulait pas revenir à lui de gré à gré. Cette femme craignant que si la justice s'en mêlait, son chantre et elle se feraient une fâcheuse affaire, s'avisa d'une ruse digne d'une telle femme. Elle fit semblant d'être malade, fit venir quelques femmes de bien de la ville par forme de visite, qui vinrent d'autant plus volontiers, qu'elles espéraient la ramener de ses débordements à la faveur de cette maladie. Pour cet effet, chacune lui fit les plus belles remontrances qu'elle put. Elle, qui faisait la mourante, fit alors semblant de pleurer et de reconnaître son péché, et s'en acquitta si bien, que toute la compagnie qui croyait ses larmes et sa repentance sincères, en eut pitié. La voyant ainsi repentante, elles se mirent à la consoler, et à lui dire que Dieu n'était pas à beaucoup près si terrible que plusieurs prédicateurs indiscrets le représentaient, et l'assurèrent qu'il ne lui refuserait jamais sa miséricorde : et sur cela on envoya quérir un homme de bien pour la confesser. Le lendemain le curé de la paroisse vint lui administrer le saint sacrement. Elle le reçut avec tant de dévotion apparente, que toutes les femmes de bien de la ville, qui étaient présentes, pleuraient de voir sa dévotion, et louaient la bonté divine d'avoir eu pitié de cette pauvre créature. Feignant ensuite de ne pouvoir plus manger, le curé lui apporta l'extrême-onction, qu'elle reçut avec plusieurs beaux signes de dévotion ; car à peine pouvait-elle parler, au moins on le croyait. Elle fut longtemps dans le même état ; mais enfin on s'imagina qu'elle perdait peu à peu la vue, l'ouïe et les autres sens, sur quoi chacun se mit à crier : « Jésus mon Dieu ! miséricorde. » Comme la nuit n'était pas éloignée, et que les dames avaient du chemin à faire, elles se retirèrent toutes. En sortant on leur vint dire qu'elle venait d'expirer. Elles dirent un *De profundis* pour elle, et continuèrent leur chemin.

Le curé demanda au chantre où il voulait qu'elle fût enterrée. Il répondit qu'elle avait souhaité qu'on l'enterrât au cimetière, et qu'il était à propos que l'enterrement se fît la nuit. La malheureuse fut ensevelie par une servante, qui se donnait bien de garde de lui faire de mal : ensuite on la porta, aux flambeaux, à la fosse que le chantre lui avait fait faire. Quand le corps passa devant les maisons de celles qui lui avaient vu donner l'extrême-onction, elles sortirent toutes, et l'accompagnèrent jusqu'à la fosse, où les prêtres et les femmes la laissèrent; mais le chantre demeura après eux. Incontinent qu'il vit que la compagnie était assez éloignée, lui et sa servante tirèrent la prétendue morte de sa fosse, plus vive que jamais. Il la ramena chez lui, où elle fut longtemps cachée. Le mari, qui voulait la ravoir, vint jusqu'à Blois demander justice, et trouva qu'elle était morte et enterrée. Ce fait lui fut certifié par toutes les dames de Blois, qui lui contèrent la belle mort qu'elle avait faite; de quoi le bonhomme fut bien joyeux, croyant que l'âme de sa femme était allée droit en paradis. Débarrassé de cette méchante créature, il s'en revint à Paris avec ce contentement, et se remaria avec une honnête femme, jeune et bonne ménagère, de laquelle il eut plusieurs enfants, et avec laquelle il vécut quatorze à quinze ans. Mais enfin la renommée, qui ne peut rien cacher, vint avertir le bonhomme que sa première femme n'était pas morte, et qu'elle était encore avec son chantre. Le pauvre homme dissimula tant qu'il put, feignant de ne rien savoir, et souhaitant que ce bruit fût faux. Mais sa femme, qui était sage, en fut avertie, et en eut tant de chagrin, qu'elle pensa mourir de déplaisir. Si elle avait pu dissimuler son aventure sans blesser sa conscience, elle l'aurait fait volontiers; mais il lui fut impossible. L'Église voulut d'abord s'en mêler, et commença par les séparer, jusqu'à ce qu'on fût bien assuré de la vérité du fait. La chose ayant été avérée, le pauvre homme fut contraint de quitter sa bonne femme pour courre après la méchante. Il vint à Blois un peu après que François Ier eut été fait roi. Il y trouva la reine Claude et madame la régente. Il vint leur faire ses plaintes, et leur demander celle qu'il eût bien voulu ne point trouver; mais il était forcé de la chercher, et faisait pitié à tout le monde. Sa femme lui ayant été présentée, elle soutint longtemps qu'il n'était point son mari; ce qu'il eût cru bien volontiers, s'il eût pu. Elle, plus fâchée que honteuse, lui dit qu'elle aimait mieux mourir que de retourner avec lui. Le bonhomme ne fut pas content de cette déclaration; mais les dames devant qui elle parlait si honnêtement, la condamnèrent à retourner avec son mari, et sermonnèrent si bien le chantre, avec censures et menaces, qu'il fut contraint de dire à sa laide maîtresse qu'il ne voulait plus d'elle, et qu'elle n'avait qu'à reprendre son mari. Ainsi chassée de toutes parts, la malheureuse se retira avec son mari, et en fut mieux traitée qu'elle ne méritait.

— C'est ce qui me fait dire, mesdames, que si le pauvre mari eût bien pris garde à sa femme, il ne l'eût pas ainsi perdue; car une chose bien gardée se perd difficilement, et l'occasion fait sans doute le larron, comme dit le proverbe.

— C'est étrange, dit Hircan, que l'amour soit si fort dans les sujets où il paraît le moins raisonnable.

— J'ai entendu dire, dit Simontault, qu'on romprait plutôt cent mariages, que l'amour d'un prêtre et de sa servante.

— Je le crois, dit Émarsuite; car ceux qui lient les autres par le mariage, savent si bien faire le nœud, qu'il ne peut se rompre que par la mort; et les docteurs soutiennent que le langage spirituel est plus persuasif qu'aucun autre, et par conséquent l'amour spirituel surpasse l'autre.

— Je ne saurais pardonner aux dames, dit Dagoucin, d'abandonner, pour un prêtre, quelque bien fait qu'il puisse être, un mari, ou un amant honnête homme.

— Ne vous mêlez point, je vous prie, dit Hircan, de parler de notre mère la sainte Église, et comptez que c'est un grand plaisir pour les pauvres femmes craintives et secrètes, de pécher avec ceux qui peuvent les absoudre : car il y en a qui ont bien plus de honte de confesser un péché, que de le commettre.

— Vous parlez donc, dit Oysille, de celles qui ne connaissent point Dieu, et qui s'imaginent que les choses secrètes ne seront point révélées devant le chœur céleste. Mais je crois que ce n'est pas pour la confession qu'elles cherchent les confesseurs. L'ennemi les a si bien aveuglées, qu'elles songent bien plus à s'arrêter au lieu qui leur semble le plus caché et le plus sûr, qu'à avoir l'absolution du mal dont elles ne se repentent point.

— Comment, repentir ! dit Saffredant. Elles se croient bien plus saintes que les autres : et je suis assuré qu'il y en a qui se tiennent fort honorées de persévérer dans ces sortes d'amourettes.

— De la manière dont vous en parlez, dit Oysille, on dirait que vous en savez quelque chose. Je vous prie, cela étant, de nous dire demain ce que vous en savez pour commencer la journée. Voilà vêpres qui sonnent; les religieux se sont retirés après la sixième nouvelle, et nous ont laissé décider nos disputes.

En disant cela, elle se leva; la compagnie en fit de même, s'en alla à l'église, et trouva qu'elle se faisait attendre. Après avoir entendu vêpres, on soupa, et ce ne fut pas sans parler de plusieurs beaux contes. Après le souper, chacun suivant la coutume, alla se divertir au pré, et puis se coucher, pour avoir le lendemain la mémoire plus libre.

SEPTIÈME JOURNÉE

Madame Oysille ne manqua pas le matin de leur administrer la salutaire pâture, qu'elle tira de la lecture des Actes des saints et glorieux Apôtres de Jésus-Christ. Elle leur dit que ces nouvelles suffisaient pour faire souhaiter d'avoir vu le temps des apôtres, et pour obliger à déplorer la misère du temps présent. Après avoir lu et expliqué le commencement de ce digne livre, elle les pria d'aller à l'église, dans l'union avec laquelle les apôtres faisaient leurs oraisons, et de demander à Dieu sa grâce, qu'il ne refuse jamais à ceux qui la demandent avec foi. Chacun trouva le conseil fort bon, et l'on arriva à l'église, dans le temps qu'on allait commencer la messe du Saint-Esprit. Cela venait si à propos, qu'ils entendirent le service avec beaucoup de dévotion. On parla encore durant le dîné de la vie des bienheureux apôtres, et on en parla avec tant de plaisir, qu'on avait presque oublié de retourner au rendez-vous des Nouvelles. Nomerfide, qui était la plus jeune, s'en étant avisée, leur dit :

— Madame Oysille nous a tant parlé de dévotion, que l'heure de conter des nouvelles se passe sans que nous songions à nous rendre au lieu accoutumé.

Sur cela la compagnie se leva, chacun fit peu de séjour dans sa chambre, et tout le monde se rendit au lieu où les assemblées précédentes s'étaient faites. Chacun étant assis à son aise, madame Oysille dit à Saffredant :

— Quoique je sois bien assurée que vous ne direz rien à l'avantage des femmes, je ne laisserai pas de vous faire souvenir que vous promîtes hier au soir une nouvelle.

— Je vous assure, madame, dit Saffredant, que je ne passerai point pour médisant en disant la vérité, et ne perdrai point la bienveillance des dames sages, en contant ce que les folles font. L'expérience m'a appris ce que c'est qu'être privé de leur vue ; et si je l'étais autant de leurs bonnes grâces, je ne serais pas en vie de l'heure qu'il est.

En disant cela, il tourna les yeux du côté opposé où était celle qui était cause de son bien et de son mal ; mais en même temps il regarda Émarsuite, et la fit rougir, comme si ce qu'il venait de dire se fût adressé à elle ; cependant il ne fut pas moins bien entendu que celle à qui il en voulait. Madame Oysille l'ayant alors assuré qu'il pouvait librement dire la vérité aux dépens de qui il appartiendrait, il commença comme vous allez voir.

NOUVELLE LXI

Prodigieuse opiniâtreté d'une Bourguignonne, qui aima un chanoine jusqu'à l'effronterie.

Il y avait près de la ville d'Autun une fort belle femme, blanche, de grande taille, et d'aussi bon air que femme que j'aie jamais vue. Elle avait épousé un honnête homme qui paraissait plus jeune qu'elle, et duquel elle avait sujet de se contenter. Peu de temps après leur mariage, il la mena à Autun où il avait des affaires. Pendant que le mari sollicitait la justice, la femme allait à l'église, et priait Dieu pour lui. Elle visita tant les lieux saints, qu'un chanoine fort riche devint amoureux d'elle, et fit si bien, que la pauvre malheureuse lui accorda tout. Le mari n'en eut aucun soupçon, et pensait plus à garder son bien que sa femme. Quand il fut question de retourner à la maison, qui était éloignée de la ville de sept bonnes lieues, cela ne se fit pas sans beaucoup de regret. Le chanoine lui promit de l'aller voir souvent ; ce qu'il fit aussi, prétextant un voyage, et passant toujours chez cet homme. Il ne fut pas assez sot pour ne pas s'apercevoir du dessein du chanoine, et il y donna si bon ordre, que quand il venait il n'y trouvait plus sa femme, qu'il faisait si bien cacher, qu'il n'y avait pas moyen de lui parler. La femme, connaissant la jalousie de son mari, ne fit semblant de rien, et songea aux moyens d'y donner ordre, estimant un enfer d'être privée de la vue de son idole. Un jour que son mari n'était pas au logis, elle donna tant d'occupation à ses valets et servantes, qu'elle demeura seule à la maison. Elle prit incontinent ce qui lui était nécessaire, et sans autre compagnie que son extravagant amour, s'en alla à beaux pieds à Autun, où elle n'arriva pas si tard qu'elle ne fût reconnue de son chanoine, qui la tint enfermée et cachée plus d'un an, quelques monitions et excommunications que fît jeter son mari. Faute de meilleur expédient, il s'en plaignit à l'évêque, qui avait un archidiacre autant homme de bien qu'il y en eût en France. Il visita lui-même avec tant de soin toutes les maisons des chanoines, qu'il trouva la femme que l'on croyait perdue. Il la fit mettre en prison, et condamna le chanoine à une grosse pénitence. Le mari, apprenant que sa femme avait été retrouvée par la diligence du bon archidiacre et de plusieurs autres gens de bien, voulut bien la reprendre sous serment qu'elle lui fit de vivre à l'avenir en femme de bien. Le bon mari, qui l'aimait beaucoup, croyant volontiers qu'elle tiendrait parole, la ramena chez lui, et la traita comme ci-devant, si ce n'est qu'il lui donna deux vieilles servantes, dont l'une était toujours avec elle quand l'autre était occupée ailleurs. Mais quelque bon traitement que lui fît son mari, l'amour extravagant qu'elle avait pour le chanoine lui faisait regarder le repos comme un tourment perpétuel. Quoiqu'elle fût très-belle femme, et lui d'un tempérament fort et vigoureux, cependant elle n'eut point d'enfants de lui; car son cœur était toujours à sept lieues de son corps. Elle dissimulait néanmoins si bien, que son mari croyait qu'elle avait oublié le passé, comme il avait fait de son côté. Mais elle avait le cœur trop méchant pour être capable d'un si heureux et si louable retour. Dans le temps qu'elle vit que son mari l'aimait le plus, et qu'il s'en défiait le moins, elle feignit d'être malade, et poussa si bien la feinte, que le pauvre mari était en fort grande peine, et n'épargnait rien pour sa guérison. Elle joua si bien son rôle, que son mari et tous ceux de la maison la crurent effectivement malade à l'extrémité. Voyant donc que son mari en était autant affligé qu'il avait sujet d'en être joyeux, elle le pria de l'autoriser pour faire son testament: ce qu'il fit volontiers, les larmes aux yeux. Elle, étant en pouvoir de tester, quoiqu'elle n'eût point d'enfants, donna à son mari tout ce qu'elle pouvait lui donner, lui demandant pardon des affronts qu'elle lui avait faits. Ensuite elle envoya quérir le curé, se confessa, reçut le saint sacrement de l'autel avec tant de dévotion, que chacun pleurait de voir une si belle et si glorieuse fin. Le soir, elle pria son mari de lui faire porter l'extrême-onction, et lui dit qu'elle s'affaiblissait si fort, qu'elle avait peur que sa vie ne fût pas assez longue pour la recevoir. Son mari lui fit apporter en grande diligence ce qu'elle demandait. Elle reçut l'extrême-onction avec tant d'humilité, que chacun ne pouvait s'empêcher de la louer. Après avoir fait tous ses beaux mystères, elle dit à son mari que, puisque Dieu lui avait fait la grâce d'avoir pris tout ce que l'Église avait ordonné, elle sentait sa conscience si tranquille, qu'elle avait envie de se reposer un peu, le priant d'en faire de même, attendu le grand besoin qu'il en avait pour avoir tant pleuré et veillé auprès d'elle. Le mari et tous les valets étant endormis, les deux vieilles qui l'avaient si longtemps gardée pendant qu'elle avait été en santé, ne craignant plus de la perdre que par la mort, allèrent aussi se coucher. Quand elle les entendit dormir et ronfler bien haut, elle se leva en chemise, écoutant si elle n'entendrait point de bruit dans la maison. Après qu'elle se fut assurée de son bâton, elle sut fort bien sortir par une petite porte du jardin qui ne fermait point, et, toute en chemise et nu-pieds, marcha toute la nuit du côté d'Autun, dans le dessein de se rendre auprès du saint qui l'avait empêchée de mourir. Mais comme le chemin était long, le jour la surprit avant qu'elle pût y arriver. Regardant alors de tous côtés, elle vit deux cavaliers qui couraient au grand galop; et ne doutant point que ce ne fût son mari qui la poursuivait, elle se cacha tout le corps dans la boue d'un marais, et la tête entre les joncs, et entendit son mari qui disait à son valet, en passant et en homme désespéré: « O la méchante! qui aurait jamais cru que sous le manteau des saints sacrements de l'Église elle eût voulu couvrir une si sale et si abominable action ? — Puisque Judas, répondit le valet, prenant un pareil morceau ne fit point scrupule de trahir son maître, devez-vous trouver étrange qu'une femme trahisse son mari de la même manière ? » Le mari passa outre, et la femme demeura entre les joncs plus joyeuse de l'avoir trompé, qu'elle ne l'était chez elle dans un bon lit où elle croyait être en esclavage. Le mari chercha par tout Autun; mais ayant su bien certainement qu'elle n'y était point entrée, il s'en retourna sur ses pas, et durant le chemin ne fit que se plaindre d'elle et de sa grande perte, ne la menaçant pas de moins que de la mort, s'il la trouvait; mais elle en avait aussi peu de peur qu'elle sentait de froid, quoique la saison et le lieu fussent capables de la faire repentir de son horrible voyage. Qui ne saurait pas comme le feu de l'enfer échauffe ceux qui en sont pleins, serait surpris que cette femme, sortant d'un lit bien chaud, ait pu souffrir un si extrême froid durant un jour entier. Cependant elle le fit sans perdre courage, et reprit le chemin d'Autun dès que la nuit fut venue. Elle arriva précisément dans le temps qu'on allait fermer les portes de la ville, et ne manqua pas d'aller droit chez son corps saint, qui fut si surpris de la voir en pareil équipage, qu'à peine pouvait-il croire que ce fût elle. Après l'avoir bien examinée et visitée de tous les côtés, il trouva qu'elle avait de la chair et des os; ce qu'un esprit n'a pas. Il compta dès-lors que ce n'était pas un fantôme, et ils furent de si bon accord, qu'elle demeura quatorze à quinze ans avec lui. Elle fut cachée pendant quelque temps, mais enfin elle perdit toute crainte, et se fit, qui pis est, un si grand honneur d'avoir un tel amant, qu'elle se plaçait à l'église devant la plupart des femmes de bien de la ville, tant femmes d'officiers que d'autres. Elle eut des enfants du chanoine, et entre autres une fille qui fut mariée à un riche marchand, avec tant de magnificence, que toutes les femmes de la ville murmuraient de la somptuosité de cette noce, n'ayant pas assez de crédit pour y donner ordre.

Il arriva que la reine Claude, épouse du roi François, passa en ce temps-là par Autun, accompagnée de madame la régente mère du roi, et de la duchesse d'Alençon sa fille. Il vint alors une femme de chambre nommée Perrette, qui, trouvant la duchesse, lui dit : « Écoutez-moi, madame, je vous en supplie, et vous ferez une action aussi bonne ou meilleure que si vous alliez entendre le service du jour. » La duchesse s'arrêta volontiers, sachant que d'elle ne pouvait venir que de bonnes choses. Perrette lui conta comment elle avait pris une petite fille pour lui aider à savonner le linge de la reine, et qu'en lui demandant des nouvelles de la ville, elle lui avait dit le chagrin qu'avaient les honnêtes femmes d'être obligées d'aller après la femme de ce chanoine, de laquelle elle lui avait conté une partie de la vie. La duchesse fut incontinent trouver la reine et madame la régente, et leur conta cette histoire. Sans autre forme de procès, elles envoyè-

La bonne femme eut peur.

rent quérir cette malheureuse, qui ne se cachait point : car, au lieu d'avoir honte, elle se faisait honneur d'être maîtresse de la maison d'un si riche homme; aussi se présenta-t-elle effrontément devant ces princesses, qui furent si surprises de son impudence, qu'elles ne surent d'abord que lui dire. Mais après, madame la régente lui fit des remontrances qui auraient fait pleurer une femme de bon entendement. Cependant au lieu de pleurer, la chanoinesse leur dit avec une très-grande audace : « Je vous supplie, mesdames, d'empêcher qu'on ne touche point à mon honneur; car, Dieu merci, j'ai vécu avec monsieur le chanoine si bien et si vertueusement, qu'il n'y a personne qui pût me rien reprocher là-dessus. Il ne faut pas qu'on croie que j'offense Dieu; car il y a trois ans que monsieur le chanoine ne m'a touchée, et nous vivons aussi chastement et avec autant d'amour que si nous étions deux beaux petits anges, sans qu'il y ait jamais eu entre nous qu'un même langage et la même volonté. Ainsi qui nous désunira, fera un grand péché; et le bon homme, qui a bien près de quatre-vingts ans, ne vivra pas longtemps sans moi, qui en ai quarante-cinq. » Vous pouvez penser ce que ces dames lui dirent, et les remontrances qu'elles lui firent, voyant son obstination qui était toujours la même, quelque chose qu'on lui dît, quelque vieille qu'elle fût, et quelque illustres et vénérables que fussent les personnes qui lui parlaient. Pour l'humilier davantage, les princesses envoyèrent quérir le bon archidiacre d'Autun, qui la condamna à un an de prison, au pain et à l'eau. Elles firent venir son mari, qui, en faveur de leurs bonnes exhortations, promit de la reprendre après qu'elle aurait fait pénitence. Mais se voyant prisonnière, et sachant que le chanoine était résolu de ne jamais la reprendre, elle remercia les dames de lui avoir ôté un diable de dessus le corps, et eut une repentance si grande et si parfaite, que son mari, au lieu d'attendre le bout de l'an à la reprendre, n'attendit pas quinze jours à la venir demander à l'archidiacre, et depuis ils ont vécu ensemble en repos et en amitié.

— Voilà, mesdames, comme les méchants ministres convertissent les chaînes de saint Pierre en chaînes de Satan, si fortes et si difficiles à rompre, que les sacrements qui chassent les diables des corps, sont des moyens pour les retenir plus longtemps dans la conscience de ceux-ci. Les meilleures choses deviennent les plus pernicieuses quand on en abuse.

— Il est vrai, dit Oysille, que c'était une malheureuse femme, mais aussi fut-elle bien punie de comparaître devant de semblables juges : en effet, le regard seul de madame la régente avait une telle vertu, qu'il n'y avait point de femme de bien qui ne craignît de se trouver devant elle, et qui ne s'estimât indigne de sa vue. Quand elle était regardée avec douceur, elle croyait mériter un grand honneur, sachant que cette dame ne pouvait regarder de bon œil que les femmes vertueuses.

— Il vaudrait mieux, dit Hircan, que l'on eût plus de crainte du saint sacrement, qui n'étant pas reçu en foi et en charité, est en condamnation éternelle, que des yeux d'une femme.

— Je vous promets, dit Parlamente, que ceux qui ne sont point inspirés, craignent plus la terre que le ciel. Je crois que cette malheureuse fut bien plus mortifiée par la prison, et par la perte de son chanoine, que par toutes les remontrances qu'on eût pu lui faire.

— Mais, dit Simontault, vous avez oublié le principal qui la détermina à retourner à son mari : c'est que le chanoine avait quatre-vingts ans, et que son mari était plus jeune qu'elle. Ainsi cette bonne dame gagna à tous ses marchés. Mais si le chanoine eût été jeune, elle n'aurait pas voulu le quitter. Les remontrances des dames n'auraient pas eu plus d'effet que les sacrements.

— Je trouve qu'elle faisait bien, dit Nomerfide, de ne pas confesser son péché si aisément ; car on ne doit le dire qu'à Dieu, et il faut le nier constamment devant les hommes. Quoique la chose soit véritable, à force de mentir et de jurer, on fait douter de la vérité.

— Cependant, dit Longarine, il est difficile qu'un péché soit si secret qu'il ne vienne à éclater, à moins que Dieu même ne le cache en faveur de ceux qui s'en repentent véritablement pour l'amour de lui.

— Eh que diriez-vous, reprit Hircan, de celles qui n'ont pas plus tôt fait une folie, qu'elles en font confidence ?

— Je le trouve surprenant, répondit Longarine, et c'est une marque que le péché ne leur déplaît pas. Je vous l'ai déjà dit, le péché que la grâce de Dieu ne couvre point, ne saurait se nier devant les hommes. Il y en a plusieurs qui prennent plaisir à parler de pareilles choses, et font gloire de publier leurs vices, et d'autres qui s'accusent en se contredisant.

— C'est se contredire bien lourdement, dit Saffredant ; mais si vous en savez quelque exemple, je vous donne ma voix et vous prie de nous le conter.

— Vous n'avez qu'à écouter, répondit Longarine.

NOUVELLE LXII

Une demoiselle racontant d'elle-même une aventure galante, et parlant en troisième personne, se nomma sans y penser.

Du temps du roi François Ier, il y avait une dame du sang royal qui avait de l'honneur, de la vertu et de la beauté, et qui savait faire un conte avec grâce, et en rire aussi quand elle en entendait faire un bon. Cette dame étant à une de ses maisons, fut visitée de tous ses sujets et voisins, qui l'aimaient autant qu'il était possible. Entre autres visites elle reçut celle d'une certaine demoiselle, qui voyant que chacun faisait des contes à la princesse pour la divertir, voulut faire comme les autres, et lui dit : « J'ai un bon conte à faire, madame ; mais vous me promettez de n'en point parler. Le conte que je vais vous faire est très-véritable, et je puis en conscience vous le donner pour tel. Il y avait une demoiselle mariée qui vivait avec son mari très-honnêtement, quoi qu'il fût vieux, et elle jeune. Un gentilhomme de ses voisins voyant qu'elle avait épousé ce vieillard, devint amoureux d'elle, et la pressa pendant plusieurs années ; mais elle ne lui répondit que ce qu'une femme de vertu devait répondre. Le gentilhomme crut un jour que s'il pouvait la trouver à son avantage, elle ne serait peut-être pas si cruelle. Après avoir longtemps balancé le péril où il s'exposait, l'amour qu'il avait pour la demoiselle aplanit toutes les difficultés, dissipa sa crainte, et le détermina à chercher le lieu et l'occasion. Il était si bien sur les avis, qu'ayant appris un matin que le mari de la demoiselle s'en allait à quelque autre de ses maisons, et partait dès le point du jour pour éviter la chaleur, il vint chez la demoiselle, qu'il trouva au lit endormie. Voyant que les servantes n'étaient pas dans la chambre, il alla se mettre botté et éperonné dans le lit de la demoiselle, sans avoir eu l'esprit de fermer la porte. Elle se réveilla, et fut bien fâchée de le voir là ; mais quelques remontrances qu'elle pût lui faire, il n'y eut pas moyen de le retenir. Il lui fit violence, et la menaça, si elle branlait, de dire à tout le monde qu'elle l'avait envoyé quérir : ce qui lui fit tant de peur, qu'elle n'osa s'écrier. Une des servantes revint quelques moments après dans la chambre. Le gentilhomme se leva avec tant de diligence, qu'elle ne se serait aperçue de rien, si l'éperon qui s'était attaché au drap de dessus, ne l'eût emporté tout entier, de manière que la demoiselle demeura toute nue sur le lit. » Quoiqu'elle parlât au nom d'une autre, elle ne put enfin s'empêcher de dire : « Jamais femme ne fut plus étonnée que moi, quand je me vis ainsi nue. » La princesse qui avait écouté tout le conte sans rire, ne put alors s'empêcher d'éclater, et lui dit : « Vous en pouvez, à ce que je vois, conter l'histoire. » La pauvre demoiselle fit ce qu'elle put pour raccommoder ; mais il n'y eut pas moyen d'y trouver un bon emplâtre.

— Je vous assure, mesdames, que si elle avait eu bien de la douleur d'avoir fait une pareille action, elle aurait voulu en avoir perdu la mémoire. Mais, comme je vous ai déjà dit, le péché se découvre lui-même, à moins qu'il ne soit couvert de la couverture qui rend, selon David, l'homme bienheureux.

— En bonne foi, dit Émarsuite, voilà la plus grande sotte qui ait fait rire à ses dépens dont j'aie jamais entendu parler.

— Je ne suis point surprise, dit Parlamente, que la parole suive l'action ; car il est plus aisé de dire que de faire.

— Ouais, dit Guebron, quel péché avait-elle fait ? Elle dormait dans son lit, et il la menaçait de la mort et de l'infamie. Lucrèce qu'on a tant louée, en fit bien autant.

— Il est vrai, dit Parlamente, qu'il n'y a point de juste qui ne puisse tomber; mais quand on a eu sur l'heure bien du déplaisir de sa chute, on ne s'en souvient qu'avec horreur; et ce fut pour en effacer la mémoire que Lucrèce se tua. Mais cette folle voulut en faire rire les autres.

— Il semble cependant, dit Nomerfide, qu'elle fut femme de bien, puisqu'elle avait été pressée diverses fois sans vouloir rien accorder. Aussi le gentilhomme fut-il contraint de faire agir la violence et la fourbe pour en venir à bout.

— Quoi! dit Parlamente, croyez-vous que l'honneur d'une femme soit à couvert, quand elle succombe après deux ou trois refus? Il y aurait sur ce pied-là bien des femmes d'honneur qui passent pour n'en avoir point. On en a assez vu qui ont longtemps rebuté celui que leur cœur avait déjà reçu. Les unes le font parce qu'elles craignent l'infamie, et les autres pour se faire d'autant plus aimer et estimer par une feinte résistance. Ainsi l'on ne doit point faire cas d'une femme, à moins qu'elle ne soit ferme jusqu'au bout.

— Si un jeune homme, dit Dagoucin, refusait une belle fille, ne regarderiez-vous pas cela comme une grande vertu?

— Assurément, dit Oysille, si un jeune homme se portant bien faisait un semblable refus, je le trouverais fort louable, mais non difficile à croire.

— J'en connais, reprit Dagoucin, qui ont refusé des aventures que tous leurs camarades cherchaient avec soin.

— Je vous prie, dit Longarine, prenez ma place, et nous dites ce que vous en savez; mais souvenez-vous que nous nous sommes engagés de dire la vérité.

— Je vous promets de vous la dire, repartit Dagoucin, et si naturellement, qu'il n'y aura point d'enveloppe.

NOUVELLE LXIII

Notable chasteté d'un seigneur français.

Il se trouva à Paris quatre filles, dont deux étaient sœurs, si belles, si jeunes et si fraîches, qu'elles avaient la presse de tous les galants. Un gentilhomme, que le roi qui régnait alors avait fait prévôt de Paris, voyant son maître jeune et d'âge à désirer pareille compagnie, pratiqua si bien les quatre, chacune croyant qu'elle serait pour le roi, qu'elles consentirent à ce que le prévôt voulut, qui fut de se trouver toutes à un festin où il convia son maître, auquel il communiqua son dessein, qui fut approuvé du roi et de deux grands seigneurs de la cour, qui ne furent pas fâchés d'avoir part au gâteau. Comme on était en peine d'un quatrième, il arriva un jeune seigneur, bien fait, honnête homme et plus jeune de dix ans que les autres. Il fut d'abord convié au régal, et promit de bonne grâce de s'y trouver, quoiqu'au fond il n'en eût pas beaucoup d'envie ; car, d'un côté, il avait une femme dont il était fort content, et qui lui donnait de beaux enfants. Ils vivaient ensemble avec tant de repos, qu'il n'eût voulu pour rien du monde lui donner occasion de le soupçonner. D'ailleurs, il aimait une des plus belles dames qui fût alors en France, et avait tant d'estime pour elle, que toutes les autres lui paraissaient laides au prix d'elle ; de manière qu'au commencement de sa jeunesse, et avant qu'il fût marié, il n'y avait pas moyen de lui faire voir et fréquenter d'autres femmes, quelques belles qu'elles fussent, ayant plus de plaisir à voir sa maîtresse et à l'aimer parfaitement, qu'il n'en aurait à tout ce qu'il pourrait obtenir d'une autre. Ce seigneur s'en vint à sa femme, lui conta l'entreprise que le roi avait faite, et lui dit qu'il aimait autant mourir que de faire ce qu'il avait promis. « Comme il n'y a point d'homme, ajouta-t-il, que je n'osasse attaquer dans la colère, aussi aimerais-je mieux mourir que de faire un meurtre de guet-apens, à moins que l'honneur ne m'y contraignît. De même j'aimerais mieux mourir que de violer la fidélité conjugale suivant le caprice d'autrui, à moins qu'un amour extrême qui aveugle les honnêtes gens, ne lui arrachât une telle violation. » Sa femme voyant tant de vertu avec tant de jeunesse, l'aima et l'estima plus que jamais, et lui demanda comment il pourrait s'en excuser, attendu que les princes trouvaient souvent mauvais qu'on ne loue pas ce qu'ils aiment. « J'ai entendu dire, répondit-il, que le sage a toujours à point nommé une maladie ou un voyage à faire. C'est pourquoi j'ai envie de faire le malade quatre à cinq jours à l'avance ; et pourvu que vous fassiez la dolente, j'espère que je me tirerai d'affaire. Voilà, dit sa femme, une bonne et sainte hypocrisie. Je ne manquerai pas de faire la plus triste mine que je pourrai ; car on est bien heureux quand on peut s'empêcher d'offenser Dieu et d'irriter le prince. » Ainsi résolu, ainsi fut fait ; et le roi fut bien marri d'apprendre par la femme la maladie du mari, qui ne fut pas de longue durée. Certaines affaires étant alors survenues au roi, il oublia son plaisir pour songer à son devoir, et partit brusquement de Paris. S'étant un jour souvenu de l'entreprise qui n'avait pas été exécutée : « Nous sommes bien fous, dit-il au jeune prince, d'être partis de Paris avec tant de précipitation, que de n'avoir pas vu les quatre filles qu'on nous avait représentées comme les plus belles de mon royaume. — Je suis bien aise, répondit le prince, que vous ne l'ayez pas fait ; car j'avais grande peur durant ma maladie de perdre une si bonne fortune. » Le roi ne s'aperçut point de la dissimulation du jeune prince, qui fut depuis plus aimé de sa femme qu'il ne l'avait jamais été.

Parlamente se mit alors à rire, et ne put s'empêcher de dire : « Elle l'aurait bien plus aimé s'il l'avait fait pour l'amour d'elle uniquement ; mais de quelque manière que ce soit, il est toujours très-louable.

— Il me semble, dit Hircan, que ce n'est pas grande louange pour un homme d'être si chaste pour l'amour de sa femme. Tant de raisons l'y obligent, qu'il ne peut presque pas s'en dispenser. Premièrement Dieu le lui commande ; son serment l'y engage ; et d'ailleurs la nature qui est rassasiée, n'est point sujette à tentation comme la nécessité. Quant à l'amour libre qu'on a pour sa maîtresse, de laquelle on ne jouit pas, n'ayant d'autre plaisir que celui de la voir et de lui parler, et dont souvent on n'a que des réponses chagrinantes, je soutiens que quand elle est si fidèle et si constante qu'on ne la veut changer, quelque chose qui puisse arriver, je soutiens, dis-je, que la chasteté dans ces sortes d'occasions est non-seulement louable, mais miraculeuse.

— Ce n'est point miracle, dit Oysille, car le corps suit toujours les mouvements du cœur.

— Oui, les corps angéliques, repartit Hircan.

— Je ne prétends pas, dit Oysille, parler seulement de ceux qui par la grâce de Dieu sont tout transmués en lui, mais aussi des plus grossiers qui se trouvent parmi les hommes : et si vous y prenez garde, vous trouverez que ceux qui ont mis leur cœur et leur affection à chercher la perfection dans les sciences, ont non-seulement oublié la volupté de la chair, mais encore les choses qui sont les plus nécessaires à la nature, comme le boire et le manger. En effet, tant que l'âme est dans le corps par affection, la chair demeure comme insensible. De là vient que ceux qui aiment les femmes belles et vertueuses, prennent tant de plaisir à les voir ou à les entendre parler, que la chair suspend alors tous ses désirs. Ceux qui ne peuvent exprimer ces contentements, sont charnels ; et comme ils sont trop chargés de graisse, ils ne peuvent connaître s'ils ont aimé ou non ; mais quand le corps est soumis à l'esprit, il est presque insensible aux imperfections de la chair, de manière que la forte persuasion des personnes de ce caractère peut les rendre insensibles. J'ai connu un gentilhomme qui pour faire voir qu'il avait plus aimé sa maîtresse qu'aucun autre, voulut pour en donner des preuves tenir les doigts nus sur la flamme d'une chandelle. Il avait en même temps les yeux sur sa maîtresse, et souffrit le feu si constamment, qu'il se brûla jusqu'à l'os ; encore disait-il qu'il n'avait point senti le mal.

— Il me semble, dit Guebron, que le diable dont il était le martyr, devait en faire un saint Laurent ; car il y en a peu qui aient un si grand feu d'amour, qu'ils ne craignent celui de la moindre bougie. Si une demoiselle m'avait mis à une si rude épreuve, j'en demanderais grande récompense, ou je cesserais de l'aimer.

— Vous voudriez donc avoir votre heure, répliqua Parlamente, après que votre maîtresse aurait eu la sienne. C'est ainsi qu'en usa un gentilhomme espagnol d'auprès de Valence, dont un commandeur fort honnête homme m'a conté l'aventure.

— Je vous prie, madame, dit Dagoucin, de prendre ma place, et de nous la conter aussi; car je crois que le conte en est bon. Cette histoire, mesdames, vous fera regarder deux fois lorsque vous voudrez refuser quelque chose; et ne comptez pas que le présent soit toujours la même chose. Vous allez voir qu'il est sujet au changement, et cela vous obligera de prendre garde à l'avenir.

NOUVELLE LXIV

Un gentilhomme, n'ayant pu épouser une personne qu'il aimait, se fait cordelier de dépit. Cruel déplaisir de sa maîtresse.

Il y avait à Valence un gentilhomme qui, durant cinq à six ans, avait aimé une dame avec tant d'honnêteté, que l'honneur et la conscience de l'un ni de l'autre n'en avaient reçu aucune atteinte. L'intention du gentilhomme était de l'épouser; dessein d'autant plus raisonnable, qu'il était bien fait, riche et de bonne maison. Avant que de s'engager au service de la belle, il l'avait fait expliquer au sujet du mariage, dont elle se rapporta à la volonté de ses parents. Ils s'assemblèrent pour cet effet, et trouvèrent le mariage fort raisonnable pourvu que la fille le voulût bien. Mais la belle croyant trouver mieux, ou voulant dissimuler l'amour qu'elle avait eu pour le gentilhomme, fit naître tant de difficultés que l'assemblée se sépara avec regret de n'avoir pu rien conclure, vu l'avantage qu'il y avait de part et d'autre. Le plus fâché de tous ce fut le pauvre amant, qui eût souffert sa disgrâce avec patience, s'il eût été persuadé que c'eût été la faute des parents et non de la fille. Mais comme la vérité lui était bien connue, son affliction fut si extrême, que sans parler ni à sa maîtresse, ni à personne, il se retira chez lui. Après avoir mis ordre à ses affaires, il se retira dans une solitude pour tâcher d'oublier son amour, et le tourner entièrement du côté de Jésus-Christ, auquel il était sans comparaison plus obligé qu'à sa maîtresse. Il

Venez voir votre mari, auquel j'ai appris à bluter. (Page 374.)

n'eut durant ce temps-là aucunes nouvelles de la belle, ni de ses parents, et résolut après avoir manqué la vie la plus heureuse qu'il eût pu espérer, de choisir la plus austère et la plus désagréable qu'il pouvait s'imaginer. Dans cette triste pensée qu'on pouvait nommer désespoir, il alla se faire religieux dans un monastère de saint François, qui n'était pas éloigné de plusieurs de ses parents. Aussitôt qu'ils furent avertis de sa résolution, ils firent tout ce qu'ils purent pour l'en détourner; mais son parti était si bien pris, qu'il n'y eut pas moyen de le faire changer. Comme la cause du mal leur était connue, ils tournèrent leurs soins du côté du remède, et allèrent trouver celle qui avait donné lieu à une dévotion si précipitée. La belle fut bien surprise et bien affligée de ce contre-temps. Comme son intention n'avait été que d'éprouver par son refus pendant quelque temps la bonne volonté de son amant, et non de le perdre pour toujours, ainsi qu'elle voyait évidemment qu'elle allait faire, elle lui écrivit une lettre, qui, mal traduite, est conçue en ces termes :

> Comme l'amour, s'il n'est bien éprouvé,
> Ferme et loyal ne peut être trouvé,
> J'ai bien voulu par le temps éprouver
> Ce que j'ai tant désiré de trouver :
> C'est un mari rempli d'amour parfait,
> Qui par le temps ne pût être défait.
> Cela m'a fait requérir mes parents
> De retarder pour un ou pour deux ans
> Ce grand jeu qui jusqu'à mort dure,
> Et produit bien souvent une peine très-dure ;
> De vous avoir je ne fais pas refus,
> Certes jamais de tel vouloir ne fus,
> Car oncques nul que vous ne sus aimer,
> Ni pour mari et seigneur estimer.
> Oh ! quel malheur, ami, ai-je entendu ?
> Que, sans parler à nul, tu t'es rendu
> En un couvent, et vie trop austère,
> Dont le regret fait que ne m'en puis taire :
> Et me contraint de changer mon office,
> Faisant celui dont as usé sans vice :
> C'est requérir celui dont fus requise,
> Et d'acquérir celui dont fus acquise ;
> Or donc, ami, la vie de ma vie,
> Lequel perdant n'ai plus de vivre envie,
> Las ! plaise-toi vers moi tes yeux tourner,
> Et du chemin où tu es retourner.
> Laisse le gris et son austérité,
> Viens recevoir cette félicité
> Qui tant de fois par toi fut désirée :
> Le temps ne l'a défaite ou empirée ;
> C'est pour toi seul que gardée me suis,
> Et sans lequel plus vivre je ne puis.
> Retourne donc, veuille ta mie croire,
> Rafraîchissant l'agréable mémoire
> Du temps passé, par un saint mariage.
> Crois-moi, ami, et non point ton courage,
> Et sois certain qu'oncques je n'ai pensé
> De faire rien où tu fusses offensé :
> Mais j'espérais te rendre contenté
> Après t'avoir bien expérimenté.

> Or ai-je fait de toi expérience ;
> Ta fermeté, ta foi, ta patience,
> Et ton amour sont connus clairement,
> Et m'ont acquise à toi entièrement.
> Viens donc, ami, prendre ce qui est tien,
> Je suis à toi, sois donc du tout mien.

Cette épître fut portée par un de ses amis, chargé de l'accompagner de toutes les remontrances possibles. Le cordelier la reçut et la lut d'un air si triste, et avec tant de larmes et de soupirs, qu'il semblait qu'il voulût noyer et brûler cette pauvre épître. Toute la réponse qu'il y fit, fut de dire au porteur que la mortification de son extrême passion lui avait coûté si cher, qu'elle lui avait ôté la volonté de vivre et la crainte de mourir. Qu'il priât, cela étant, celle qui en était l'occasion et qui n'avait pas voulu répondre à sa passion, de ne plus le tourmenter dans le temps qu'il l'avait vaincue, et de se contenter du mal qu'elle lui avait fait par le passé. « Je n'y ai pu trouver aucun remède, ajouta-t-il, que la vie austère que j'ai choisie. La pénitence continuelle me fait oublier ma douleur ; j'affaiblis tant mon corps à force de jeûnes et de disciplines, que la mémoire de la mort est pour moi une consolation souveraine. Que celle qui vous envoie m'épargne donc, je l'en supplie, le déplaisir d'entendre parler d'elle, parce que la mémoire de son nom seulement m'est un purgatoire insupportable. »

Le porteur s'en retourna avec cette fâcheuse réponse, et en fit son rapport à celle qui l'avait envoyé, qui ne put l'entendre sans un regret incroyable. Mais l'amour, qui ne veut pas que l'esprit s'abatte jusqu'à l'extrémité, lui mit en tête que si elle pouvait le voir, elle ferait plus par ses yeux et par sa langue qu'elle n'avait fait par sa plume. Elle alla donc au monastère accompagnée de son père et de ses plus proches parents. Elle n'oublia rien de tout ce qu'elle crut pouvoir relever sa beauté, persuadée que s'il pouvait une fois la regarder et l'entendre parler, il était impossible qu'un feu si longtemps fomenté ne se rallumât plus fort que devant. Elle entra dans le couvent sur la fin de vêpres, et le fit venir dans une chapelle du cloître. Lui, qui ne savait qui le demandait, s'en alla au plus rude choc où il se fût jamais trouvé. Elle le vit si pâle et si défait, qu'elle eut de la peine à le reconnaître ; cependant comme il lui parut d'aussi bon air et aussi aimable qu'auparavant, l'amour la contraignit d'avancer les bras, croyant l'embrasser ; mais elle fut si touchée du triste état où il lui parut, et cette idée lui causa une si grande faiblesse de cœur, qu'elle tomba évanouie. Le bon religieux, qui n'était pas destitué de la charité fraternelle, la releva et la fit asseoir sur un siège de la chapelle. Quoiqu'il n'eût pas moins besoin de secours qu'elle, il fit néanmoins semblant d'ignorer sa passion, affermissant son cœur en l'amour de son Dieu contre l'occasion présente. Il y réussit si bien, qu'il semblait ignorer ce qu'il voyait. Revenant de sa faiblesse, et tournant vers lui des yeux si beaux et si tristes, qu'ils auraient été capables d'amollir un rocher, elle lui dit tout ce qu'elle crut le plus propre à le retirer du lieu où il était. Il répondit à tout du mieux qu'il lui fut possible ; mais sentant enfin que son cœur commençait à s'attendrir aux larmes de sa maîtresse, et voyant que l'Amour dont il avait si longtemps éprouvé la cruauté, avait en main une flèche dorée toute prête à lui faire une plaie nouvelle et mortelle, il s'enfuit de devant l'Amour et sa maîtresse ne pouvant rien faire de mieux. S'étant donc enfermé dans sa cellule, et ne pouvant la laisser partir dans cette incertitude, il lui écrivit trois mots en espagnol, qui m'ont paru si bons, que je n'ai pas voulu les traduire, de peur d'en diminuer la grâce. *Voluete don venisti, anima mi, que en las tristas vides es la mia.* La belle voyant bien par là qu'il n'y avait rien à espérer, résolut de suivre son conseil et celui de ses amis, et s'en retourna chez elle, où elle mena une vie aussi mélancolique que celle de son amant était austère dans son couvent.

— Vous voyez, mesdames, de quelle manière le gentilhomme se vengea de sa rigoureuse maîtresse, qui ne pensant que l'éprouver, le désespéra en sorte que quand elle voulut revenir, il n'en fut plus temps.

— Je suis fâchée, dit Nomerfide, qu'il n'ait quitté le froc pour l'épouser ; je crois que ç'aurait été un mariage parfait.

— En bonne foi, dit Simontault, je l'estime bien sage ; car tous ceux qui ont bien pensé aux incommodités du mariage, demeureront d'accord que la vie austère du couvent n'en a guère davantage. Comme il était déjà affaibli à forces de jeûnes et d'abstinences, il craignait de se charger d'un fardeau qu'il eût été contraint de traîner toute sa vie.

—Il me semble, dit Hircan, qu'elle faisait tort à un homme si faible de le tenter par une proposition de mariage, puisque les plus vigoureux et les plus robustes ont de la peine à s'en bien tirer. Mais si elle lui avait parlé d'amitié, sans autre obligation que volontaire, il n'y aurait point eu de cordon qui n'eût été rompu, ni de nœud qui ne se fût dénoué. Mais comme pour le tirer du purgatoire elle lui offrait l'enfer, je soutiens qu'il eut raison de refuser, et de lui faire sentir le chagrin qu'il avait eu de son refus.

— Il y en a beaucoup, dit Émarsuite, qui pensant faire mieux que les autres, font ou pis, ou le rebours de ce qu'ils s'étaient promis.

—Ah ! vraiment, dit Guebron, vous me rappelez, quoique ce ne soit pas à propos, une femme qui faisait le contraire de ce qu'elle voulait faire ; ce qui fut cause d'un gros tumulte dans l'église de Saint-Jean-de-Lyon.

— Je vous prie, dit Parlamente, de prendre ma place et de nous en faire l'histoire.

—Mon conte, répliqua Guebron, ne sera si long, ni si triste que celui de Parlamente.

NOUVELLE LXV

Simplicité d'une vieille qui présenta une chandelle ardente à Saint-Jean-de-Lyon, et qui voulut l'attacher contre le front d'un soldat qui dormait sur un tombeau. Ce qui en arriva.

Il y avait une chapelle fort obscure dans l'église de Saint-Jean-de-Lyon, et devant la chapelle un tombeau fait de pierres à grands personnages représentés au naturel, et autour il y a plusieurs hommes d'armes couchés. Un soldat se promenant un jour dans l'église (c'était dans les grandes chaleurs de l'été), il lui prit envie de dormir. Il jeta les yeux sur cette chapelle, et la voyant sombre et fraîche, il alla au tombeau dormir comme les autres, auprès desquels il se coucha. Au plus fort de son sommeil arriva une vieille dévote. Après qu'elle eut fait ses dévotions, elle voulut attacher au tombeau une chandelle qu'elle avait à la main, et se trouvant plus à portée de l'homme endormi que des autres, elle se mit en devoir de la lui mettre au front, croyant qu'il était de pierre; mais la cire ne put tenir contre cette pierre. La bonne femme, qui crut que le froid de l'image empêchait la chandelle de tenir, lui mit le feu contre le front pour y attacher sa bougie; mais l'image, qui n'était pas insensible, se mit à crier. La bonne femme eut peur, et comme si elle eût été hors de sens, commença à crier: « Miracle! miracle! » et cria si fort que tous ceux qui étaient dans l'église accoururent, les uns aux cloches, les autres au miracle. Elle les mena voir l'image qui s'était remuée, et en fit rire plusieurs; mais certains prêtres ne se contentant pas d'en rire, résolurent de faire valoir ce tombeau et d'en tirer de l'argent.

— Prenez donc garde, mesdames, à quels saints vous donnerez vos chandelles.

— C'est étrange, dit Hircan, que, de quelque manière que ce soit, il faille que les femmes fassent toujours mal.

— Est-ce mal fait, dit Nomerfide, de porter des chandelles aux tombeaux?

— Oui, repartit Hircan, quand on brûle le front aux hommes; car ce n'est point un bien quand il en résulte un mal. La pauvre femme croyait avoir fait un grand présent à Dieu en lui donnant une petite chandelle.

— Dieu ne regarde pas, dit Oysille, à la valeur du présent, mais au cœur qui le fait. Peut-être cette bonne femme avait-elle plus d'amour pour Dieu, que ceux qui donnent de grandes torches; car, comme dit l'Évangile, elle donnait de sa nécessité.

— Je ne crois pourtant pas, dit Saffredant, que Dieu, qui est la souveraine sagesse, puisse agréer la folie des femmes. La simplicité lui plaît, il est vrai; mais l'Écriture m'apprend qu'il méprise l'ignorant; et s'il y est commandé d'être simples comme colombes, il est enjoint aussi d'être prudents comme serpents.

— Pour moi, repartit Oysille, je ne tiens point pour ignorante celle qui porte devant Dieu son cierge ardent, comme faisant amende honorable, les genoux en terre et la torche au poing, à son souverain Seigneur pour lui confesser son crime, et lui demander avec une foi vive sa grâce et son salut.

— Plût à Dieu, dit Dagoucin, que tout le monde s'en acquittât aussi bien que vous; mais je crois que les pauvres ignorantes ne le font pas dans cette intention.

— Celles qui parlent le moins bien, repartit Oysille, sont souvent celles qui ont le sentiment le plus vif de l'amour et de la volonté de Dieu; et, par conséquent, il est de la prudence de ne juger que de soi-même.

— Il n'est pas surprenant, dit Émarsuite en riant, d'avoir fait peur à un valet qui dormait, puisque des femmes aussi médiocres ont fait peur à de grands princes sans leur mettre le feu au front.

— Je suis sûr, dit Dagoucin, que vous en savez quelque conte que vous voulez nous faire. Ainsi vous prendrez ma place, s'il vous plaît.

— Ce conte ne sera pas long, dit Émarsuite; mais si je pouvais vous le conter tel qu'il est arrivé, vous n'auriez pas envie de pleurer.

NOUVELLE LXVI

Agréable aventure du roi et de la reine de Navarre.

L'année que M. de Vendôme épousa la princesse de Navarre, le roi et la reine leurs père et mère, après avoir été régalés à Vendôme, les accompagnèrent en Guienne. Ils passèrent chez un gentilhomme où se trouvèrent plusieurs belles et jeunes dames, où l'on dansa si longtemps, que les nouveaux mariés, étant las, se retirèrent dans leur chambre, et se jetèrent sur le lit tout vêtus, où ils s'endormirent, les portes et les fenêtres étant fermées sans que personne demeurât avec eux. Au fort de leur sommeil ils entendirent ouvrir leur porte par dehors. M. de Vendôme tira le rideau, et regarda qui ce pouvait être, croyant que ce fût quelqu'un de ses amis qui voulait le surprendre. Mais au lieu de cela il vit entrer une grande vieille servante, qui fut tout droit à leur lit, et qui pour l'obscurité ne pouvait pas les reconnaître. Les apercevant cependant fort proches l'un de l'autre, elle se mit à crier : « O méchante et vilaine infâme que tu es ! il y a longtemps que je t'ai crue telle. Mais n'ayant point de preuves à ptoduire, je n'ai osé le dire à madame. A présent que ton infamie est connue, je suis résolue de ne la pas cacher. Et toi, vilain apostat, qui as fait la honte à cette maison de mettre à mal cette pauvre garce, n'était la crainte de Dieu, je t'assommerais de coups là où tu es. Sus debout, de par tous les diables, debout. Il semble encore que tu n'en aies point de honte. » M. de Vendôme et madame la princesse, pour allonger la comédie, se cachaient le visage l'un contre l'autre, et riaient si fort, qu'ils ne pouvaient parler. La servante voyant donc qu'ils ne remuaient point pour ses menaces, ni ne faisaient semblant de se lever, s'approcha d'eux pour les tirer du lit par les bras ou par les jambes. Mais alors elle reconnut, et aux visages et aux habits, que ce n'était point ce qu'elle pensait. Elle ne les eut pas plus tôt reconnus, qu'elle se jeta à leurs pieds, les suppliant de lui pardonner la faute qu'elle avait faite de troubler leur repos. M. de Vendôme voulant en savoir davantage, se leva d'abord, et pria la bonne vieille de lui dire pour qui elle les avait pris : ce qu'elle ne voulut pas faire ; mais enfin après lui avoir fait promettre avec serment de n'en jamais rien dire, elle lui dit que la cause de son équivoque était une demoiselle de la maison, de laquelle un protonotaire était amoureux, et qu'elle observait depuis longtemps, parce qu'elle avait du chagrin que sa maîtresse se fiât à un homme qui lui faisait un pareil affront. Ensuite elle se retira, et laissa le prince et la princesse enfermés comme elle les avait trouvés. Ils rirent longtemps de l'aventure : et quoiqu'ils en aient fait le conte, ils n'ont néanmoins jamais voulu nommer les personnes intéressées.

— Voilà, mesdames, comme la bonne vieille pensant faire une action d'équité, instruisit les princes étrangers de choses dont les domestiques n'avaient jamais entendu parler.

— Je crois savoir, dit Parlamente, où l'aventure est arrivée, et qui est le protonotaire. Il a déjà gouverné des maisons de dames, et quand il ne peut pas gagner la bonne grâce de la maîtresse, il ne manque jamais une des demoiselles; à cela près, il est honnête et homme de bien.

— Pourquoi dites-vous à cela près, dit Hircan, puisque c'est par cela même qu'il s'estime homme de probité ?

— Je vois bien, répondit Parlamente, que vous connaissez la maladie et le malade, et que s'il avait besoin d'apologie, vous ne manqueriez pas d'être son avocat. Cependant je ne voudrais pas confier une intrigue à un homme qui n'a pas su mener la sienne, qui a été sue des servantes mêmes.

— Croyez-vous, dit Nomerfide, que les hommes s'embarrassent qu'on le sache, ou qu'on ne le sache pas ? pourvu qu'ils viennent à leur but, c'est assez.

Soyez persuadée que quand personne n'en parlerait, ils le publieraient eux-mêmes.

— Il n'est pas besoin, leur dit Hircan en colère, que les hommes disent tout ce qu'ils savent.

— Peut-être, répliqua Nomerfide en rougissant, ne diraient-ils rien à leur avantage.

— A vous entendre parler, il semble, dit Simontault, que les hommes se fassent un plaisir d'entendre médire des femmes, et je suis persuadé que vous me croyez de ce nombre-là. C'est pourquoi j'ai envie d'en dire du bien, afin qu'on ne me regarde pas comme un médisant.

— Je vous donne ma voix, dit Émarsuite, et je vous prie de vous contraindre un peu, pour faire votre devoir à notre honneur.

— Il n'est pas nouveau, mesdames, dit alors Simontault, d'entendre parler de vos vertus. Il me semble que quand il se présente quelqu'une de vos belles actions, bien loin de devoir être cachée, elle devrait être écrite en lettres d'or, pour servir d'exemple aux femmes, et pour donner aux hommes sujet d'admiration, de voir dans le sexe fragile ce que la fragilité refuse. C'est cela même qui me fait conter ce que j'ai entendu dire au capitaine Roberval, et à plusieurs de sa compagnie.

NOUVELLE LXVII

Amour et austérité extrême d'une femme en un pays étranger.

Le roi ayant donné le commandement d'une petite escadre à Roberval pour une expédition qu'il avait résolu de faire dans l'île de Canada, ce capitaine avait dessein de s'habituer dans cette île, en cas que l'air y fût bon, et d'y bâtir des villes et des châteaux. Chacun sait quels furent les commencements de ce projet. Pour peupler le pays de chrétiens, il y mena avec lui de toutes sortes d'artisans, parmi lesquels il y en eut un qui fut assez lâche pour trahir son maître, qui pensa être pris par les naturels du pays. Mais Dieu voulut que sa conspiration fût découverte : ainsi elle ne fut pas d'un grand préjudice au capitaine Roberval, qui fit prendre le traître, et voulait le faire pendre comme il l'avait mérité. Il l'aurait fait sans la femme de ce malheureux, laquelle après avoir partagé les périls de la mer avec son mari, voulut suivre jusqu'au bout sa mau-

CONTES DE LA REINE DE NAVARRE.   369

Elle le salua en l'embrassant.

vaise fortune. Elle fit si bien par ses larmes et par ses supplications, que Roberval, soit par les services qu'elle lui avait rendus, ou par un motif de compassion, lui accorda ce qu'elle lui demandait, qui était que son mari et elle seraient laissés dans une petite île qui n'était habitée que par des bêtes sauvages, avec permission d'emporter avec eux ce qui leur serait nécessaire. Les pauvres gens se trouvant seuls avec des bêtes féroces, n'eurent recours qu'à Dieu qui avait toujours été le ferme espoir de cette pauvre femme. Comme elle n'avait d'autre consolation qu'en son Dieu, elle emporta, pour sa conservation, pour sa nourriture et pour sa consolation, le Nouveau-Testament qu'elle lisait sans cesse. Au reste, elle travaillait avec son mari à bâtir un petit logement. Lorsque les lions et autres bêtes féroces en approchaient pour les dévorer, le mari avec son arquebuse, et la femme avec des pierres, se défendaient si bien, que non-seulement ni les bêtes ni les oiseaux n'osaient les approcher, mais même ils en tuaient souvent qui étaient bons à manger. Ils subsistèrent longtemps de ces chairs et d'herbes, après que leur pain fut fini. Toutefois à la longue le mari ne put résister à une si mauvaise nourriture : d'ailleurs ils buvaient des eaux d'une si mauvaise qualité, qu'il devint fort enflé, et mourut en peu de temps, n'ayant ni service ni consolation que de sa femme, qui lui servait de médecin et de confesseur ; de sorte qu'il passa avec joie de son désert à la patrie céleste. La pauvre femme l'enterra dans une fosse qu'elle fit la plus profonde qu'il lui fut possible. Cependant les bêtes en eurent incontinent le sentiment, et vinrent pour manger le cadavre, que la pauvre femme défendait de sa maisonnette à coups d'arquebuse. Ainsi vivant comme les bêtes quant au corps, et comme les anges quant à l'esprit, elle passait le temps en lecture, en contemplations, en prières et en oraisons, avec un esprit joyeux et content, quoique le corps fût maigre et demi-mort. Mais celui qui n'abandonne jamais les siens au besoin, et qui fait éclater sa puissance quand tout est désespéré, ne permit pas que la vertu dont il avait doué cette femme fut ignorée dans le monde, mais voulut l'y faire connaître pour sa gloire. Au bout de quelque temps, un des vaisseaux de la flotte de Roberval passant devant cette île, ceux qui étaient sur le tillac virent une femme qui les fit souvenir de ceux qu'on avait laissés dans cette île, et résolurent d'aller voir de quelle manière Dieu en avait disposé. La pauvre femme voyant approcher le vaisseau, se rendit au bord de la mer, où ils la trouvèrent en arrivant. Après en avoir remercié Dieu, elle les mena à sa pauvre maisonnette, et leur fit voir de quoi elle avait vécu durant le triste séjour qu'elle y avait fait. Ils ne l'auraient jamais pu croire, s'ils n'avaient pas su que Dieu peut nourrir ses serviteurs dans un désert comme aux plus grands festins du monde. La fidélité et la persévérance de cette femme ayant été publiées, les dames lui firent de grands honneurs, et lui donnèrent volontiers leurs filles pour apprendre à lire et à écrire. Elle gagna le surplus de sa vie à cette honnête profession, n'ayant d'autre désir que d'exhorter chacun à aimer Dieu, et à se confier en lui, donnant pour exemple la grande miséricorde dont il avait usé envers elle.

— Vous voyez à présent, mesdames, que je loue les vertus que Dieu a mises en vous ; vertus qui paraissent d'autant plus grandes, que le sujet est plus infime.

— Nous ne sommes point fâchées, dit Oysille, de ce que vous louez en nous les grâces de Notre-Seigneur : et, à la vérité, c'est de lui que vient toute vertu ;

mais il faut passer condamnation que ni l'homme ni la femme ne contribuent point à l'ouvrage de Dieu. L'un et l'autre ont beau courir et beau vouloir, ils ne font que planter, et c'est Dieu seul qui fait croître.

— Si vous avez bien lu l'Écriture, dit Saffredant, vous savez que saint Paul dit « qu'Apollos a planté, et qu'il a arrosé, » mais il ne parle point que les femmes aient mis la main à l'ouvrage de Dieu.

— Vous faites, dit Parlamente, comme ces méchants hommes, qui prennent un passage de l'Écriture pour eux, et laissent celui qui leur est contraire. Si vous avez lu saint Paul d'un bout à l'autre, vous trouverez qu'il se recommande aux dames qui ont beaucoup travaillé avec lui à la propagation de l'Évangile.

— Quoi qu'il en soit, dit Longarine, cette femme est digne de grande louange, tant à cause de l'amour qu'elle a eu pour son mari pour lequel elle a risqué sa vie, qu'en considération de la confiance qu'elle a eue en Dieu, qui comme vous voyez ne l'a point abandonnée.

— Pour le premier, dit Émarsuite, je crois qu'il n'y a point ici de femme qui n'en voulût faire autant pour sauver son mari.

— Et moi je crois, répondit Parlamente, qu'il y a des maris si bêtes, que celles qui en ont de pareils ne doivent point trouver étrange quand elles sont réduites à vivre avec des bêtes d'une autre espèce, et qui n'ont rien de différent que la figure.

Émarsuite ne put s'empêcher de répliquer comme prenant la chose pour son compte :

— Si les bêtes ne mordaient point, leur compagnie serait plus agréable que celle des hommes qui sont emportés et insupportables. Mais je ne change point de sentiment, et je dis encore que si mon mari était en pareil danger, je ne l'abandonnerais point, dût-il m'en coûter la vie.

— Prenez garde, dit Nomerfide, de l'aimer jusqu'à tel point, que l'excès de votre amour ne trompe et vous et lui. Il y a un milieu partout ; et faute de se bien entendre, l'amour se convertit souvent en haine.

— Il me semble, dit Simontault, que vous n'avez pas poussé la matière si loin, sans avoir envie de l'autoriser par quelque exemple. C'est pourquoi si vous en savez quelqu'un, dites-le, je vous donne ma voix.

— Mon conte sera donc court et gai selon ma coutume, répondit Nomerfide.

NOUVELLE LXVIII

Une femme fait manger de la poudre de cantharides à son mari pour s'en faire aimer, et pensa le faire crever.

Il y avait autrefois à Pau, en Béarn, un apothicaire qui se nommait maître Étienne. Il avait épousé une honnête femme, bonne ménagère et assez belle pour qu'il dût s'en contenter. Mais comme il goûtait de différentes drogues, il voulait aussi goûter de différentes femmes pour pouvoir mieux juger de toutes. Sa femme en avait tant de chagrin, qu'elle perdait toute patience; car il ne la regardait pas, si ce n'est la semaine sainte pour lui faire faire pénitence. L'apothicaire étant un jour dans sa boutique, et sa femme aux écoutes cachée derrière la porte, il vint une femme de la ville, commère de l'apothicaire, et malade du même mal que celle qui était derrière la porte. « Hélas! mon compère, mon ami, dit-elle à l'apothicaire en soupirant, je suis la femme du monde la plus malheureuse. J'aime mon mari comme moi-même. Je ne pense qu'à le servir et à lui obéir; mais tout cela est peine perdue, et il aime plus que moi la femme de la ville la plus méchante et la plus sale. Si vous savez quelque drogue qui puisse le faire changer de complexion, je vous prie, mon compère, de m'en donner. Si cela me réussit, et que je sois bien traitée de mon mari, je vous assure que je vous récompenserai de tout mon pouvoir. » L'apothicaire lui dit pour la consoler, qu'il savait une poudre merveilleuse, et que si elle la faisait prendre à son mari avec un bouillon ou une rôtie comme de la poudre de Dun, il lui ferait la meilleure chère du monde. La pauvre femme voulant voir ce miracle, lui demanda ce que c'était, et si elle n'en pourrait point avoir. Il lui dit qu'il n'y avait qu'à prendre de la poudre de cantharides, dont il avait bonne provision. Avant que de se quitter elle l'obligea de préparer cette poudre, et en prit autant qu'il lui en fallait. Elle l'en remercia depuis plusieurs fois; car son mari qui était fort et vigoureux, et qui n'en prit pas trop, ne s'en trouva pas plus mal, et elle mieux.

La femme de l'apothicaire, qui avait entendu toute la conversation, songea en elle-même qu'elle n'avait pas moins besoin de cette recette que sa commère. Elle apprit le lieu où son mari mettait le reste de la poudre, résolue de s'en servir quand l'occasion s'en présenterait. Elle n'eut pas longtemps à attendre. Son mari se sentant incommodé d'une froideur d'estomac, la pria de lui faire un bon bouillon. Elle lui dit qu'une rôtie à la poudre de Dun lui ferait plus du bien. Il lui dit incontinent de lui en faire une, et de prendre dans sa boutique de la cinnamome et du sucre. Elle le fit, et n'oublia pas le reste de la poudre qu'il avait donnée à sa commère, sans garder ni poids, ni dose, ni mesure. Le mari mangea la rôtie, et la trouva très-bonne. Il s'aperçut bientôt de son effet, qu'il crut apaiser avec sa femme ; mais il lui fut impossible, car il sentait un si grand feu, qu'il ne savait de quel côté se tourner. Il dit à sa femme qu'elle l'avait empoisonné, et voulut savoir ce qu'elle avait mis à la rôtie. Elle ne lui déguisa point la vérité, et lui avoua qu'elle avait autant de besoin de cette recette que sa commère. Le pauvre apothicaire souffrait de si grandes douleurs, qu'il ne put faire autre chose que la battre d'injures. Il la chassa de sa présence, et fit prier l'apothicaire de la reine de Navarre de le venir voir ; ce qu'il fit, et lui donna les remèdes qui pouvaient le guérir. Il l'eut remis sur pied en fort peu de temps, et le censura aigrement de faire prendre à autrui des drogues qu'il ne voulait pas prendre pour lui, ajoutant que sa femme avait fait ce qu'elle devait, attendu le désir qu'elle avait de se faire aimer de lui. Il fallut que le pauvre homme prît patience, et qu'il reconnût que Dieu l'avait justement puni en l'exposant à la raillerie qu'il voulait faire à autrui.

— Il me semble, mesdames, que l'amour de cette femme n'était pas moins indiscret qu'excessif.

— Appelez-vous aimer son mari, dit Hircan, de le faire souffrir pour le plaisir qu'elle en espérait ?

— Je crois, dit Longarine, qu'elle n'avait intention que de regagner la bienveillance de son mari, qu'elle croyait avoir perdue. Il n'y a rien que les femmes ne fassent pour un tel bien.

— Cependant, dit Guebron, en matière de boire et de manger, une femme ne doit rien donner à son mari pour quelque raison que ce puisse être, qu'elle ne sache, tant par sa propre expérience que par celle des gens savants, qu'il ne peut lui en arriver aucun mal ; mais il faut excuser l'ignorance. Celle-là est excusable : car la passion qui aveugle le plus, c'est l'amour ; et la personne la plus aveuglée, c'est la femme, qui n'a pas la force de conduire sagement un grand fardeau.

— Guebron, répondit Oysille, vous sortez de votre bonne coutume pour vous rendre au sentiment de vos confrères. Il y a pourtant des femmes qui ont soutenu patiemment l'amour et la jalousie.

— Oui, dit Hircan, et plaisamment ; car les plus sages sont celles qui prennent autant de plaisir à se moquer et à rire des actions de leurs maris, que les maris en ont de les tromper secrètement. Si vous voulez me donner le rang avant que madame Oysille finisse la journée, je vous ferai un conte d'un mari et d'une femme que toute la compagnie connaît.

— Vous n'avez donc qu'à commencer, dit Nomerfide.

NOUVELLE LXIX

Un Italien se laissa duper par sa servante, et fut surpris par sa femme, blutant au lieu de la servante.

Au château de Doz, en Bigorre, demeurait un écuyer du roi, nommé Charles, Italien d'origine. Il avait épousé une demoiselle fort sage et vertueuse; mais qui avait vieilli, après lui avoir donné plusieurs enfants. Lui aussi n'était pas jeune, et vivait avec sa femme en bonne paix et amitié. Il est vrai qu'il parlait quelquefois à ses servantes. La bonne femme ne faisait semblant de rien, mais elle les congédiait tout doucement, quand elle les connaissait trop privées dans la maison. Elle en prit une, un jour, qui était sage et bonne fille. Elle lui dit l'humeur de son mari et la sienne, et l'avertit qu'ils chassaient une fille dès qu'ils connaissaient qu'elle n'était pas sage. Cette servante ayant bonne envie de demeurer au service de sa maîtresse et de s'en faire estimer, résolut de ne point forligner de la vertu. Quoique son maître lui tînt souvent des discours contraires à la sagesse, elle ne voulut entendre à rien et contait tout à sa maîtresse, qui riait avec elle de la folie du mari. Un jour la servante blutait dans une chambre de derrière avec son surcot sur la tête, à la mode du pays. Ce surcot est fait comme un crémeau, mais il couvre tout le corps et les épaules par derrière. Son maître, la trouvant en cet équipage, la pressa vivement. Elle, qui eût autant aimé mourir que de faire ce qu'il voulait, fit semblant de consentir à son désir, et le pria de lui permettre d'aller voir premièrement si sa maîtresse n'était point occupée à quelque chose, afin de n'être pas surpris; ce qu'il lui permit bien volontiers. Elle le pria de mettre son surcot et de bluter pendant son absence, afin que sa maîtresse entendît toujours le bruit du bluteau. Il le fit avec joie, dans l'espérance d'avoir ce qu'il demandait. La servante, qui aimait à rire, courut à sa maîtresse et lui dit: « Venez voir votre mari, auquel j'ai appris à bluter pour me défaire de lui. » La femme fit diligence pour aller voir cette nouvelle servante, et trouva son mari le surcot en tête et le bluteau à la main. Elle se mit si fort à rire en claquant des mains, qu'à peine put-elle lui dire : « Gouyatte, combien veux-tu gagner par mois ? » Le mari, reconnaissant sa femme à la voix, et voyant qu'il était dupé, jeta le surcot et le bluteau et courut à la servante, qu'il appela mille fois méchante. Si sa femme ne se fût mise entre deux, il l'eût payée de sa courtoisie; cependant l'orage s'apaisa, au contentement des parties, qui vécurent depuis paisiblement ensemble.

— Que dites-vous de cette femme, mesdames? N'était-elle pas sage de se faire un divertissement du divertissement de son mari?

— Ce n'est pas un divertissement pour le mari, dit Saffredant, d'avoir manqué son coup.

— Je crois, dit Émarsuite, qu'il eut plus de plaisir de rire avec sa femme que d'aller se tuer avec sa servante à l'âge où il était.

— Il me fâcherait fort, dit Simontault, qu'on me trouvât avec ce beau crémeau.

— J'ai entendu dire, dit Parlamente, qu'il n'a pas tenu à votre femme qu'elle ne vous ait trouvé à peu près dans le même équipage, quelque fin que vous soyez; et depuis ce temps-là, dit-on, elle n'a jamais eu de repos.

— Contentez-vous des aventures de votre maison, répondit Simontault, sans venir chercher les miennes. Ma femme n'a aucun sujet de se plaindre de moi; mais quand je serais tel que vous dites, elle ne s'en apercevrait pas, parce que rien ne lui manque.

— Les femmes d'honneur, dit Longarine, n'ont besoin de rien que de l'amour de leurs maris, qui sont les seuls qui puissent les contenter. Mais celles qui cherchent un plaisir brutal, ne le trouveront jamais où l'honnêteté commande.

— Appelez-vous plaisir brutal quand une femme veut avoir de son mari ce ce qui lui appartient?

— Je soutiens, répondit Longarine, qu'une femme chaste qui aime véritablement, est plus contente d'être parfaitement aimée que de tous les plaisirs sensuels que la chair peut désirer.

— Je suis de votre sentiment, dit Dagoucin; mais ces seigneurs ici ne le veulent entendre ni confesser. Je crois que si l'amour réciproque ne contente pas une femme, un mari seul ne la contentera pas non plus; car si elle ne vit suivant l'honnête amour des femmes, il faut qu'elle soit outrée de l'insatiable cupidité des bêtes.

— Vraiment, reprit Oysille, vous me faites souvenir d'une dame belle et bien mariée, qui, faute de se contenter de cette honnête amitié, devint plus charnelle que les pourceaux et plus cruelle que les lions.

— Je vous prie, madame, de finir cette journée par nous conter cette histoire.

— Je ne le puis pour deux raisons, répondit Oysille; la première, c'est qu'elle est longue; et l'autre qu'elle n'est pas de notre temps. Cependant elle a été écrite par un auteur digne de foi; et nous avons juré de ne rien dire ici qui ait été écrit.

— Il est vrai, répliqua Parlamente, mais comme je crois savoir quelle est ce conte, je dois vous dire qu'il a été écrit en si vieux langage, que je crois qu'il n'y a que nous deux ici qui en ayons entendu parler. C'est pourquoi il passera pour nouveau.

Alors toute la compagnie la pria de le dire, sans s'embarrasser de la longueur, parce qu'ils avaient encore une bonne heure avant que d'aller à vêpres. Oysille donc se rendit à leur prière, et commença comme vous allez voir.

NOUVELLE LXX

L'horrible impudicité d'une duchesse fut la cause de sa mort, et de celle de deux personnes qui s'aimaient parfaitement.

Il y avait dans le duché de Bourgogne un duc très-honnête homme et fort bien fait de sa personne. Il avait épousé une femme de la beauté de laquelle il était si content, qu'il ne songeait qu'à lui plaire, à quoi elle faisait semblant de répondre très-bien. Ce duc avait chez lui un jeune gentilhomme si accompli en tout ce qu'on peut souhaiter en un homme, qu'il était aimé de tout le monde, et principalement du duc, auprès duquel il avait été élevé dès l'enfance. Comme il connaissait en lui tant de perfections, il l'aimait autant qu'on peut aimer, et lui confiait toutes les affaires où son âge lui permettait d'entrer. La duchesse qui, n'étant pas une femme de vertu, n'était pas contente de l'amour que son mari avait pour elle, et du bon traitement qu'elle en recevait, regardait souvent ce gentilhomme, et le trouvait si fort à son gré, qu'elle l'aimait outre mesure. Elle tâchait à tout moment de le lui faire connaître, tant par des œillades langoureuses et tendres, que par des soupirs et des airs passionnés. Mais le gentilhomme, qui n'avait jamais étudié que la vertu, ne connaissait point de vice en une dame qui avait si peu sujet d'en avoir : de sorte que les œillades, les soupirs et les airs passionnés de cette pauvre folle ne lui produisaient qu'un cruel désespoir. Elle porta l'extravagance si loin, qu'oubliant un jour qu'elle était femme qui devait être priée sans devoir rien accorder, et princesse qui devait être servie, et obligée de dédaigner de pareils serviteurs, elle résolut de faire le personnage d'un homme transporté, et de se décharger d'un fardeau qui lui était insupportable. Le duc allant donc au conseil, où le gentilhomme n'entrait point, parce qu'il était trop jeune, elle lui fit signe de venir à elle ; ce qu'il fit, croyant qu'elle avait quelque chose à lui ordonner. S'appuyant donc sur son bras comme une femme lasse de trop de repos, elle le mena promener dans une galerie, où elle lui dit : « Je suis surprise qu'étant comme vous êtes jeune, bien fait et plein d'agréments, vous ayez pu jusqu'ici pratiquer tant de belles dames sans en aimer aucune; » et en le regardant du meilleur œil qu'elle pouvait, elle en demeura là, pour lui donner lieu de parler. « Madame, répondit-il, si je méritais que votre grandeur pût s'abaisser jusqu'à moi, vous auriez plus de sujet d'être surprise de voir un aussi petit homme que moi vous offrir ses services, pour être ou refusé ou moqué. » Sur cette sage réponse la duchesse l'aima plus qu'auparavant, et lui jura qu'il n'y avait dame à la cour qui ne fût trop heureuse d'avoir un amant de son mérite : qu'il pouvait essayer, et qu'elle l'assurait qu'il y réussirait sans peine.

Le gentilhomme avait toujours les yeux baissés, n'osant regarder la contenance de la duchesse, assez ardente pour échauffer un glaçon. Dans le temps qu'il se mettait en devoir de s'excuser, le duc manda à la duchesse de venir au conseil pour une affaire à laquelle elle avait intérêt. Elle y alla avec beaucoup de regret : pour le gentilhomme, il fit semblant de n'avoir pas compris ce qu'elle lui avait dit. Elle en eut tant de trouble et de chagrin, qu'elle ne savait à qui s'en prendre, sinon à la sotte crainte dont elle croyait le jeune homme trop plein. Voyant donc qu'il n'entendait pas son langage, elle résolut peu de jours après de passer par dessus et la crainte et la honte, et de lui déclarer sans enveloppe et sans détour la passion qu'elle avait pour lui, persuadée qu'une beauté comme la sienne ne pouvait manquer d'être bien reçue. Elle aurait néanmoins bien souhaité d'avoir l'honneur d'être priée ; mais après tout elle préféra le plaisir à l'honneur. Après avoir tenté plusieurs fois le même moyen qu'elle avait déjà essayé, et toujours eu une réponse aussi peu favorable que la première, elle le tira un jour par la manche, et lui dit qu'elle voulait lui parler d'une affaire importante. Le gentilhomme, avec le respect et l'humilité qu'il lui devait, l'alla trouver à une fenêtre reculée où elle s'était retirée. Quand elle vit qu'on ne pouvait la voir de sa chambre, elle le remit sur le premier discours avec une voix tremblante qui marquait également du désir et de la crainte. Elle lui fit des reproches de ce qu'il n'avait encore fait choix d'aucune dame, et l'assura qu'en quelque lieu qu'il se fixât, elle n'épargnerait rien pour le faire réussir. Le gentilhomme, non moins étonné que chagrin d'un pareil discours, lui répondit : » J'ai le cœur si bon, madame, que si j'étais une fois refusé, je n'aurais jamais de joie; et je connais si bien mon peu de mérite, que je suis persuadé qu'il n'y a point de dame à la cour qui voulût de mes services. » La duchesse rougit à ces mots, et croyant que son cœur ne tenait plus à rien, lui jura qu'il n'avait qu'à vouloir, et qu'elle pouvait lui répondre qu'elle savait la plus belle dame de la cour qui le recevrait avec une joie extrême, et lui donnerait un contentement parfait. « Je ne crois pas, madame, répliqua-t-il, qu'il y ait de femme assez malheureuse et assez aveugle pour m'avoir trouvé à son gré. » La duchesse, voyant qu'il ne la voulait point entendre, lui entr'ouvrit le voile de sa passion; et comme la vertu du gentilhomme lui donnait sujet de crainte, elle lui parla par interrogation, et lui dit : « Si la fortune vous avait favorisé jusques au point que ce fût moi qui eusse tant de bonne volonté pour vous, que diriez-vous ? » Le gentilhomme, qui s'imaginait songer à l'ouïe d'un tel discours, lui dit, un genou en terre : « Quand Dieu me fera la grâce, madame, d'avoir la bienveillance du duc mon maître et la vôtre, je me croirai l'homme du monde le plus heureux. C'est l'unique récompense que je demande pour mes fidèles services, étant obligé comme je le suis, plus que personne, de sacrifier ma vie pour vous deux. Je suis persuadé, madame, que l'amour que vous avez pour monseigneur votre époux est si pur et si grand, que je ne dis pas moi qui ne suis qu'un ver de terre, mais même le plus grand prince et l'homme du monde le plus accompli ne saurait altérer l'union qui est entre mon maître et vous. Pour moi, comme il m'a nourri dès mon enfance, et qu'il m'a fait ce que je suis, je ne voudrais pas pour ma vie avoir d'autre pensée que celle que doit avoir un fidèle serviteur, ni pour sa femme, ni pour sa sœur, ni pour sa mère. » La duchesse ne le laissa pas aller plus loin; et voyant qu'elle était en danger d'essuyer un honteux refus, elle l'interrompit incontinent, et lui dit: « Méchant et orgueilleux fou ! qui est-ce qui vous demande cela? Parce que vous avez bonne mine, vous vous imaginez que les mouches même sont amoureuses de vous; mais si vous étiez assez présomptueux pour vous adresser à moi, je vous ferais bien connaître que je n'aime et ne veux aimer que mon mari. Je ne vous ai parlé comme j'ai fait que pour me divertir, pour savoir de vos nouvelles, et me moquer de vous, comme je fais des amoureux ridicules. — Je l'ai cru et le crois comme vous dites, madame, » répondit le gentilhomme. Alors, sans vouloir l'écouter davantage, elle s'en retourna brusquement dans sa chambre. Comme elle vit que les dames la suivaient, elle entra dans son cabinet, où elle fit des doléances et des regrets qui ne se peuvent raconter. D'un côté, l'amour où elle avait échoué, lui donnait une tristesse mortelle; et de l'autre, le dépit tant contre elle-même d'avoir commencé un si impertinent dialogue, que contre le gentilhomme d'avoir répondu si sagement, la jetaient dans une si grande furie, que tantôt elle voulait se tuer, un moment après elle voulait vivre pour se venger de celui qu'elle regardait comme le plus cruel de ses ennemis. Après avoir longtemps pleuré, elle feignit d'être malade pour n'aller point au souper du duc, où le gentilhomme servait d'ordinaire. Le duc, qui aimait sa femme plus que lui-même, ne manqua pas de l'aller voir. Pour parvenir plus aisément à la fin qu'elle se proposait, elle lui dit qu'elle croyait être grosse, et que sa grossesse lui avait jeté un rhume sur les yeux, qui lui faisait bien de la peine. La duchesse fut au lit deux ou trois heures si triste et si mélancolique, que le duc, croyant qu'il y avait autre chose que la grossesse, résolut de coucher cette nuit-là avec elle. Mais voyant que quelques caresses qu'il pût lui faire, cela ne l'empêchait pas de soupirer continuellement, il lui dit : « Vous savez, mon cœur, que je vous aime comme ma propre vie, et que si vous mourez, il ne m'est pas possible de survivre. Si donc ma santé vous est chère, dites-moi, je vous prie, ce qui vous fait ainsi soupirer ; car je ne puis croire que la grossesse seule puisse produire cet effet. » La duchesse voyant son époux dans les dispositions où elle pouvait le souhaiter, crut qu'il fallait en profiter pour se venger. « Hélas ! monsieur ! lui dit-elle, les larmes aux yeux en l'embrassant, mon plus grand mal est de vous voir la dupe de ceux qui sont si obligés de conserver votre bien et votre honneur. » Cela donna une merveilleuse envie au duc de savoir pourquoi elle disait cela, et la pria de lui parler franchement et sans crainte, sans lui déguiser rien. « Je ne m'étonnerai jamais, dit-elle enfin après plusieurs refus, si les étrangers font la guerre aux princes, puisque ceux qui leur ont le plus d'obligation ont la hardiesse d'entreprendre de leur en faire une si cruelle, que la perte des biens n'est rien en comparaison. Je dis ceci, monsieur, par rapport à un tel gentilhomme, nommant son ennemi, que vous avez nourri, élevé, traité plus en parent et en fils qu'en domestique, et qui pour reconnaissance, a eu l'impudence et la lâcheté d'attenter à l'honneur de votre femme, d'où dépend celui de votre maison et de vos enfants. Quoiqu'il ait travaillé longtemps à m'insinuer des choses qui ne me laissaient pas douter de sa noire malice, cependant mon cœur qui n'est que pour vous, et qui ne songe qu'en vous, n'y pouvait rien comprendre ; mais à la fin il s'est expliqué, et je lui ai répondu ce que mon état et mon honneur m'obligeaient de répondre. Cependant je le hais de manière que je ne puis le regarder. C'est ce qui m'a fait demeurer dans ma chambre, et perdre l'honneur de votre compagnie. Je vous supplie, monsieur, de ne point tenir une telle peste auprès de vous ; car après un tel crime, la crainte que vous n'en fussiez averti, pourrait bien lui faire entreprendre quelque chose de pis. Voilà, monsieur, la cause de ma douleur, qui me paraît très-juste et très-digne que vous y mettiez ordre sans retardement. » Le duc, qui d'un côté aimait sa femme, et qui se sentait fort outragé, et qui d'un côté aimait aussi le gentilhomme, dont il avait souvent éprouvé la fidélité, avait de la peine à croire que ce mensonge fût une vérité. Ne sachant donc que faire, il s'en alla dans sa chambre rempli de colère, et fit dire au gentilhomme qu'il n'eût plus à se trouver devant lui, mais qu'il se retirât chez lui pour quelque temps. Le gentilhomme, ignorant la cause d'un ordre si pressant et si peu attendu, en fut d'autant plus touché, qu'il croyait avoir mérité un traitement tout contraire. Comme il était bien assuré de son cœur et de ses actions, il fit parler au duc par un de ses camarades, qui lui rendit en même temps une lettre par laquelle il le suppliait très-humblement, que si par un mauvais rapport il avait le malheur d'être éloigné de sa présence, il eût la bonté de suspendre son jugement jusqu'à ce qu'il l'eût instruit de la vérité ; et qu'il osait espérer qu'il trouverait alors qu'il n'avait été offensé en rien. Cette lettre apaisa un peu le duc, qui le fit venir secrètement dans sa chambre, et lui dit avec beaucoup de sérieux :

« Je n'aurais jamais cru qu'après vous avoir fait nourrir comme mon enfant, j'eusse eu sujet de me repentir de vous avoir tant avancé, puisque vous avez voulu me faire un outrage qui m'aurait été plus sensible que la perte de ma vie et de mes biens ; c'est d'attenter à l'honneur de celle qui est la moitié de moi-même, et couvrir ma maison d'une infamie éternelle. Vous pouvez croire que cette injure me tient si fort au cœur, que si j'étais bien assuré que le fait fût véritable, vous seriez déjà au fond de l'eau, pour vous punir secrètement de l'affront que vous avez voulu me faire de même. » Le gentilhomme ne fut point surpris de ce discours : s'assurant au contraire sur son innocence, il parla avec fermeté, et le supplia d'avoir la bonté de lui dire qui était son accusateur, l'accusation étant de la nature de celles qui discutent mieux avec la lance qu'avec la langue. « Votre accusateur, répondit le duc, n'a pour toutes armes que sa chasteté. C'est ma femme, et non autre, qui me l'a dit, me priant de la venger de vous. » Le pauvre gentilhomme, surpris de la prodigieuse malice de la duchesse, ne voulut cependant pas l'accuser, et se contenta de répondre : « Madame peut dire ce qu'il lui plaît. Vous la connaissez, monsieur, mieux que moi, et vous savez si je l'ai vue ailleurs qu'en votre compagnie, sinon une seule fois qu'elle me fit l'honneur de me parler bien peu. Vous avez le jugement aussi bon que prince de la chrétienté. Ainsi, monsieur, je vous supplie de considérer si vous avez jamais vu en moi quelque chose qui ait pu vous causer du soupçon. C'est un feu qu'il est impossible de couvrir longtemps de manière que ceux qui sont malades de la même maladie n'en connaissent quelque chose. Je vous demande par grâce, monsieur, de croire deux choses de moi : l'une, que je vous suis si fidèle, que quand madame votre épouse serait la plus belle femme du monde, l'amour ne serait pas capable de me faire rien faire contre mon honneur et mon devoir ; l'autre, que quand elle ne serait point votre épouse, c'est la femme que j'aie jamais vue dont je serais le moins amoureux : et il y en a assez d'autres pour lesquelles je me sens du penchant. » A ces paroles, le duc commença un peu à s'adoucir. « Aussi ne l'ai-je pas cru, lui dit-il ; ainsi vous n'avez qu'à faire comme à l'ordinaire, vous assurant que si je connais que la vérité soit de votre côté, je vous aimerai plus que je n'ai jamais fait ; mais s'il me paraît du contraire, votre vie est en ma puissance. » Le gentilhomme le remercia, et se soumit à la plus rigoureuse peine qu'il pourrait inventer en cas qu'il se trouvât coupable.

« La duchesse voyant le gentilhomme servir comme à l'ordinaire, ne put le souffrir patiemment, et dit à son mari : « Qu'il vous serait bien dû, monsieur, si vous étiez empoisonné, puisque vous avez plus de confiance en vos mortels ennemis, qu'en vos amis les plus intimes ?—Ne vous inquiétez point, ma mie, répondit le duc : s'il me paraît que ce que vous m'avez dit soit véritable, je vous assure qu'il n'a pas pour vingt-quatre heures de vie ; mais comme il m'a protesté du contraire avec serment, et que d'ailleurs je ne me suis aperçu de rien, je ne puis le croire sans de bonnes preuves. — En bonne foi, monsieur, répliqua-t-elle, votre bonté le rend encore plus condamnable. Quelle plus grande preuve voulez-vous que de voir qu'un homme comme lui passe pour indifférent ? Soyez persuadé, monsieur, que sans la vaine et présomptueuse pensée dont il s'est flatté de me servir, il ne serait pas à ces heures à faire une maîtresse. Jamais jeune homme ne fut si solitaire que lui en bonne compagnie ; et la raison de cela est qu'il a le cœur si haut, que sa vaine espérance lui tient lieu de tout. Si vous croyez qu'il ne vous cache rien, faites-le jurer, je vous prie, sur ses amours. S'il vous dit qu'il en aime une autre, à la bonne heure, croyez-le, je le veux bien ; sinon soyez persuadé que je dis vrai. » Le duc goûta fort les raisons de sa femme, et menant le gentilhomme à la campagne, lui dit : « Ma femme continue toujours à me parler de vous sur le même ton, et m'allègue une raison qui me donne des soupçons contre vous. On s'étonne, pour vous parler net, qu'étant jeune et galant homme comme vous êtes, on n'ait jamais su que vous ayez aimé ; et cela même me fait craindre que vous n'ayez les sentiments qu'elle dit ; et que cette espérance ne vous fasse tant de plaisir, que vous ne puissiez penser à d'autre femme. Je vous prie donc comme ami, et vous ordonne comme maître, de me dire au vrai si vous aimez. » Le pauvre gentilhomme, qui aurait bien voulu cacher son amour avec le même soin qu'il voulait conserver sa vie, voyant l'extrême jalousie de son maître, fut contraint de lui jurer qu'il aimait une fille si belle, que la beauté de la duchesse et de toutes les femmes de sa suite était médiocre en comparaison, pour ne pas dire laideur et difformité, le suppliant au reste de n'exiger jamais de lui qu'il la nommât, parce qu'ils étaient convenus que le premier qui nommerait, romprait toutes leurs liaisons. Le duc promit de ne jamais le presser là-dessus, et fut si satisfait de lui, qu'il lui fit meilleure mine qu'il n'avait encore fait. La duchesse s'en aperçut, et fit une nouvelle batterie d'artifices pour en savoir la raison. Le duc ne lui en fit point un secret. A sa vengeance se joignit une jalousie si outrée, qu'elle supplia le duc de commander au gentilhomme de lui nommer sa maîtresse, l'assurant que c'était un mensonge, et le moyen le plus certain pour savoir si ce qu'il disait était vrai ; mais que s'il refusait de dire le nom de celle qu'il trouvait si belle, son époux était le prince du monde le plus crédule d'ajouter foi à une chose si vague. Le pauvre prince, que sa femme menait comme elle voulait, alla se promener seul avec le gentilhomme, et lui dit qu'il était encore dans un plus grand embarras que jamais, craignant que ce qu'il lui avait dit, ne fût une excuse pour l'empêcher de démêler la vérité; ce qui l'inquiétait plus qu'auparavant. C'est pourquoi il le pria le plus fortement qu'il put, de lui dire le nom de celle qu'il aimait si fort. Le pauvre gentilhomme le pria de ne le point contraindre de manquer à la parole qu'il avait donnée à une personne qu'il aimait comme soi-même, et qu'il avait inviolablement gardée jusqu'alors; que ce serait vouloir lui faire perdre en un jour ce qu'il conservait depuis plus de sept ans, et qu'il aimerait mieux mourir que de faire ce tort à une personne qui lui était si fidèle. Le duc voyant qu'il ne voulait pas dire le nom de cette belle, entra dans une si violente jalousie, qu'il lui dit d'un air furibond : « Choisissez de deux choses l'une, ou de me dire le nom de celle que vous aimez plus que toutes les autres, ou de sortir des terres de ma dépendance, à condition que si l'on vous y trouve après huit jours, je vous ferai mourir d'une mort cruelle. »

« Si jamais fidèle serviteur fut saisi d'une vive douleur, ce fut le pauvre gentilhomme, qui pouvait bien dire : *Angustiæ sunt mihi undique*. En effet il voyait d'un côté, que disant la vérité il perdrait sa maîtresse, si elle venait à savoir qu'il lui eût manqué de parole par sa faute, et il considérait de l'autre que ne la disant pas, il était exilé du pays où elle faisait sa demeure, et ne pourrait plus la voir. Se trouvant ainsi pressé de toutes parts, il lui vint une sueur froide, comme si la tristesse l'eût porté sur le bord du tombeau. Le duc remarquant son embarras, crut qu'il n'aimait que la duchesse, et que son trouble venait de ce qu'il ne pouvait en nommer d'autre. Dans cette prévention, il lui dit assez durement : « Si vous m'aviez dit la vérité, vous auriez moins de peine à faire ce que je souhaite de vous; mais je crois que votre crime fait votre embarras. » Le gentilhomme, piqué de ces paroles et poussé par l'amour qu'il avait pour lui, résolut de lui dire la vérité, persuadé que son maître était si honnête homme, qu'il garderait inviolablement son secret. Il se mit donc à genoux, et lui dit, les mains jointes : « Les obligations que je vous ai, monsieur, et l'amour que j'ai pour vous, me forcent plus que la peur que j'ai de la mort. Vous êtes à mon égard dans une prévention si fausse, que, pour vous tirer d'embarras, je suis résolu de vous dire ce que tous les tourments ne sauraient arracher de moi. Toute la grâce que je vous demande, monsieur, est de me jurer en foi de prince et de chrétien, de ne jamais révéler le secret que vous me contraignez de vous dire. » Le duc lui fit tous les serments dont il put s'aviser, de ne jamais dire son secret à personne, ni par parole, ni par effet, ni par signes. Le gentilhomme, comptant sur la vertu et sur la bonne foi d'un prince qu'il connaissait, mit la première main à son malheur en lui disant :

« Il y a sept ans passés, monseigneur, qu'ayant connu votre nièce veuve et sans parti, j'ai tâché d'acquérir sa bienveillance. Comme je n'étais pas de naissance à l'épouser, je me contentais d'en être reçu comme amant; ce que j'ai été aussi. Notre commerce a été conduit jusqu'ici avec tant de prudence, que personne n'en a eu connaissance, si ce n'est vous, monseigneur, entre les mains de qui je mets ma vie et mon honneur, vous suppliant de garder le secret, et de n'avoir pas moins d'estime pour madame votre nièce; ne croyant pas qu'il y ait sous le ciel rien de plus parfait et de plus chaste. Le duc fut ravi d'une telle déclaration; car connaissant la beauté extraordinaire de sa nièce, il ne douta point qu'elle ne fût plus capable de plaire que sa femme. Mais ne concevant pas qu'un tel mystère pût se conduire sans moyens il le pria de lui dire comment il faisait pour la voir. Le gentilhomme lui dit que la chambre de sa maîtresse avait une sortie sur le jardin, et que, le jour qu'il devait y aller, on laissait une petite porte ouverte, par où il entrait à pied, et avançait jusqu'à ce qu'il entendît japper un petit chien que la dame laissait aller dans le jardin après que toutes ses femmes étaient retirées; qu'alors il allait la trouver, et l'entretenait toute la nuit, lui marquant, au départ, le jour qu'il devait y retourner; à quoi il n'avait encore jamais manqué que pour de grandes et importantes raisons. Le duc, qui était l'homme du monde le plus curieux, et qui en son temps avait été fort galant, le pria, tant pour éclaircir ses soupçons, que pour avoir le plaisir d'entendre conter une aventure si singulière, de le mener avec lui la première fois qu'il irait, non comme maître, mais comme compagnon. Le gentilhomme ayant été si loin, se fit honneur de la nécessité, et lui accorda ce qu'il souhaitait. Le duc en fut aussi aise que s'il eût gagné un royaume, et feignant d'aller se reposer dans sa garde-robe, fit venir deux chevaux, un pour lui, et l'autre pour le gentilhomme, et marchèrent toute la nuit pour se rendre chez la nièce, laissant leurs chevaux à l'entrée du parc. Le gentilhomme fit entrer le duc par la petite porte, le priant de se tenir derrière un gros noyer, d'où il pourrait voir s'il disait vrai ou non. Ils ne demeurèrent pas longtemps au jardin, que le petit chien commença à japper, et le gentilhomme à marcher du côté de la tour, où la belle ne manqua pas de venir au-devant de lui. Elle le salua en l'embrassant, et lui dit qu'il lui semblait qu'il y avait mille ans qu'elle ne l'avait vu. Ensuite ils entrèrent dans la chambre, qu'ils laissèrent ouverte. Le duc entra sans bruit après eux, car il n'y avait aucune lumière. Après qu'il eut entendu toute la conversation de leur chaste amitié, il se tint plus satisfait, et n'eut pas le temps de s'ennuyer; car le gentilhomme dit à la dame, qu'il était obligé de s'en retourner plus tôt qu'à l'ordinaire, parce que le duc allait à la chasse à quatre heures, et qu'il n'oserait manquer de s'y trouver. La dame qui préférait l'honneur au plaisir, ne se mit point en devoir de l'empêcher de faire son devoir; car ce qu'elle estimait le plus de leur honnête amitié, c'était qu'elle était un secret pour tout le monde. Le gentilhomme partit donc à une heure après minuit. Le duc sortit le premier. Tous deux remontèrent à cheval, et s'en retournèrent comme ils étaient venus. Le duc jurait incessamment en chemin au gentilhomme qu'il aimerait mieux mourir que de révéler jamais son secret, et prit tant de confiance en lui, et l'aima si fort, qu'il n'y avait personne à la cour qui fût en plus grande faveur que lui. La duchesse en était enragée. Le duc lui défendit de ne plus lui en parler, disant qu'il en savait la vérité, et qu'il était content, parce que la dame qu'il aimait était plus belle qu'elle. La duchesse fut si touchée de ces paroles, qu'elle en prit une maladie pire que la sienne. Le duc l'alla voir pour la consoler; mais il n'y avait pas moyen, à moins qu'il ne lui dît qui était cette belle si fort aimée. Elle l'importuna et le pressa tant, qu'il sortit de la chambre, lui disant : « Si vous me parlez encore de ces choses, nous nous séparerons. » Cela la rendit encore plus malade, et elle feignit de sentir remuer son enfant; de quoi le duc fut si joyeux qu'il alla coucher avec elle. Quand elle le vit dans le fort de sa passion pour elle, elle se tourna de l'autre côté, et lui dit : « Puisque vous n'aimez ni femme, ni enfants, je vous supplie, monsieur, de nous laisser mourir tous deux. » A ces mots, elle répandit tant de larmes, et poussa tant de soupirs et tant de cris, que le duc eut grand'peur qu'elle ne se blessât. Il la prit entre ses bras, et la pria de lui dire ce qu'elle voulait, lui protestant qu'il n'avait rien qui ne fût à elle. « Ah! monsieur, répondit-elle en pleurant, quelle espérance puis-je avoir que vous fissiez pour moi une chose si difficile, puisque vous ne voulez pas faire la plus facile et la plus raisonnable du monde, qui est de me dire le nom de la maîtresse du plus méchant serviteur que vous avez jamais eu? Je croyais que vous et moi ne fussions qu'un cœur, mais je vois bien que vous me tenez pour une étrangère, puisque vous me cachez vos secrets, comme si j'étais votre ennemie. Vous m'avez confié des choses si importantes et si secrètes, dont vous n'avez jamais appris que j'aie rien dit. Vous avez tant éprouvé que je n'ai de volonté que la vôtre, que vous ne devez pas douter que je ne sois plus vous-même que moi. Si vous avez juré de ne jamais dire à personne le secret du gentilhomme, vous ne violez pas votre serment en me le disant; car je ne suis et ne puis être autre que vous. Vous êtes dans mon cœur; je vous tiens entre mes bras; j'ai un enfant dans mon sein auquel vous vivez; cependant je ne puis avoir votre amour comme vous avez le mien. Plus je vous suis fidèle, plus vous m'êtes cruel et rigoureux. Cela me fait souhaiter mille fois le jour qu'une mort subite délivre votre enfant d'un tel père, et moi d'un tel époux. J'espère que cela arrivera bientôt, puisque vous préférez un serviteur infidèle à votre épouse, et à un enfant qui est à vous, et qui est sur le point de périr, ne pouvant obtenir de vous ce que j'ai le plus d'envie de savoir. » En disant cela elle embrassa son mari, arrosant son visage de ses larmes, accompagnées de tant de cris et de tant de soupirs, que le bon prince, ayant peur de perdre et la mère et l'enfant, résolut de lui dire la vérité; mais il lui jura que si elle en parlait à personne du monde, elle ne mourrait jamais d'une autre main que de la sienne. A quoi elle se soumit. Alors le pauvre duc abusé lui conta tout ce qu'il avait vu depuis un bout jusqu'à l'autre. Elle fit semblant d'être fort contente, mais dans le cœur c'était tout autre chose. Cependant, comme elle craignait le duc, elle dissimula sa passion du mieux qu'elle put.

Le jour d'une grande fête, le duc tenant sa cour, avait fait venir toutes les dames du pays, et entre autres sa nièce. Après le régal, les danses commencèrent, et chacun y fit son devoir. Mais la duchesse, chagrine de voir la beauté et la bonne grâce de sa nièce, ne pouvait se réjouir, et moins encore s'empêcher de faire paraître son dépit. Elle fit asseoir toutes les dames auprès d'elle, et fit tomber la conversation sur l'amour. Mais voyant que sa nièce ne disait mot, elle lui dit avec un cœur outré de jalousie : « Et vous, belle nièce, est-il possible que votre beauté soit sans amant? — Madame, répondit la nièce, ma beauté n'a point encore produit cette effet-là; car depuis la mort de mon mari je n'ai voulu d'autres amants que ses enfants, aussi n'en veux-je point avoir d'autres. — Belle nièce, belle nièce, lui répondit la duchesse avec un dépit extrême, il n'y a point d'amour si secret qui ne soit su, ni petit chien si bien fait à la main, qu'on ne l'entende japper. » Je vous donne à penser quelle fut la douleur de cette pauvre dame, de voir qu'une intrigue qu'elle croyait si secrète était comme publique à sa honte. L'honneur si soigneusement gardé et si malheureusement perdu la tourmentait; mais sa plus grande peine était la crainte que son amant lui eût manqué de parole; ce qu'elle ne croyait pas qu'il pût jamais avoir fait, à moins qu'il n'aimât quelque dame plus belle qu'elle, qui, par un excès d'amour, lui eût arraché son secret. Cependant elle eut tant de vertu qu'elle ne fit semblant de rien, et répondit en riant qu'elle n'entendait point le langage des bêtes. Mais sous cette sage dissimulation son cœur fut si saisi de tristesse, qu'elle se leva, et, passant par la chambre de la duchesse, elle entra dans une garde-robe, où le duc, qui se promenait, la vit entrer. La bonne dame se trouvant en un lieu où elle croyait être seule, se laissa tomber sur un lit avec une si grande faiblesse, qu'une demoiselle qui s'était assise dans la ruelle pour dormir, se leva, et regarda au travers du rideau qui ce pouvait être. Voyant que c'était la nièce du duc qui pensait être seule, elle n'osa rien dire, et l'écouta le plus paisiblement qu'il lui fut possible. La pauvre dame, avec une voix mourante, commença de se plaindre, et dit : « Malheureuse! qu'est-ce que j'ai entendu? quel arrêt de mort ai-je reçu? O le plus aimé qui fut jamais! est-ce là la récompense de mon chaste et vertueux amour? O mon cœur! avez-vous fait un si dangereux choix, et vous êtes-vous attaché au plus infidèle, au plus artificieux et au plus médisant de tous les hommes que vous avez pris pour le plus fidèle, pour le plus droit et pour le plus secret? Est-il possible, hélas! qu'une chose cachée à tout le monde ait été révélée à madame la duchesse? Mon petit chien si bien appris, le seul moyen de ma longue et vertueuse amitié, ce n'a pas été vous qui avez trahi mon secret. C'est un homme qui a la voix plus criante que le chien, et le cœur plus ingrat qu'une bête. C'est lui qui, contre son serment et sa parole, a découvert l'heureuse vie que nous avons longtemps menée sans faire tort à personne. O mon ami! pour qui seul mon cœur a eu de l'amour, et avec lequel ma vie a été conservée, faut-il maintenant qu'en vous déclarant mon mortel ennui, mon honneur soit exposé, mon corps enterré, et que mon âme s'en aille au lieu où elle demeurera éternellement? La beauté de la duchesse est-elle si extrême qu'elle vous ait métamorphosé comme faisait celle de Circé? De vertueux vous a-t-elle fait devenir vicieux; de bon, mauvais; d'homme, bête féroce? O mon ami! quoique vous me manquiez de parole, je vous tiendrai la mienne, c'est de ne vous voir jamais après avoir révélé notre amitié. Mais ne pouvant vivre sans vous voir, je m'abandonne volontiers à l'excès de ma douleur, à laquelle je ne veux jamais chercher de remède, ni du côté de la raison, ni du côté de la médecine. La mort seule la finira, et cette mort me sera bien plus agréable que de demeurer au monde sans amant, sans honneur et sans contentement. La guerre ni la mort ne m'ont point fait perdre mon amant; mon péché, mes fautes, ne m'ont point ôté mon honneur; et ma mauvaise conduite ne m'a point ravi ma satisfaction; c'est la cruelle fortune qui a fait un ingrat de l'homme du monde le plus favorisé, et qui m'a attiré le contraire de ce que je méritais. Que vous avez eu de plaisir, madame la duchesse, de m'alléguer par raillerie mon petit chien! Jouissez d'un bien qui n'appartient qu'à moi seule. Vous vous moquez de celle qui en se bien cachant et vertueusement aimant croyait échapper à la moquerie. Que ce mot m'a serré le cœur! qu'il m'a fait rougir de honte et pâlir de jalousie! Je sens bien, mon cœur, que vous n'en pouvez plus; l'amour mal reconnu vous brûle, la jalousie et le tort qu'on vous fait vous glace, le dépit et le regret vous refroidissent et ne vous permettent pas de prendre aucune consolation. Pour avoir trop adoré la créature, mon âme a oublié le Créateur. Il faut qu'elle retourne à celui dont l'amour vain l'avait détachée. Assurez-vous, mon âme, que vous trouverez un père plus tendre que n'a été votre ami, pour lequel vous l'avez souvent oublié. O mon Dieu, mon Créateur! qui êtes le vrai et le parfait ami, par la grâce duquel l'amour que j'ai eu pour mon ami n'a été taché d'autre vice que de trop aimer, recevez, s'il vous plaît, selon la grandeur de votre miséricorde, l'âme et l'esprit de celle qui se repent d'avoir manqué à votre premier et juste commandement. Par le mérite de celui dont l'amour est incompréhensible, excusez la faute qu'un excès d'amour m'a fait commettre; car je n'ai de parfaite confiance qu'en vous seul. Adieu, mon ami. L'effet ne répond pas à la qualité ; et c'est ce qui me navre le cœur. » A ces mots, elle se laissa tomber à l'envers, le visage blême, les lèvres bleues et les extrémités froides.

Dans le même moment, le gentilhomme qu'elle aimait entra dans la salle, et voyant la duchesse qui dansait avec les autres dames, il regarda de tous côtés s'il ne verrait point sa maîtresse ; mais ne la voyant point, il entra dans la chambre de la duchesse et trouva le duc qui se promenait, et qui, devinant sa pensée, lui dit à l'oreille qu'elle était entrée dans la garde-robe, et qu'elle paraissait incommodée. Le gentilhomme lui demanda s'il lui plaisait qu'il y entrât. Non-seulement le duc lui permit, mais le pria même de le faire. Étant entré, il la trouva qui rendait les derniers soupirs. Il l'embrassa, et lui dit : « Qu'est ceci, ma mie ? me voulez-vous quitter ? » La pauvre dame entendant une voix qui lui était si bien connue, prit un peu de vigueur et ouvrit les yeux pour regarder celui qui était la cause de sa mort ; mais ce regard augmenta si fort l'amour et le dépit, qu'après un triste soupir elle rendit l'esprit. Le gentilhomme, plus mort que vivant, demanda à la demoiselle comment son mal avait commencé ; elle lui conta tout du long ce qu'elle avait entendu. Il connut alors que le duc avait révélé son secret à sa femme. Sa douleur fut si vive et si profonde, qu'embrassant le corps de sa maîtresse, il l'arrosa longtemps de ses larmes, et dit enfin : « Traître, méchant et malheureux ami que je suis ! Pourquoi la peine de ma trahison n'est-elle pas tombée sur moi, et non sur celle qui est innocente ? Pourquoi le ciel ne m'écrasa-t-il pas d'un coup de foudre, le jour que ma langue révéla notre amitié secrète et vertueuse ? Pourquoi la terre ne s'ouvrit-elle pas pour engloutir un malheureux qui violait sa foi ? Que ma langue soit punie comme le fut en enfer celle du mauvais riche. O mon cœur, qui as trop craint la mort et l'exil, que les aigles te déchirent perpétuellement, comme elles déchiraient celui d'Ixion. Hélas, ma chère amie ! le plus grand malheur qui fut jamais m'est arrivé ; en croyant vous conserver, je vous ai perdue. J'ai cru vous posséder longtemps en vie avec vertu et plaisir, et je vous embrasse morte, et vous avez été mal satisfaite jusqu'au dernier soupir, de moi, de mon cœur et de ma langue. O la plus fidèle femme qui fut jamais ! Je passe condamnation que je suis le plus inconstant, le plus infidèle et le plus perfide de tous les hommes. Je voudrais pouvoir me plaindre du duc, à la parole duquel je me suis confié, espérant par ce moyen faire durer notre agréable vie. Ne devais-je pas savoir, hélas ! que personne ne pouvait mieux garder mon secret que moi-même ? Le duc a plus de raison de dire le sien à son épouse, que je n'en avais de lui confier le mien. Je suis le seul condamnable et le seul qui doive être puni de la plus grande méchanceté qui fut jamais commise entre amis. Je devais souffrir d'être jeté dans la rivière, comme il m'en menaçait. Tu serais au moins encore en vie, ma chère amie, et j'aurais fini la mienne avec la gloire d'avoir observé la règle que la véritable amitié ordonne; mais l'ayant violée, je vis encore, et vous êtes morte pour avoir parfaitement aimé. Votre cœur pur et net n'a pu souffrir, sans mourir, le vice que vous avez connu en votre ami. O mon Dieu! pourquoi me créâtes-vous avec un amour si léger et un cœur si ignorant? Que n'ai-je été le petit chien qui a fidèlement servi sa maîtresse? Hélas, mon petit ami! j'avais de la joie de t'entendre japper; mais cette joie s'est changée en tristesse, d'avoir été la cause qu'autre que nous deux ait entendu ta voix. Cependant, ma chère amie, ni l'amour de la duchesse, ni celui d'aucune autre femme ne m'a jamais fait varier. La méchante duchesse m'a souvent sollicité de l'aimer. L'ignorance a fait ce que ses charmes n'ont pu faire, et j'ai cru par-là assurer notre amitié pour toujours. Mais cette ignorance n'empêche pas que je ne sois coupable. J'ai révélé le secret de ma maîtresse, j'ai faussé ma parole, et c'est ce qui est cause que je la vois morte. Hélas, ma chère amie! la mort me sera-t-elle moins cruelle qu'à vous, qui n'êtes morte que pour avoir aimé? Je crois que la mort ne daignerait pas toucher à mon infidèle et misérable cœur. L'honneur que j'ai perdu, et la mémoire de celle que je perds par ma faute, m'est plus insupportable que dix mille morts. Si quelqu'un avait tranché le fil de votre vie ou par malheur ou par malice, je me servirais de mon épée pour vous venger. Il n'est donc pas raisonnable que je pardonne à ce meurtrier qui cause votre mort par une action plus sale que s'il vous avait tuée d'un coup d'épée. Si je savais un plus méchant bourreau que moi-même, je le prierais d'exécuter votre perfide ami. O amour! je vous ai offensé pour n'avoir pas su aimer. Aussi ne voulez-vous pas me secourir comme vous avez secouru celle qui a gardé toutes vos lois. Aussi n'est-il pas juste que je finisse si glorieusement; il faut que ce soit de ma propre main. Et puisque j'ai lavé votre visage de mes larmes, et que je vous ai demandé pardon, il ne reste plus sinon que mon bras rende mon corps semblable au vôtre, et fasse aller mon âme où la vôtre ira, persuadé qu'un amour vertueux et honnête ne finit ni en ce monde, ni en l'autre. » Se levant alors de dessus le corps comme un homme hors de sens, il tira son poignard et se perça le cœur. Il prit ensuite sa maîtresse entre les bras pour la seconde fois, et la baisa avec tant d'affection, qu'il semblait plus amoureux que mort. La demoiselle, voyant le coup, courut à la porte crier au secours. Le duc, l'entendant crier, et se défiant du désastre de ceux qu'il aimait, entra le premier dans la garde-robe, et, voyant ce triste couple, il tâcha de les séparer pour sauver le gentilhomme, s'il eût été possible. Mais il tenait sa maîtresse si fort, qu'il ne fut pas possible de l'en arracher jusqu'à ce qu'il eût expiré. Entendant néanmoins le duc qui lui parlait, disant : « Eh, mon Dieu! qui est cause de ceci? — Ma langue et la vôtre, monsieur, » lui répondit-il, en le regardant avec fureur. En disant cela, il poussa le dernier soupir, le visage collé pour ainsi dire à celui de sa maîtresse.

« Le duc, souhaitant d'en savoir davantage, contraignit la demoiselle de dire ce qu'elle avait vu et entendu ; ce qu'elle fit d'un bout à l'autre sans rien oublier. Le duc, connaissant alors qu'il était la cause de tout le mal, se jeta sur les deux amants morts, et, avec cris et larmes, leur demanda pardon de sa faute. Il les baisa plusieurs fois, et puis se levant tout furieux, tira le poignard du corps du gentilhomme. Comme un sanglier blessé d'un épieu court d'impétuosité contre celui qui l'a lancé, ainsi courut le duc à celle qui l'avait blessé jusqu'au fond de l'âme. Il la trouva dansant encore dans la salle, et plus joyeuse qu'à l'ordinaire, parce qu'elle croyait s'être vengée de la nièce du duc. Son mari la prit au milieu de la danse, et lui dit : « Vous avez pris le secret sur votre vie, et c'est sur votre vie qu'en tombera la peine. » En disant cela, il la prit par la coiffure, et lui donna du poignard dans le sein ; ce qui surprit si fort la compagnie, qu'on crut que le duc était hors du sens. Après avoir fait ce qu'il voulait faire, il assembla tous ses serviteurs dans la salle, et leur conta la glorieuse et triste aventure de sa nièce, et le mauvais tour que sa femme lui avait fait : ce qui ne se fit pas sans arracher des larmes aux auditeurs. Ensuite le duc ordonna que sa femme fût enterrée dans une abbaye qu'il fonda. Il fit faire un magnifique tombeau, où les corps de sa nièce et du gentilhomme furent mis ensemble, avec une épitaphe contenant leur histoire tragique. Le duc fit un voyage contre les Turcs, où Dieu le favorisa de manière, qu'il en rapporta de la gloire et du profit. Trouvant à son retour que son fils aîné était assez entendu pour gouverner son bien, il se fit religieux, et alla se confiner dans l'abbaye où sa femme et les deux amants étaient enterrés, et y passa heureusement sa vieillesse avec Dieu.

— Voilà, mesdames, ce que vous m'avez priée de vous raconter, et que vos yeux me font connaître que vous n'avez pas entendu sans compassion. Il me semble que c'est un exemple dont vous devez profiter, et vous donner de garde de ne mettre point votre affection aux hommes. Quelque honnête et vertueuse que soit cette affection, elle a toujours au bout du compte un désagréable dénoûment. Vous voyez encore que saint Paul ne veut pas que les gens mariés s'aiment avec tant d'excès; car plus on est attaché aux choses de la terre, plus est-on éloigné des célestes; et plus l'amour est honnête et vertueux, plus est-il difficile d'en rompre les liens. Cela m'oblige, mesdames, de vous prier de demander à tous moments à Dieu son Saint-Esprit, qui enflamme tellement votre cœur de l'amour de Dieu, qu'à l'heure de la mort vous n'ayez point de peine à quitter les choses du monde, pour lesquelles vous avez trop d'attachement.

— L'amour de ces deux personnes étant aussi honnête que vous nous le représentez, dit Hircan, pourquoi en faire un secret?

— Parce, répondit Parlamente, que les hommes sont si malins, qu'ils ne croient jamais que l'amour et la vertu aillent de compagnie. Ils jugent suivant leurs passions de la vertu des hommes et des femmes ; et par conséquent si une femme a un bon ami outre ses plus proches parents, il est nécessaire qu'elle lui parle en secret, si elle veut lui parler longtemps. On ne doute pas moins de l'honneur d'une femme, soit qu'elle aime par un principe de vertu ou par un principe de vice, parce qu'on n'en juge que par les apparences.

— Mais, dit Guebron, quand le secret vient à être éventé, on en juge beaucoup plus mal.

— Je vous l'avoue, dit Longarine, et par conséquent le meilleur est de n'aimer point.

— Appel de cette sentence, répliqua Dagoucin : car si nous croyions que les dames fussent sans amour, nous voudrions être sans vie. Je veux dire qu'elles ne vivent que pour l'acquérir ; et quoique cela n'arrive point, l'espérance les soutient, et leur fait faire mille choses honnêtes, jusqu'à ce que la vieillesse change ces honnêtes passions en d'autres peines. Mais si l'on croyait que les dames n'aimassent point, au lieu de suivre la profession des armes, il faudrait s'attacher au négoce, et au lieu d'acquérir de la gloire, ne songer qu'à amasser du bien.

— Vous voulez donc dire, repartit Hircan, que s'il n'y avait point de femmes, nous serions tous méchants, comme si nous n'avions de cœur que celui qu'elles nous inspirent. Je suis d'opinion contraire, et je soutiens qu'il n'est rien qui abatte davantage le cœur d'un homme, que de fréquenter trop les femmes et de les aimer avec excès. C'est pour cela même que les Hébreux défendaient d'aller à la guerre l'année qu'on s'était marié, de peur que l'amour de la femme n'éloignât un homme des périls qu'on doit y chercher.

— Je ne trouve pas, dit Saffredant, que cette loi soit fort raisonnable ; car il n'y a rien qui fasse plutôt sortir un homme de chez soi que d'être marié ; et la raison est que la guerre de dehors n'est pas plus insupportable que celle de dedans. Je suis persuadé que pour donner envie aux hommes d'aller dans les pays étrangers, et de ne s'amuser point à leurs foyers, il n'y aurait qu'à les marier.

— Il est vrai, dit Émarsuite, que le mariage les décharge du soin de la maison ; car ils s'en fient à leurs femmes, et ne songent qu'à acquérir de la gloire, persuadés que les femmes songeront assez à l'intérêt.

— De quelque manière que ce soit, répliqua Saffredant, je suis bien aise que vous soyez de mon opinion.

— Mais, reprit Parlamente, vous ne disputez pas de ce qu'il y a de plus considérable ; aussi le gentilhomme, qui était la cause de tout le mal, ne mourut pas de déplaisir aussi promptement que la dame, qui était innocente.

— C'est parce, repartit Nomerfide, que les femmes aiment mieux que les hommes.

— C'est plutôt, répliqua Simontault, parce que la jalousie des femmes et la violence de leur passion les fait crever, sans savoir pourquoi; et que les hommes, plus prudents, veulent être informés de la vérité. Quand ils l'ont une fois trouvée, leur bon sens fait voir leur grand cœur, comme il arriva du gentilhomme, qui après avoir su qu'il était la cause de la mort de sa maîtresse, fit connaître combien il l'aimait aux dépens de sa propre vie.

— Toutefois, répondit Émarsuite, la fidélité de son amant la fit mourir; car son cœur était si constant et si fidèle, qu'elle ne put souffrir d'être si vilainement trompée.

— La jalousie, repartit Simontault, empêcha la raison d'agir; et, comme elle crut le mal dont son amant n'était pas coupable comme elle pensait, sa mort ne fut pas volontaire; car elle ne pouvait point y remédier: mais l'amant reconnut qu'il avait tort, et mourut volontairement.

— Tout ce qu'il vous plaira, reprit Nomerfide; mais toujours faut-il que l'amour soit grand pour causer une pareille douleur.

— N'en ayez point de peur, dit Hircan, vous ne mourrez point d'une telle fièvre.

— Non plus que vous vous tuerez, répondit Nomerfide, après avoir connu votre tort.

Parlamente, qui ne savait si la dispute ne se faisait point à ses dépens, leur dit en riant:

— C'est assez que deux soient morts d'amour, sans que l'amour en fasse battre deux autres. Voilà le dernier coup de vêpres qui nous séparera bon gré ou malgré vous.

A ces mots, la compagnie se leva pour aller entendre vêpres. Elle n'oublia pas dans ses prières les âmes des vrais amants, pour lesquelles les religieux dirent de bonne volonté un *De profundis*. Durant le soupé, on ne parla que de madame du Verger. Après avoir un peu ri ensemble, chacun se retira dans sa chambre; et ainsi finit la septième journée.

HUITIÈME JOURNÉE

Le matin étant venu, ils s'enquirent si leur pont s'avançait, et trouvèrent qu'il pourrait être achevé dans deux ou trois jours. Cela ne plut pas à quelques-uns de la compagnie, qui eussent bien voulu que l'ouvrage eût duré plus longtemps, pour faire durer le plaisir qui leur donnait une si agréable et si heureuse vie. Voyant donc qu'ils n'avaient plus que deux ou trois jours de bon temps, ils résolurent de les bien employer, et prièrent madame Oysille de leur donner la pâture spirituelle comme elle avait de coutume : ce qu'elle fit ; mais elle les tint plus longtemps qu'à l'ordinaire, parce qu'elle voulait finir la chronique de saint Jean. Elle s'en acquitta si bien, qu'il semblait que le Saint-Esprit, plein d'amour et de douceur, parlât par sa bouche. Échauffés de ce sacré feu, ils s'en allèrent à la grande messe. Après le dîné ils parlèrent de la journée passée, et doutaient de remplir si bien la présente. Chacun, pour se recueillir, se retira dans sa chambre, jusqu'à ce qu'il fût temps de se rendre au lieu de l'assemblée, où ils trouvèrent les moines arrivés et placés. Chacun étant assis, on demanda qui ouvrirait la scène.

— Comme vous m'avez fait l'honneur, dit Saffredant, de me faire commencer deux journées, il me semble que ce serait faire tort aux dames, si une d'elles n'en commençait aussi deux.

— Il faudrait donc, dit madame Oysille, que nous demeurassions ici longtemps, ou que l'un de vous ou l'une de nous se passât de sa journée.

— Pour moi, dit Dagoucin, si j'avais été choisi, j'aurais donné ma place à Saffredant.

— Et moi, dit Nomerfide, j'aurais donné la mienne à Parlamente ; car je suis si accoutumée à servir, que je ne saurais commander.

La compagnie y consentit, et Parlamente commença ainsi :

— On a fait, mesdames, de si bons et de si sages contes durant les journées passées, que je serais d'avis que celui-ci fût employé à raconter les plus grandes folies et les plus véritables dont nous puissions nous aviser. Je vais commencer sur ce pied-là.

NOUVELLE LXXI

Une femme à l'extrémité se mit en si grosse colère, voyant son mari qui baisait sa servante, qu'elle recouvra sa santé.

Il y avait à Amboise un sellier nommé Borrihaudier, qui servait la reine de Navarre; homme dont il suffisait de voir la trogne pour connaître qu'il était plutôt serviteur de Bacchus que des prêtres de Diane. Il avait épousé une honnête femme dont il était fort content, et qui gouvernait fort sagement son ménage et ses enfants. On lui dit un jour que sa bonne femme était fort mal, et en grand danger de la vie. Il en parut fort affligé, s'en alla promptement la secourir, et la trouva si mal qu'elle avait plus besoin de confesseur que de médecin. Il fit les plus tristes doléances du monde. Mais pour le bien copier il faudrait parler gras comme lui; mais ce serait encore mieux de pouvoir peindre son visage et sa contenance. Après lui avoir rendu tous les bons offices qu'il lui fut possible, elle demanda la croix qu'on lui fit apporter. Le bon homme voyant cela se jeta sur un lit, se désespérant, criant, et disant avec sa langue grasse : « Hélas, mon Dieu ! je perds ma pauvre femme. Pauvre malheureux, que ferais-je ? » Et plusieurs autres complaintes sur le même ton. N'y ayant enfin dans la chambre qu'une jeune servante assez gentille, et ne manquant pas d'embonpoint, il l'appela tout bas, et lui dit : « Je me meurs, ma mie, et je suis pis que si j'étais tout à fait mort, de voir ainsi mourir ta maîtresse. Je ne sais que faire, ni que dire, sinon que je me recommande à toi et te prie de prendre soin de ma maison et de mes enfants. Voilà les clefs, mets bon ordre au ménage ; car je ne suis pas en état de me charger de ce soin. » La pauvre fille qui en eut pitié, le consola, le pria de ne point se désespérer, de peur que perdant sa maîtresse, elle ne perdît aussi son bon maître. « Cela se peut, ma mie, répondit-il ; car je me meurs. Vois comme mon visage est froid, approche tes joues des miennes. » En disant cela il lui porta la main au teton ; ce qu'elle pensa trouver mauvais, mais il la pria de n'avoir point de peur, parce qu'il faudrait bien qu'ils se vissent de plus près. Sur cela il la prit, et la jeta sur un lit. Sa femme qui n'avait pour toute compagnie que la croix et de l'eau bénite, et qui ne parlait plus depuis deux jours, se mit à crier autant que sa faible voix put le lui permettre : « Ah, ah, ah, je ne suis pas encore morte. » En les menaçant de la main, elle leur disait : « Méchants, je ne suis pas encore morte. »

Le mari et la servante se levèrent incontinent à cette voix ; mais la malade se dépita si fort contre eux, que la colère consuma l'humeur catarrheuse qui l'empêchait de parler : de manière qu'elle leur dit toutes les injures dont elle put s'aviser. Elle commença depuis à se mieux porter, mais ce ne fut pas sans reprocher souvent à son mari le peu d'amour qu'il avait pour elle.

— Vous voyez, mesdames, combien les hommes sont hypocrites, et combien peu de chose il faut pour les consoler de la perte de leurs femmes.

— Que savez-vous, dit Hircan, s'il n'avait pas entendu dire que c'était le meilleur remède qu'on pouvait donner à sa femme ? Ne pouvant la guérir par ses soins et par ses bons offices, il voulait essayer si le contraire ne produirait point cet effet. L'expérience en fut heureuse, et je m'étonne qu'étant femme comme vous êtes, vous ayez dépeint avec tant d'ingénuité l'esprit de votre sexe, qui fait par dépit ce que la douceur n'est pas capable de lui faire faire.

— Sans contredit, dit Longarine, un dépit me ferait non-seulement sortir du lit, mais même du tombeau ; et surtout un dépit comme celui-là.

— Quel tort lui faisait-il, dit Saffredant, de se consoler, puisqu'il la croyait morte ? Ne sait-on pas qu'on n'est lié par le mariage qu'aussi longtemps que dure la vie, et que la mort redonne la liberté ?

— On est quitte, répondit Oysille, de l'obligation de sa foi ; mais un bon cœur ne se croit jamais dispensé de l'obligation d'aimer. C'était se consoler bien vite que de ne pouvoir attendre que sa femme eût expiré.

— Ce que je trouve le plus étrange, dit Nomerfide, c'est qu'ayant la mort et la croix devant les yeux, ces deux objets ne fussent pas capables de l'empêcher d'offenser Dieu.

— Voilà une belle raison, répliqua Simontault. Vous ne seriez donc pas surprise de voir faire une folie, pourvu qu'on la fît loin de l'église et du cimetière ?

— Moquez-vous de moi tant que vous voudrez, repartit Nomerfide ; mais je vous soutiens, ne vous en déplaise, que l'idée et la méditation de la mort refroidissent fort un cœur, quelque jeune et bouillant qu'il soit.

— Je serais de votre sentiment, dit Dagoucin, si je n'avais pas entendu dire le contraire à une princesse.

— Cela veut dire, reprit Parlamente, qu'elle vous conta quelque histoire à ce sujet. Cela étant, faites-nous en part, je vous donne ma voix.

NOUVELLE LXXII

Repentance continuelle d'une religieuse qui avait perdu sa virginité sans violence et sans amour.

Dans une des meilleures villes de France après Paris, il y avait un hôpital richement fondé, c'est-à-dire d'un prieuré de quinze à seize religieuses et d'un prieur avec sept à huit religieux qui étaient vis-à-vis dans un autre corps de logis. Ceux-ci faisaient tous les jours le service, et les religieuses se contentaient de dire leurs patenôtres et leurs heures de Notre-Dame, parce qu'elles avaient assez d'occupation à servir les malades. Il mourut un jour un pauvre homme, auprès duquel toutes les religieuses s'assemblèrent. Après qu'elles lui eurent fait tous les remèdes pour la santé, elles envoyèrent quérir un de leurs religieux pour le confesser. Puis, voyant qu'il s'affaiblissait, on lui donna l'extrême-onction, et peu de temps après il perdit la parole. Mais comme il fut longtemps à expirer et qu'on croyait qu'il entendait encore, chacune se mit à lui dire les meilleures choses qu'elle put. Cela dura si longtemps qu'elles se lassèrent enfin. Voyant donc que la nuit était venue, et qu'il était tard, elles s'en allèrent coucher les unes après les autres. Une des plus jeunes seulement resta pour ensevelir le corps, avec un religieux qu'elle craignait plus que le prieur, ni qu'aucun autre, à cause de la grande austérité qu'il pratiquait et pour les mœurs et pour les paroles. Après avoir bien crié Jésus à l'oreille du pauvre homme, ils connurent qu'il avait rendu le dernier soupir, et l'ensevelirent. En faisant la dernière action de charité, le religieux commença de parler de la charité, de la vie et de la félicité de la mort. La moitié de la nuit se passa à ce discours pieux. La pauvre fille l'écoutait avec beaucoup d'attention, et le regardait les larmes aux yeux. Cela lui fit tant de plaisir, que parlant de la vie à venir, il commença à l'embrasser comme s'il eût eu envie de la porter entre ses bras droit en paradis. La pauvre fille l'écoutant toujours avec la même contention d'esprit, et le croyant le plus dévot du couvent, n'osa le refuser. Le méchant moine voyant cela, et parlant toujours de Dieu, acheva l'ouvrage que le diable leur avait mis tout à coup au cœur; car auparavant il n'avait point été question de cela, l'assurant qu'un péché secret était impuni devant Dieu; que deux personnes non liées ne peuvent pécher en pareil cas, quand il n'en résulte point de scandale, et que pour l'éviter elle se donnât bien de garde de se confesser à d'autre qu'à lui. Ils se séparèrent enfin, et elle partit la première passant par la chapelle de Notre-Dame; elle voulut faire son oraison comme elle avait de coutume, mais quand elle vint à dire Vierge Marie, elle se souvint qu'elle avait perdu sa virginité sans violence et sans amour, mais par une sotte crainte. Elle se mit si fort à pleurer qu'il semblait que son cœur dût se fendre. Le religieux qui, de loin, l'entendait soupirer, se douta de sa conversion, et eut peur de n'avoir plus le même plaisir. Pour parer le coup, il vint la trouver prosternée devant cette image, la censura aigrement et lui dit que si sa conscience lui en faisait quelques reproches, qu'elle s'en confessât à lui, et puis qu'elle n'y retournât plus si elle le jugeait à propos. Car elle était libre de faire l'un et l'autre sans péché. La sotte religieuse, croyant expier son péché, s'alla confesser au moine, qui, pour toute pénitence, lui jura qu'elle ne péchait point de l'aimer, et que l'eau bénite seule pouvait effacer un si petit péché. Elle l'en crut plutôt que Dieu, et retomba quelque temps après. Elle devint enfin grosse et en eut tant de regret, qu'elle supplia la prieure de faire chasser ce religieux, le connaissant si fin et si artificieux, qu'il ne manquerait pas de la séduire encore. La prieure et le prieur, qui s'accordèrent ensemble, se moquèrent d'elle et lui dirent qu'elle était assez grande pour se défendre d'un homme, et que celui dont elle parlait était un fort homme de bien. Pressée enfin par les remords de sa conscience, elle leur demanda avec impétuosité la permission d'aller à Rome, où elle croyait recouvrer sa virginité en confessant son péché aux pieds du pape. Le prieur et la prieure lui accordèrent bien volontiers sa demande, aimant mieux qu'elle fût pèlerine contre sa règle que renfermée avec les scrupules qu'elle avait. Craignant d'ailleurs qu'un coup de désespoir ne lui fît révéler la vie qu'on menait là dedans, ils lui donnèrent de l'argent pour faire son voyage. Mais Dieu voulut qu'étant à Lyon, à l'église Saint-Jean, où madame la duchesse d'Alençon, qui fut depuis reine de Navarre, allait en secret faire quelque neuvaine avec trois ou quatre de ses femmes, un soir, après vêpres, que cette princesse était à genoux sur le pupitre devant le crucifix, elle entendit monter quelqu'un en haut, et connut à la lueur de la lampe que c'était une religieuse. Pour entendre ses dévotions, la duchesse se retira au coin de l'autel. La religieuse, qui croyait être seule, se mit à genoux ; puis, se frappant la poitrine, se mit si fort à pleurer qu'elle faisait pitié, et ne criait sinon : « Hélas, mon Dieu ! ayez pitié de cette pauvre pécheresse. » La duchesse voulant savoir de quoi il s'agissait, s'approcha d'elle, et lui dit : « Qu'avez-vous, ma mie ? D'où êtes-vous ? Et qui vous amène ici ? » La pauvre religieuse, qui ne la connaissait pas, lui dit : « Hélas, ma mie ! mon malheur est si grand, que je n'ai recours qu'à Dieu, que je supplie de tout mon cœur de me donner le moyen de parler à madame la duchesse d'Alençon, car je ne puis conter mon malheur qu'à elle seule, persuadée que s'il y a remède, elle saura bien le trouver. » Ma mie, lui dit la duchesse, vous pouvez me le dire comme à elle, car je suis fort de ses amies. — Pardonnez-moi, répondit la religieuse, jamais d'autre qu'elle ne saura mon secret. La duchesse lui dit alors qu'elle pouvait parler franchement, et qu'elle avait trouvé la personne qu'elle demandait. La pauvre femme alors se jeta à ses pieds, et, après bien des pleurs et des cris, elle lui raconta tout ce qui a été dit ci-devant. La duchesse la consola si bien, que, sans affaiblir sa repentance, elle lui ôta de l'esprit son voyage de Rome, et la renvoya à son prieuré avec des lettres à l'évêque du lieu, portant ordre de faire chasser ce religieux scandaleux.

— Je tiens ce conte de la duchesse même; et par là vous pouvez voir, mesdames, que la recette de Nomerfide n'est pas bonne pour toutes sortes de gens, puisque ceux-ci, qui touchaient et ensevelissaient un mort, n'en furent pas plus sages pour cela.

— Voilà, dit Hircan, une invention dont je ne crois pas que personne se soit servi, de parler de la mort, et de faire les actions de la vie.

— Pécher n'est point une action de vie, dit Oysille; car on sait bien que le péché produit la mort.

— Comptez, dit Saffredant, que ces pauvres gens ne pensaient point à cette théologie. Mais comme les filles de Loth enivrèrent leur père dans l'espérance de perpétuer la nature humaine, de même ces bonnes gens voulaient refaire ce que la mort avait gâté, et faire un corps nouveau pour remplacer celui que la mort avait enlevé. Ainsi je ne vois là rien de mal que les larmes de la pauvre religieuse, qui pleurait sans cesse, et revenait toujours à la cause de ses pleurs.

— J'en ai assez vu de telles, repartit Hircan, qui pleurent leur péché et chérissent en même temps leur plaisir.

— Je crois savoir, dit Parlamente, sur qui tombe ce que vous dites. Ils ont ri, ce me semble, assez longtemps pour commencer à pleurer.

— Taisez-vous, répondit Hircan, la tragédie qui a commencé par la joie, n'est pas encore finie.

— Pour changer donc de matière, reprit Parlamente, il me semble que Dagoucin n'a pas suivi la résolution que nous avons prise, qui est de ne dire des contes que pour rire puisque le sien n'est bon que pour pleurer.

— Vous avez dit, répliqua Dagoucin, que nous ne conterions que des folies, et il me semble que je n'ai pas mal réussi. Mais pour en entendre une plus agréable, je donne ma voix à Nomerfide, dans l'espérance qu'elle raccommodera ce que j'ai gâté.

— J'ai un conte tout prêt, répondit-elle, qui est digne de suivre le vôtre, car il parle de religieux et de mort. Écoutez-le donc bien, s'il vous plaît

FIN DES CONTES DE LA REINE DE NAVARRE.

TABLE DES MATIÈRES

	Pages.
Au Lecteur.	2
Préface.	3
Première Journée. — Nouvelle première	12
Nouvelle deuxième.	19
Nouvelle troisième.	22
Nouvelle quatrième.	28
Nouvelle cinquième.	34
Nouvelle sixième.	37
Nouvelle septième.	40
Nouvelle huitième.	43
Nouvelle neuvième.	48
Nouvelle dixième	54
Deuxième Journée.	79
Nouvelle onzième.	80
Nouvelle douzième.	84
Nouvelle treizième.	91
Nouvelle quatorzième.	102
Nouvelle quinzième.	108
Nouvelle seizième.	119
Nouvelle dix-septième.	124
Nouvelle dix-huitième.	127
Nouvelle dix-neuvième	132
Nouvelle vingtième.	142
Troisième Journée.	145
Nouvelle vingt-unième.	147
Nouvelle vingt-deuxième	163
Nouvelle vingt-troisième.	172
Nouvelle vingt-quatrième	178
Nouvelle vingt-cinquième.	187
Nouvelle vingt-sixième.	191
Nouvelle vingt-septième.	203
Nouvelle vingt-huitième.	205
Nouvelle vingt-neuvième.	208
Nouvelle trentième.	211
Quatrième Journée.	216
Nouvelle trente-unième.	218
Nouvelle trente-deuxième	222
Nouvelle trente-troisième.	227
Nouvelle trente-quatrième.	230

	Pages.
Nouvelle trente-cinquième.	235
Nouvelle trente-sixième.	241
Nouvelle trente-septième.	246
Nouvelle trente-huitième.	250
Nouvelle trente-neuvième.	252
Nouvelle quarantième.	254
CINQUIÈME JOURNÉE.	261
Nouvelle quarante-unième.	262
Nouvelle quarante-deuxième.	265
Nouvelle quarante-troisième.	274
Nouvelle quarante-quatrième.	279
Nouvelle quarante-cinquième.	286
Nouvelle quarante-sixième.	290
Nouvelle quarante-septième.	293
Nouvelle quarante-huitième.	296
Nouvelle quarante-neuvième.	299
Nouvelle cinquantième.	304
SIXIÈME JOURNÉE.	308
Nouvelle cinquante-unième.	309
Nouvelle cinquante-deuxième.	313
Nouvelle cinquante-troisième.	317
Nouvelle cinquante-quatrième.	323
Nouvelle cinquante-cinquième.	325
Nouvelle cinquante-sixième.	328
Nouvelle cinquante-septième.	333
Nouvelle cinquante-huitième.	336
Nouvelle cinquante-neuvième.	340
Nouvelle soixantième.	345
SEPTIÈME JOURNÉE.	349
Nouvelle soixante-unième.	350
Nouvelle soixante-deuxième.	355
Nouvelle soixante-troisième.	357
Nouvelle soixante-quatrième.	360
Nouvelle soixante-cinquième.	365
Nouvelle soixante-sixième.	366
Nouvelle soixante-septième.	368
Nouvelle soixante-huitième.	372
Nouvelle soixante-neuvième.	374
Nouvelle soixante-dixième.	376
HUITIÈME JOURNÉE.	391
Nouvelle soixante-onzième.	394
Nouvelle soixante-douzième.	395

Paris. — Typ. Rouge, Dunon et Fresné, rue du Four-Saint-Germain, 43.

www.ingramcontent.com/pod-product-compliance
Lightning Source LLC
Chambersburg PA
CBHW071911230426
43671CB00010B/1570